CA

中阿经贸关系发展进程 2017年度报告

金忠杰　主编

Development Process of China-Arab States Economic and Trade Relations Annual Report

2017

社会科学文献出版社
SOCIAL SCIENCES ACADEMIC PRESS(CHINA)

图书在版编目(CIP)数据

中阿经贸关系发展进程2017年度报告 / 金忠杰主编. -- 北京：社会科学文献出版社，2019.1
ISBN 978-7-5201-3803-1

Ⅰ.①中… Ⅱ.①金… Ⅲ.①对外经济关系-研究报告-中国、阿拉伯半岛地区-2017 Ⅳ.①F125.537.1

中国版本图书馆CIP数据核字（2018）第257278号

中阿经贸关系发展进程2017年度报告

主　　编 / 金忠杰

出 版 人 / 谢寿光
项目统筹 / 宋月华　周志静
责任编辑 / 周志静

出　　版 / 社会科学文献出版社・人文分社（010）59367215
地址：北京市北三环中路甲29号院华龙大厦　邮编：100029
网址：www.ssap.com.cn
发　　行 / 市场营销中心（010）59367081　59367083
印　　装 / 三河市龙林印务有限公司

规　　格 / 开　本：787mm×1092mm　1/16
印　张：26.25　字　数：445千字
版　　次 / 2019年1月第1版　2019年1月第1次印刷
书　　号 / ISBN 978-7-5201-3803-1
定　　价 / 198.00元

本书如有印装质量问题，请与读者服务中心（010-59367028）联系

编写说明

本报告是在中阿博览会秘书处指导下，金忠杰担任主编，相关专家组成编写组编写完成。编写成员依托其在中阿经贸关系方面长期的知识积累，运用适当的分析工具描绘了中阿经贸关系的进程、特征和发展趋势。

本报告中文版由金忠杰主编。丁丽萍对中文本进行了校对。由陈玉香、路建刚负责协调，冯香、马博颖、王燕、李莉等将中文版翻译为英文，冯香对报告的英文版进行了高质量的校对。

对所有人员在编写本报告过程中所付出的努力和所体现的专业精神，表示衷心的感谢。同时感谢中国－阿拉伯国家博览会秘书处对本报告给予的支持和帮助。

本报告中所表述的观点仅属作者本人，不代表中国－阿拉伯国家博览会秘书处的观点及其政策。

《中阿经贸关系发展进程 2017 年度报告》编写组成员

主编

金忠杰（宁夏大学中国阿拉伯国家研究院教授）

审校

丁丽萍（宁夏人民出版社编辑）

编写组成员

顾正龙（新华社世界问题研究中心研究员，宁夏大学中国阿拉伯国家研究院特聘研究员）

夏淑琴（宁夏大学经济管理学院教授）

冯璐璐（宁夏大学中国阿拉伯国家研究院教授）

张前进（宁夏大学中国阿拉伯国家研究院副研究员）

张　弛（宁夏大学政法学院讲师）

杨韶艳（宁夏大学经济管理学院教授）

王永宝（西安外国语大学经济金融学院教授，宁夏大学中国阿拉伯国家研究院特聘研究员）

杨子实（中国－阿拉伯国家博览会秘书处）

陈玉香（宁夏大学中国阿拉伯国家研究院教师）

马瑞阳（宁夏大学中国阿拉伯国家研究院教师）

目 录

第 1 章　2017 年中东局势述评 …… 001

1.1　2017 年中东局势剪不断，理还乱 …… 001

1.2　叙利亚危机出现重大变化，战争没有结束 …… 001

1.3　沙特局势对地区的影响 …… 004

1.4　“小国大外交”的卡塔尔遭遇断交风波 …… 005

1.5　也门乱局是中东持续动荡的缩影 …… 008

1.6　耶路撒冷问题使巴以冲突复杂化 …… 010

1.7　中东形成两大对立阵营 …… 012

第 2 章　中阿贸易依存度 …… 014

2.1　2016 年中阿贸易发展概况 …… 014

2.2　阿拉伯国家区域内和区域外贸易流动 …… 023

2.3　中阿贸易依存度 …… 024

2.4　贸易品依存度 …… 029

第 3 章　中阿贸易结构 …… 037

3.1　阿拉伯国家贸易结构 …… 037

3.2　中国与阿拉伯国家的贸易发展情况 …… 039

3.3 中国与海合会六国贸易状况 …… 048
3.4 中国与北非阿拉伯国家贸易状况分析 …… 055

第 4 章 中阿投资依存度 …… 060
4.1 中国与阿拉伯国家相互投资情况和主要合作领域 …… 060
4.2 阿拉伯国家与中国的投资依存度指数 …… 067
4.3 中阿外资体制改革 …… 076

第 5 章 中阿服务贸易 …… 084
5.1 阿拉伯国家服务贸易概况 …… 084
5.2 中阿服务贸易开放度比较与新趋势 …… 092
5.3 工程承包业务 …… 095

第 6 章 中阿农产品与食品贸易 …… 100
6.1 中阿农产品与食品贸易发展情况 …… 100
6.2 中国与阿拉伯国家农产品与食品贸易的主要来源国和目的国 …… 108
6.3 中国农产品与食品在阿拉伯国家的市场竞争力 …… 114

第 7 章 发展中的中阿金融市场 …… 120
7.1 阿拉伯国家间接投资 …… 120
7.2 人民币国际化进程 …… 130
7.3 中阿金融自由度报告 …… 139

第 8 章 2017 中国 – 阿拉伯国家博览会举办情况 …… 149
8.1 有力地促进了政策沟通 …… 150

8.2　有力地促进了设施联通 …… 150
8.3　有力地促进了贸易畅通 …… 151
8.4　有力地促进了资金融通 …… 152
8.5　有力地促进了民心相通 …… 152

附录 1 …… 153

附录 2 …… 173

第 1 章　2017 年中东局势述评

1.1　2017 年中东局势剪不断，理还乱

2017 年初，美国总统特朗普上台，中东地缘政治格局变化加剧，特朗普中东新政策对地区局势和全球反恐战争、叙利亚内战、巴以冲突、阿拉伯国家关系产生深刻影响。极端组织“伊斯兰国”土崩瓦解，叙利亚形势的变化出现重大转机。在中东发生重大格局性变化之际，美国总统特朗普宣布承认耶路撒冷为以色列首都，引发阿拉伯和伊斯兰世界一片抗议。沙特伊朗恶斗、美俄逐鹿，改写了中东版图，导致地区形势持续动荡，打破了该地区地缘政治格局的平衡，激化了地区、国家间的矛盾。中东局势将如何演变，牵动世界全局。展望 2018 年的中东，仍然难以走出乱局。

1.2　叙利亚危机出现重大变化，战争没有结束

叙利亚近 7 年的冲突变成了一场复杂、多面的代理人战争。它始于反抗巴沙尔的起义，随后的混乱使得库尔德武装和“伊斯兰国”割据了大片土地。外来势力的干预，特别是支持叙利亚政府的俄罗斯和伊朗，以及支持反对派的美国和沙特，使这场内战国际化。无疑，叙利亚危机是 2017 年中东地缘政治格局最具影响力的事件之一。

由于战场形势的变化，企图推翻叙利亚政府的反对派武装的实力遭到

严重削弱，温和反对派武装不得不同意俄罗斯提出的建立“冲突降级区”的计划，与政府军实现停火。2017 年 5 月 4 日，俄罗斯、土耳其和伊朗三国代表在第四轮叙利亚问题阿斯塔纳和谈期间签署“冲突降级区”备忘录，规定在叙利亚反对派武装控制地区设立“冲突降级区”，以降低冲突烈度，缓解人道主义灾难。

根据这项备忘录，代表叙利亚政府的俄罗斯与叙利亚反对派武装签署协议建立三个“冲突降级区”，分别位于拉塔基亚、哈马以及阿勒颇。这些战事最为激烈的省份，政府军、极端组织和温和反对派犬牙交错。反对派武装承诺打击在“冲突降级区”内外的极端组织“伊斯兰国”和“努斯拉阵线”，从而基本上实现将“努斯拉阵线”与温和反对派武装分离的目标。

2017 年 7 月 7 日，美国总统特朗普与俄罗斯总统普京在德国汉堡举行首次会晤时表示，双方同意在叙利亚问题上进行合作，并促成有关各方达成叙利亚西南部“冲突降级区”停火协议。9 月 14 日，第六轮叙利亚问题阿斯塔纳和谈在哈萨克斯坦首都阿斯塔纳正式开始。叙利亚政府代表团和反对派代表团均到场出席。虽因受到干扰和谈一度中断，但与会各方最终还是同意在叙利亚建立第四个“冲突降级区”，包括此前冲突最激烈的伊德利卜省。协议规定，在“冲突降级区”内，除应对极端组织外，将禁止使用一切武器，停止全部军事行动，以便人道主义组织在这些地区提供医疗救助等援助。俄罗斯、土耳其和伊朗将作为担保国，负责监督叙利亚各方在安全区域内遵守停火协议：俄罗斯与伊朗军队将负责监控“安全区”内的叙利亚政府军，土耳其军队则负责监控反对派武装。

除叙利亚政府军外，在叙利亚参战的有伊朗伊斯兰革命卫队、黎巴嫩真主党、俄罗斯、土耳其等部队。让伊朗、俄罗斯这两个参战方监督停火，确实很难让对方有安全感，加上对土耳其的担保国身份存有分歧，因而埃及和约旦也加入“冲突降级区”担保国行列。约旦参加叙利亚西南部“冲突降级区”的监督停火工作；埃及主导大马士革郊区东古塔“冲突降级区”和霍姆斯北部“冲突降级区”的谈判工作。伊朗和土耳其在这三个区域内没有承担任何监督停火的任务。这是美俄双方达成的妥协方案，同时也意味着美国同意俄罗斯主导“冲突降级区”的工作。俄、叙双方都认为，叙利亚多地建立“冲突降级区”，使战场形势发生变化，加速了叙利亚政府军打击恐怖主义军事行动取得胜利。

2017 年下半年，在代号为“伟大黎明”的军事行动中，叙利亚政府军清剿极端组织“伊斯兰国”（IS）的战事频传捷报，大片失地收复，战场形势发生了重要转折，政府军掌握了战争主动权。9 月 5 日，叙利亚政府军攻入代尔祖尔城内一处被极端组织围困长达三年的军营，与坚守军营内的政府军士兵会师。自 2015 年起有 93000 名平民被困在幼发拉底河西岸代尔祖尔市周边一块飞地。他们的生存依赖于联合国空投的物资和叙利亚军队的救济，飞地周围则是“伊斯兰国”组织在叙利亚最后的堡垒。政府军打破了极端组织对代尔祖尔市长达三年的封锁和围困，这一“战略转折”加速了叙利亚全境消灭极端组织的进程，被认为具有重大战略意义，是叙政府军三年来反恐战争取得的最大胜利。

随着叙利亚和平进程及战后安排的较量紧锣密鼓地展开，境内的反对派为抢占地盘开始火拼，后“伊斯兰国”时代的叙利亚局势变得越来越扑朔迷离，美俄等域外大国以及以色列、沙特、伊朗、土耳其等域内大国以叙利亚为角斗场，展开多重博弈，叙利亚冲突已经变成一场复杂、多面的战争。

综观近七年叙利亚局势的曲折变化，叙利亚危机牵动整个中东，波及世界，其复杂性和影响面超乎寻常，一方面加剧了整个阿拉伯世界的整体性危机并导致其整体地位的相对下降，另一方面所受冲击较小、实力有所上升的非阿拉伯国家——伊朗、土耳其、以色列等一直活跃在中东大国博弈的舞台。加之中东地区以教派分野为表面特征的地缘政治较量，诸如卡塔尔断交危机、也门战争、黎巴嫩总理辞职危机，以及叙利亚各方势力博弈等，再加上库尔德独立运动所造成的地区冲击，土耳其与以色列频频制造的热点和所导致的紧张局势，都深刻改变着中东地区的国际关系和中东秩序，外国势力的干预使这场内战变得国际化，深刻影响中东秩序的重新建构，叙利亚的战后重建之路注定坎坷。

2017 年 9 月 6 日，联合国叙利亚问题特使、和谈调解人斯塔凡·德米斯图拉说："叙利亚反对派必须承认，他们没有赢得与叙利亚总统巴沙尔长达近 7 年的战争。他说，反对巴沙尔的人应该接受现实，反对派并未在战争中胜利。目前，我认为任何人都不能真正宣称赢得了这场战争。"自"阿拉伯之春"席卷叙利亚以来，局势呈错综复杂、反复多变的态势，叙利亚战争是人类历史上最恐怖的内战之一，叙利亚的战后重建和权力分配的博弈也在不断升级，叙利亚未来充满不确定性。

1.3 沙特局势对地区的影响

自"阿拉伯之春"以来，沙特对中东局势的影响力逐步增强。从叙利亚到卡塔尔、也门，从巴勒斯坦到黎巴嫩，沙特的影子无所不在。2017 年 11 月 4 日，沙特国王萨勒曼宣布成立国家反腐败委员会，由王储穆罕默德·本·萨勒曼担任主席。接着有 11 位亲王、4 位现任大臣以及数十位前任大臣被逮捕，其中包括沙特国民卫队的领导人、前国王阿卜杜拉的儿子穆特阿布亲王，前利雅得省省长图尔基亲王，沙特首富瓦利德·本·塔拉勒亲王，经济和规划大臣阿德尔等多名位高权重的人物。沙特前王储穆克林亲王的儿子、阿西尔省副省长曼苏尔亲王乘坐直升机在也门边境失事，机上成员全部遇难。此前，沙特联合其他海湾国家与卡塔尔断交，参与也门内战、黎巴嫩总理哈里里辞职事件，上述一系列事件凸显沙特与伊朗海湾两强地缘政治对抗不断强化，增加了中东地区热点问题的复杂性，这也为美国和俄罗斯两大国介入该地区事务提供了空间。美国对沙特王储主导的一系列行动的支持，是对伊朗政策的需要。特朗普上台以来，围绕伊核协议的执行，美国与伊朗外交摩擦不断加剧，美国加强对伊朗的制裁，需要沙特进行一定的配合。

沙特面临着多重挑战，正在致力于在大国关系层面进行政策调整，实行以美沙关系为主导的大国平衡外交。在继续依赖传统盟友美国的同时，也相对“平衡”与其他大国的关系。沙特奉行“平衡”外交，其目的是推动美国给予沙特更多的支持，对抗伊朗争夺中东地区的主导权。为适应历史潮流，在经济和社会发展方面进行自上而下的变革。如果沙特改革成功，将会引领海湾地区，尤其是海合会内君主制国家的变革。从某种程度上说，沙特正处在十字路口，改革成功将惠及沙特和中东地区，如出现不测或引发局部乃至全局性动荡，则将危及沙特自身稳定，并加剧动荡不安的中东局势。

1.4 “小国大外交”的卡塔尔遭遇断交风波

2017 年 6 月 5 日，巴林、沙特、阿联酋、埃及、叙利亚、也门和马尔代夫七国先后分别发表声明，宣布与卡塔尔断绝外交关系，阿拉伯联盟也发表声明开除卡塔尔。这场断交风波引起国际社会的广泛关注。

卡塔尔是波斯湾沿岸的一个小半岛国家，面积仅约 1.16 万平方公里，人口近百万，卡塔尔国籍的阿拉伯人不到 30 万人，其他都是外籍劳工，是一个典型的小国。然而，自伊拉克战争以来，特别是 2011 年“阿拉伯之春”以来，卡塔尔在阿拉伯世界出现的一系列政治风暴中和国际外交舞台上频频出手，积极弄潮而崭露头角，以非同一般的“小国办大外交”角色，成为中东地缘政治游戏中一个“新玩家”。

引发此次风波的原因是：美国总统特朗普在刚刚结束对沙特的访问并号召阿拉伯国家孤立伊朗的谈话后没几天，卡塔尔新闻社援引国家元首埃米尔在一场军方庆典上的讲话，表示伊朗是“不容忽视的伊斯兰强国”，并且“对伊朗怀有敌意是不智的”。沙特《欧卡兹报》立即指责卡塔尔“脱离”海湾阿拉伯国家合作委员会（海合会）成员国的队伍，站到了“敌人”的一边。卡塔尔政府从报道中得知此消息后立即辟谣说，卡塔尔新闻社的网站“遭到了不明实体的黑客入侵”，“一份被归于本国埃米尔谢赫·塔米姆·本·哈马德·艾勒萨尼殿下的所谓‘假声明’被刊发出来”。卡塔尔新闻社已将遭黑客入侵后发布的不实信息删除。然而，卡塔尔所谓的“辟谣声明”并没有使事情平息下来。

卡塔尔活跃的外交及成为地区“新玩家”背后依仗的是硬实力。卡塔尔的硬实力首先来源于其雄厚的财力。卡塔尔的石油探明储量居世界第13位，能让卡塔尔以目前的产量再开采57年。卡塔尔的天然气储量居世界第三，仅次于俄罗斯和伊朗。强大的财力让卡塔尔得以通过举办国际会议、国际赛事来提升国家形象：2006年，卡塔尔成功举办了第15届亚运会，2010年获得2022年足球世界杯举办权，举办联合国气候变化大会等。国家的富庶使卡塔尔获得了更大的话语权。在外交斡旋过程中，卡塔尔适时向冲突各方提供经济援助。例如，卡塔尔专门成立了苏丹援助委员会和圣城委员会等对外援助机构，为调解苏丹、黎巴嫩、也门等国的冲突投入了巨资。在阿拉伯国家中，卡塔尔第一个派出战机参加推翻卡扎菲政权的军事行动，它首先提出让也门总统萨利赫交权，它第一个公开支持阿拉伯国家军队开进叙利亚，以制止流血冲突。

卡塔尔不仅财大气粗，还具备其他的硬实力。在军事上，卡塔尔与美国结盟，将自己的安全与美国拴在一起。卡塔尔境内的美国空军基地修建于1996年，耗资1亿美元，它现在是美军在中东地区最大的空军基地，也是美军中央司令部所在地。该空军基地在伊拉克战争和阿富汗战争中起到了重要作用。一方面，卡塔尔是石油输出国组织的早期成员，是海合会的创始成员之一，也是阿拉伯联盟的成员。另一方面，卡塔尔背后有西方国家的支持，卡塔尔的主张在某种程度上反映了西方国家的主张。卡塔尔既是海湾国家的代言人，也是美国等西方国家的代言人。在西方和阿拉伯民族主义主流政治之间，卡塔尔成功地找到了一个重要的外交缝隙。

卡塔尔因在政治上持超然的立场而面临来自各方面的国际压力和不满。卡塔尔过度卷入地区冲突，或对中东局势的误判，与各种力量进行互动，与中东的许多反对派组织建立联系，从激进派到温和派，都允许卡塔尔存在。例如，卡塔尔认为巴勒斯坦伊斯兰抵抗运动（哈马斯）也是一支重要力量，并给予资助，甚至让哈马斯将总部迁到了卡塔尔。2013年7月，埃及穆尔西政府被推翻，卡塔尔政府支持穆斯林兄弟会的立场使卡塔尔与埃及塞西政府关系紧张。2014 年初，沙特、阿联酋、巴林和埃及分别宣布召回各自驻卡塔尔大使，以抗议卡塔尔干涉其内部事务，强烈要求卡塔尔不要继续支持“从事破坏其安全和稳定活动的个人和组织”。卡塔尔与伊朗的良好关系招致沙特不满，沙特指责卡塔尔受伊朗指使，偏袒也门胡塞武装。然而，卡塔尔干预地区事务的后果其实并不理想。例如：北约干预利比亚行动得到卡塔尔的支持，但干预的后果是“今日形势更糟糕”；以色列仍在建设定居点，剥夺巴勒斯坦人的权利和土地；叙利亚危机仍未解决，血腥内战仍在继续。

卡塔尔作为一个海湾小国受到诸多先天不利条件的限制，在外交上不可避免地处于弱势地位，难以对国际关系产生实际影响。小国外交的主要特点是：低层面地参与世界事务；选择中立地位，依靠大国；外交资源不足导致外交不自信，如小心谨慎，举措考虑难以获得各方支持或被各方接受。有学者认为，冷战结束之后，小国的声音在国际上越来越弱，以致销声匿迹。卡塔尔虽然是世界石油富国，有“高富帅”和“土豪俱乐部”之称，但仍然是能量有限的小国。

有迹象显示，审时度势的埃米尔塔米姆已着手外交政策的调整，努力寻找与周边国家的关系修复、和解与合作，表达了要与沙特、阿联酋等海湾国家修好的愿望。为此，卡塔尔政府还要求埃及穆斯林兄弟会的几位高级领导人离开卡塔尔，以缓和卡塔尔政府和埃及、沙特等国的紧张关系。埃及方面释放了被羁押的半岛电视台记者作为回应。

卡塔尔的外交政策旨在确立自身君主制酋长国的统治地位，在仰赖西方靠山的同时，谋求成为新的地区力量中心，希望看到一个和平、繁荣的海湾地区，卡塔尔秉持的理念是：在越来越小的地球村，人类的命运最终交织在一起。卡塔尔领导人深知，任何冲突都有可能使本地区的稳定受到威胁。卡塔尔在国际外交舞台上频频出手，反映出中东地区格局正在发生深刻变化，卡塔尔试图利用自身的财力和话语权，巩固自身在中东地区的影响力。也许阿拉伯世界需要有像卡塔尔这样的一种力量，在变化中的世界发挥作用。

1.5 也门乱局是中东持续动荡的缩影

2017年12月4日，也门前总统阿里·阿卜杜拉·萨利赫在首都萨那城外被胡塞武装打死。胡塞武装的消息人士称：武装人员在萨那城外拦截了萨利赫的装甲车，并开枪打死了他。萨利赫的侄子及其领导的全国人民大会党总书记和副总书记也被杀身亡。这是自2011年中东爆发“阿拉伯之春”以来，继利比亚领导人卡扎菲后，第二位在乱局中死于非命的阿拉伯国家领导人。

75岁的萨利赫统治这个地处阿拉伯半岛的国家长达30多年。在他的领导下，实现了南北也门统一，对国内叛军、极端组织和部落武装进行了清剿，大体维护了国家的稳定。也门还积极参与国际反恐行动，并与美国、沙特等国家开展反恐合作和“果断风暴”的军事行动。以铁腕统治也门的萨利赫政权，因任人唯亲、骄奢腐败、忽视经济发展和改善民生，而逐渐丧失民众的支持。在2011年爆发的“阿拉伯之春”浪潮中，也门也爆发了大规模游行示威，萨利赫被迫同意移交权力。也门在各方斡旋下完成总统选举，时任副总统阿卜杜拉布·曼苏尔·哈迪当选总统，萨利赫正式下台。哈迪上台后，属于什叶派的胡塞武装多次与支持哈迪政府的逊尼派武装发生冲突。2014年9月，胡塞武装武力夺取萨那，占领也门南部地区，迫使哈迪逃往沙特。同年年底，胡塞武装与萨利赫结成联盟。2015年3月，沙特等国对胡塞武装发起大规模军事行动，胡塞武装与萨利赫联手对抗沙特对也门的军事行动。2016年7月，胡塞武装与萨利赫领导的全国人民大会党组成“最高政治委员会”。10月，成立所谓的“救国政府”，与国际社会认可、由总统哈迪领导的政府分庭抗礼，冲突不断。

然而，胡塞武装与萨利赫阵营的联盟并不稳固，2017年夏天以来内讧不断。在这次内斗之前，胡塞武装与萨利赫之间的矛盾已浮出水面。忠于前总统萨利赫的军队与伊朗支持的胡塞武装之间发生了冲突，这一同盟瓦解。2016年夏天，联合国曾提议也门冲突各方将西部城市荷台达交由第三方接管，以便于运送救援物资。萨利赫对联合国的提议表示欢迎，胡塞武装则否决了该方案。2017 年 8 月，萨利赫的亲密助手拉蒂哈在巷战中丧生，引发了萨利赫所在政党的不满，誓言要向胡塞武装寻仇。胡塞武装指责萨利赫试图将士兵从前线撤出，加快了联盟的解体。

12 月 2 日，萨利赫宣布他本人及其代表的政党，愿意与以沙特为首的联军谈判，并宣称放弃与胡塞武装的联盟，转而支持以沙特为首的联盟。萨利赫在一次讲话中表示，他已经准备好与也门联合政府一起翻开“新一页”，并称胡塞武装是“政变民兵”。萨利赫的表态遭到胡塞武装谴责，将其称为“背叛”和“政变”。作为对萨利赫示好的回应，沙特联军连续两天对位于萨那的胡塞武装据点发动空袭。

曾并肩与沙特领导的联军进行近 3 年战斗的盟友双方，11 月 29 日在萨那最大的清真寺附近爆发了激战，并使用了坦克，导致 245 人死亡，伊朗大使馆因被火箭弹击中起火，战斗很快扩散到市内其他地区，12 月 4 日，萨利赫最终被杀。萨利赫的死对沙特领导的联盟造成重大打击，这让沙特的“任何希望都破灭了”，胡塞武装已经摧毁了一个强大的新对手。现在，也门联合政府要么继续在也门进行长期的战争，要么做出妥协，把胡塞武装带到谈判桌上来。萨利赫死后也门国内的阵线不太可能变得清晰，胡塞武装希望萨利赫的追随者重新和其结盟，对抗哈迪及其与沙特组建的联盟，但这是一相情愿的，没有多少迹象表明也门国内战争会很快结束。萨利赫的死让人不禁担忧，他与沙特之间达成谅解，以结束战争的可能性彻底化为泡影。萨利赫的追随者将为他的死而复仇，也门的内战很可能也因此开启一条新的战线，标志着新暴力循环的开始。萨利赫之死将是对也门和平前景的一大打击，可能会改变阿拉伯半岛国家的战争进程。

也门一直是逊尼派和什叶派在中东角力的要地。也门 60% ~ 65% 的人口属于逊尼派，35% ~ 40% 的人口属于什叶派。胡塞武装主要由也门北部什叶派的部落力量构成，打着“反美、反以色列”的旗号，长期盘踞在也门与沙特的边境地带。沙特作为伊斯兰世界逊尼派的代表，与也门有着漫长的边界，对萨利赫之死不会坐视不理。

据世界银行有关资料，作为最贫困的阿拉伯国家之一，2012 年也门的贫困率高达54.5%。2013 年人口迅速增长加剧了自然资源和公共服务的压力，失业十分严重。由于政治和安全方面的局限性，2015 年 3 月，世界银行暂停了在也门的运作。也门持续战乱，政治进程停滞，经济崩溃，生活必需的物资无法进入封锁地区，也门的人道主义危机日益加重。联合国 2017 年 9 月公布的数字显示，也门全国有超过 2000 万人需要紧急援助，约 700 万人面临饥饿威胁，50 多万人感染霍乱。

追根溯源，也门的乱局是西亚、北非 2011 年“阿拉伯之春”大动荡之后留下的恶果，是对立的地区教派博弈的结果，是也门各党各派为争夺国家资源与权力的争斗，也是地区大国为谋求影响力而进行的角力，本质上是叙利亚问题的衍生，也是“阿拉伯之春”以来中东持续动荡和战乱的一个缩影。

1.6 耶路撒冷问题使巴以冲突复杂化

巴以问题是中东问题的核心，耶路撒冷又是核心中的核心。“阿拉伯之春”以来，巴以问题被边缘化。特朗普关于耶路撒冷是以色列首都的表态，使这个问题被激活并成为中东的焦点。尽管美国在中东问题上的影响力在下降，但它长期以来始终是巴以和平的主导者，过去历届美国总统虽然总体上偏袒以色列，但在诸如耶路撒冷这样的敏感问题上还是比较谨慎的，现在特朗普把这个规矩打破了，各方需要重新调整政策和对策。因为有了美国明确的支持，以色列的态度和立场更加强硬了，而巴勒斯坦和阿拉伯方面对美国的信任度直线下降。尽管特朗普在耶路撒冷地位表态的同时，也表示要继续推动巴以和谈。

美国大使馆迁往耶路撒冷的决定或引发暴力风险。2017 年 12 月 6 日，美国总统特朗普不顾阿拉伯世界和国际社会的反对，正式承认耶路撒冷作为以色列首都，并指示国务院计划“迁馆”事宜。特朗普此举颠覆美国数十年的政策，有引发暴力活动和中东新一轮混乱的风险。特朗普做出承认耶路撒冷为以色列首都的决定，其后果是多方面的。对中东局势而言：首先，巴勒斯坦可能会中止与美国和以色列的一切联系，已经团结起来的巴勒斯坦内部，很可能与以色列爆发军事冲突；其次，有伊朗在后方支持的黎以冲突也存在爆发的可能，巴以问题的升温必将影响“后‘伊斯兰国’时代”剿灭“伊斯兰国”极端武装分子的进程，也会给极端分子以“可乘之机”。对美国而言：这一“选站边”举动，破坏了美国数十年来的中东政策基调及对巴以问题调解的努力；巴勒斯坦无法接受美国政府如此偏袒的政策，美国在巴以之间进行斡旋的难度会增加；美国的决定也会让其在中东最坚定的盟友沙特等国深感不安。

特朗普选择这个时间点的考量主要有以下几点。其一，在中东发生重大格局性变化之际，特别是在中东大国博弈“俄进美退”的背景下，特朗普宣布承认耶路撒冷为以色列首都，并指示国务院计划“迁馆”事宜，是出于美国内政需要，通过履行竞选诺言，摆脱国内面临的困难，向反特朗普政策的人士示好，争取对其政策的支持。美驻以使馆迁至耶路撒冷是特朗普的核心竞选承诺，特朗普做出的决定首先是为兑现这一承诺。他同时急于巩固自己的选民基本盘，继续坚持“逢奥必反”的路线，显示自己与前总统奥巴马不同。国内政治是推动特朗普朝承认耶路撒冷是以色列首都方向迈进动力，是向保守派选民和捐款人做出的姿态。另外，特朗普女婿贾里德·库什纳的犹太裔背景和美国犹太利益集团的作用不容忽视，特朗普任命库什纳为白宫高级顾问后，犹太利益集团的活跃度出现较大提升。其二，要在巴以冲突全面影响问题上显示美国作用。巴以问题要取得突破，通常是在中东发生重大事件或重大军事冲突后，阿拉伯阵营遭受挫折和打击，以及“阿拉伯之春”恶果延续，导致阿拉伯力量削弱的时候取得的。特朗普认为目前正是美国采取行动的机会，因为这个时候可以向阿拉伯人施加压力，也容易被接受。因此，特朗普称：“当下”是个合适的时间点。其三，叙利亚危机和打击“伊斯兰国”战争处于取得进展的关键时刻，美国必须在中东地区有所作为，争夺反恐和解决中东问题主导权。由于俄罗斯在中东掌握着更多的主导权，尤其是在伊核问题上特朗普处于进退两难的境地，退出伊核协议的决心未下，而选择巴以冲突敏感的耶路撒冷问题作为抓手，既可以把球踢向美国国会，又可以夺取中东问题主导权。其四，中东地区国家之间内部分裂和矛盾加深。伊朗、土耳其影响力上升，海湾等逊尼派国家处于下风；阿拉伯国家之间，以及阿拉伯国家与非阿拉伯国家之间矛盾上升，如沙特、伊朗恶斗加剧。其原因是阿以冲突被边缘化，有利于特朗普在巴以问题上推出偏袒以色列选边站的政策。

1.7 中东形成两大对立阵营

2017 年末，中东局势在“俄进美退”背景下，冲突各方抢地盘的利益争夺战如火如荼。俄罗斯、土耳其、伊朗三国在叙利亚乃至整个中东的影响力上升，成为中东控制权争夺战的赢家。另外，美国、沙特等外部势力一直介入并影响叙利亚局势。美国总统特朗普欲在“伊斯兰国”被击溃后，在叙利亚无限期保持军事存在。特朗普的目标不只是击溃“伊斯兰国”，还包括为叙利亚内战寻求一个政治解决方案。这是一个可能没有期限的承诺。美国此前在叙利亚投入了大量财力物力，不会轻易认输。如果草草收场，特朗普也无法向国内选民交代，叙利亚危机并未结束。尽管俄罗斯提出解决叙利亚危机的倡议，但内战冲突各方仍然坚持自己的立场，叙利亚反对派组织一直坚持要叙利亚总统巴沙尔下台，认为巴沙尔及其集团不下台，叙利亚就不可能开启政治过渡阶段。叙利亚被认为是以俄美为首的大国的角力场，他们手中各自握有一把解决问题的钥匙，接下来的博弈将会更加激烈。

2017 年困扰中东的热点问题还有伊核问题，埃及、利比亚的反恐等问题，再加上非阿拉伯国家的土耳其与以色列频频制造的热点和所导致的紧张局势，西方的新干涉主义、域内国家针锋相对的安全观和地缘政治博弈不断加剧中东的安全困境，都深刻改变着中东地区的国际关系和中东秩序重塑以及国家转型的进程。在如此复杂多变的局势之下，将对地区稳定带来威胁，尤其是安全问题犹如“灰犀牛”般愈演愈烈、效应叠加，形成了多重安全困境。2017 年的中东局势“剪不断，理还乱”，2018 年的中东，仍将难以走出乱局。

第 2 章　中阿贸易依存度

2.1　2016 年中阿贸易发展概况

2.1.1　阿拉伯国家国内生产总值及其增长速度

2016 年，全球经济出现复苏迹象，为阿拉伯国家提供了重大机遇。处于变革转型进程中的阿拉伯国家普遍希望早日走出动荡和停滞的阴影。在这种背景下，其经济发展形势如何？下面是 2011 ~ 2016 年阿拉伯国家按 2010 年不变价美元计算的国内生产总值及其增长速度。

从表 2.1 可以看出，2016 年，面对错综复杂的地区形势，阿拉伯国家经济总体表现快速发展，保持了高速增长态势。2016 年，阿拉伯国家按 2010 年不变价美元计算的国内生产总值为 23895 亿美元，比上年增长 18.53%。由于美元汇率波动，虽然 2016 年阿拉伯国家的国内生产总值增长速度比 2015 年（3.4%）提高了 15.13 个百分点，但是，阿拉伯国家的实际国内生产总值却有所下降，比 2015 年减少了 297 亿美元。2016 年，阿拉伯国家按 2010 年不变价美元计算的人均国内生产总值约为 6827 美元，比 2015 年的人均 6995 美元减少了 168 美元。2016 年，22 个阿拉伯国家中，除巴林、阿曼、利比亚、巴勒斯坦、叙利亚、吉布提和索马里数据不可得，也门经济出现负增长（-9.78%）外，其他国家经济都实现了正增长。其中，增速最快的国家是伊拉克（11.00%），其后是苏丹（4.70%）、埃及（4.28%）、科威特（3.55%）、阿尔及利亚（3.30%）和阿联酋（3.04%）。

表 2.1 2011 ~ 2016 年阿拉伯国家国内生产总值及其增长速度（按 2010 年不变价美元）

国家	2011 年		2012 年		2013 年		2014 年		2015 年		2016 年	
	GDP（亿美元）	增幅（%）	GDP（亿美元）	增幅（%）	GDP（亿美元）	增幅（%）	GDP（亿美元）	增幅（%）	GDP（亿美元）	增幅（%）	GDP（亿美元）	增幅（%）
埃及	2228	1.78	2277	2.22	2327	2.19	2395	2.92	2500	4.37	2607	4.28
阿联酋	3083	6.36	3241	5.10	3428	5.79	3541	3.28	3676	3.83	3788	3.04
科威特	1265	9.63	1349	6.63	1365	1.15	1371	0.50	1380	0.59	1429	3.55
卡塔尔	1419	13.38	1485	4.69	1551	4.41	1612	3.98	1670	3.55	1707	2.22
巴林	262	1.98	272	3.73	287	5.42	299	4.35	308	2.86	—	—
阿曼	580	-1.11	634	9.33	662	4.37	679	2.54	717	5.65	—	—
沙特	5810	10.00	6125	5.41	6290	2.70	6520	3.65	6787	4.11	6905	1.74
利比亚	284	-62.08	—	—	—	—	—	—	—	—	—	—
约旦	271	2.59	278	2.65	286	2.83	295	3.10	302	2.39	308	2.00
突尼斯	432	-1.92	449	4.00	462	2.87	475	2.82	481	1.15	486	1.17
阿尔及利亚	1659	2.89	1715	3.37	1762	2.77	1829	3.79	1898	3.76	1960	3.30
巴勒斯坦	—	—	—	—	—	—	—	—	—	—	—	—
叙利亚	—	—	—	—	—	—	—	—	—	—	—	—

续表

国家	2011年		2012年		2013年		2014年		2015年		2016年	
	GDP（亿美元）	增幅（%）	GDP（亿美元）	增幅（%）	GDP（亿美元）	增幅（%）	GDP（亿美元）	增幅（%）	GDP（亿美元）	增幅（%）	GDP（亿美元）	增幅（%）
摩洛哥	981	5.25	1011	3.01	1056	4.54	1085	2.67	1134	4.55	1148	1.22
科摩罗	5	2.60	6	3.00	6	3.50	6	2.06	6	1.02	6	2.20
毛里塔尼亚	45	4.70	48	5.80	51	6.09	54	5.58	55	1.40	56	2.00
苏丹	643	-1.97	647	0.52	675	4.39	693	2.68	727	4.91	761	4.70
吉布提	12	4.47	12	4.84	13	5.00	14	6.00	15	6.50	—	—
也门	270	-12.71	276	2.39	290	4.82	289	-0.19	208	-28.1	187	-9.78
黎巴嫩	388	0.92	399	2.80	409	2.64	417	2.00	421	0.82	429	2.00
索马里	—	—	—	—	—	—	—	—	—	—	—	—
伊拉克	1490	7.55	1697	13.94	1809	6.57	1822	0.70	1909	4.80	2119	11.00
合计	21127	—	21921	—	22734	—	23400	—	24192	—	23895	—
平均值	1112	3.51	1218	9.52	1263	3.69	1300	2.93	1344	3.40	1593	18.53

数据来源：世界银行。

注：“—”数据不可得。

2.1.2 中阿贸易发展总体情况

2016年，中阿双边贸易额达1710.3亿美元，比上年下降16.7个百分点。其中，中国向阿拉伯国家出口1006.7亿美元，下降12.7个百分点；进口703.6亿美元，下降21.8个百分点。货物进出口差额（出口 – 进口）303.1亿美元，比上年增加49.8亿美元（见表2.2和图2.1）。

表 2.2 2009 ~ 2016 年中阿贸易总体情况

指标 年份	进出口贸易		出口贸易		进口贸易		贸易差额	
	总额（亿美元）	同比增长（%）	金额（亿美元）	同比增长（%）	金额（亿美元）	同比增长（%）	金额（亿美元）	同比增长（%）
2009	1018.2	–18.7	542.3	–11.4	475.9	–25.6	66.4	–343.2
2010	1368.3	34.4	629.1	16.0	739.2	55.3	–100.1	–250.8
2011	1843.1	34.7	758.1	20.5	1085.0	46.8	–326.9	–226.6
2012	2223.8	20.7	912.4	20.4	1311.4	20.9	–399.0	22.1
2013	2388.0	7.4	1012.6	11.0	1375.4	4.9	–362.8	–9.1
2014	2509.8	5.1	1137.5	12.3	1372.3	–0.2	–234.8	–35.3
2015	2053.5	–18.2	1153.4	1.4	900.1	–34.4	253.3	–207.9
2016	1710.3	–16.7	1006.7	–12.7	703.6	–21.8	303.1	19.7

分类依据：HS2007。

数据来源：United Nations Comtrade Database（后简称 UN Comtrade Database）计算整理得出。

注：以中国为报告国。

图2.1显示了2009 ~ 2016年中国与阿拉伯国家贸易往来的变化趋势。第一，这7年间，中阿双边贸易额整体上保持着持续快速增长的态势。双边贸易额由2009年的1018.2亿美元增加到2016年的1710.3亿美元，共增长692.1亿美元，年均增长98.9亿美元，年均增长速度为76.93%。这表明中阿双边经贸关系呈现出规模不断扩大、领域不断拓宽、持续深入发展的

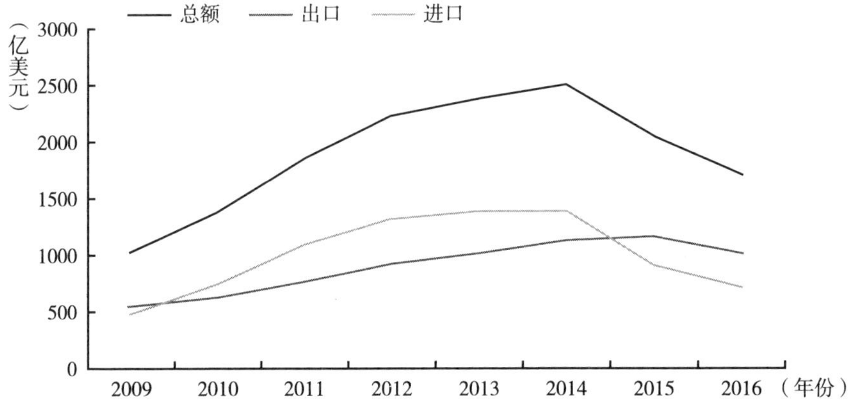

图 2.1　2009 ~ 2016 年中国与阿拉伯国家贸易情况

分类依据：HS2007。

数据来源：WITS 数据库。

特点，也说明中国与阿拉伯国家彼此构成了对方重要的经济和贸易合作伙伴。第二，这 7 年间，中阿双边贸易基本上是阿方顺差，中方逆差，这一状况在 2015 年才有了逆转，2015 年、2016 年连续两年中国对阿拉伯国家贸易出现顺差。第三，中阿双边贸易达到历史最好水平的年份是 2014 年，双边贸易额为 2509.8 亿美元。第四，2015 年中阿双边贸易出现明显大幅下滑，下降了 18.2%，2016 年延续了这一态势，又下降了 16.7 个百分点，并且没有出现迅速逆转的信号。

2.1.3　中国在阿拉伯国家的主要贸易伙伴情况

由表 2.3 可知，中国在阿拉伯国家中的第一大贸易伙伴是沙特，贸易额为 423 亿美元，排名第二的是阿联酋，贸易额为 401 亿美元，阿曼、科威特、卡塔尔分别位居第四、第六和第八位，贸易额分别为 142 亿美元、94 亿美元和 55 亿美元。在贸易平衡方面，2016 年，中国对沙特、伊拉克、阿曼、科威特、卡塔尔 5 国的贸易为逆差，而中国对阿联酋、埃及、阿尔及利亚、摩洛哥和约旦 5 国的贸易为顺差。与 2015 年相比，2016 年摩洛哥与中国的贸易额迅猛增长，跻身与中国贸易额排名前 10 的阿拉伯国家，取代了苏丹，成为中国在阿拉伯国家中的第九大贸易伙伴。

表 2.3　2016 年中国在阿拉伯国家的主要贸易伙伴情况

序号	国家	金额（亿美元）			同比增长（%）		
		进出口	出口	进口	进出口	出口	进口
1	沙特	423	187	236	−18.1	−13.7	−21.3
2	阿联酋	401	301	100	−17.5	−18.8	−13.2
3	伊拉克	182	75	107	−11.5	−4.6	−15.9
4	阿曼	142	22	120	−17.3	1.5	−20.0
5	埃及	110	104	6	−14.7	−12.7	−39.7
6	科威特	94	30	64	−16.8	−20.5	−15.0
7	阿尔及利亚	80	77	3	−4.4	0.9	−56.7
8	卡塔尔	55	15	40	−19.8	−33.4	−13.0
9	摩洛哥	37	31	6	6.2	6.3	6.1
10	约旦	32	30	2	−14.7	−13.7	−26.6

分类依据：HS2007。

数据来源：UN Comtrade Database 计算整理得出。

注：阿拉伯国家中，海湾合作委员会简称海合会，包括沙特、阿联酋、阿曼、科威特、卡塔尔、巴林 6 国。

2016 年，与中国贸易额排名前 10 的阿拉伯国家中，五个都是海合会成员国。2016 年，中国与海合会国家的双边贸易额为 1124 亿美元，在中阿双边贸易额中占比为 65.71%。与 2015 年相比，中国与海合会国家的双边贸易额减少了 246 亿美元，占比下降了 1.01 个百分点。总体上看，中国与海合会国家的双边贸易额和占比虽均有所下降，但降幅不大。

2.1.4 中阿贸易的主要商品

由图 2.2 可知，2016 年，中国向阿拉伯国家出口的主要商品中，居第一位的是机械与电气设备，居第二位的是纺织品，居第三位至第七位的商品依次是金属及其制品、杂项制品、塑料与橡胶制品、石料与玻璃制品和

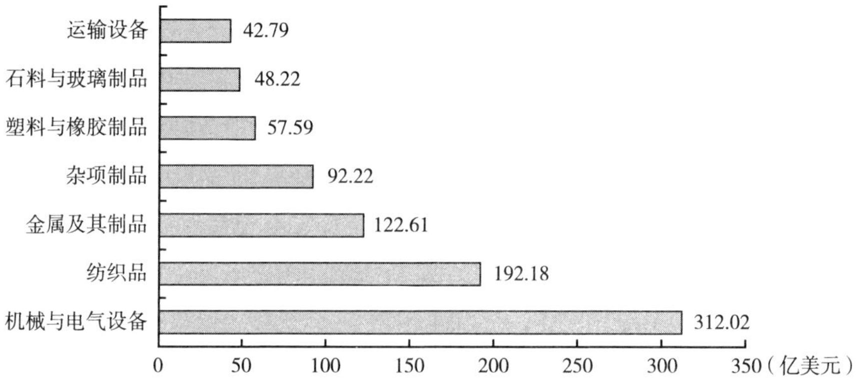

图 2.2 2016 年中国向阿拉伯国家出口的主要商品构成

分类依据：HS2007。

数据来源：WITS 数据库计算整理得出。取出口额大于 40 亿美元的商品种类。

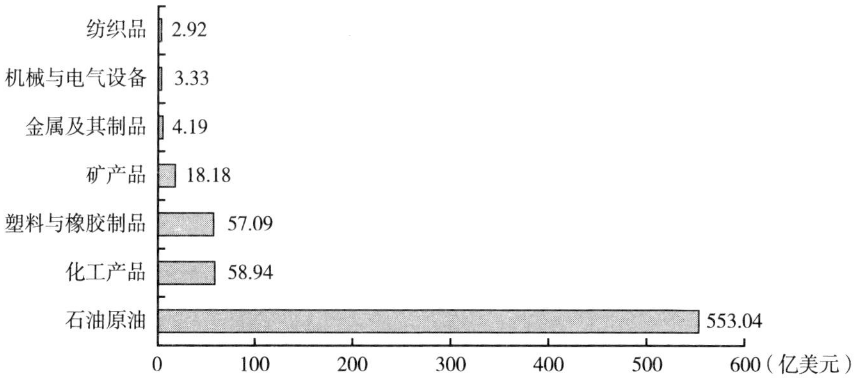

图 2.3 2016 年中国自阿拉伯国家进口的主要商品构成

分类依据：HS2007。

数据来源：WITS 数据库计算整理得出。

注：石油原油包含编码 27 的所有商品，以石油原油为主。

运输设备。与 2015 年相比，出口的主要商品构成中，第五位商品塑料与橡胶制品、第六位商品石料与玻璃制品排名顺序发生了变换，其他商品构成排序没有变化。而中国自阿拉伯国家进口的商品还主要集中在石油原油领域。中国自阿拉伯国家进口的主要商品中，居第一位的是石油原油，以下依次是化工产品、塑料与橡胶制品、矿产品等（见图 2.3）。

由表 2.4 和图 2.4 可知，原油贸易是中阿双方贸易依存度最高的商品，在中阿双边贸易中占有较大的比重。2016 年，中国从阿拉伯国家进口原油 473.04 亿美元，占中国当年进口原油总额的 40.55%，占中国自阿拉伯国家进出口总额的 27.66%，占中国自阿拉伯国家进口总额的 67.23%。

表 2.4 2016 年中国石油原油（HS2709 类商品）自阿拉伯国家进口情况

排名	进口来源国	进口金额（亿美元）	占该商品总进口额的比重（%）
1	沙特	155.69	13.35
2	阿曼	111.48	9.56
3	伊拉克	106.60	9.14
4	科威特	48.29	4.14
5	阿联酋	38.62	3.31
6	利比亚	3.45	0.30
7	苏丹	3.38	0.29
8	埃及	2.53	0.22
9	卡塔尔	1.57	0.13
10	也门	1.43	0.12
合计		473.04	40.55

分类依据：HS2007。

数据来源：UN Comtrade Database 计算整理得出。

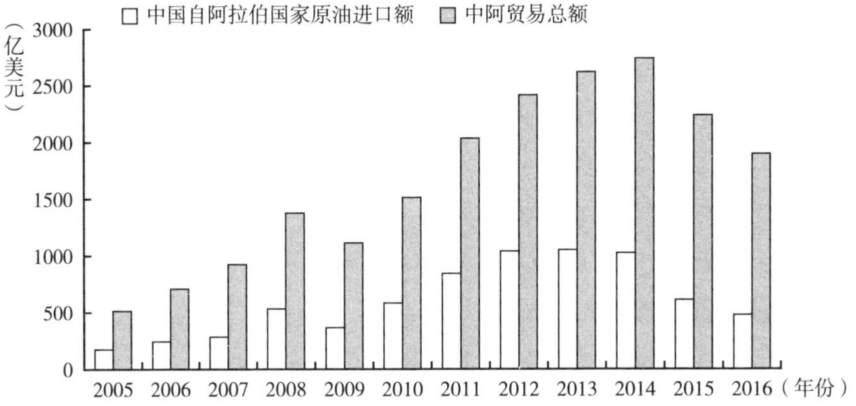

图 2.4　2005 ~ 2016 年中国与阿拉伯国家间原油贸易情况

分类依据：HS2002。

数据来源：WITS 数据库。

第一，整体来看，2016 年中国自阿拉伯国家进口的石油原油金额、占中国当年进口原油总额比重及占中国自阿拉伯国家进出口总额的比重均出现下降。其中，进口的石油原油金额降幅最大。与 2015 年相比，降幅高达 25.7%，其他分别下降了 6.84 个百分点和 3.34 个百分点。第二，2016 年中阿双方石油原油贸易下降最快的国家是沙特。2016 年中国自沙特进口的石油原油金额为 155.69 亿美元，相比 2015 年的 207.76 亿美元，减少了 52.07 亿美元；2016 年中国自沙特进口的石油原油占中国当年进口原油总额的比重为 13.35%，相比 2015 年的 15.47%，下降了 2.12 个百分点。其次是苏丹，2016 年中国自苏丹进口的石油原油金额为 3.38 亿美元，相比 2015 年的 28.81 亿美元，减少了 25.43 亿美元；2016 年中国自苏丹进口的石油原油占中国当年进口原油总额的比重为 0.29%，相比 2015 年的 2.14%，下降了 1.85 个百分点。第三，2016 年中国自卡塔尔进口的石油原油金额及占中国自阿拉伯国家进口石油原油总额的比重均出现了上升，分别上升了 0.49 亿美元和 0.05 个百分点。

2.2　阿拉伯国家区域内和区域外贸易流动

2.2.1　研究对象

本节将比较有关国家的贸易流动情况，分析中国同阿拉伯国家及其他贸易伙伴之间的进出口贸易流量和流向模式，从总量上考察贸易依存度的高低。就区域贸易合作对象而言，选取了沙特、阿联酋、科威特、阿曼、卡塔尔、巴林、阿尔及利亚、埃及、伊拉克和摩洛哥10个阿拉伯贸易伙伴国家以及中国、东亚、南亚、欧盟和美国作为研究对象。

2.2.2　贸易流量、流向及其特征

第一，2016年，中国主要的出口市场依次是美国、欧盟、东亚和南亚；中国主要进口市场依次是东亚和南亚、欧盟、美国。与2015年相比，排名顺序虽然没有发生变化，但是出口额和进口额却均出现了下降。第二，2016年，在阿拉伯国家中，中国最主要的出口目的国是阿联酋（300.7亿美元）和沙特（186.5亿美元），埃及（104.4亿美元）、阿尔及利亚（76.5亿美元）和伊拉克（75.5亿美元）分别位列第三、第四和第五；中国主要进口国是沙特（236.3亿美元）、阿曼（120.4亿美元）、伊拉克（106.6亿美元，2015年位列第三的是阿联酋）。第三，2016年，沙特的第一大出口国是中国（236.3亿美元），第二大出口市场是东亚和南亚（92.0亿美元）。与2015年相比，排名顺序发生了变化。2016年，沙特的第一大进口市场是东亚和南亚（377.0亿美元），其次是欧盟（301.8亿美元）。阿联酋、科威特的第一大出口国均是中国（分别为99.9亿美元、63.7亿美元），第二大出口市场是东亚和南亚（分别为93.3亿美元、14.2亿美元）；阿曼的第一大出口市场是东亚和南亚（131.8亿美元），第二大出口国是中国（120.4亿美元）；卡塔尔的第一大出口市场是东亚和南亚（326.3亿美元），第二大出口市场是欧盟（57.2亿

美元）；巴林的第一大出口市场是东亚和南亚（22.3 亿美元，2015 年为沙特），第二大出口国是美国（13.7 亿美元，2015 年为阿联酋）；阿尔及利亚的第一大出口市场是欧盟（172.0 亿美元），第二大出口国是美国（38.7 亿美元）；埃及的第一大出口国是阿联酋（399.8 亿美元，2015 年为欧盟），第二大出口市场是欧盟（58.1 亿美元，2015 年为沙特）；伊拉克的第一大出口国是中国（106.6 亿美元），第二大出口国是美国（63.2 亿美元）；摩洛哥的第一大出口市场是欧盟（148.1 亿美元），第二大出口市场是东亚和南亚（16.3 亿美元）（如表 2.5 所示）。

由表 2.5 和表 2.6 可以看出，2016 年，阿拉伯 10 个国家中，最大的出口国为埃及，货物出口贸易额达到 528.6 亿美元（2015 年为沙特），最大的进口国为阿联酋，货物进口贸易额达到 1984.4 亿美元；双边贸易额最大的伙伴国为阿联酋和伊拉克（2015 年为阿联酋和沙特），其次为阿联酋和沙特（2015 年为阿联酋和阿曼）。阿曼、卡塔尔、埃及对其他阿拉伯国家的出口额大于进口额，沙特、阿联酋、科威特、巴林、阿尔及利亚、伊拉克和摩洛哥对其他阿拉伯国家的出口额小于进口额。

2.3 中阿贸易依存度

2.3.1 指标说明

目前，国内外许多专家在分析国际贸易相互依存程度和国际市场联系程度，或一个国家经济的对外开放程度以及对外贸易的依赖性，或区域间贸易市场一体化程度时，最常使用的就是贸易依存度这一指标。贸易依存度也被称为“相互依存度”，按国际通行的定义，它是指一个国家对外贸易额在该国国民收入或国内生产总值（GDP）中所占的比重。为了使横向比较更具有一定的可信度、科学性和可比性，本节使用以下界定方法，即贸易依存度是指一定时期（一般为一个年度）内 A 国与 B 国的贸易量（进口加出口）除以 A 国对世界的贸易总量再乘以 100%。从

表 2.5　2016 年中国与阿拉伯 10 国及其他贸易伙伴之间的货物贸易额

单位：亿美元

到＼从	中国	沙特	阿联酋	科威特	阿曼	卡塔尔	巴林	阿尔及利亚	埃及	伊拉克	摩洛哥	东亚和南亚	美国	欧盟
中国	—	236.3	99.9	63.7	120.4	40.1	0.6	3.3	5.5	106.6	5.5	3256.5	1351.2	2079.8
沙特	186.5	—	69.3	4.3	10.2	3.2	13.5	0.1	19.3	0.1	2.0	377.0	173.4	301.8
阿联酋	300.7	44.74	—	9.2	24.3	5.8	9.1	0.1	399.8	17.1	1.3	566.6	205.9	399.8
科威特	30.0	17.6	14.1	—	2.1	0.9	3.1	0.0	4.2	0.0	0.3	100.1	29.5	70.7
阿曼	21.5	8.0	28.1	1.4	—	2.2	1.6	0.0	1.2	0.5	0.0	30.3	7.7	18.0
卡塔尔	15.2	16.6	14.9	1.8	2.4	—	3.2	0.0	3.3	0.0	0.3	74.9	46.1	90.6
巴林	7.9	15.5	8.6	1.1	0.7	2.1	—	0.0	0.8	0.0	0.1	31.8	12.8	22.3
阿尔及利亚	76.5	5.5	2.1	0.1	0.2	0.4	1.2	—	4.8	0.0	2.7	109.7	23.2	224.2
埃及	104.4	15.3	29.9	0.6	0.5	11.1	2.0	2.9	—	5.2	3.7	128.1	31.0	187.3
伊拉克	75.5	4.0	20.1	2.7	7.6	0.6	0.4	0.0	3.9	—	0.2	104.4	11.8	39.1
摩洛哥	30.8	3.4	1.9	0.1	0.1	0.5	0.8	5.0	3.3	0.0	—	43.5	26.6	231.6
东亚和南亚	3222.1	92.0	93.3	14.2	131.8	326.3	22.3	12.1	14.3	0.0	16.3	—	2707.9	3824.3
美国	3856.8	12.9	15.2	1.3	8.1	6.8	13.7	38.7	10.1	63.2	8.0	6312.4	—	4247.5
欧盟	3383.1	45.8	29.9	2.0	4.3	57.2	5.4	172.0	58.1	0.0	148.1	5153.9	2330.5	—

分类依据：HS2007。

数据来源：UN Comtrade Database、UNTCAD Database。

注：表中的东亚有 5 国，包括中国、日本、朝鲜、韩国和蒙古国；南亚有 7 国，包括巴基斯坦、印度、尼泊尔、不丹、孟加拉国、斯里兰卡和马尔代夫。

表 2.6　2016 年中国与阿拉伯 10 国及其他贸易伙伴之间的货物贸易总额

单位：亿美元

国家（区域）	出口总额	进口总额
中国	11311.0	7369.4
沙特	517.6	1160.7
阿联酋	427.3	1984.4
科威特	102.5	272.6
阿曼	312.7	120.5
卡塔尔	457.2	269.3
巴林	76.9	103.6
阿尔及利亚	234.2	450.6
埃及	528.6	521.9
伊拉克	192.7	270.3
摩洛哥	188.5	347.6
东亚和南亚	16289.2	10476.9
美国	6957.6	14594.7
欧盟	11737.0	11390.3

注：表中的出口总额即表 2.5 的纵列之和，表示各个国家（区域）对其他国家（区域）的出口总额；表中的进口总额即表 2.5 的横行之和，表示各个国家（区域）对其他国家（区域）的进口总额。

理论上说，通过对贸易依存度的观察，可以对宏观经济走势以及与区域间的经济联系进行更有效的分析，能更准确地分析区域经济贸易的发展情况和国际贸易活跃度；另外，贸易依存度，能够直观反映区域间贸易市场一体化变动程度和发展趋势。

2.3.2　中阿总体贸易依存度情况

由图 2.5 可知，2005 ~ 2016 年，中国对阿拉伯国家的总体贸易依存度由 2005 年的 3.82% 上升至 2016 年的 5.16%，呈上升趋势，但就具体情况而言有所波动。2005 ~ 2008 年贸易依存度增长较快，由 3.82% 增长至 5.57%，共增加 1.75 个百分点，年平均增长 0.58 个百分点。2008 ~ 2010 年，受全

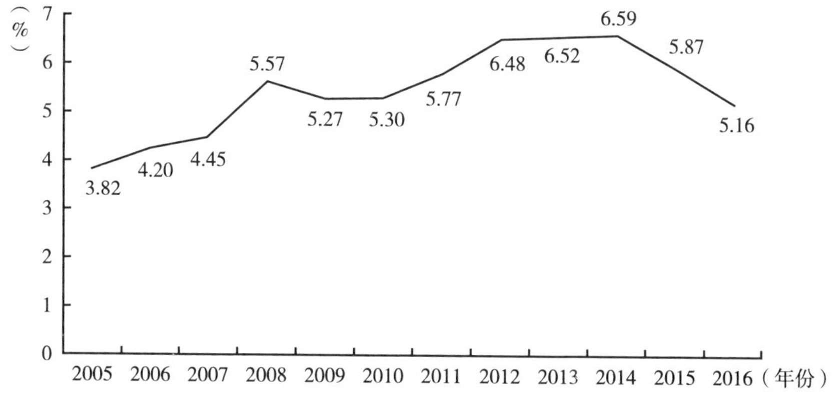

图 2.5　2005 ~ 2016 年中国对阿拉伯国家贸易依存度

分类依据：HS2002。

数据来源：WITS 数据库计算整理得出。

注：A 国对 B 国的贸易依存度的计算方法为 A 与 B 的贸易量（进口加出口）除以 A 对世界的贸易总量再乘以 100%。

球金融危机的影响，贸易依存度持续下滑。2011 年出现回升，2014 年上升到最高点，达 6.59%。近两年受全球油价下跌影响，中阿进出口贸易额快速下降，贸易依存度也出现了下滑，2016 年降至 5.16%。

由图 2.6 可知，2005 ~ 2016 年，阿拉伯国家对中国的总体贸易依存度由 2005 年的 3.86% 上升至 2016 年的 7.30%，呈上升趋势，但就具体情况而言有所波动。2005 ~ 2013 年，阿拉伯国家对中国的贸易依存度一直呈现稳步增长的态势，共增加 2.11 个百分点，年平均增长 0.26 个百分点。2014 年贸易依存度增长最为迅猛，达 7.99%，与 2013 年的 5.97% 相比增加 2.02 个百分点。2015 ~ 2016 年，阿拉伯国家对中国的总体贸易依存度连续出现了下降，2016 年比 2015 年下降了 0.24 个百分点。

由图 2.5 和图 2.6 可知，2005 ~ 2016 年阿拉伯国家对中国的总体贸易依存度要比中国对阿拉伯国家的总体贸易依存度高一些。这与中阿贸易互补性非常强的现实是相匹配的。

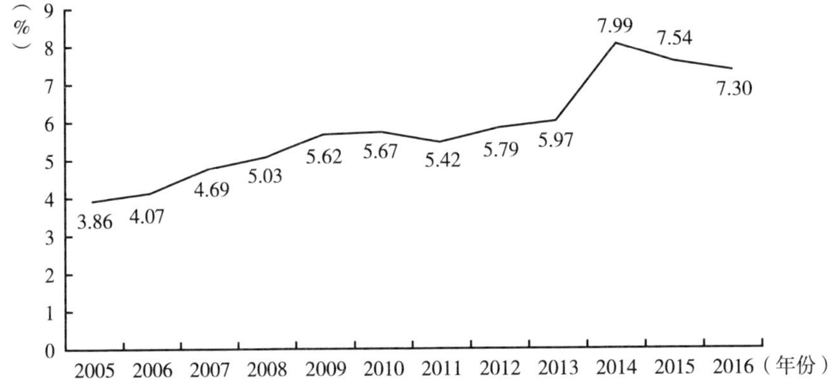

图 2.6　2005 ~ 2016 年阿拉伯国家对中国贸易依存度

分类依据：HS2002。

数据来源：WITS 数据库计算整理得出。

2.3.3　中国与10个阿拉伯贸易伙伴国家的贸易依存关系及其特征

由表 2.7 可知，第一，2016 年，10 个阿拉伯国家中，中国与沙特的贸易依存度最高（1.15%），其后依次是阿联酋（1.09%）、阿曼（0.38%）、埃及（0.30%）、科威特（0.25%）、阿尔及利亚（0.22%）和卡塔尔（0.15%）等；贸易依存度最低的 3 个国家分别是巴林（0.02%）、利比亚（0.04%）和摩洛哥（0.10%）。第二，与 2015 年相比，2016 年中国与 10 个阿拉伯国家的贸易依存度呈现出 1 升 8 降 1 平的特点。贸易依存度出现提升的国家是摩洛哥，增幅为 11.11%；出现大幅下降的八个国家，分别有利比亚（降幅达 42.86%）、巴林（降幅达 33.33%）、卡塔尔（降幅达 16.67%）、沙特（降幅达 15.44%）、阿曼（降幅达 14.56%）、阿联酋（降幅达 14.17%）、科威特（降幅达 13.79%）和埃及（降幅达 11.76%）；阿尔及利亚的贸易依存度没有发生变化。第三，2011 ~ 2016 年这 6 年间，中国与埃及、阿尔及利亚的贸易依存度呈现稳步提升态势。中国与埃及的贸易依存度由 2011 年的 0.25% 提升到 2016 年的 0.30%，共增长了 20%；中国与阿尔及利亚的贸易依存度由 2011 年的 0.18% 提升到 2016 年的 0.22%，共增长了 22.22%。第四，2011 ~ 2016 年这 6 年间，中国阿拉伯国家贸易依存度出现大幅下降的 5 个国家均为海合会国家。其中，中国与沙特的贸易依存度连续 4 年下降，6 年间共下降了 37.16%，出现大幅下滑态势。第五，中国与 10 个阿拉伯贸易伙伴国家的贸易依存度都还很低，而且与各国贸易依存度的差异较大，这表明中国与这些国家之间的贸易发展潜力巨大，有待我们去开拓、去发展，提升相互间的贸易水平。

表 2.7　2011 ~ 2016 年中国与阿拉伯国家贸易依存度

单位：%

年份 国家	2011	2012	2013	2014	2015	2016
沙特	1.83	1.98	1.80	1.66	1.36	1.15
阿联酋	1.00	1.09	1.16	1.32	1.27	1.09
科威特	0.32	0.34	0.31	0.32	0.29	0.25
阿曼	0.45	0.50	0.57	0.62	0.45	0.38
卡塔尔	0.17	0.23	0.25	0.25	0.18	0.15
巴林	0.03	0.04	0.04	0.03	0.03	0.02
阿尔及利亚	0.18	0.20	0.20	0.21	0.22	0.22
埃及	0.25	0.26	0.26	0.28	0.34	0.30
利比亚	0.08	0.24	0.12	0.07	0.07	0.04
摩洛哥	0.10	0.10	0.09	0.08	0.09	0.10

分类依据：HS2002。

数据来源：UN Comtrade Database、UNTCAD Database。

2.4　贸易品依存度

本节我们以 2016 年数据为基础，选取了前六种贸易商品——机械与电气设备（HS84-85）、化工产品（HS28-38）、金属及其制品（HS72-83）、纺织品（HS50-63）、塑料与橡胶制品（HS39-40）和石油（HS27），计算阿拉伯国家这些贸易品对世界主要国家和地区（中国、中国港澳台地区、东亚、南亚、东南亚、西亚、中亚、亚洲、欧盟 27 国、北美自贸区）的贸易依存度，来考察中国与阿拉伯国家间的主要贸易产品依存度的变化情况，分析贸易依存关系。

2.4.1 阿拉伯国家机械与电气设备贸易对主要区域的贸易依存度

由表 2.8 可知，第一，在所考察的时间区间内，阿拉伯国家机械与电气设备贸易依存度最高的地区均为亚洲，其后依次为欧盟 27 国、中国和北美自贸区。第二，与 2015 年相比，2016 年阿拉伯国家机械与电气设备贸易依存度有升有降有持平。阿拉伯国家机械与电气设备贸易对欧盟 27 国的贸易依存度由 2015 年的 32.42% 提升到 2016 年的 33.83%，增长了 1.41 个百分点；对西亚 20 国的贸易依存度由 2015 年的 8.06% 提升到 2016 年的 8.47%，增长了 0.41 个百分点；对南亚 7 国的贸易依存度由 2015 年的 1.90% 提升到 2016 年的 1.96%，增长了 0.06 个百分点；对亚洲的贸易依存度由 2015 年的 49.00% 下降到 2016 年的 47.80%，下降了 1.20 个百分点；对北美自贸区的贸易依存度由 2015 年的 13.93% 下降到 2016 年的 13.42%，下降了 0.51 个百分点；对中国的贸易依存度由 2015 年的 23.41% 下降到 2016 年的 23.38%，下降了 0.03 个百分点。第三，2012 ~ 2016 年，阿拉伯国家机械与电气设备贸易依存度经历了此消彼长的变化。以 2015 年为例，阿拉伯国家机械与电气设备贸易对亚洲的贸易依存度由 2014 年的 53.31% 下降到 2015 年的 49.00%，下降了 4.31 个百分点；对中国的贸易依存度由 2014 年的 26.81% 下降到 2015 年的 23.41%，下降了 3.4 个百分点；与此相反的是，对欧盟 27 国的贸易依存度由 2014 年的 28.35% 提升到 2015 年的 32.42%，增长了 4.07 个百分点；对北美自贸区的贸易依存度由 2014 年的 12.78% 提升到 2015 年的 13.93%，增长了 1.15 个百分点。

表 2.8　2012 ~ 2016 年阿拉伯国家对主要区域的贸易依存度（机械与电气设备）

单位：%

地区＼年份	2012	2013	2014	2015	2016
中国	23.18	24.19	26.81	23.41	23.38
中国港澳台地区	0.08	0.10	0.12	0.16	0.14
东亚	33.46	33.04	35.45	31.83	30.70
南亚	2.81	2.80	1.95	1.90	1.96
东南亚	0.09	0.10	0.09	0.07	0.07
西亚	5.50	6.18	6.52	8.06	8.47
中亚	0.02	0.02	0.04	0.03	0.03
亚洲[a]	50.30	51.62	53.31	49.00	47.80
北美自贸区[b]	12.87	13.65	12.78	13.93	13.42
欧盟 27 国	31.77	29.53	28.35	32.42	33.83

分类依据：HS2012。

数据来源：WITS 数据库。

注：阿拉伯国家对 X 地区的贸易依存度的计算方法为阿拉伯国家与 X 地区的贸易量（进口加出口）除以阿拉伯国家对世界的贸易总量再乘以 100%。

a. 亚洲包括东亚 5 国，南亚 7 国，中亚 5 国（哈萨克斯坦、乌兹别克斯坦、土库曼斯坦、塔吉克斯坦和吉尔吉斯斯坦），东南亚 11 国（越南、老挝、泰国、缅甸、柬埔寨、菲律宾、文莱、东帝汶、印度尼西亚、马来西亚和新加坡），西亚 20 国（阿富汗、伊朗、伊拉克、科威特、巴林、卡塔尔、阿联酋、阿曼、也门、沙特、叙利亚、约旦、以色列、黎巴嫩、土耳其、巴勒斯坦、塞浦路斯、阿塞拜疆、格鲁吉亚和亚美尼亚）等 48 个国家以及中国香港、中国台湾和中国澳门 3 个地区。

b. 北美自贸区包括美国、加拿大和墨西哥 3 国。

2.4.2　阿拉伯国家化工产品贸易对主要区域的贸易依存度

由表 2.9 可知，第一，在考察的时间区间内，亚洲是阿拉伯国家化工产品贸易最主要的贸易伙伴，排名第二的是欧盟 27 国，北美自贸区和中国分别位列第三和第四名。第二，与 2015 年相比，2016 年阿拉伯国家化工产品贸易依存度也是有升有降。阿拉伯国家化工产品贸易对欧盟 27 国的贸易依存度由 2015 年的 32.83% 提升到 2016 年的 33.85%，增长了 1.02 个百分点；对北美自贸区的贸易依存度由 2015 年的 8.54% 提升到 2016 年的 9.17%，增长了 0.63 个百分点；对亚洲的贸易依存度由 2015 年的 43.00% 下降到 2016 年的 41.00%，下降了 2.00 个百分点；对中国的贸易依存度由 2015 年的 9.27% 下降到 2016 年的 7.73%，下降了 1.54 个百分点。

表 2.9　2012 ~ 2016 年阿拉伯国家对主要区域的贸易依存度（化工产品）

单位：%

地区＼年份	2012	2013	2014	2015	2016
中国	11.11	10.53	9.89	9.27	7.73
中国港澳台地区	0.40	0.06	0.07	0.16	0.18
东亚	15.52	15.25	13.94	12.36	10.32
南亚	8.52	8.68	9.08	9.54	9.27
东南亚	5.82	6.35	5.97	4.67	4.04
西亚	14.64	15.83	16.17	16.41	17.18
中亚	0.04	0.04	0.04	0.02	0.01
亚洲	44.88	46.19	45.20	43.00	41.00
北美自贸区	8.86	8.88	7.77	8.54	9.17
欧盟 27 国	32.22	29.95	32.06	32.83	33.85

分类依据、数据来源和注同表 2.8。

2.4.3　阿拉伯国家金属及其制品贸易对主要区域的贸易依存度

由表 2.10 可知，第一，就考察的几个年份来看，阿拉伯国家金属及其制品贸易对亚洲的贸易依存度较大，均超过 55%，最高接近 59%。这体现了阿拉伯国家金属及其制品贸易对亚洲经济的高度依赖。对北美自贸区的贸易依存度最小，就考察的几个年份来看，均不超过 7%，最低仅为 4.16%。第二，与 2015 年相比，2016 年阿拉伯国家金属及其制品贸易依存度虽然有升有降，但是升多降少。具体表现为对北美自贸区、欧盟 27 国和中国的贸易依存度均有提升，而对亚洲的贸易依存度略有下降。这一特征与阿拉伯国家机械与电气设备和化工产品贸易依存度此消彼长的年度变化情况有所不同。第三，2012 ~ 2016 年，阿拉伯国家金属及其制品的贸易对其他经济体的贸易依存度波动较平缓，未出现较大起伏。以 2016 年为例，阿拉伯国家金属及其制品对亚洲、欧盟 27 国和中国的贸易依存度分别由 2015 年的 56.59%、22.41% 和 12.34% 发展到 2016 年的 56.23%、22.53% 和 12.81%，依次下降 0.36 个百分点，提升 0.12 个百分点和 0.47 个百分点；对北美自贸区的贸易依存度由 2015 年的 5.40% 上升到 2016 年的 6.44%，提升了 1.04 个百分点。总体来看，变动幅度较小。

表 2.10　2012 ~ 2016 年阿拉伯国家对主要区域的贸易依存度（金属及其制品）

单位：%

地区＼年份	2012	2013	2014	2015	2016
中国	10.96	9.81	11.60	12.34	12.81
中国港澳台地区	0.03	0.07	0.04	0.06	0.05
东亚	22.23	18.88	19.96	20.60	20.35
南亚	6.26	6.21	5.65	5.07	5.98
东南亚	3.05	2.69	2.77	3.62	3.66
西亚	24.77	31.13	26.82	27.28	25.98
中亚	0.28	0.07	0.10	0.18	0.22
亚洲	56.58	58.99	55.31	56.59	56.23
北美自贸区	4.16	4.93	5.70	5.40	6.44
欧盟 27 国	21.49	19.46	20.94	22.41	22.53

分类依据、数据来源和注同表 2.8。

2.4.4　阿拉伯国家纺织品贸易对主要区域的贸易依存度

由表 2.11 可知，第一，就考察的几个年份来看，亚洲是阿拉伯国家纺织品贸易方面最主要的贸易伙伴，其贸易依存度均超过 54%，最高接近 63%。2014 年及以前各年，排名第二的是中国，其贸易依存度均在 28% 以上。但是 2015 年，阿拉伯国家纺织品贸易对亚洲的贸易依存度大幅下降了 5.08 个百分点；相反，对欧盟 27 国纺织品的依赖程度大涨 6.29 个百分点，直接导致欧盟 27 国纺织品贸易不仅反超中国，而且和中国的差距很大，高达 4.66 个百分点。这使得阿拉伯国家纺织品贸易方面主要的伙伴排名发生了变化，欧盟 27 国取代中国成为阿拉伯国家纺织品贸易的第二大重要的伙伴。中国在传统市场的份额丢失值得更深入研究。第二，与 2015 年相比，2016 年阿拉伯国家纺织品贸易依存度也是有升有降，而且呈现出此消彼长的态势。阿拉伯国家纺织品贸易对欧盟 27 国的贸易依存度由 2015 年的 29.97% 提升到 2016 年的 31.81%，增长了 1.84 个百分点；相反，对北美自贸区的贸易依存度由 2015 年的 8.39% 下降到 2016 年的 7.68%，下降了 0.71 个百分点；对亚洲的贸易依存度由 2015 年的 55.89% 下降到 2016 年的 54.06%，下降了 1.83 个百分点；对中国的贸易依存度由 2015 年的 25.31% 下降到 2016 年的 23.76%，下降了 1.55 个百分点。第三，2012 ~ 2016 年，阿拉伯国家纺织品贸易依存度波动较为明显。

表 2.11　2012 ~ 2016 年阿拉伯国家对主要区域的贸易依存度（纺织品）

单位：%

年份 地区	2012	2013	2014	2015	2016
中国	28.09	28.68	28.43	25.31	23.76
中国港澳台地区	19.59	18.15	21.62	18.97	15.99
东亚	32.12	32.47	31.21	27.83	25.96
南亚	13.35	14.06	13.03	11.34	11.02
东南亚	5.26	5.38	5.05	4.33	4.34
西亚	9.46	10.18	11.22	12.34	12.55
中亚	0.23	0.24	0.26	0.03	0.03
亚洲	60.61	62.51	60.97	55.89	54.06
北美自贸区	6.61	6.29	8.07	8.39	7.68
欧盟 27 国	26.22	24.97	23.68	29.97	31.81

分类依据、数据来源和注同表 2.8。

2.4.5　阿拉伯国家塑料与橡胶制品贸易对主要区域的贸易依存度

由表 2.12 可知，第一，在所考察的时间区间内，阿拉伯国家塑料与橡胶制品贸易依存度最高的地区均为亚洲，其后依次为欧盟 27 国、中国和北美自贸区。第二，与 2015 年相比，2016 年阿拉伯国家塑料与橡胶制品贸易依存度有升有降，总体变动幅度不大。阿拉伯国家塑料与橡胶制品贸易对亚洲的贸易依存度由 2015 年的 60.23% 提升到 2016 年的 61.35%，提升了 1.12 个百分点；对中国的贸易依存度由 2015 年的 12.58% 提升到 2016 年的 12.95%，提升了 0.37 个百分点；对欧盟 27 国的贸易依存度由 2015 年的 22.17% 下降到 2016 年的 21.99%，下降了 0.18 百分点；对北美自贸区的贸易依存度由 2015 年的 4.60% 下降到 2016 年的 3.80%，下降了 0.80 个百分点。第三，2012 ~ 2016 年，阿拉伯国家塑料与橡胶制品贸易依存度经历了此消彼长的变化。以 2014 年为例，阿拉伯国家塑料与橡胶制品贸易对亚洲的贸易依存度由 2013 年的 62.44% 下降到 2014 年的 61.98%，下降了 0.46 个百分点；对中国的贸易依存度由 2013 年的 14.76% 下降到 2014 年的 13.71%，下降了 1.05 个百分点。与此相反的是，对欧盟 27 国的贸易依存度由 2013 年的 20.30% 提升到 2014 年的 20.36%，提升了 0.06 个百分点；对北美自贸区的贸易依存度由 2013 年的 3.78% 提升到 2014 年的 4.01%，提升了 0.23 个百分点。

表 2.12　2012 ~ 2016 年阿拉伯国家对主要区域的贸易依存度（塑料与橡胶制品）

单位：%

地区＼年份	2012	2013	2014	2015	2016
中国	14.49	14.76	13.71	12.58	12.95
中国港澳台地区	0.33	0.40	0.35	0.49	0.39
东亚	21.84	20.64	19.12	17.80	17.26
南亚	6.33	7.55	7.58	6.67	7.78
东南亚	12.78	11.27	11.63	10.46	10.58
西亚	22.17	22.56	23.31	24.98	25.30
中亚	0.05	0.03	0.02	0.03	0.03
亚洲	63.55	62.44	61.98	60.23	61.35
北美自贸区	3.63	3.78	4.01	4.60	3.80
欧盟 27 国	20.32	20.30	20.36	22.17	21.99

分类依据、数据来源和注同表 2.8。

2.4.6 阿拉伯国家石油贸易对主要区域的贸易依存度

由表2.13可知，第一，就考察的几个年份来看，阿拉伯国家石油贸易对亚洲的贸易依存度较大，对北美自贸区的贸易依存度最小。第二，与2015年相比，2016年阿拉伯国家石油贸易依存度虽然有升有降，但是升少降多。具体表现为对北美自贸区的贸易依存度提升，而对中国、欧盟27国和亚洲的贸易依存度均在下降。第三，阿拉伯国家石油贸易依存度变化，最为明显的是对亚洲的石油贸易。在2016年，对中国、欧盟27国和北美自贸区三个主要经济地区的贸易依存度，在阿拉伯国家石油贸易中所占的市场份额不足15%。

表2.13 2012～2016年阿拉伯国家对主要区域的贸易依存度（石油）

单位：%

地区＼年份	2012	2013	2014	2015	2016
中国	1.03	1.36	4.34	5.21	3.94
中国港澳台地区	0.01	5.94	0.002	0.004	0.001
东亚	1.26	9.74	14.16	12.56	9.77
南亚	0.70	2.21	2.92	2.61	2.44
东南亚	0.41	1.82	2.38	2.23	2.13
西亚	3.13	4.32	5.42	7.19	5.76
中亚	0.02	0.02	0.01	0.003	0.002
亚洲	7.22	18.77	23.66	22.60	20.10
北美自贸区	2.99	1.28	1.01	1.13	2.00
欧盟27国	8.99	8.08	7.88	10.04	8.36

分类依据、数据来源和注同表2.8。

第3章　中阿贸易结构

3.1　阿拉伯国家贸易结构

WITS 数据显示，2016 年阿拉伯国家[①]货物进出口总额达 13941 亿美元，其中出口额为 6861 亿美元，进口额为 7080 亿美元。如表 3.1 所示，2016 年阿拉伯国家主要的进口来源国为中国、美国、德国、印度和意大利，分别占当年阿拉伯国家进口货物市场份额的 11.07%、8.35%、5.73%、4.60% 和 3.90%，五国合计占阿拉伯国家当年进口货物总额的 1/3。阿拉伯国家主要的出口目的地依次是未作说明的其他亚洲国家和地区（占比 6.55%）、中国（占比 3.46%）、印度（占比 2.77%）、阿联酋（占比 2.67%）和日本（占比 2.12%），合计占阿拉伯国家 2016 年出口总额的 17.57%。中国是阿拉伯国家最大的货物贸易单一进口国和出口国（未作说明的其他亚洲国家和地区非国家概念），对阿拉伯国家的经济发展起到至关重要的作用。

如表 3.2 所示，2016 年阿拉伯国家主要进口商品是机械与电气设备、杂项制品、运输设备、石料与玻璃制品和金属及其制品，合计占当年进口份额的 65.86%。除石料与玻璃制品较上年出口额增长 8.70% 外，其余四大类商品出口额普遍较上年出口额大幅下降，降幅区间为 8%~13%。在出口方

① 本章中的阿拉伯国家特指阿尔及利亚、巴林、埃及、伊拉克、约旦、科威特、黎巴嫩、毛里塔尼亚、摩洛哥、阿曼、卡塔尔、沙特阿拉伯、突尼斯、阿联酋、也门、苏丹和利比亚 17 个国家，巴勒斯坦、叙利亚等国家和地区因缺少数据未列入统计范围。

表 3.1　2016 年阿拉伯国家进出口主要贸易伙伴国

	国家地区名称	市场份额（%）
阿拉伯国家主要的进口来源国	中国	11.07
	美国	8.35
	德国	5.73
	印度	4.60
	意大利	3.90
合计		33.65
阿拉伯国家主要的出口目的地	未作说明的其他亚洲国家和地区	6.55
	中国	3.46
	印度	2.77
	阿联酋	2.67
	日本	2.12
合计		17.57

数据来源：WITS 数据库。

面，2016 年阿拉伯国家主要出口商品为燃料、杂项制品、化工产品、石料与玻璃制品以及塑料与橡胶制品，五项商品合计占当年出口份额的 86.26%。其中，仅燃料类商品的出口额（较上年减少了 8.76%）就占全部出口额的一半以上，说明虽受国际油价低迷影响，石油能源贸易额有所萎缩，但在阿拉伯国家的出口贸易中占据主导地位。

表 3.2　2016 年阿拉伯国家进出口贸易主要五大类商品

主要五大类进口商品					
HS 编码	商品大类	2016 年（百万美元）	2015 年（百万美元）	同比（%）	占比（%）
84 ~ 85	机械与电气设备	271725	297890	−8.78	19.22
90 ~ 99	杂项制品	228392	260943	−12.47	16.16

续表

主要五大类进口商品					
HS 编码	商品大类	2016 年（百万美元）	2015 年（百万美元）	同比（%）	占比（%）
86 ~ 89	运输设备	178262	195101	-8.63	12.61
68 ~ 71	石料与玻璃制品	139280	128138	8.70	9.85
72 ~ 83	金属及其制品	113143	124521	-9.14	8.01
合计		930803	1006593	-7.53	65.86
主要五大类出口商品					
HS 编码	商品大类	2016 年	2015 年	同比	占比
27 ~ 27	燃料	703231	770774	-8.76	51.31
90 ~ 99	杂项制品	306815	361922	-15.23	22.39
28 ~ 38	化工产品	59508	70033	-15.03	4.34
68 ~ 71	石料与玻璃制品	58788	50345	16.77	4.29
39 ~ 40	塑料与橡胶制品	53914	50158	7.49	3.93
合计		1182256	1303232	-9.28	86.26

数据来源：WITS 数据库。

3.2　中国与阿拉伯国家的贸易发展情况

WITS 数据显示，近年来，中国与阿拉伯国家保持着紧密的贸易伙伴关系，是阿拉伯国家最大货物贸易进口国和第二大贸易出口国。2016 年中国与阿拉伯国家间的货物进出口贸易总值为 1674.5 亿美元，占中国当年货物贸易总额的 4.54%，较 2015 年中阿货物贸易总值 1991 亿美元下降了 15.9%。其中，阿拉伯国家对华出口额由 2015 年的 1116 亿美元下降至 2016 年的 971 亿美元，下滑 13 个百分点；对华进口额由 875 亿美元（2015 年）降至 703 亿美元（2016 年），跌幅达 19.6%。

如图 3.1 所示，2016 年中国与阿拉伯国家间的货物贸易主要集中在沙特（总贸易额约 423 亿美元）、阿联酋（约 401 亿美元）、伊拉克（约 182 亿美元）、阿曼（约 141 亿美元）和埃及（约 110 亿美元）。上述五国对华贸易额占阿拉伯国家当年对华贸易总量的 75.1%，而其余 12 个阿拉伯国家的对华贸易额的占比不足 25%。这表明由于阿拉伯各国经济体量和地区发展的不均衡，中阿贸易主要发生在人口数量较大（沙特阿拉伯、埃及等五国约占阿拉伯国家人口的 45%[①]）、能源与矿产资源较为丰富（沙特、伊拉克）及政治局势相对稳定的国家；而中国与科威特等其他阿拉伯国家的贸易规模均未超过 100 亿美元，中国与阿拉伯国家的贸易合作仍存在较大提升空间。此外，2016 年海合会国家（沙特、阿联酋、阿曼、卡塔尔、科威特和巴林六个国家）与中国的贸易额达到 1123 亿美元，占阿拉伯国家对华贸易额的近 2 /3，在阿拉伯地区对华贸易中起到了主导性的作用。

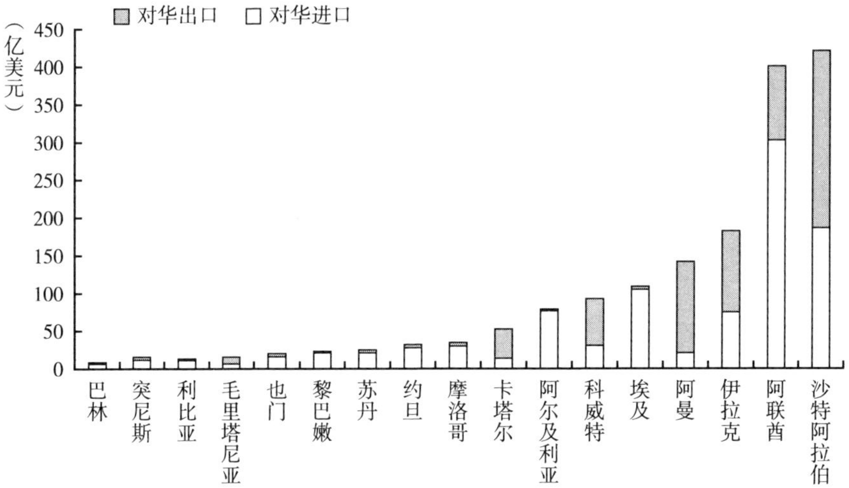

图 3.1　2016 年主要阿拉伯国家对华贸易情况（数据来源 WITS 数据库）

注：由于 WITS 数据库缺少苏丹与利比亚的国别数据，故采用 WITS 数据库中国的贸易数据。

① 数据来源：世界银行，https://data.worldbank.org/region/arab-world?view=chart。

2016年，阿拉伯国家对中国的贸易逆差达到278亿美元，较2015年的242亿美元贸易逆差整体收窄近15%。如图3.2所示，2016年阿拉伯国家中主要的对华贸易逆差国是阿联酋（逆差约201亿美元，较2015年缩小了21%）、埃及（逆差约99亿美元，较上年缩小了10%）和阿尔及利亚（逆差约73亿美元，较上年扩大了7%）；主要的对华贸易顺差国是阿曼（顺差约99亿美元，较上年缩小了23%）、沙特（顺差约50亿美元，较上年缩小40%）和科威特（顺差约37亿美元，较上年缩小了9%）。综合来看，阿拉伯国家与中国的贸易顺（逆）差呈现出整体收缩的趋势，对华进出口更加趋向平衡，如阿联酋（沙特）等过去单一进（出）口国家在对华贸易上拥有更多的贸易多样性。

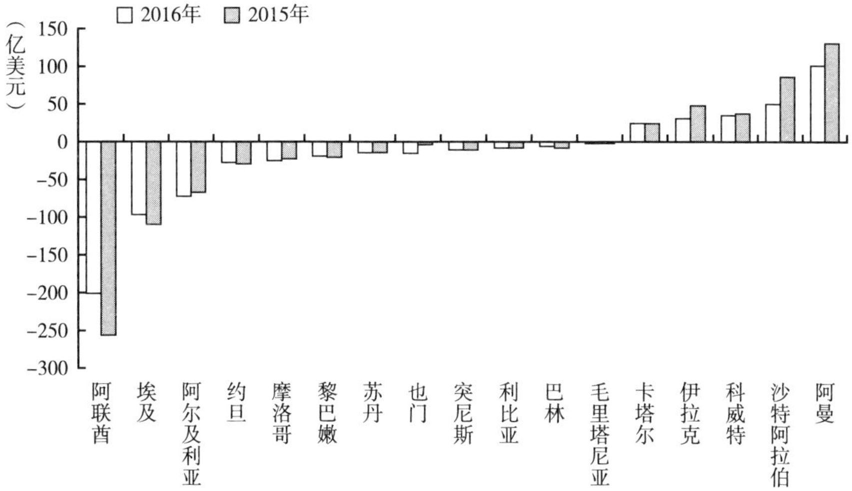

图3.2 2015年、2016年阿拉伯国家对华贸易顺差情况

数据来源：WITS数据库。

就对华进口而言，如表3.3所示，2016年阿拉伯国家对华进口额为971亿美元，较2015年对华进口额减少13%，占2016年中国出口总量的5%。其中，阿联酋、沙特、埃及、阿尔及利亚与伊拉克是主要的对华进口国，分别占阿拉伯国家对华进口总量的30.96%、19.21%、10.75%、7.88%和7.77%，合计占比达75%以上。

表 3.3　2016 年阿拉伯国家对华进口总体情况

国别	2016 年对华进口额（百万美元）	较 2015 年对华进口额增长（%）	占 2016 年中国总出口额比例（%）	占阿拉伯国家对华总进口额比例（%）
阿联酋	30067	-18.78	1.43	30.96
沙特阿拉伯	18651	-13.70	0.89	19.21
埃及	10436	-12.73	0.5	10.75
阿尔及利亚	7648	0.85	0.36	7.88
伊拉克	7548	-4.57	0.36	7.77
摩洛哥	3079	6.27	0.15	3.17
科威特	3001	-20.46	0.14	3.09
约旦	2954	-13.73	0.14	3.04
阿曼	2148	1.48	0.1	2.21
苏丹	2130	-11.06	0.1	2.19
黎巴嫩	2100	-8.10	0.1	2.16
也门	1692	18.35	0.08	1.74
卡塔尔	1516	-33.40	0.07	1.56
突尼斯	1296	4.72	0.06	1.33
利比亚	1184	-37.39	0.06	1.22
毛里塔尼亚	870	8.53	0.04	0.90
巴林	790	-21.88	0.04	0.81
合计	97110313	-13.00	5.00	100

数据来源：WITS 数据库。

如表 3.4 所示，2016 年阿拉伯国家对华出口额超过 703 亿美元，较 2015 年对华出口额减少 19.58%，占 2016 年中国进口总量的 4%。其中，沙特、阿曼、伊拉克、阿联酋与科威特是主要的对华出口国，分别占阿拉伯国家对华出口总量的 33.59%、17.12%、15.16%、14.21% 和 9.06%，合计占比近 90%。

表 3.4　2016 年阿拉伯国家对华出口总体情况

国别	2016 年对华出口额（百万美元）	较 2015 年对华出口额增长（%）	占 2016 年中国总进口额比例（%）	占阿拉伯国家对华总出口额比例（%）
沙特阿拉伯	23626	−21.30	1.49	33.59
阿曼	12041	−19.98	0.76	17.12
伊拉克	10663	−15.87	0.67	15.16
阿联酋	9994	−13.20	0.63	14.21
科威特	6370	−15.03	0.4	9.06
卡塔尔	4012	−13.05	0.25	5.70
毛里塔尼亚	748	4.11	0.05	1.06
摩洛哥	553	6.12	0.03	0.79
埃及	553	−39.73	0.03	0.79
苏丹	505	−30.71	0.03	0.72
利比亚	346	−63.68	0.02	0.49
阿尔及利亚	332	−56.75	0.02	0.47
约旦	211	−26.56	0.01	0.30
也门	166	−81.51	0.01	0.24
突尼斯	139	−24.46	0.01	0.20
巴林	64	−42.87	0	0.09
黎巴嫩	18	2.02	0	0.03
合计	70341	−19.58	4.00	100

数据来源：WITS 数据库。

如表 3.5 所示，从贸易商品类别上看，2016 年阿拉伯国家对华进口的五大类商品分别是机械与电气设备、纺织品、金属及其制品、杂项制品以及塑料与橡胶制品，五类进口商品合计金额达 751 亿美元，占阿拉伯国家对华进口总额的 77.35%。其中机械与电气设备占比近 1/3，是中国对阿拉伯国家出口的主要商品。

阿拉伯国家对华出口的五大类商品分别是燃料、化工产品、塑料与橡胶制品、矿产品、金属及其制品，五类对华出口商品合计金额达 691 亿美元，占阿拉伯国家 2016 年对华出口总额的 98.3%。其中，仅燃料一项占比就达 78.62%，超过对华出口总额的 3/4。

表 3.5　2016 年阿拉伯国家对华进（出）口前五大类商品

HS 编码	商品大类	金额（百万美元）	同比（%）	占比（%）
对华进口项				
84 ~ 85	机械与电气设备	30434	–8.84	31.34
50 ~ 63	纺织品	18445	–13.05	18.99
72 ~ 83	金属及其制品	11716	–12.05	12.06
90 ~ 99	杂项制品	9023	–16.10	9.29
39 ~ 40	塑料与橡胶制品	5499	–11.75	5.66
合计		75118	–11.53	77.35
对华出口项				
27 ~ 27	燃料	55304	–21.11	78.62
28 ~ 38	化工产品	5894	–20.80	8.38
39 ~ 40	塑料与橡胶制品	5708	–5.36	8.12
25 ~ 26	矿产品	1818	–13.27	2.58
72 ~ 83	金属及其制品	419	–22.50	0.60
合计		691434	–19.80	98.30

数据来源：WITS 数据库。

表 3.6 数据显示，2016 年阿拉伯国家对华进口的各类货物金额较 2015 年普遍有所下降。其中，陶瓷类产品（HS 编码 69）降幅最大，达 30.1%，家具、寝具等、灯具、活动房（HS 编码 94），鞋靴、护腿和类似品及其零件（HS 编码 64）以及矿物材料制品（HS 编码 68）等商品类别的降幅也都超过了 20%。

表 3.6　2016 年阿拉伯国家对华进口主要商品构成（章）

HS 编码	商品类别	2016 年（百万美元）	2015 年（百万美元）	同比（%）	占比（%）
章	总值	97078	111617	−13.0	100
85	电机、电气、音像设备及其零附件	15932	17112	−6.9	16.41
84	核反应堆、锅炉、机械器具及零件	14502	16275	−10.9	14.94
61	针织或钩编的服装及衣着附件	6353	7421	−14.4	6.54
94	家具、寝具等、灯具、活动房	5085	6557	−22.5	5.24
73	钢铁制品	4785	5291	−9.6	4.93
62	非针织或非钩编的服装及衣着附件	4744	5516	−14.0	4.89
87	车辆及其零附件，但铁道车辆除外	3554	4394	−19.1	3.66
39	塑料及其制品	3548	4126	−14.0	3.66
72	钢铁	3433	3815	−10.0	3.54
64	鞋靴、护腿和类似品及其零件	2821	3694	−23.6	2.91
69	陶瓷产品	1967	2814	−30.1	2.03
40	橡胶及制品	1951	2073	−5.9	2.01
54	人造纤维及制品	1810	1915	−5.5	1.86
42	皮革制品；旅行箱包；动物肠线制品	1522	1862	−18.3	1.57
63	其他纺织制品；成套物品；旧纺织品	1502	1799	−16.5	1.55
95	玩具、游戏或运动用品及其零附件	1339	1327	0.9	1.38
48	纸及纸板；纸浆、纸或纸板制品	1334	1365	−2.3	1.37
76	铝及其制品	1273	1515	−16.0	1.31
90	光学、照相、医疗等设备及零附件	1263	1436	−12.0	1.30
70	玻璃及其制品	1162	1406	−17.3	1.20
44	木及木制品；木炭	1146	1301	−11.9	1.18
83	金属杂项制品	1144	1406	−18.6	1.18
68	矿物材料制品	1120	1597	−29.9	1.15
55	化学纤维短纤维	1089	1278	−14.8	1.12
96	杂项制品	1046	1117	−6.3	1.08
29	有机化学品	1043	1048	−0.5	1.07
60	针织物及钩编织物	1042	1143	−8.9	1.07
82	金属器具、利口器、餐具及零件	835	943	−11.5	0.86
27	矿物燃料、矿物油及其产品；沥青等	728	776	−6.2	0.75
52	棉花	584	591	−1.1	0.60
合计		89657	102915	−12.9	92.36

数据来源：WITS 数据库。

表 3.7 数据表明，2016 年阿拉伯国家对华出口额较 2015 年减少了 171 亿美元，降幅达 19.6%。其中矿物燃料类商品（HS 编码 27）出口额减少了约 1.48 亿美元，占对华出口减量的 86.5%，是阿拉伯对华出口额降低的主要原因。尽管多种商品对华出口额较 2015 年数据有所下降，但橡胶及其制品（HS 编码 40），其他金属、金属陶瓷及其制品（HS 编码 81），家具、寝具等、灯具、活动房类商品（HS 编码 94）以及鱼、甲壳动物、软体动物及其他水生物脊椎动物类商品（HS 编码 03）等商品类别对华出口势头良好，较上年增幅达 466.5%、204.1%、180.5% 和 77.2%。综合来看，阿拉伯国家对华出口结构相对单一，矿物燃料类商品比重过大，不利于中阿贸易的稳定发展。近年来，中国正逐步降低在石油燃料领域对阿拉伯国家的依赖，扩大在其他商品类别的贸易份额，这将有助于改善中阿贸易间以能源贸易为主导的失衡局面。

表 3.7　2016 年阿拉伯国家对华出口主要商品构成（章）

HS 编码	商品类别	2016 年（百万美元）	2015 年（百万美元）	同比（%）	占比（%）
章	总值	70339	87472	–19.6	100
27	矿物燃料、矿物油及其产品；沥青等	55304	70100	–21.1	78.63
39	塑料及其制品	5696	6030	–5.5	8.10
29	有机化学品	5475	6898	–20.6	7.78
26	矿砂、矿渣及矿灰	1143	1182	–3.3	1.62
25	盐；硫黄；土及石料；石灰及水泥等	675	914	–26.1	0.96
85	钢铁	288	276	4.6	0.41
71	珍珠、半宝石、人造珠宝及硬币等	214	249	–14.3	0.30
74	铜及其制品	214	328	–34.9	0.30
28	无机化学品；贵金属等的化合物	204	202	0.8	0.29
62	非针织或非钩编的服装及衣着附件	148	134	10.0	0.21

续表

HS编码	商品类别	2016年（百万美元）	2015年（百万美元）	同比（%）	占比（%）
76	铝及其制品	144	110	31.1	0.21
31	肥料	139	261	-46.6	0.20
12	油籽；子仁；工业或药用植物；饲料	123	148	-17.2	0.17
61	针织或钩编的服装及衣着附件	51	45	13.8	0.07
34	洗涤剂、润滑剂、人造蜡、塑型膏等	45	39	15.2	0.06
84	核反应堆、锅炉、机械器具及零件	44	40	8.4	0.06
72	钢铁	43	59	-28.0	0.06
23	食品工业残渣废料及配制的动物饲料	41	56	-27.1	0.06
08	食用水果及坚果等	37	30	23.7	0.05
52	棉花	31	41	-23.8	0.04
15	动植物油、脂及其分解产品等	26	54	-51.6	0.04
38	杂项化学产品	25	35	-29.0	0.04
41	生皮（毛皮除外）及皮革	25	33	-24.9	0.03
56	絮胎、毡呢及无纺织物；线绳制品等	24	35	-30.9	0.03
03	鱼、甲壳动物、软体动物及其他水生物脊椎动物	22	13	77.2	0.03
54	化学纤维长丝	18	20	-12.4	0.03
90	光学、照相、医疗等设备及零附件	14	7	87.9	0.02
40	橡胶及其制品	12	2	466.5	0.02
94	家具、寝具等、灯具、活动房	10	4	180.5	0.01
81	其他金属、金属陶瓷及其制品	10	3	204.1	0.01
合计		70246	87349	-19.6	99.86

数据来源：WITS数据库。

3.3 中国与海合会六国贸易状况

自20世纪以来，中国与海合会国家一直保持着密切的贸易联系，其主要特征是双方在能源方面的战略性互利关系。2016年，海合会国家与中国的贸易额达到1123亿美元，占阿拉伯国家对华贸易额的近2/3，在阿拉伯地区对华贸易中起到了主导性的作用。除能源合作以外，中国与海合会国家在非能源的经贸中也日益体现出越来越强的互补关系。海湾地区在通信设备、小五金、轻工业品等方面均以中国为主要的进口来源国，近年来，双方的合作正在向机械制造、汽车组装、金融、旅游、航空等领域拓展。

首先，根据世贸组织多边谈判的分类标准，从原材料、中间产品和制成品（最终消费品）三个方面对中国与海合会国家的贸易结构进行分析。表3.8反映的是海合会国家与中国在原材料产品方面的贸易情况。2016年海合会国家对华原材料进口额为5.4亿美元，较上年减少21%。其中，新鲜水果或蔬菜干货（编码1201）和金属原料（编码0901）进口额分别约为2.3亿和1.5亿美元，分别占当年对华原材料进口份额的43.36%、27.51%。未加工烟草（编码2201）、纺织服装原材料（编码0201）、新鲜水果或蔬菜干货（编码1201）与未加工的谷物（编码1501）对华进口量占同类商品全球进口总量相对比例较高，分别为17.95%、7.87%、4.59%和4.47%。

2016年海合会国家对华原材料出口额为138亿美元，同比降幅达22%。其中，原油（编码9701）和金属原料（编码0901）对华出口额分别为106亿和31亿美元，占当年对华原材料出口份额的76.92%和22.63%，合计占比达99.55%。2016年海合会六国对华原材料贸易顺差超过133亿美元，几乎全部来自原油贸易，这表明，海合会国家在对华贸易上仍严重依赖原油出口，在其他非能源类商品上关联性与依赖性较弱。

表 3.8 2016 年海合会对华原材料产品贸易情况

MTN 编码	产品名称	2016 年		进口增幅（%）	出口增幅（%）	占同类产品（%）	
		对华进口（千美元）	对华出口（千美元）			进口	出口
0101	木制品、纸张等原材料	5382	745	-7.46	29.90	1.43	0.51
0201	纺织服装原材料	12105	387	-39.26	2435.2	7.87	0.29
0301	皮革、鞋类等原材料	3205	7437	-21.07	—	1.88	18.00
0401	矿石及废料	1425	42735	-60.82	-72.44	0.06	4.03
0901	金属原料	148553	3125150	-11.93	-18.84	0.95	6.92
1101	未加工的鱼类产品	18717	8010	-31.34	226.45	2.10	2.84
1201	新鲜水果或蔬菜干货	234181	821	-6.31	-45.39	4.59	0.32
1301	未处理的咖啡、茶	11791	206	-63.18	-3.24	1.55	0.27
1501	未加工的谷物	32095	0	-60.54	-99.87	4.47	0.00
1601	粮食	1264	0	47.53	—	0.03	0.00
1701	活动物	2390	19	6753.0	208.02	0.29	0.01
1801	油籽、脂肪和油脂未加工或半加工品	26541	79	-42.77	143603	3.26	4.62
1901	植物花卉、新鲜蔬菜	9659	19	-5.55	-99.13	3.10	0.13
2101	新鲜乳制品或半加工乳制品	7	126	-34.73	1216.7	0.00	0.10
2201	未加工烟草	14156	32	193.10	—	17.95	1.38
2301	其他未加工农产品	18602	1159	-21.26	8.14	1.87	1.96
9701	原油	—	10623134	—	-22.31	0.00	4.75
原材料合计贸易额		540072	13810059	-20.56	-21.93	1.46	5.09

数据来源：WITS 数据库。

表 3.9 反映的是海合会国家与中国在中间产品方面的贸易情况。2016 年海合会国家对华中间产品进口额约为 74 亿美元，较上年减少 16%。其中，从中国进口最多的中间产品依次是金属制品半成品等（编码 0402），化学工业半成品（编码 0502），纺织服装半成品（编码 0202），木制品、纸张等半

成品（编码 0102），金额分别约为 36.6 亿美元、15.6 亿美元、9.8 亿美元和 8.5 亿美元，分别占当年对华中间产品进口份额的 49.15%、20.98%、13.17% 和 11.44%，合计占比近 95%。此外，纺织服装半成品（编码 0202），木制品、纸张等半成品（编码 0102），金属制品半成品（编码 0402），机电产品半成品（编码 0802）对华进口量占同类商品全球进口总量比例均超过了 10%，中国的纺织服装半成品（编码 0202）类别商品在海合会国家的市场份额超过了 1/3，具有较强的竞争力。

表 3.9　2016 年海合会对华中间产品贸易情况

MTN 编码	产品名称	2016 年 对华进口（千美元）	2016 年 对华出口（千美元）	进口增幅（%）	出口增幅（%）	占同类产品（%） 进口	占同类产品（%） 出口
0102	木制品、纸张等半成品	850914	928	–11.09	23916	19.66	0.26
0202	纺织服装半成品	979850	16165	–11.92	–24.64	33.95	3.45
0302	皮革、鞋类等半成品	33137	11634	–12.44	–37.25	9.10	14.22
0402	金属制品半成品等	3655097	187381	–16.79	–28.79	16.72	1.36
0502	化学工业半成品	1560534	6175150	–18.98	–12.26	9.03	19.42
0802	机电产品半成品	241	14	—	–90.49	11.28	0.07
0902	工业半制成品	350986	30175	–18.61	142.12	0.92	0.16
1102	鱼类产品半制成品	12	10	–93.54	–57.52	0.10	0.22
1202	水果、蔬菜半加工品	372	—	–93.80	—	1.29	0.00
1302	咖啡、茶半成品	141	—	2689.60	—	0.11	0.00
1402	糖及糖食半成品	4533	1774	19.93	–35.39	0.51	0.21
1502	谷物半成品	591	182	57.51	—	0.18	0.10
2302	其他农业产品半成品	860	—	–51.37	—	0.84	0.00
中间产品合计贸易额		7437267	6423414	–16.15	–12.69	8.61	9.66

数据来源：WITS 数据库。

2016年海合会国家对华中间产品出口额约为64亿美元，较上年减少13%。其中，化学工业半成品（编码0502）对华出口额近62亿美元，占对华中间产品出口份额的96.14%，占当年海合会国家同类商品出口总量的19.42%。除上述商品外，其他类别的中间产品对华出口则明显不足，合计金额不足3亿美元，贸易关联性较弱。

如表3.10所示，2016年海合会国家对华最终消费品进出口贸易额分别为436亿美元和8.9亿美元，较上年贸易额下降了11.22个百分点和27.54个百分点。进口额最高的商品为机电制成品（编码0803），非电动机械制成品（编码0703），纺织服装等（编码0203），其他加工制成品（编码1003）和木制品、纸张等（编码0103），对华进口额分别为139亿美元、104亿美元、53亿美元、33亿美元和17亿美元。上述四类中国商品占海合会同类进口商品的市场份额分别是36.19%、18.67%、39.71%和24.70%，说明中国的电器、机械、服装及木制品在海合会国家占据主导地位，市场竞争力较强。2016年海合会对华出口的最终消费品主要有精炼石油（编码9703）、运输设备（编码0603）和其他加工制成品（编码1003），出口金额分别为5.5亿美元、1.4亿美元和0.55亿美元。

表3.10　2016年海合会对华制成品贸易情况

MTN编码	产品名称	2016年		进口增幅（%）	出口增幅（%）	占同类产品（%）	
		对华进口（千美元）	对华出口（千美元）			进口	出口
0103	木制品、纸张等	1721645	916	-14.43	-42.63	24.70	0.04
0203	纺织服装等	5269751	12430	-9.37	-38.79	39.71	1.39
0303	皮革、鞋类等	2337832	414	-14.13	-50.44	32.84	0.34
0403	金属制成品	1999742	3418	-16.35	-15.12	16.79	0.15
0503	化学品	1038736	8145	-10.21	25.12	4.85	0.24
0603	运输设备	1753150	142319	-14.93	-48.27	2.76	2.65
0703	非电动机械制成品	10407312	38112	-20.51	-9.95	18.67	1.30

续表

MTN编码	产品名称	2016年 对华进口（千美元）	2016年 对华出口（千美元）	进口增幅（%）	出口增幅（%）	占同类产品（%） 进口	占同类产品（%） 出口
0803	机电制成品	13931008	24781	−2.02	163.08	36.19	1.22
0903	工业制成品等	1542401	28124	−13.71	−5.39	10.04	0.40
1003	其他加工制成品	3267419	55229	−6.89	1235.58	19.32	5.19
1103	鱼类产品	10159	7641	41.19	2162.15	2.35	13.56
1203	水果、蔬菜制成品	109110	132	−23.16	34.45	6.79	0.07
1303	咖啡、茶制成品	18310	319	−0.89	−26.63	1.07	0.13
1403	糖及糖食制成品	35773	82	−8.76	−66.86	9.80	0.13
1503	谷物制成品	43203	2088	−14.41	16.68	0.71	0.16
1703	肉类制成品	15327	82	−22.60	2480.84	0.43	0.03
1803	油籽、脂肪和油脂制成品	6606	4693	169.14	−94.39	0.26	0.56
2003	饮料和酒水	27560	800	−7.36	29.81	1.36	0.08
2103	乳制品成品	2120	2418	1651.74	249.28	0.08	0.43
2203	烟草制成品	62806	92	48.30	−74.93	2.39	0.02
2303	其他农业制成品	5355	9	−8.53	−77.98	1.09	0.01
9703	精炼石油	19339	553817	24.92	−25.21	0.38	1.08
制成品合计贸易额		43624663	886059	−11.22	−27.54	15.59	1.05

数据来源：WITS 数据库。

对比发现，海合会国家在最终消费品上严重依赖中国的进口，中国出口占海合会国家最终消费品进口市场的 15.59%；而海合会国家对华出口能力较弱，对华出口产品主要为精炼石油，但对华精炼石油出口额仅占海合会当年全球精炼石油出口总额的 1.08%。

如图 3.3 所示，海合会国家主要对华出口原油、矿石等工业附加值较低

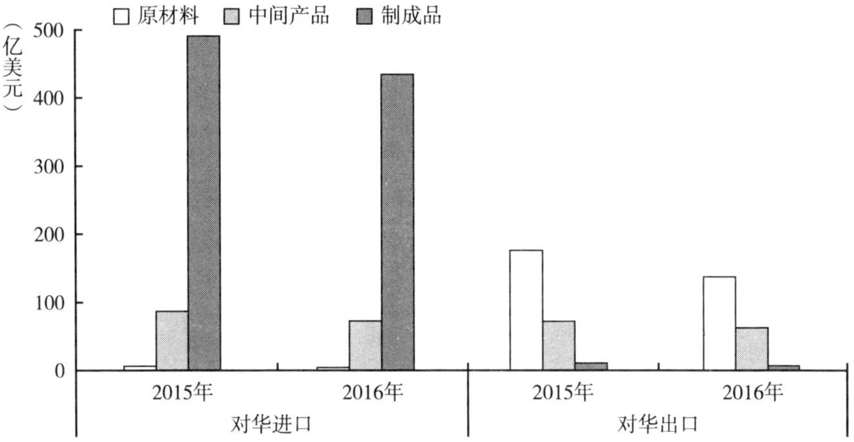

图 3.3　2015 年、2016 年海合会国家对华贸易结构组成

数据来源：WITS 数据库。

的原材料，而从中国大量进口机电、机械与纺织品等工业附加值较高的制成品，造成海合会国家在对华贸易中形成较大的贸易逆差。此外，海合会国家与中国的贸易主要集中在原油、矿石、纺织、机电等产品，贸易结构相对单一，在食品及农产品加工品等领域的经贸合作还有待进一步加深。

再从海合会国家从中国进出口的前十大产品看双方的贸易依赖程度。如表 3.11 所示，2016 年海合会对华进口主要集中于通信设备及配件、机械设备、家电、玩具、纺织品等领域，且大部分中国产品在当地的进口市场份额（同类产品对华进口额与总进口额的比值）超过一半以上，表明海合会国家严重依赖于从中国进口上述商品，中国的通信设备、机械设备、纺织品、玩具和小五金等产品在海外市场具有较强市场竞争力。其中，便携式数据自动处理设备（编码 847130），材质为塑料或纺织面料的箱包、手提包、公文箱、书包等（编码 420212），三轮车、滑板、踏板及小轮玩具车（编码 950300）的市场份额均超过 80%，占据绝对主导地位。此外，海合会对华进口主要商品的市场份额普遍较上年小幅上涨，其中钻探机械、打桩机、拔桩机、扫雪机等（编码 843049）和无线网络电话（编码 851712）类商品市场份额较上年增长了 28.00% 和 7.16%。

表 3.11　2016 年海合会对华进口前十大产品

HS 编码	产品名称	对华进口（千美元）	市场份额（%）	较上年增长（%）
851712	无线网络电话	9854987	65.94	7.16
847130	便携式数据自动处理设备	2258026	88.14	1.07
851762	数据或音频接收、转换、处理设备	876046	45.66	1.53
841510	电动风扇、空调及其元件	770063	51.26	2.48
851770	电话装置及零部件	501108	57.06	-1.34
843049	钻探机械、打桩机、拔桩机、扫雪机等	465377	78.59	28.00
950300	三轮车、滑板、踏板及小轮玩具车	456238	83.29	0.01
401120	公共汽车或卡车上使用新型橡胶内胎	366755	36.39	-2.08
420212	材质为塑料或纺织面料的箱包箱包、手提包、公文箱、书包等	329484	85.98	0.10
848180	含阀门、管道、减压阀、恒温控制阀的锅炉设备及类似设备。	310823	11.23	0.38

数据来源：WITS 数据库。

如表 3.12 所示，2016 年海合会国家对华出口的主要商品为石油、天然气以及各类油气化工产品。其中，中国分别占海合会国家石油（编码 270900）、天然气（编码 271111）类能源产品出口份额的 4.75% 和 7.72%，占世界份额较小，但却是中国最大的能源进口区域性组织①。由此可见，中国严重依赖于海合会国家的能源出口，对海合会国家其他类别的产品需求和依赖较弱。

① 根据 WITS 数据测算，2016 年中国进口的石油天然气类能源产品中，来自海合会国家的份额达到 24.47%，金额为 432 亿美元；俄罗斯为中国最大单一能源输出国，占比为 10.77%，金额约为 190 亿美元；沙特为中国第二大单一能源输出国，占比 9.27%，金额约 164 亿美元。

表 3.12　2016 年海合会对华出口前十大产品

HS 编码	产品名称	对华出口（千美元）	市场份额（%）	较上年增长（%）
270900	石油	10623134	4.75	-1.24
271111	天然气	3029871	7.72	1.09
390120	比重大于 0.94 的聚乙烯	1723502	25.35	5.01
290943	乙二醇或二甘醇的单丁醚	1096586	49.08	-5.28
290250	苯乙烯	560024	43.51	-4.30
271012	从石油提取的轻油及配置剂	548422	1.09	0.76
390110	比重小于 0.94 的聚乙烯	479112	11.15	0.38
290243	对二甲苯	414019	43.66	-6.97
390210	聚丙烯	396889	7.68	-0.12
290511	甲醇	325080	25.55	8.05

数据来源：WITS 数据库。

3.4　中国与北非阿拉伯国家贸易状况分析

2016 年中国与埃及、阿尔及利亚、摩洛哥、苏丹、突尼斯、利比亚和毛里塔尼亚 7 个北非阿拉伯国家的贸易总额达 298 亿美元，约占当年阿拉伯国家对华贸易总额的 1/5。受地区政治与经济因素影响，2016 年中国与北非国家贸易额普遍较 2015 年有所下降，其中埃及和苏丹对华贸易额降幅近 15%，利比亚降幅达 46.19%。

如图 3.4 所示，大部分北非国家的对华进口额远高于出口额，主要北非国家在对华贸易上逆差大，表现出强进口、弱出口的对华贸易结构。此外，埃及、阿尔及利亚和摩洛哥与中国的贸易额相对较大，合计占北非地区对华贸易总量的 75.80%，是中国在北非地区的主要贸易伙伴，在对华贸易上具有区域代表性。因此，本节对上述三国对华贸易情况进行具体分析。

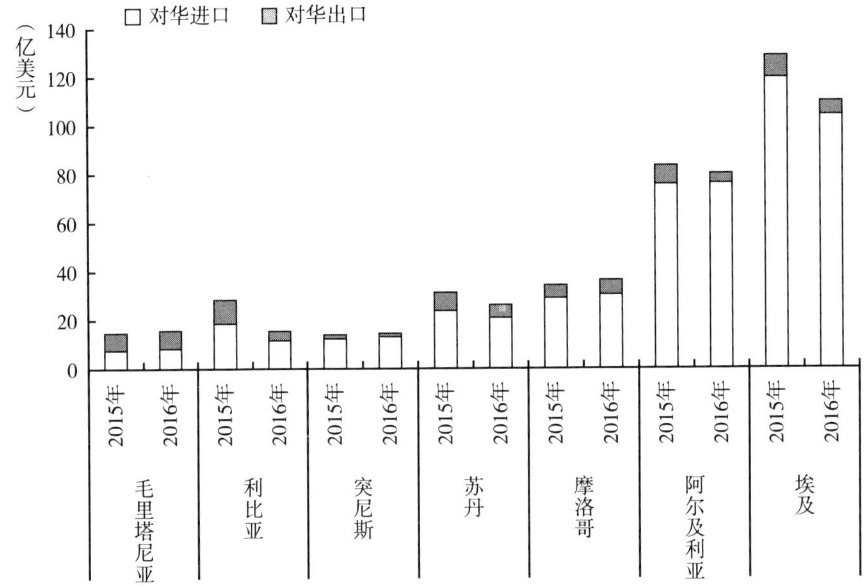

图 3.4　北非地区阿拉伯国家对华贸易情况

数据来源：WITS 数据库。

3.4.1　中国与埃及的进出口贸易结构

中国商务发布的数据显示①，截至2017年8月，中国是埃及第九大出口市场和第一大进口来源地，埃及是中国在北非地区的第一大贸易伙伴。2016年，埃及货物进出口总额为836.1亿美元，比上年（下同）下降8个百分点。其中，出口218.0亿美元，增长3.2%；进口618.1亿美元，下降11.4%。贸易逆差400.0亿美元，下降17.8个百分点。埃及与中国的双边货物贸易额为88.6亿美元，下降6.9个百分点 。其中，埃及对中国出口4.9亿美元，增长16.0%，占埃及出口总额的2.3%，提高0.3个百分点；埃及自中国进口83.7亿美元，下降8.0%，占埃及进口总额的13.5%，提高0.5个百分点。埃及贸易逆差78.8亿美元，下降9.2%。

① 商务部网站，https://countryreport.mofcom.gov.cn/record/view110209.asp?news_id=53738。

表3.13 2016年埃及的主要进出口贸易伙伴（百万美元）

	国家（地区）名称	金额（百万美元）	同比（%）	市场份额（%）
埃及主要的进口来源国	中国	8368	-8	13.5
	德国	5539	3	9
	美国	3293	-19.6	5.3
	意大利	2739	-10.1	4.4
	土耳其	2668	-15.2	4.3
埃及主要的出口目的地	阿联酋	2671	146.5	12.3
	沙特	1735	-9.2	8
	意大利	1443	-9.1	6.6
	土耳其	1343	10	6.2
	英国	1067	15.4	4.9

数据来源：商务部网站，https://countryreport.mofcom.gov.cn/record/qikanlist110209.asp?qikanid=9079&title=2016年埃及货物贸易及中埃双边贸易概况。

中国是埃及的最大进口来源国和逆差来源国，因此埃及对华进口方面尤其值得关注。首先，2016年埃及五大类进口商品中，机电产品主要来自于中国、德国、意大利、美国和韩国，从中国的进口额为30.8亿美元，占比居首位，为30.2%。其次，矿产品主要来自埃及周边的卡塔尔、沙特、科威特等中东阿拉伯国家及土耳其、马耳他等地中海国家；贱金属及制品主要来自中国、乌克兰、土耳其、俄罗斯和意大利，自中国的进口额为11.2亿美元，占比为15.3%，居首位。此外，运输设备和化工产品主要来自韩国、德国、日本、瑞士等发达国家，中国的市场份额未超过10%。

3.4.2 中国与阿尔及利亚的进出口贸易结构

中国商务数据显示①，截至2017年8月，中国是阿尔及利亚第一大进口来源地，在阿尔及利亚出口贸易中位居第14位，阿尔及利亚是中国在北非

① 商务部网站，https://countryreport.mofcom.gov.cn/new/view110209.asp?news_id=56308。

地区的第二大贸易伙伴。2016年，阿尔及利亚货物进出口额为771.1亿美元，比上年同期（下同）下降10.7个百分点。其中，出口300.2亿美元，下降13.4个百分点；进口470.9亿美元，下降8.9个百分点。贸易逆差170.7亿美元，增长0.2%。中阿双边货物进出口额为87.4亿美元，下降0.7个百分点。其中，阿尔及利亚对中国出口3.3亿美元，下降39.9个百分点，占阿尔及利亚出口总额的1.1%，下降0.5个百分点；阿尔及利亚自中国进口84.1亿美元，增长2.0%，占阿尔及利亚进口总额的17.9%，增长2.0个百分点。2016年，阿尔及利亚对中国贸易逆差80.8亿美元，增长5.2%。中国是阿尔及利亚的最大进口来源国和逆差来源国。

从贸易结构看，阿尔及利亚出口结构单一，矿物燃料及副产品（沥青）是主要出口商品，2016年仅此大类商品的出口额就达286.1亿美元，占阿尔及利亚出口贸易总额的95.3%；机械设备、机电产品、运输设备、钢材、粮食是阿尔及利亚进口的五大类商品。阿尔及利亚主要的出口国为意大利、西班牙、美国、法国和巴西，分别占阿尔及利亚出口份额的17.4%、12.9%、12.9%、11.4和5.4%；阿尔及利亚主要的进口来源国为中国、法国、意大利、西班牙和德国，分别占阿尔及利亚进口份额的17.9%、10.1%、9.9%、7.6%和6.4%。

3.4.3 中国与摩洛哥的进出口贸易结构

中国商务数据显示，截至2017年9月，中国是摩洛哥第14大出口目的国和第三大进口来源地，摩洛哥是中国在北非地区的第三大贸易伙伴。2016年摩洛哥货物进出口额为638.2亿美元，比上年同期（下同）增长6.1%。其中，出口224.8亿美元，增长1.2%；进口413.4亿美元，增长9.1%。贸易逆差188.6亿美元，增长20.2%。中摩双边货物进出口额为40.0亿美元，增长19.0%。其中，摩洛哥对中国出口2.3亿美元，下降6.5%，占摩洛哥出口总额的1.0%，下降0.1个百分点；摩洛哥自中国进口37.7亿美元，增长20.7%，占摩洛哥进口总额的9.1%，增长0.8个百分点。2016年，摩洛哥对中国贸易逆差35.4亿美元，增长22.1%。中国是摩洛哥最大的逆差来源国和仅次于西班和法国位居第三的进口来源地。

根据商务部国别贸易报告[①]，2016年，摩洛哥进口的五大类产品依次为机电产品、化工产品、矿产品、运输设备和贱金属及制品。机电产品主要来自中国、西班牙、法国、德国和意大利，其中中国占比最高，达18.1%，金额为15.6亿美元。化工产品、矿产品和运输设备类商品主要来自西班牙、美国、法国、德国和俄罗斯等西方国家，中国产品在当地市场的竞争力不足。摩洛哥出口的五大类产品依次为机电产品、化工产品、运输设备、纺织品及原料和植物产品，主要出口对象为西班牙、法国、意大利、美国和巴西等欧美国家。由此可见，摩洛哥的贸易仍由欧美国家主导，中国商品除了在机电产品领域具有较高市场份额外，其他类别商品在摩洛哥受到来自西班牙、法国等欧洲国家的激烈竞争。

① 商务部网站（https://countryreport.mofcom.gov.cn/record/qikanlist110209.asp?qikanid=8996&title=）2016年摩洛哥货物贸易及中摩双边贸易概况。

第 4 章　中阿投资依存度

4.1　中国与阿拉伯国家相互投资情况和主要合作领域

4.1.1　阿拉伯国家投资优势

（1）资源禀赋特点突出

阿拉伯地区位于亚洲和非洲交界处，是沟通大西洋和印度洋，连接西方和东方的交通要道。阿拉伯地区资源优势独特，石油、天然气和磷酸盐资源丰富。截至 2016 年底，已探明石油储量 969 亿吨，占全球常规石油储量的 40.3%，其中沙特、伊拉克、科威特、阿联酋分列世界第二、五、七、八位。阿拉伯地区石油年产量 14.808 亿吨，年出口量 9.98 亿吨，占世界石油出口总量的 31.0%；天然气探明储量 53.6 万亿立方米，约占世界天然气总储量的 28.7%。此外，磷酸盐储量居全球第一位，主要分布在摩洛哥、突尼斯等国。①

（2）经济发展潜力巨大

阿拉伯国家在发挥油气产业支柱作用的同时，积极进行产业结构调整，努力实现经济多元化发展，取得了明显成效。油气产业在国民生产总值中所占比例呈下降趋势，沙特政府同时致力于新能源开发建设，推出可再生能源计划。根据该计划，沙特将于 2032 年前在新能源领域投资 300 亿 ~500

① 《BP 世界能源统计年鉴》，2017，第 16、25、26 页。

亿美元。与此同时，阿拉伯国家积极借鉴各国发展经验，积极拓展国家需求，增强国内经济实力。努力发展制造业，改变长久以来生产技术依赖国外的现状。并且促进外商投资，将投资措施和手续便利化，鼓励出口，制定相关政策，效法中国建立经济特区、自由港和自由贸易等。

4.1.2　阿拉伯国家引进外资与对外投资情况

（1）吸引外资

阿拉伯投资与出口信贷担保公司（the Arab Investment and Export Credit Guarantee Corporation）2017 年报告显示，2016 年阿拉伯各国吸引外国直接投资（FDI）308 亿美元，高出 2015 年水平（246 亿美元）。其中阿联酋 2016 年吸引外国直接投资 89 亿美元（2015 年为 87 亿美元），占阿拉伯各国吸引外国直接投资总量的 29%；埃及吸引外国直接投资占阿拉伯各国吸引外国直接投资总量的 26%（81 亿美元），高出 2015 年水平（69 亿美元）。埃及现有外国直接投资总量达 1023 亿美元（2015 年为 943 亿美元），占阿拉伯国家现有外国直接投资总量的 12.3%。[①] 外国对阿拉伯国家投资主要集中在房地产、金融、电信、建筑、石化等领域。

联合国贸易和发展会议年度投资报告显示，2016 年阿拉伯国家外国直接投资存量同比增长 1.8%，达到 8286 亿美元，占全球外国直接投资存量（27 万亿美元）的 3.1%，其中，在阿拉伯地区外国直接投资存量主要集中在沙特（2315 亿美元，占 27.9%）、阿联酋（1179 亿美元，占 14.2%）、埃及（1023 亿美元，占 12.3%），三国外国直接投资存量约占阿拉伯国家外国直接投资存量的 54.5%。

（2）对外投资

2016 年阿拉伯国家对外直接投资流量为 292.14 亿美元，同比下降 12.5%，主要受科威特 2016 年对外直接投资流量下降 62.58 亿美元影响。2016 年阿拉伯国家对外直接投资流量占全球跨境投资额 2.01%，占发展中

① 《2017, مؤشر ضمان لجاذبية الاستثمار,مناخ الاستثمار في الدول العربية》，the Arab Investment and Export Credit Guarantee Corporation，第 16 页。

国家对外直接投资 7.62%。其中卡塔尔（79.02 亿美元）、沙特（83.59 亿美元）、阿联酋（157.11 亿美元）等是对外投资主要国家。①

2016 年 6 月海合会国家主权财富总额达 2.9 万亿美元，占全球各国主权财富总额的 39.5%，超过 2015 年的 38%。主要投资于炼油、石化、证券和房地产等领域。其中阿联酋和沙特的海外投资最多，阿联酋主权财富基金资产达 1.2 万亿美元，沙特主权财富金额达 7580 亿美元。总体来看，尽管目前全球经济低迷，但海合会国家仍展现出维持主权财富基金稳定的较强能力。②

4.1.3 中国与阿拉伯国家促进投资合作的机制和平台

中国与阿拉伯国家的经贸合作始终坚持“平等互利、注重实效、形式多样、共同发展”的原则，重视与阿拉伯国家建立双边、多边的合作机制。在双边层面，截至目前，中国已成为阿拉伯国家第二大贸易伙伴、9 个阿拉伯国家的最大贸易伙伴。阿拉伯国家已成为中国最大的原油供应地、第七大贸易伙伴、重要的工程承包及海外投资市场。

在多边层面，中阿间建立了中阿合作论坛、中国 – 阿拉伯国家博览会等集体合作平台。中阿合作论坛建立于 2004 年，每两年一届的部长级会议出台的经贸合作举措有力地促进了中阿全面务实合作的发展。与此同时，在论坛项框架下还定期举办中阿企业家大会，推动双方企业在投资、贸易等领域积极开展合作。中阿博览会是商务部、贸促会和宁夏回族自治区人民政府共同主办的高层次经贸合作平台。

由宁夏回族自治区人民政府和埃及贸工部共同主办的“2016 中阿博览会走进埃及活动”（以下简称“走进埃及活动”）于 5 月 30 日至 6 月 1 日在埃及首都开罗成功举办。这是国内首个地方政府落实习近平主席访问埃及成果、参与中埃两国建交 60 周年庆祝活动的重要举措，活动受到中外媒体

① World Investment Report 2017, UNCTAD, 第 228 页。

② 《海湾国家主权财富水平保持稳定》，中华人民共和国商务部网站，http://www.mofcom.gov.cn/article/i/jyjl/k/201610/20161001430343.shtml，2016 年 10 月 23 日。

的广泛关注，在埃及引起了极大反响，有力地提升了中阿博览会和宁夏在阿拉伯国家的影响力和知名度。李克强总理给予了高度评价。展会期间，共签订合作协议 8 个，达成合作意向 20 余个，签署合作备忘录 4 个。宁夏艾依生物工程有限公司成功签订代理合同，宁夏红枸杞制品有限公司等 10 家参展企业与埃方企业初步达成了合作意向。宁夏旅游局与埃及旅游局签订了框架合作协议，西夏陵与金字塔签订了友好兄弟景区备忘录，宁夏招商国际旅行社等 3 家旅行社与埃及有关旅行社签订了客源互送协议。宁夏医科大学总医院等 3 家医院与埃及曼什耶医院等 3 家医疗机构达成了合作共识；宁夏医科大学总医院与埃及沙拉夫基金会就银川滨河新区国际医疗城建设达成了合作意向等。①

4.1.4　中国对阿拉伯国家投资情况

多年来，在中国与阿拉伯国家的共同努力下，中阿之间的投资合作发展顺利，呈现出规模不断扩大、领域不断拓宽、持续深入发展的特点，据阿联酋通讯社报道，总部位于科威特的阿拉伯投资和出口信贷公司发布的最新报告显示，中国是阿拉伯地区最主要的投资者，2016 年投资总额达 295 亿美元，占比高达 31.9%，为巩固中阿战略合作关系发挥了积极作用。近年来，随着“一带一路”浪潮的推动，越来越多的中国企业开始着眼于阿拉伯市场，阿拉伯国家已经成为中国企业海外投资的重要目的地之一。

（1）总体情况

2016 年，中阿贸易总额 1711.4 亿美元。其中，中国对阿出口额 1008.4 亿美元，自阿进口额 703.0 亿美元，中国继续成为沙特、埃及、伊拉克等国最大的贸易伙伴。

2016 年，中国对阿投资快速增长，企业对阿非金融类直接投资流量达 11.5 亿美元，同比增长 74.9%。较同期中国企业对外非金融类直接投资流量总额增幅高出 30.8 个百分点。丝路基金在阿联酋清洁煤电厂项目参股 7.4%，

① 《2016 中国 - 阿拉伯国家博览会走进埃及活动》，中国 - 阿拉伯国家博览会网站，https://www.casetf.org/2016alb/。

成为地区首例。继埃及苏伊士经贸合作区之后，沙特、阿曼等国陆续与我国探讨开展工业园区开发合作。由中资企业在阿曼杜库姆经济特区内投资开发的中国产业园已启动基础设施建设工作。

在阿承包工程合作业务规模继续扩大。2016年，中国企业在阿新签承包工程合同额403.7亿美元，同比增长40.8%，占中国在全球新签合同总额的16.%，比2015年底提高2.9个百分点。中国企业在阿完成营业额336.0亿美元，同比增长10.6%。中国企业主动参与项目投融资、开展运营一体化合作的意愿不断提升，对各类风险的防范意识和应对能力逐步提高。

（2）主要领域

海湾国家是世界主要传统能源出口地之一，但近年来，由于国际油价低迷，政府财政压力增大，海湾国家日益重视可再生能源领域的研发和应用。回顾近年中阿两国在可再生能源领域的合作，在“一带一路”框架下，双方已经取得了一系列成果。2016年6月，中国哈电集团和丝路基金以投资方身份参与中东地区首个清洁煤发电项目；中国对阿投资主要集中于工业、建筑业、金融业、信息技术产业以及服务业，油气产业是中国对阿拉伯国家投资的重点领域。中石油、中石化、中海油和中化公司通过独资、合资和参股等形式，在苏丹、伊拉克、阿曼、阿联酋、卡塔尔等国家实施了油气开发或勘探项目。

中阿合作“1+2+3”格局初步成型。中国与沙特、阿联酋、苏丹等国能源合作逐步深化。在沙特、阿联酋、埃及、阿尔及利亚等国的电力、通信、交通、工业园区等基础设施领域大项目合作不断涌现，中国－海合会自贸区谈判重启并加快了节奏。在高新技术方面，中国与沙特、阿联酋、埃及、阿尔及利亚等国在核能、航天卫星、新能源等高新领域合作取得突破。①

此外，2014～2016年，中埃两国先后签署《中华人民共和国和阿拉伯

① 习近平在阿盟总部发表《共同开创中阿关系的美好未来》的重要演讲：“构建以能源合作为主轴，以基础设施建设、贸易和投资便利化为两翼，以核能、航天卫星、新能源三大高新领域为突破口的合作格局”，新华网，http://news.xinhuanet.com/politics/2016-01/22/c_1117855467.htm，2016年1月22日。

埃及共和国关于建立全面战略伙伴关系的联合声明》《中埃产能合作框架协议》《中华人民共和国和阿拉伯埃及共和国关于加强两国全面战略伙伴关系的五年实施纲要》《中华人民共和国政府和阿拉伯埃及共和国政府关于共同推进丝绸之路经济带和 21 世纪海上丝绸之路建设的谅解备忘录》《关于苏伊士经贸合作区的协定》《中国商务部与埃及航空部关于开展区域航空合作的谅解备忘录》等重要文件，中埃两国经贸合作不断加强。

4.1.5　阿拉伯国家对华投资情况

（1）总体情况

20 世纪 90 年代起，阿拉伯国家的投资开始东移中国，但投资量一直较小，重大项目不多。进入新世纪后，阿拉伯国家对中国投资开始逐年上升，近年来，阿拉伯各国特别是海湾国家看好中国发展前景，加快对中国投资步伐。2014 ~ 2016 年，阿盟主要经济体累计在中国直接投资 6.21 亿美元，海湾国家达到 5.61 亿美元，占总投资的 90.34%，沙特、阿联酋是对中国直接投资的主要国家，其中，2016 年阿联酋达 3933 万美元，沙特为 1345 万美元。约旦、埃及和伊拉克增长率创新高，分别为 2015 年的 30 倍、12 倍及 4 倍。阿尔及利亚、苏丹和阿曼三国分别实现了从无到有的突破（见表 4.1、图 4.1）。

表 4.1　2014 ~ 2016 年中国吸引阿拉伯主要国家的直接投资流量

经济体	2014 年（万美元）	2015 年（万美元）	2015 年同比增长（%）	2016 年（万美元）	2016 年同比增长（%）	2016 年占全球比重（%）	2014 ~ 2016 年增长率（%）
全球	11956156	12626555	5.61	12600142	–0.21	100	5.39
苏丹	0	0	—	50	—	0.000397	—
埃及	126	50	–60.32	269	438.00	0.002135	113.49
阿尔及利亚	0	0	0	3	—	0.000024	—
摩洛哥	0	0	0	0	—	0	—
突尼斯	2	13	550	0	—	0	–100.00

续表

经济体	2014 年（万美元）	2015 年（万美元）	2015 年同比增长（%）	2016 年（万美元）	2016 年同比增长（%）	2016 年占全球比重（%）	2014 ~ 2016 年增长率（%）
阿联酋	2855	3899	36.57	3933	0.87	0.031214	37.76
沙特	3061	27774	807.35	1345	−95.16	0.010674	−56.06
卡塔尔	0	90	0	0	—	0	—
科威特	694	220	−68.3	152	−30.91	0.001206	−78.10
伊拉克	16	102	537.5	223	118.63	0.001770	1293.75
阿曼	0	0	0	6	—	0.000048	—
约旦	116	5	−95.69	155	3000.00	0.001230	33.62
叙利亚	173	55	−68.21	105	90.91	0.000833	−39.31
利比亚	12	10	−16.67	18	80.00	0.000143	50.00
阿拉伯国家总计	7055	32218	356.67	6259	−80.57	0.049674	−11.28

数据来源：①《中国统计年鉴（2016）》《中国统计年鉴（2017）》，中国统计出版社，第 11~14 页，按国别（地区）分实际外商投资额。

② “—”数据无法得出。

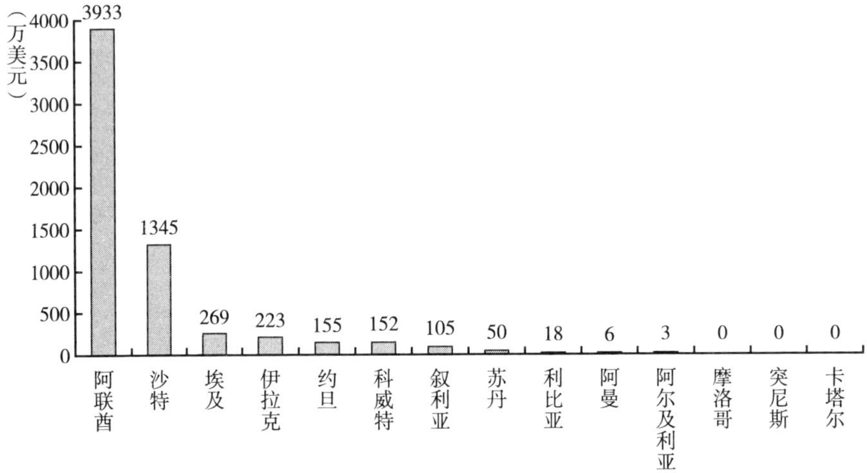

图 4.1　2016 年中国吸引阿拉伯主要国家的直接投资流量

（2）主要领域

阿拉伯国家对中国投资主要集中在石化、物流、轻工、建材等领域，主要项目包括沙特公司参股的福建炼油化工一体化项目和天津乙烯项目、突尼斯公司参股的秦皇岛化肥项目、阿联酋公司在广州和上海等地投资的塑料产品储运和加工项目。在油气下游领域，已经投产的福建炼化一体化项目、天津乙烯项目等是阿拉伯国家资本进入的主要项目。据沙特基础工业公司（SABIC，萨比克）网站消息，沙特基础工业公司 2016 年 5 月 30 日发布声明，宣布已与神华宁夏煤业集团（SNCG）签署项目开发协议（PDA），根据协议，萨比克将与神华宁夏煤业集团在宁夏新建一个石化工业区。①

在金融领域，阿联酋阿布扎比投资局、科威特投资总局和卡塔尔控股有限公司先后获得中国合格境外机构投资者资质。自卡塔尔央行、沙特金管局、科威特投资总局分别获准进入中国银行间债券市场以来，金融投资不断加大。2015 年阿布扎比投资局向中国股市投资配额 15 亿美元，同比增长额度达 50%。科威特已经累计获得中国证券市场合格境外机构投资者 15 亿美元的投资额度，并在银行间债券市场获得 10 亿美元投资额度，成为中国人民币公开市场最大投资者，此外，科威特还先后对中国工商银行、农业银行、中信债券等金融机构 H 股进行投资，其在华（包括香港地区）累计金融投资额已超过 100 亿美元。卡塔尔投资局未来五年计划对大中华区投资 150 亿美元。

4.2　阿拉伯国家与中国的投资依存度指数

2012 ~ 2016 年，中国从全球引入的外国直接投资（FDI）在 2016 年出现小幅下降，五年年均增长率为 3.05%，其中，从阿盟主要经济体流入的

① 《沙特萨比克与神华集团签署石化新建石化工业区合作协议》，中华人民共和国商务部网站，http://www.mofcom.gov.cn/article/i/jyjl/k/201606/20160601331563.shtml，2016 年 6 月 2 日。

FDI 在 2015 年出现恢复性增长后继续下滑跌至五年来的最低点，同比下降了 80.57%（如表 4.2 所示）。中国从海合会成员国引入（FDI）总体呈波动趋势，其中：影响最大的沙特在 2015 ～ 2016 年出现巨大跌幅，同比下降了 95.16%，年均增长率为 –27.94%；阿联酋在 2012 ～ 2014 年流入中国的 FDI 一直在下滑，但 2015 年出现较大增幅，并且在 2016 年出现趋于平稳的态势；卡塔尔从2012年开始一直处于极低状态，2016年为0。2015 ～ 2016年，北非国家总体呈上升态势，同比增长了 366%，主要得益于埃及和苏丹在这两年中的快速增长（如表 4.2、图 4.2、图 4.3 所示）。

表 4.2　中国吸引阿拉伯主要国家的直接投资流量

年份 经济体	2012（万美元）	2013（万美元）	2014（万美元）	2015（万美元）	2016（万美元）	年均增长率（%）
全球	11171614	11758620	11956156	12626555	12600142	3.05
阿盟主要经济体	22400	12856	7055	32218	6259	–27.30
西亚九国	21043	12546	6915	32145	5919	–27.17
海合会成员	20735	12072	6610	31983	5436	–28.44
巴林	79	0	0	0	0	–100.00
科威特	0	69	694	220	152	—
阿曼	0	0	0	0	6	—
卡塔尔	2706	1771	0	90	0	–100.00
沙特	4987	5851	3061	27774	1345	–27.94
阿联酋	12963	4381	2855	3899	3933	–25.78
其他西亚国家	308	474	305	162	483	11.90
伊拉克	93	101	16	102	223	24.44
约旦	120	125	116	5	155	6.61
叙利亚	95	248	173	55	105	2.53
北非六国	1357	310	140	73	340	–29.25

续表

经济体＼年份	2012（万美元）	2013（万美元）	2014（万美元）	2015（万美元）	2016（万美元）	年均增长率（%）
阿尔及利亚	571	5	0	0	3	-73.08
埃及	567	209	126	50	269	-17.01
利比亚	180	0	12	10	18	-43.77
摩洛哥	0	27	0	0	0	—
苏丹	7	24	0	0	50	63.48
突尼斯	32	45	2	13	0	-100.00

数据来源：① 2012 ~ 2015 年数据来自《中阿经贸关系发展进程 2016 年度报告》，内部资料，第 49 页。

② 2016 年数据来自《中国统计年鉴（2017）》，中国统计出版社，第 11 ~ 14 页，按国别（地区）分实际外商投资额。

③年均增长率根据 2012 ~ 2016 年统计数据计算得出。

④ "—"数据无法得出。

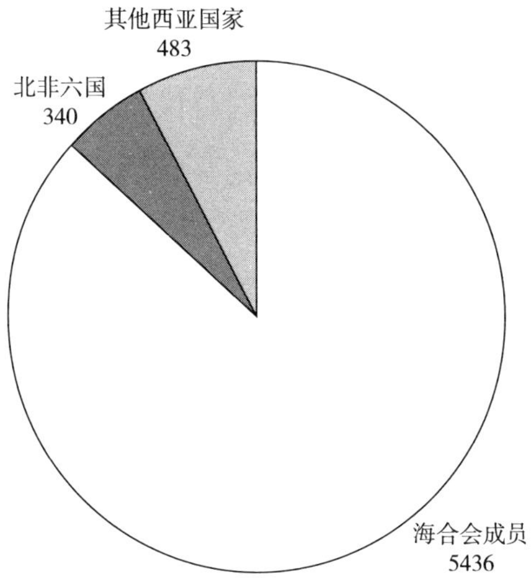

图 4.2　中国吸引阿盟主要经济体的直接投资流量（单位：万美元）

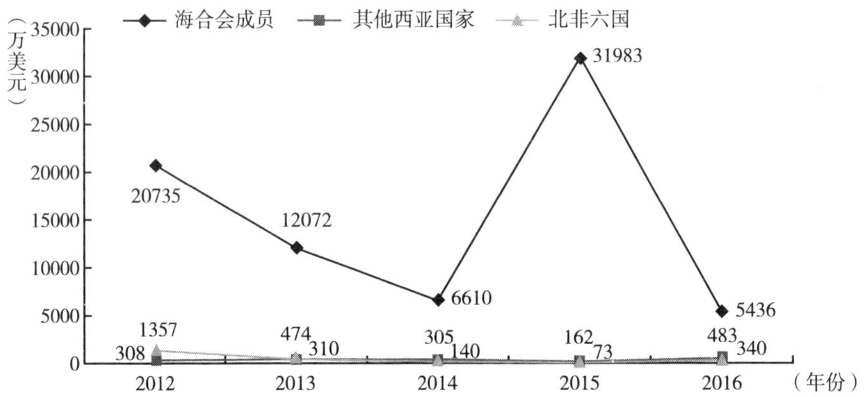

图 4.3　2012 ~ 2016 年中国吸引阿盟主要经济体的直接投资流量

2012 ~ 2016 年，中国对全球投资继续以年均 22.26% 的高速增长，然而，对阿盟主要经济体的投资总体呈断崖式下滑，2016 年出现负增长，其中撤资量较大的是阿联酋、伊拉克、阿尔及利亚和苏丹，均为近几年来的首次大批量撤资。而以往的主要投资方向国沙特也出现了大幅度下降。无论是针对海合会国家、其他西亚国家还是北非六国的投资总量均为负值。针对阿盟主要经济体的投资流量 2016 年比 2015 年同比减少了 140%（如表 4.3、图 4.4 所示）。

表 4.3　中国对阿拉伯主要国家的对外直接投资流量

年份 / 经济体	2012（万美元）	2013（万美元）	2014（万美元）	2015（万美元）	2016（万美元）	增长率（%）
全球	8780353	10784371	12311986	14566715	19614943	22.26
阿盟主要经济体	84200	123762	221694	229374	–90726	—
西亚九国	48600	86694	120201	198004	–22715	—
海合会成员	33908	85420	110250	196971	–17972	—
巴林	508	–534	—	—	3646	63.68
科威特	–1200	–59	16191	14444	5055	—
阿曼	300	–74	1516	1095	462	11.40
卡塔尔	8400	8747	3579	14085	9613	3.43
沙特	15400	47882	18430	40479	2390	–37.23

续表

年份 经济体	2012 （万美元）	2013 （万美元）	2014 （万美元）	2015 （万美元）	2016 （万美元）	增长率 （%）
阿联酋	10500	29458	70534	126868	-39138	—
其他西亚国家	15200	1274	9951	1033	-4743	—
伊拉克	14800	2002	8286	1231	-5287	—
约旦	1000	77	674	158	613	-11.52
叙利亚	-600	-805	955	-356	-69	—
北非六国	35600	37068	101493	31370	-68011	—
阿尔及利亚	24600	19130	66571	21057	-9989	—
埃及	11900	2322	16287	8081	11983	0.17
利比亚	-700	45	13	-4106	-1705	-24.93
摩洛哥	100	774	1144	2603	1016	78.54
苏丹	-200	14091	17407	3171	-68994	-330.97
突尼斯	-100	706	71	564	-322	-33.96

数据来源：① 2012 ~ 2015 年数据来自《中阿经贸关系发展进程 2016 年度报告》，内部资料，第 51 页。
② 2016 年数据来自《2016 年度中国对外直接投资统计公报》，中国统计出版社，第 45~47 页。
③增长率数据根据 2012 ~ 2016 年数据计算得出。
④ "—" 数据不可得。

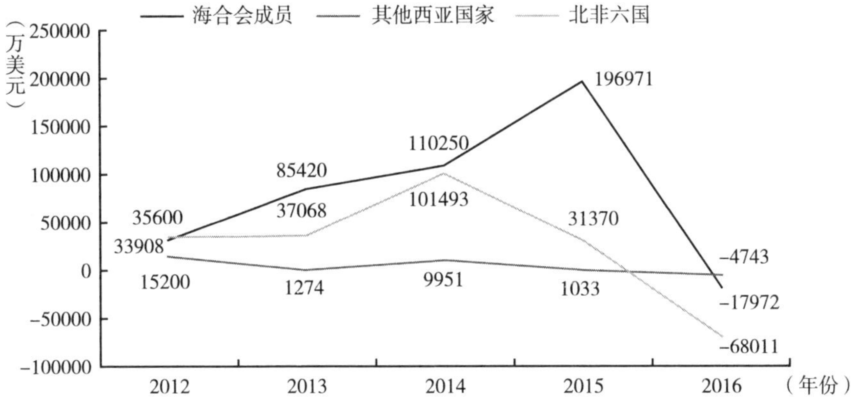

图 4.4　2012 ~ 2016 年中国对阿拉伯国家的对外直接投资流量

从母国角度看，中国对阿盟主要经济体的对外直接投资依存度在 2016 年达到低点，总体呈下滑趋势，2012 年达到顶峰时也只有 0.96%，在 2016

年达到近年来的首次负值，近五年平均值为 0.108%。分开来看，中国对海合会成员国、其他西亚国家以及北非六国在 2016 年都跌至负值，说明中国对阿盟主要经济体的对外直接投资依存度开始减小。其中对埃及直接投资依存度为最大值 0.061%，而对苏丹投资依存度最低，为 –0.352%（如表 4.4、图 4.5、图 4.6 所示）

表 4.4　中国对阿拉伯主要国家的对外直接投资依存度（母国角度）

单位：%

外资来源地＼年份	2012	2013	2014	2015	2016	五年平均值
全球	100	100	100	100	100	100
阿盟主要经济体	0.959	0.01148	0.01801	0.01575	–0.46254	0.10834
西亚九国	0.554	0.00804	0.00976	0.01359	–0.11580	0.09392
海合会成员	0.38	0.00792	0.00895	0.01352	–0.09162	0.06375
巴林	0	–0.00005	0.00000	0.00000	0.01859	0.00371
科威特	–0.014	–0.00001	0.00132	0.00099	0.02577	0.00281
阿曼	0.003	–0.00001	0.00012	0.00008	0.00236	0.00111
卡塔尔	0.096	0.00081	0.00029	0.00097	0.04901	0.02942
沙特	0.175	0.00444	0.00150	0.00278	0.01218	0.03918
阿联酋	0.12	0.00273	0.00573	0.00871	–0.19953	–0.01247
其他西亚国家	0.173	0.00012	0.00081	0.00007	–0.02418	0.02996
伊拉克	0.169	0.00019	0.00067	0.00008	–0.02695	0.02860
约旦	0.011	0.00001	0.00005	0.00001	0.00313	0.00284
叙利亚	–0.007	–0.00007	0.00008	–0.00002	–0.00035	–0.00147
北非六国	0.405	0.00344	0.00824	0.00215	–0.34673	0.01442
阿尔及利亚	0.28	0.00177	0.00541	0.00145	–0.05093	0.04754
埃及	0.136	0.00022	0.00132	0.00055	0.06109	0.03984
利比亚	–0.008	0.00000	0.00000	–0.00028	–0.00869	–0.00339
摩洛哥	0.001	0.00007	0.00009	0.00018	0.00518	0.00130
苏丹	–0.002	0.00131	0.00141	0.00022	–0.35174	–0.07016
突尼斯	–0.001	0.00007	0.00001	0.00004	–0.00164	–0.00050

数据来源：①《中阿经贸关系发展进程 2016 年度报告》，内部资料，第 49 页。

②《2016 年度中国对外直接投资统计公报》，第 44~45 页数据计算得出。

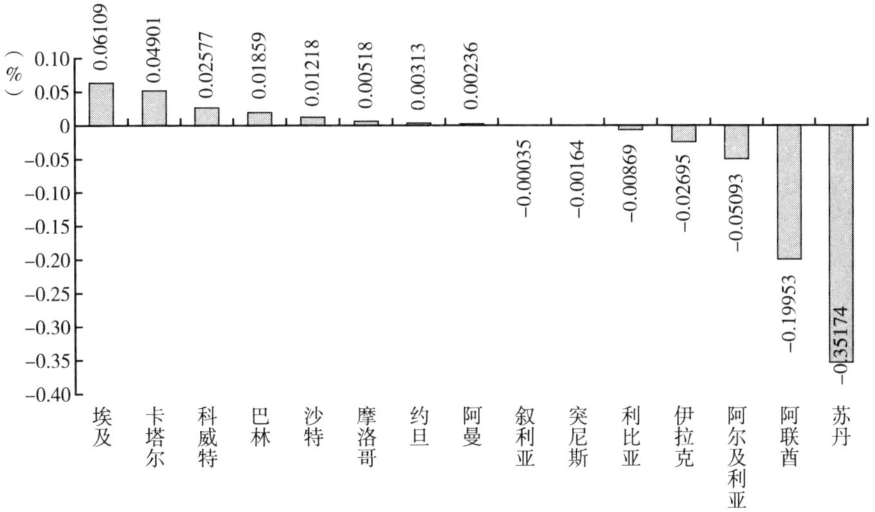

图 4.5　2016 年中国对阿拉伯主要国家的对外直接投资依存度（母国角度）

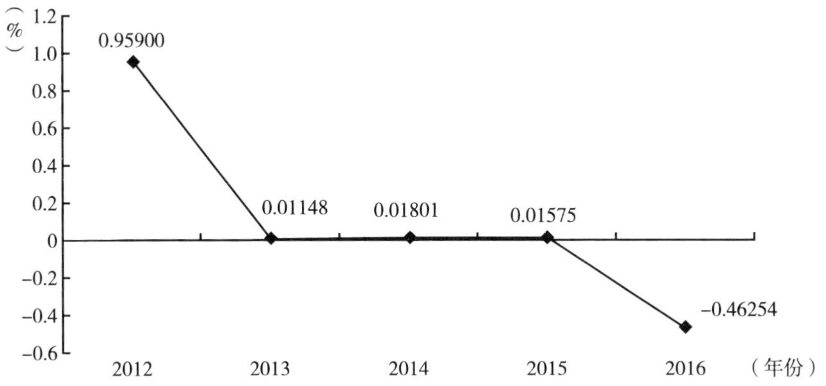

图 4.6　2012 ~ 2016 年中国对阿盟主要经济体的对外直接投资依存度（母国角度）

从东道国角度看，中国对来自阿拉伯国家的外资依存度一直较低，仅为 0.05%。从近五年看，中国对阿盟主要经济体的外资流入依存度一直呈波动趋势，五年平均值为 0.1337%，2016 年达到近几年最低值。五年间中国对来自海合会成员国的外资依存度始终为最高值，平均值为 0.128%，占中国吸引阿盟主要经济体外资的 95.88%。沙特和阿联酋是阿拉伯国家对中国投资的最主要来源地，五年平均值分别为 0.01067% 和 0.03121%。中国对北非六国外资依存度更低，平均值仅为 0.0027%，只有埃及较高达到 0.0021%（如表 4.5、图 4.7、图 4.8 和图 4.9 所示）。

表 4.5　中国对阿拉伯主要国家的外资流入依存度（东道国角度）

单位：%

外资来源地	2012	2013	2014	2015	2016	五年平均值
全球	100	100	100	100	100	100
阿盟主要经济体	0.201	0.109	0.055285	0.253299	0.04967	0.13365
西亚九国	0.188	0.107	0.057836	0.254583	0.04698	0.13088
海合会成员	0.186	0.103	0.055285	0.253299	0.04314	0.12815
巴林	0.0007	0	0.000000	0.000000	0.00000	0.00014
科威特	0	0.0006	0.005805	0.001742	0.00121	0.00187
阿曼	0	0	0.000000	0.000000	0.00005	0.00001
卡塔尔	0.024	0.015	0.000000	0.000713	0.00000	0.00794
沙特	0.045	0.05	0.025602	0.219965	0.01067	0.07025
阿联酋	0.116	0.037	0.023879	0.030879	0.03121	0.04779
其他西亚国家	0.003	0.004	0.002551	0.001283	0.00383	0.00293
伊拉克	0.001	0.001	0.000134	0.000808	0.00177	0.00094
约旦	0.001	0.001	0.000970	0.000040	0.00123	0.00085
叙利亚	0.001	0.002	0.001447	0.000436	0.00083	0.00114
北非六国	0.012	0.003	0.001171	0.000578	0.00270	0.00389
阿尔及利亚	0.0051	0.00004	0.000000	0.000000	0.00002	0.00103
埃及	0.005	0.002	0.001054	0.000396	0.00213	0.00212
利比亚	0.0016	0	0.000100	0.000079	0.00014	0.00038
摩洛哥	0	0.0002	0.000000	0.000000	0.00000	0.00004
苏丹	0.0001	0.0002	0.000000	0.000000	0.00040	0.00014
突尼斯	0.0003	0.0004	0.000017	0.000103	0.00000	0.00016

数据来源：①根据《中阿经贸关系发展进程 2016 年度报告》，内部资料，第 49 页。
②《中国统计年鉴（2017）》，11-14 数据计算得出。

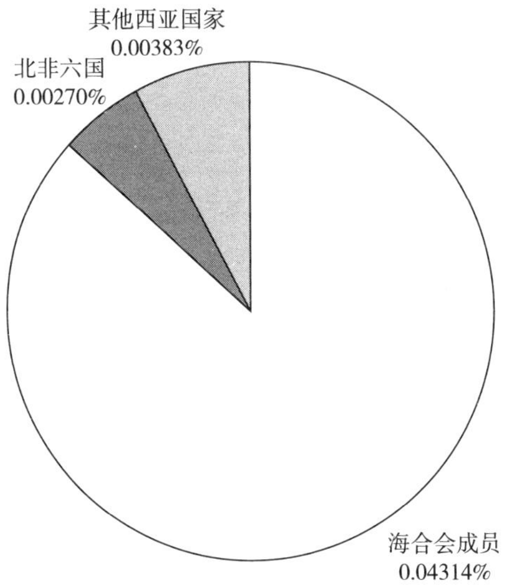

图 4.7　2016 年中国对阿拉伯主要国家的外资依存度（东道国角度）

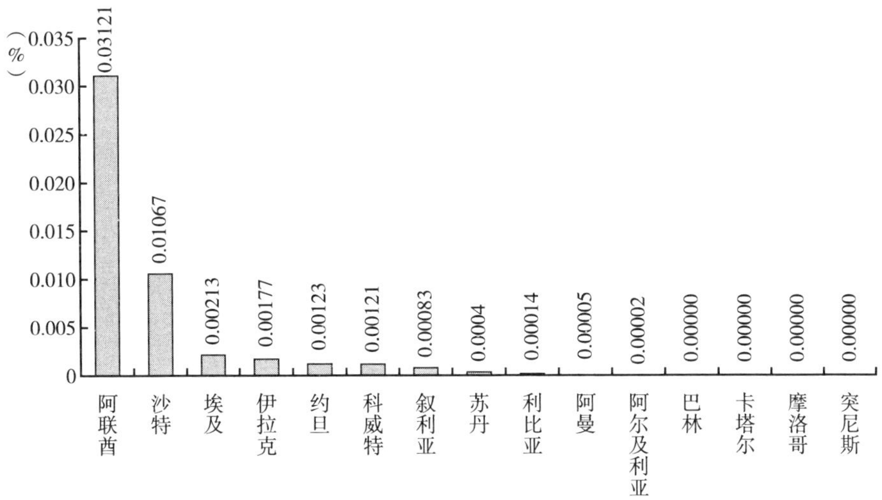

图 4.8　2016 年中国对阿拉伯主要国家的外资依存度（东道国角度）

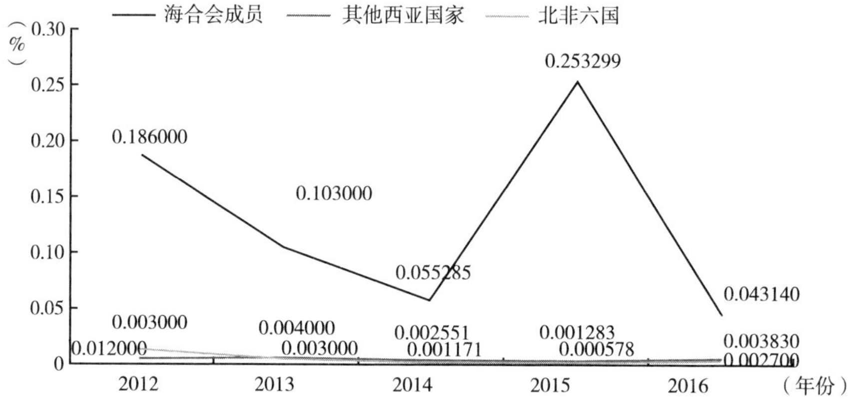

图 4.9　2012 ~ 2016 年中国对阿拉伯主要国家的外资依存度（东道国角度）

4.3　中阿外资体制改革

4.3.1　中国及阿拉伯国家投资环境

从总体上看，海合会成员国的投资环境相对于其他阿拉伯国家较为良好。表 4.6 展示了中国及主要阿拉伯国家在国际组织发布的与投资环境有关的指数中的排名，即世界银行发布的营商环境（EoDB）排名和世界经济论坛发布的全球竞争力指数（GCI）排名。

2015 ~ 2016 年，中国的投资环境总体来说相对稳定，但是 EoDB 仍处于全球中等偏下的位置。阿拉伯国家中，海合会成员国的投资环境较好，两项指标的全球排名相对靠前，特别是阿联酋表现最好；西亚和北非阿拉伯国家中，摩洛哥、突尼斯投资环境相对较好，埃及投资环境在逐步改善，营商环境和全球竞争力指数排名均在上升。由于近两年阿拉伯国家局势动荡，总体上排名都有所下降。

表 4.6　中国及主要阿拉伯国家与投资环境相关的排名

国家	EoDB（2015）	EoDB（2016）	GCI（2015）	GCI（2016）
中国	84（↑ 6）	78（↑ 6）	25（↑ 3）	28（↓ 3）
巴林	65（↓ 12）	63（↑ 2）	39（↓ 5）	48（↓ 9）
科威特	101（↓ 15）	102（↓ 1）	34（↑ 6）	38（↓ 4）
阿曼	70（↓ 4）	66（↑ 4）	62（↓ 16）	66（↓ 4）
卡塔尔	68（↓ 18）	83（↓ 15）	14（↑ 2）	18（↓ 4）
沙特	82（↓ 33）	94（↓ 12）	25（↓ 1）	29（↓ 4）
阿联酋	31（↓ 9）	26（↑ 5）	17（↓ 5）	16（↑ 1）
伊拉克	161（↓ 5）	165（↓ 4）	—	—
约旦	113（↑ 4）	118（↓ 5）	64	63（↑ 1）
叙利亚	175	173（↑ 2）	—	—
阿尔及利亚	163（↓ 9）	156（↑ 7）	87	87
埃及	131（↓ 19）	122（↑ 9）	116（↑ 3）	115（↑ 1）
利比亚	188	188	—	—
摩洛哥	75（↓ 4）	68（↑ 7）	72	70（↑ 2）
苏丹	159（↑ 1）	168（↓ 9）	—	—
突尼斯	74（↓ 14）	77（↓ 3）	92（↓ 5）	95（↓ 3）

数据来源：① EoDB：世界银行数据 2017 年公布。
② GCI: 全球竞争力指数（Global Competitiveness Index）排名，表中数据由世界经济论坛发布。
“↑”与上一期相比排名上升，“↓”排名下降；“—”数据不可得。

4.3.2　中国外资体制改革

2013 年以来，中国政府大力放宽外资准入，确立了“放宽投资准入，统一内外资法律法规，保持外资政策稳定、透明、可预期”的基本原则，改革外资审批体制，在中国（上海）自由贸易试验区试点外资管理体制改革。2016 年 1 月，中国政府发布首份对阿拉伯国家政策文件，阐述发展中阿关系指导原则，规划中阿互利合作蓝图，重申致力于中东和平稳定的政治意愿，推动中阿关系迈向更高水平。

2016 年 9 月 3 日，《中华人民共和国外资企业法》等四部法律修订；2016 年 10 月 8 日，中华人民共和国商务部令发布了《外商投资企业设立及变更备案管理暂行办法》；2016 年 12 月 7 日，中国国家发展和改革委、商务部会同有关部门修订《外商投资产业指导目录》（具体见表 4.7 所示）。

4.3.3 阿拉伯国家外资体制改革

近几年，部分阿拉伯国家局势动荡，投资环境有所恶化。外部面临着来自东南亚和拉美经济体对于外资的争夺，内部需要进行经济改革和多元化战略的实施，很多阿拉伯国家都实施了外资管理方面的改革措施，以更好地吸引外资。下面对主要阿拉伯国家近两年的投资环境和主要改革措施（具体见表 4.8）进行简要总结。

巴林：投资环境较好，在与投资环境相关的排名中处于阿拉伯国家的前列，在 2016 年营商环境（EoDB）比 2015 年略有回升，全球竞争力指数（GCI）排名持续下降，其中（EoDB）排名上升了 2 位，（GCI）排名下降了 9 位。对外资持开放态度，近两年对外资的管理措施没有变动。

科威特：在与投资环境相关的排名中，在海合会国家中垫底，对外资有很多限制。2016 年营商环境（EoDB）排名下降了 1 位，为 102 位，全球竞争力指数（GCI）排名下降了 4 位。

阿曼：投资环境在海合会国家中处于中等程度，为了改善投资环境，鼓励外商投资，并逐渐改善促进投资的制度框架。2016 年营商环境（EoDB）排名上升了 4 位，为第 66 位，但 2016 年全球竞争力指数（GCI）排名持续下降，下降至 66 位。

卡塔尔：投资环境相关指标下滑较快，2015 ~ 2016 年，营商环境（EoDB）排名 2015 年下降了 18 位，2016 年又下降了 15 位。2015 年全球竞争力指数（GCI）排名上升了 2 位，2016 年又下降了 4 位，但目前处于世界

表 4.7　2016 年中国在外资管理体制改革的主要措施

发布时间	机构及文号	文件名称	主要内容
2016 年 1 月 13 日	新华社北京 1 月 13 日电	中国对阿拉伯国家政策文件	这是中国政府制定的首份对阿拉伯国家政策文件。除“前言”外，从“深化全面合作、共同发展的中阿战略合作关系”“中国对阿拉伯国家政策”“全面加强中阿合作”“中阿合作论坛及其后续行动”“中国与阿拉伯区域组织关系”等五个部分详细阐述了中方全面加强中阿关系的各项政策举措。其中，第三部分中投资贸易领域包括“一带一路”、产能合作、投资合作、贸易、能源合作、基础设施建设、航天合作、民用核领域合作、金融合作、经贸合作机制和平台建设等十项内容
2016 年 9 月 3 日	第十二届全国人民代表大会常务委员会第二十二次会议通过	全国人大常委会关于修改《中华人民共和国外资企业法》等四部法律的决定	一、第二十三条：“举办外资企业不涉及国家规定实施准入特别管理措施的，对本法第六条、第十条、第二十条规定的审批事项，适用备案管理。国家规定的准入特别管理措施由国务院发布或者批准发布。” 二、第十五条：“举办合营企业不涉及国家规定实施准入特别管理措施的，对本法第三条、第十三条、第十四条规定的审批事项，适用备案管理。国家规定的准入特别管理措施由国务院发布或者批准发布。” 三、第二十五条：“举办合作企业不涉及国家规定实施准入特别管理措施的，对本法第五条、第七条、第十条、第十二条第二款、第二十四条规定的审批事项，适用备案管理。国家规定的准入特别管理措施由国务院发布或者批准发布。” 四、第十四条：“举办台湾同胞投资企业不涉及国家规定实施准入特别管理措施的，对本法第八条第一款规定的审批事项，适用备案管理。国家规定的准入特别管理措施由国务院发布或者批准发布。”本决定自 2016 年 10 月 1 日起施行 2013 年 8 月 30 日和 2014 年 12 月 28 日通过的暂时调整有关法律规定的行政审批的决定的效力相应终止
2016 年 10 月 8 日	中华人民共和国商务部令 2016 年第 3 号	《外商投资企业设立及变更备案管理暂行办法》	本暂行办法是对我国外商投资管理体制的一次重大变革，将完善我国法治化、国际化、便利化的营商环境，暂行办法共五章三十七条，是方便企业、服务企业的“真备案”制度。与此同时，商务部公告 2015 年第 12 号发布的《自由贸易试验区外商投资备案管理办法（试行）》同时废止
2016 年 10 月 8 日	国家发展和改革委 商务部公告 2016 年第 22 号	国家发展和改革委 商务部公告 2016 年第 22 号	2016 年 9 月 3 日，《关于修改〈中华人民共和国外资企业法〉等四部法律的决定》，将不涉及国家规定实施准入特别管理措施的外商投资企业设立及变更，由审批改为备案管理。经国务院批准，外商投资准入特别管理措施范围按《外商投资产业指导目录（2015 年修订）》中限制类和禁止类，以及鼓励类中有股权要求、高管要求的有关规定执行。涉及外资并购设立企业及变更的，按现行有关规定执行

资料来源：笔者根据全国人民代表大会常务委员会、国家发展和改革委、商务部、新华社等部门发布的文件内容整理。

表 4.8　2016 年阿拉伯国家外资管理改革的主要措施

阿拉伯国家	外资管理改革措施
科威特	2016 年 7 月 31 日，科威特内阁已正式批准在科威特南部 Nuwaiseeb 建立自由贸易区。Nuwaiseeb 自由贸易区总占地面积 200 万平方米，建成后将成为该地区最大的自由贸易区之一
卡塔尔	自 2016 年 12 月 13 卡塔尔政府正式废止担保人制度，启用新的以合同为基础的劳工法（2015 第 21 号）。新的劳工法将取代旧有的担保人制度。此前，卡塔尔一直沿用海湾普遍存在的担保人制度，规定外国公司和外籍人员在卡塔尔工作都必须找当地人作为担保人，更换工作和离境均需要担保人批准。新法允许外籍劳工在离境、更换工作方面获得更多自由，也增加了对劳工的一些保护性条款。 2016 年 12 月卡塔尔首相签发了 2016（23）号令，决定成立投资服务单一窗口协调委员会，该委员会直属内阁，由首相办公室负责人任主席，由内政部、能源与工业部、财政部、经贸部、司法部、社会事务和劳工事务部、交通通信部、市政和环保部、旅游局、工商会官员任委员。所有人员由首相任命
沙特	沙特投资总局为吸引投资，颁布了关于发放、更新投资者签证或总经理签证的规定，自 2016 年 2 月 15 日开始生效。根据新规，无论是外国公司，还是合资公司，投资者须限定外籍员工人数不得超过总员工人数的 25%，公司需从这个比例划分职业范围，10% 为经理和专业岗，15% 为技工和工人岗，或者相反。经与沙特投资总局核实，上述规定仅适用于投资者以“个人”名义申请投资许可证并注册公司的情况，符合企业拥有专利资格并使用于产品制造，企业产品符合沙特、海湾或国际技术标准，企业员工不少于 50 人，企业资金不少于 1000 万美元等条件时，企业家可以“个人”名义申请投资许可证，并享有投资者身份。在此情况下，需满足上述用工条件限制。针对目前在沙的中资企业而言，以“企业”名义申请或更新投资许可证的，仍执行劳工部关于各不同领域沙化比例政策。 2016 年 6 月 6 日晚，沙特国王萨勒曼主持内阁会议，通过“国家转型计划”（简称“NTP”）。该计划是沙特“2030 愿景”的一部分，将“2030 愿景”中的各项目标细化为须于 2020 年前实现的具体指标，分解到政府各相关部门，并逐一设定关键绩效指标（KPI）。将吸收利用外国直接投资从 300 亿里亚尔提升至 700 亿里亚尔
阿联酋	2016 年 9 月 4 日，阿联酋《破产法》出台，破产法中涉及多项期待已久的积极条款，包括保证公司业务的延续性、保护投资者及其权益等。这将使企业财务管理具有弹性，从而为企业投资提供理想的环境。《破产法》的实施将加强阿联酋的经济和投资立法体系，提高阿联酋在营商环境、竞争力和企业创业等方面的全球指数排名

续表

阿拉伯国家	外资管理改革措施
摩洛哥	2016年初，摩洛哥通过了新的《可再生能源法》修正案，以促进私人投资可再生能源。可再生资源私人投资者可以将其富余产能（不超过其年产能的20%）卖给电网。此外，私人投资水电站的最小装机容量也从12MW提升到30MW 2016年5月11日，中国与摩洛哥两国中央银行签署了双边本币互换协议，互换规模为100亿元人民币/150亿摩洛哥迪拉姆，有效期三年，经双方同意可以展期。互换协议的签署将有利于便利双边贸易和投资，加强两国金融合作
巴林	2016年7月巴林政府推出外资改革新政，在旅游、信息通信技术、制造业等领域允许外资100%持股。巴政府称，此举将进一步吸引外来投资、刺激经济增长、促进就业
埃及	2016年7月埃及投资部长胡尔希德表示，投资部计划于2016～2017财年吸引投资100亿美元。下阶段，投资部将采取便利投资条件，简化法律程序，加大国内外宣传等手段招商引资。为此，埃政府将在2017年以前简化80%的投资手续。 2016年4月埃及央行行长塔里克·阿梅尔称埃央行正在制订一项便于在埃投资的外国企业转移利润的计划，该计划是央行重建国际投资者对埃及经济信心的众多计划之一，其中，央行将为在埃从事经营的企业提供美元并确保其利润可以转移回母公司，也希望在埃投资外国企业增加其产品出口 2016年7月埃及投资部发布最新版本的审计标准。投资部长Salman称，新的标准将会让投资者产生积极良好印象，可以鼓励国际公司的进入和投资，提升公司财务报告的质量，可以鼓励国际投资者在埃及的投资活动，活跃资本市场，还可以增进公司运营效率，从而有利于整体经济状况的改善。为此，埃及成立由埃及财务监管局（EFSA）、埃及会计师和审计师协会（ESAA）、中央审计局（CAO）组成的常设委员会来跟踪会计和审计标准的发展变化，并负责相关标准的改进、简化和解释工作

资料来源：笔者根据中国驻科威特、卡塔尔、沙特、阿联酋、摩洛哥、巴林、埃及大使馆经济商务参赞处发布内容整理。

前列。与此对比，营商环境更加值得关注。

沙特：与卡塔尔有相似之处，2015 ~ 2016 年，营商环境（EoDB）排名下滑更快,2015 年下降了 33 位,2016 年又下降了 12 位，排第 94 名，同时，全球竞争力指数（GCI）排名也持续下降，投资环境值得关注。从一个侧面也说明沙特政府把改善投资环境作为贸易投资自由化和经济多样化发展战略的改革还要进一步深化。

阿联酋：阿拉伯国家中最具投资吸引力的国家，其与投资环境相关的排名已跻身发达国家的行列，虽 2015 年营商环境（EoDB）、全球竞争力指数（GCI）排名有所下滑，但 2016 年两项排名又分别上升了 5、1 位。为实施经济多元化战略，阿联酋政府公开承诺减少对外国投资者的繁琐手续。

伊拉克：其经济重建过程中有很多投资机会，但由于安全形势动荡，法律体系不完善，在 2016 年营商环境的排名的 189 个经济体中排名第 165 名，非常靠后，且还在下滑。

约旦：实行经济开放政策，经济自由度高，在阿拉伯国家普遍营商环境表现下滑态势下，基本稳定在原来的营商环境（EoDB）118 名和全球竞争力指数（GCI）63 名的排名实属不易，也说明约旦也在调整外资政策，改善投资环境取得一定成效。

叙利亚：从 2011 年 3 月起，叙利亚局势发生动荡并持续升级，安全形势持续恶化，使得投资环境受到重创。在世界银行 2016 年营商环境排名的 189 个经济体中排名第 173 名，提升了 2 名，投资环境仍很严峻。

阿尔及利亚：投资环境处于阿拉伯国家的下游，2009 ~ 2010 年，出台了一些限制外国投资的法规，其中要求外国持股比例不高 49%。近几年，阿尔及利亚政府努力改善投资环境，如给予投资项目不同等级的税收优惠。

埃及：2013 年 7 月，自埃及临时政府上台后，埃及政局逐渐恢复稳定，经济形势有所好转，营商环境（EoDB）和全球竞争力指数（GCI）排名也有所上升，经济开始呈现恢复性增长。金融行业成为吸引投资的主要行业，此外制药业、电信行业、汽车以及原材料领域对外国直接投资有较大吸引力。

利比亚：由于安全形势堪忧，法律体系脆弱，目前投资环境比较恶劣，在参与营商环境排名的 189 个经济体中位列第 188 名，与上一年相比也没有改善。

摩洛哥：政局比较稳定，地理区位优势明显，开放程度较高，与投资环境相关的排名在北非国家中处于前列，2016 年营商环境（EoDB）排名提升了 7 位，全球竞争力指数（GCI）排名上升了 2 位。摩洛哥政府鼓励外商投资，所有行业对外资开放，并实行国民待遇。政府制订了各领域的发展规划，鼓励投资于优先发展的产业部门。

苏丹：2011 年南北分裂后，冲突不断，苏丹经济和社会发展面临巨大挑战，投资环境也有所恶化。为了鼓励外商投资，2013 年苏丹再次修订了投资法案，但营商环境（EoDB）和全球竞争力指数（GCI）总体排名靠后。

突尼斯：在北非国家中与投资环境有关的排名与摩洛哥相似，显示出其优越的地理位置和良好的投资环境。但是由于 2011 年以来突尼斯政局的剧烈变化，各项投资指标都在不断下滑。

第 5 章 中阿服务贸易

5.1 阿拉伯国家服务贸易概况

5.1.1 中国与阿拉伯国家服务贸易总体比较

根据世界贸易组织发布的“全球贸易景气指数”（World Trade Outlook Indicator，WTOI）评估，全球贸易已经开始持续复苏，不过国际贸易增速将仍然低于全球经济总体增速，但略好于预期。自 2013 年以来，在全球货物贸易增速下降的趋势下，服务贸易的增速明显快于货物贸易，服务贸易进一步发展的空间相较于货物贸易会更大，2016 年全球服务贸易额出现小幅下浮，但整体发展平稳（如图 5.1 所示）。

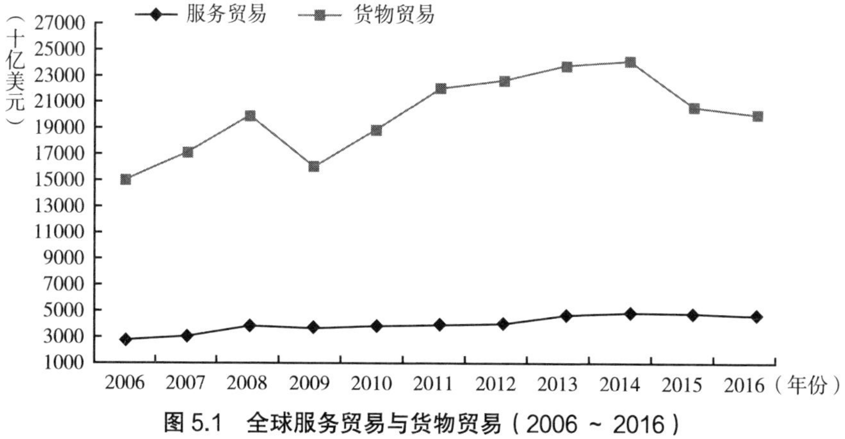

图 5.1 全球服务贸易与货物贸易（2006 ~ 2016）

服务贸易增长与发展的背景和利好因素包括：首先，全球市场需求升级拓展了传统领域服务贸易发展空间，随着国内外市场服务需求趋于个性化多样化，继商品消费全球化之后，服务消费全球化成为新的热点；其次，制造与服务融合带动生产性服务贸易发展，产业链、供应链、价值链深度整合，服务业和制造业也呈现高层次融合趋势，带动生产性服务产业的进步和生产性服务贸易的发展；最后，数字经济驱动新兴服务贸易发展，数字技术的发展引发交易形式的变革，不断创造出新的贸易服务产业，如数字经济、共享经济、平台经济等新产业新模式加快发展，提高了各个行业的生产效率。从国际环境看，全球服务贸易和服务外包发展方兴未艾，随着世界经济增长势头趋稳，服务贸易有望保持相对较快增长态势。

表 5.1　中国与阿拉伯国家服务贸易规模

国别	年份	2013	2014	2015	2016
中国	服务贸易总额（十亿美元）	534.14	648.88	649.76	657.11
	服务出口（十亿美元）	204.72	218.08	216.49	207.28
	服务进口（十亿美元）	329.42	430.80	433.27	449.83
	服务贸易差额（十亿美元）	−124.71	−212.72	−216.78	−242.55
	世界出口份额（%）	4.4	5.5	5.4	4.3
	世界进口份额（%）	7.5	9.1	10.1	9.6
阿拉伯国家	服务贸易总额（十亿美元）	402.68	456.34	405.08	373.79
	服务出口（十亿美元）	145.86	163.91	150.43	141.97
	服务进口（十亿美元）	256.82	292.43	254.65	231.82
	服务贸易差额（十亿美元）	−110.96	−128.52	−104.22	−89.85
	世界出口份额（%）	2.1	2.6	2.5	2.9
	世界进口份额（%）	5.1	5.6	5.2	4.9
海湾六国	服务贸易总额（十亿美元）	257.38	301.89	295.91	290.37
	服务出口（十亿美元）	79.12	92.58	98.21	100.47
	服务进口（十亿美元）	178.26	209.31	197.70	189.90
	服务贸易差额（十亿美元）	−99.14	−116.73	−104.89	−89.43
	阿拉伯国家出口份额（%）	54	56	65	71
	阿拉伯国家进口份额（%）	69	72	78	82

数据来源：www .wto.org。

表5.1显示了中国和阿拉伯国家服务贸易的总体规模和贸易差额情况。2013~2016年阿拉伯国家服务贸易的各个数据统计波动明显，且总体呈现下降趋势。2014年阿拉伯国家的服务贸易总额为4563.4亿美元，是近几年的最高值，同时从2014年至2016年，阿拉伯国家的服务贸易总额、服务出口、服务进口、服务贸易差额均呈下降趋势，唯一增长的数据是2016年阿拉伯国家的服务出口占世界份额从2015年的2.5%增长到了2.9%。同比而言，从2013年至2016年，海湾六国的服务贸易总额、进口、出口与差额的波动要小于阿拉伯国家的整体表现，其服务贸易进出口在阿拉伯国家中占比稳步增长，到2016年服务贸易进口占到了阿拉伯国家的82%，服务贸易出口占到了阿拉伯国家的71%，在服务贸易领域，海湾六国进一步强化了其在阿拉伯国家中的绝对领先优势，这同时也体现了阿拉伯国家内部的多样性和复杂性。

受世界经济大环境的影响，中国的服务贸易增速也放缓，但服务贸易总额仍呈现增长趋势，服务进口逐年递增，服务出口从2015年开始小幅下降。在此背景下，服务贸易差额增速明显，2016年服务贸易差额同比增长12%，达2425.5亿美元。

随着“一带一路”建设深入推进，“一带一路”倡议为中国与全球贸易尤其是服务贸易注入的新活力，中国与沿线国家的经贸交流不断加强，人员往来更加便利，有力地促进了中国与沿线国家之间在旅游、文化、技术等服务贸易领域的合作。习近平主席在首届“一带一路”国际合作高峰论坛提出，要将“一带一路”建设成和平之路、繁荣之路、开放之路、创新之路、文明之路。这经中国与“一带一路”沿线国家加强全方面服务贸易合作带来了历史性机遇，将推动中国服务贸易大发展。中国坚持实行高水平的贸易和投资自由化政策，扩大服务业对外开放，服务业已成为中国利用外资的主体，2017年前三季度服务业利用外资占中国外资总额的69.2%，开放型服务业不断成长壮大。随着供给侧结构性改革深入推进，以及服务业扩大对外开放，中国服务业的国际竞争力将稳步提升。与此同时，服务贸易创新发展试点、服务出口零税率或免税等支持政策日益完善，将为服务贸易发展创造有利条件，服务贸易将成为外贸转型升级的重要支撑、培育经济发展新动能的重要抓手和大众创业、万众创新的重要载体。

5.1.2　阿拉伯国家服务业发展趋势

从 2012 年至 2016 年，阿拉伯国家整体服务业增加值占 GDP 比重逐步增加，到 2016 年服务业占 GDP 比重为 55%，而同期中国为 51.6%，均低于 2016 年世界平均水平 66.07%。从 2016 年服务业增加值占 GDP 比重的角度来考察，黎巴嫩是阿拉伯国家中服务业占 GDP 比重最高的国家，具体指标为 79.5%，已经达到了发达国家的水平。约旦和突尼斯分别位列第二和第三，其服务业占 GDP 的比重分别为 66.8% 和 63.6%。伊拉克是阿拉伯国家中服务业增长速度最快的国家，从 2012 年服务业增加值占 GDP 比重 35.3% 增加到了 2016 年的 57.7%。也门和毛里塔尼亚的服务业占 GDP 的比重最低，2016 年分别为 42.2% 和 42.6%。突尼斯 2016 年服务业增加值占 GDP 比重为 63.6，在阿拉伯国家整体排名靠前，但却是年平均增幅最慢的（1.1%）（见表 5.2）。

表 5.2　阿拉伯国家服务业增加值占 GDP 比重

单位：%

年份 / 国家和地区	2012	2013	2014	2015	2016
阿拉伯国家	41.4	42.8	44.6	51.7	55.0
阿尔及利亚	39.3	41.6	43.3	47.9	48.9
巴林	52.2	51.8	53.2	59.4	59.9
吉布提	—	—	—	—	—
埃及	50.1	50.1	49.9	52.5	55.2
伊拉克	35.3	37.5	38.6	53.8	57.7
约旦	66.8	66.9	66.4	66.2	66.8
科威特	30.6	31.8	35.0	48.3	51.1
黎巴嫩	80.3	79.7	78.2	78.6	79.5

续表

国家和地区 \ 年份	2012	2013	2013	2014	2015
利比亚	—	—	—	—	—
毛里塔尼亚	36.2	35.1	40.0	43.7	42.6
摩洛哥	58.0	56.6	57.6	56.3	56.8
阿曼	33.2	35.8	39.0	47.4	50.5
卡塔尔	26.4	28.1	30.1	41.3	47.6
沙特	35.3	38.1	40.7	51.8	54.0
索马里	—	—	—	—	—
苏丹	55.3	55.0	56.9	58.1	58.1
叙利亚	—	—	—	—	—
突尼斯	59.4	60.3	61.0	61.4	63.6
阿联酋	41.9	44.3	46.5	55.1	58.8
也门	29.7	27.9	28.0	34.2	42.2

数据来源：World Bank，World Development Indicators。

5.1.3 服务贸易：出口、进口及贸易差额

自 2015 年以来，阿拉伯国家服务贸易出口呈下降趋势，2016 年服务贸易出口总额为 1419.7 亿美元，较 2015 年下降 5.6%，占当年世界服务贸易出口份额的 2.9%。2016 年，阿联酋是阿拉伯国家第一大服务贸易出口国，服务出口额为 625.2 亿美元，占整个阿拉伯国家服务贸易出口份额的 44%；第二位是沙特，服务出口额为 152.68 亿美元，较 2015 年增长了 10%；第三位是摩洛哥，服务出口额为 146.82 亿美元；第四位是卡塔尔，服务出口额为 145.50 亿美元，发展趋势平稳且呈增长态势；第五位是埃及，服务出口额为 140.08 亿美元，从 2014 年起服务出口下降趋势逐步加大，2016 年较 2015 年下降了 31%。利比亚、毛里塔尼亚和吉布提是服务贸易出口额最低的国家，分别为 0.79 亿美元（2014 年）、2.025 亿美元（2015 年）和 2.33 亿美元（2015 年）。就服务贸易出口而言，从 2013 年到 2016 年，以阿联酋、沙特、卡塔尔为代表的海湾国家保持了持续的增长，其他国家均有小幅波

动，埃及呈现明显的下降趋势，从2014年之前的第二位下降到2016年的第五位，且降幅在逐步加大。

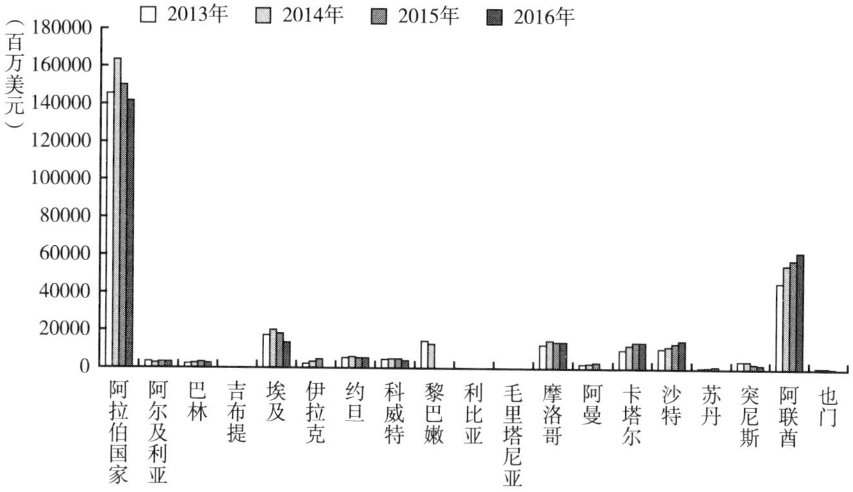

图5.2 阿拉伯国家服务贸易出口概况

数据来源：I-TIP Statistics，WTO and the World Bank。

在服务进口方面，从2015年开始，阿拉伯国家呈现下降趋势，且降幅要大于同期的服务出口，2016年服务进口总额为2318.16亿美元，同比下降8.9%，占世界服务贸易进口份额也从2015年的5.2%下降到2016年的4.9%。2013~2016年，所有阿拉伯国家的服务进口均有波动，没有一个国家保持持续增长或下降。2016年以阿联酋、沙特、卡塔尔和科威特为代表的海湾国家，在服务贸易的进口数额方面远远领先于其他阿拉伯国家，位列第一至第四，分别为阿联酋820.42亿美元、沙特509.66亿美元、卡塔尔297.29亿美元、科威特254.24亿美元，海湾国家服务贸易进口额占到了整个阿拉伯国家份额的82%。2016年埃及的服务贸易进口额在阿拉伯国家中排名第五，相比于服务出口的大幅下降，服务进口整体平稳，波动不大，2016年同比下降了3.2个百分点，而同期服务出口下降了31个百分点。吉布提和毛里塔尼亚是阿拉伯国家中服务贸易进口额最低的国家，分别为2.47亿美元（2015年）和5.99亿美元（2015年）。

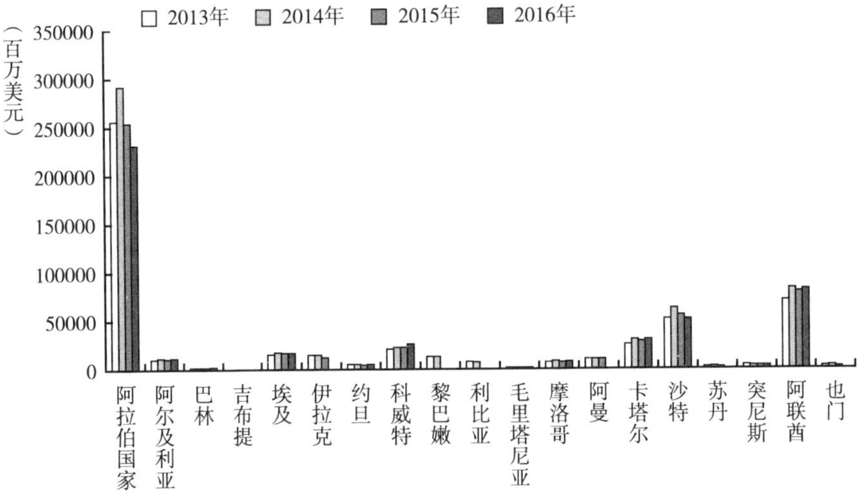

图 5.3　阿拉伯国家服务贸易进口概况

数据来源：I-TIP Statistics，WTO and the World Bank。

在服务贸易差额方面，阿拉伯国家总体上一直存在服务贸易逆差，从2013 年至 2016 年有一定的波动起伏，从 2015 年开始服务贸易差额呈下降趋势。2016 年，阿拉伯国家总体的服务贸易逆差为 898.44 亿美元，较上一年度下降了 13.82%。从 2016 年的统计数据看，沙特是最大的服务贸易逆差国，服务贸易逆差为 356.98 亿美元；科威特位居第二，服务贸易逆差为 204.57 亿美元；阿联酋位居第三，服务贸易逆差为 195.24 亿美元；其后的排名依次为卡塔尔、伊拉克（2015 年）、阿尔及利亚、埃及和毛里塔尼亚。但是并非所有的阿拉伯国家的服务贸易都是逆差，摩洛哥、约旦、巴林、突尼斯等国为服务贸易顺差国；其中，摩洛哥一直稳居阿拉伯国家服务贸易顺差榜首，2016 年服务贸易顺差增长 2.9%；相比而言，从 2014 年起，埃及的服务贸易顺差逐年递减且降幅明显，2016 年首次变为服务贸易逆差国家。

表 5.3 阿拉伯国家服务贸易差额情况

单位：百万美元

国家和地区 \ 年份	2013	2014	2015	2016
阿拉伯国家	-110963	-128517.2	-104222	-89843.5
阿尔及利亚	-6383.64	-7784.09	-6900.06	-7141.25
巴林	1422.07	1716.76	1602.74	1427.72
吉布提	1.34	-4.24	-13.75	—
埃及	3069.87	3461.4	1420.9	-2122.57
伊拉克	-11261	-10609.3	-7239	
约旦	1563.94	2044.08	1867.74	1706.34
科威特	-15103	-16652.96	-16615.6	-20456.5
黎巴嫩	2223.1	1224	—	—
利比亚	-7207.6	-6886.8	—	—
毛里塔尼亚	-716.19	-593.43	-396.35	-478
摩洛哥	6552.29	7613.59	7118.51	7325.77
阿曼	-6831.16	-6841.1	-6618.83	—
卡塔尔	-14550.4	-17232.43	-14287.4	-15179.7
沙特	-40530.8	-50721.77	-41882.8	-35698.4
苏丹	-673.59	-491.8	-274	—
突尼斯	1664.66	1442.79	355.02	296.58
阿联酋	-23546.1	-27011.57	-21674.6	-19523.5
也门	-657.07	-1190.34	-684.09	—

数据来源：I-TIP Statistics，WTO and the World Bank。

5.2 中阿服务贸易开放度比较与新趋势

5.2.1 总体比较与区域（双边）服务贸易自由化

以世界贸易组织《服务贸易总协定》的实施情况为基础，分析中国和阿拉伯国家的服务市场开放的基本情况。就市场准入的限制条件而言，中国为9项，高于阿拉伯国家中是世界贸易组织成员方的6.5项平均水平，阿拉伯国家方面做出市场准入限制条件最多的国家是约旦（11条）、也门（11条）与沙特（11条），其次是阿曼（10条），以及科威特（8条）、摩洛哥（7条），巴林与毛里塔尼亚只就服务贸易的市场准入做出了1条限制；就国民待遇的例外而言，中国为2项，略低于阿拉伯国家中是世界贸易组织成员方的2.15项平均水平，阿拉伯国家在服务贸易国民待遇方面限制最多的是约旦（7条）、突尼斯（6条）、也门（4条），巴林、吉布提、毛里塔尼亚、阿曼、卡塔尔等5国在服务贸易的国民待遇方面未做任何限制。总体而言，中国和阿拉伯国家在《服务贸易总协定》下的开放程度基本持平。从政策变化的角度来分析，中国自加入世界贸易组织以来，在服务贸易的市场准入和国民待遇方面的承诺和政策调整非常频繁，累计达到了78次，远高于阿拉伯国家在此方面的总和，这是由中国服务贸易总额的迅速增长与市场环境的快速变化所致；在阿拉伯国家方面，服务贸易的政策变化总体而言比较平缓，科威特（9次）、沙特（7次）、阿联酋（4次）以及阿曼（4次）调整次数最多，而摩洛哥、突尼斯、吉布提和也门在服务贸易的承诺和政策方面未做任何调整。从全球服务贸易额的排名看，中国服务贸易规模和体量不断增长，在全球服务贸易额中进出口均排名第三，阿联酋是阿拉伯国家中服务贸易额在全球排名最高的国家，2016年分别为12（出口）、10（进口）。

在通过自由贸易协定扩大服务贸易自由化方面，中国与阿拉伯国家均加入大量的区域以及自由贸易协定。中国所签订的包括服务贸易的自由贸易协定数量要远多于阿拉伯国家。截至目前，中国（港澳台除外）已经与其他国家和地区签订了14个服务自由贸易协定。相比而言，阿拉伯国家加

表 5.4　中国与阿拉伯国家服务贸易开放度基本情况

	GATS 限制条件统计		2016 年全球服务贸易额排名（2015）		RTA/FTA（含服务贸易）	政策变化（2000 ~ 2016）
	市场准入	国民待遇	出口	进口		
中国	9	2	3（3）	3（3）	14（14）	78
阿尔及利亚	—	—	57（58）	40（41）	2（0）	—
巴林	1	0	63（59）	85（89）	4（2）	2
吉布提	4	0	132（142）	145（152）	1（0）	0
埃及	5	3	30（25）	29（30）	9（0）	2
伊拉克	—	—	51（49）	42（37）	2（0）	—
约旦	11	7	46（46）	52（55）	8（2）	1
科威特	8	2	50（48）	23（24）	3（1）	9
黎巴嫩	—	—	29（27）	33（36）	3（0）	—
利比亚	—	—	121（155）	56（51）	4（0）	—
毛里塔尼亚	1	0	147（134）	124（121）	0（0）	2
摩洛哥	7	1	27（21）	48（49）	7（1）	0
阿曼	10	0	58（61）	43（43）	4（2）	4
卡塔尔	6	0	28（29）	21（22）	3（1）	1
沙特	11	3	25（30）	16（14）	3（1）	7
索马里	—	—	—	—	0（0）	—
苏丹	—	—	84（91）	94（87）	4（0）	—
叙利亚	—	—	152（74）	71（66）	3（0）	—
突尼斯	3	6	66（65）	69（72）	7（0）	0
阿联酋	6	2	12（22）	10（13）	3（1）	4
也门	11	4	146（84）	115（77）	1（0）	0

数据来源：WTO – Trade Profiles 2016，I–TIP Statistics，WTO and the World Bank。

注：GATS：WTO《服务贸易总协定》；RTA：区域贸易协定；FTA：自由贸易协定。全球服务贸易额排名不包括欧盟内部贸易数据。

入或签署的自由贸易协定较少涉及服务贸易自由化问题，更多的集中在货物贸易方面。到目前为止，阿拉伯国家涉及的 71 个自由贸易协定中仅有 6 个涉及服务贸易，分别是巴林、阿曼、摩洛哥以及约旦与美国签订的自由贸易协定；约旦与新加坡签订的自由贸易协定；海合会与新加坡之间于2013年9月1日生效的自由贸易协定。海合会与中国的自贸协定谈判目前仍在进行中，2016年中国与海湾阿拉伯国家委员会的自贸区谈判进展迅猛，共进行了四轮谈判，双方已就15个谈判议题的9个议题完成了谈判工作，并在核心的货物贸易、服务贸易领域取得了积极进展。

5.2.2 中阿服务贸易开放合作的新趋势

服务贸易正日益成为中国对外贸易发展和对外开放深化的新引擎。根据《商务部关于推进商务基本业务改革发展的意见》，商务部服务贸易司推进“中国服务”国家品牌，着力推动服务外包、技术贸易、文化贸易、展览业、生活服务业等重点领域实现新发展、新提高、新突破。目前，天津等15个省市（区域）被批准为开展服务贸易创新发展试点区域，为全国服务贸易创新发展积累经验，青岛等10个城市为服务外包示范城市，进一步发挥示范城市在产业集聚和创新引领中的带动作用。

“一带一路”倡议提出以来，中国对沿线国家的服务业投资超过2000亿元，带动了各国经济发展，创造了大量就业机会。服务业对外投资的持续增长为全球经济发展注入了新的活力。技术出口和引进为开放型世界经济不断增添新的动能。中华传统医药服务走向海外，为各国人民身心健康带来新的福祉。文化贸易传播中国元素，传承国际友谊，为各国民心相通架起了新的桥梁。

2015年，在中阿博览会上揭牌成立的中阿技术转移中心（CASTTC），为推动中阿科技合作、技术转移与技术贸易奠定了扎实基础，中阿技术转移中心将促进中阿在高新领域的合作，推动中国高铁、航天通信、核能、新能源、现代农业等高新技术及装备的转移输出。一是组建了中阿技术转移协作机构网络，协作网络成员已达1600多家，其中国外成员300多个，有效调动了各成员单位协同推动中阿技术转移和科技合作的积极性。二是共建双边技术转移分中心，相继建立了阿盟和沙特、约旦、阿曼、阿联酋（迪拜）等双边技术转移中心；依托沙特国王科技城创新发展中心组建分中心，促成华为公司在沙特国王科技城建立实验室，推动红棕象甲防治、农业物联网、节水、食品生产等方面的技术合作；依托阿联酋迪拜园林农业局和阿联酋国家农业学会组建分中心，围绕椰枣产业、物联网应用积极开展合作；依托约旦中东大学组建分中心，组织中方企业与约旦企业、科研院所建立技术转移合作关系，建立了 1500 亩马铃薯种薯与商品薯示范基地；依托阿曼科委与卡布斯大学组建分中心，联合共建“宁夏（中阿）旱区资源评价与环境调控重点实验室”和示范基地，合作开展新技术、新装备研发。三是建设中阿科技创新平台。四是搭建中阿技术转移综合信息平台，以构建大网络、应用大数据、形成大平台、提供大服务为目标，构建形成了以“一站、三库、五系统”为基本框架的中阿技术转移综合信息服务体系，该平台在建设中阿网上丝绸之路中将发挥重要支撑作用。

旅游业也是中阿服务贸易中最具发展潜力的部门。以摩洛哥对华实行免签政策为例，据统计，摩洛哥对中国公民实施免签以来，共有近 12 万人次中国游客赴摩洛哥旅游，为免签政策以前年均值的 6 倍多，预计到 2020 年将达到 50 万人次，中摩旅游合作空间巨大。目前对中国实行免签的阿盟国家有：卡塔尔、阿联酋、摩洛哥、突尼斯，落地签的国家有：黎巴嫩、约旦、埃及和吉布提。

5.3　工程承包业务

5.3.1　“一带一路”倡议与阿拉伯国家基础设施市场

基础设施联通作为“一带一路”倡议所包括的“五通”之一，已经成为各方重点推进合作的领域，市场前景巨大。根据中国对外承包工程商会发布的《“一带一路”国家基础设施发展指数 2017》来评估，基础设施建设体现了逆周期的特点，2009 年和 2015 年受全球金融危机和新兴市场国家经济下滑的影响，各国基础设施发展跌入低谷。而由于政府纷纷加大基建投入来拉动经济复苏，2010 年和 2016 年的基础设施发展指数创出新高，分别为 119 和 136。2017 年各国经济普遍企稳，发展指数回落，但在当前的经济周期中，各国会保持对基础设施的投入，基建发展会延续稳步发展的势头。《“一带一路”国家基础设施发展指数 2017》显示，大部分阿拉伯国家的基础设施发展指数高于“一带一路”沿线国家基础设施发展指数（总），阿拉伯国家整体基础设施投资与建设整体呈波动上升态势，市场需求旺盛，发展潜力强劲，跨国基建项目投资热度显著提高，未来前景看好，交通和电力行业成为国际基础设施发展的重要引擎，改善型住房成为建筑行业的热点，电信领域在公用事业中最受青睐。

表 5.5　部分阿拉伯国家 2016 年基础设施发展指数

	基础设施发展指数	基础设施发展趋势指数				2016 年跨国基建新签合同（亿美元）
		建筑产业	交通产业	能源事业	公共事业	
“一带一路”沿线国家（总）	104.3					
巴林	106.7	86.2	89.5	78.5	82.8	58.03
埃及	111.5	—	—	—	—	392
伊拉克	98.6	91.9	87.1	89	82.6	28.53
约旦	110.2	116.3	98.1	95.9	83.1	29.2
科威特	113.7	93.1	107.3	88.2	83.1	52.8
黎巴嫩	91.3	89.7	89.4	88	104.3	2.06
阿曼	102.3	89.7	105.4	93.5	104.3	3.56
卡塔尔	117.2	116.3	112.9	112.5	116	114.5
沙特	121.2	109	100.5	107.1	83.1	489.2
阿联酋	118	116.3	109.3	90.8	82.4	12.6
也门	85.7	—	—	—	—	—

数据来源：中国对外承包工程商会《“一带一路”国家基础设施发展指数 2017》，http://www.bridi-research.com/#/home。

5.3.2　中资企业在阿工程承包业务的机遇与挑战

中国已成为阿拉伯国家第二大贸易伙伴，阿拉伯国家是中国第一大原油供应地、第八大贸易伙伴、重要的工程承包和海外投资市场。近年来，大宗商品特别是原油价格下跌，对中阿之间的贸易、投资领域产生了不同的影响。但是在世界经济下滑压力加大的形势下，阿拉伯国家正在积极推进结构调整，使经济结构多元化，与中方“一带一路”倡议的内涵结合度非常高，尤其在基础设施和工程承包方面潜力巨大。一是以阿联酋“世博效应”、卡塔尔“世界杯效应”等重大项目掀起基建热潮，基础设施建设刚性需求凸显，重大项目建设涉及交通、民用建筑、工商业建筑以及公共事业相关的基础设施建设，对外承包工程规模庞大。二是阿拉伯国家“去石油”改革政策红利所带来的基建市场利好因素，如沙特发布的《沙特愿景2030》；阿联酋发布的《阿联酋2021远景规划》、《阿布扎比2030年经济远景规划》和《迪拜2021年规划》，这一系列计划涵盖了阿联酋对未来交通、建筑、能源以及公用事业等行业的基础设施规划以及政策红利。三是中资企业技术与能力的升级为开拓高端基建工程承包奠定了基础，美国《工程新闻纪录2017》（ENR）全球最大250家国际承包商榜单显示，65家中国大陆企业入选2017年度ENR全球最大250家国际承包商名录，虽然工程造价和装备价格低廉仍然是中资企业海外工程承包的基本优势，但在技术和管理上具有一定优势的“走出去”项目越来越多，如电力和交通系统工程在阿承包数量不断增长。

表5.6　2016年中资企业在阿拉伯国家主要在建项目

国家	项目名称	项目类别	建设公司
阿尔及利亚	塞得拉塔公租房项目	住房	中国水电十三局
	KAIS联合循环电站项目	电力	中国建设
	光纤入户项目	电信	华为公司
	Bethioua矿石码头项目	交通	中国港湾、COSIDER公司（当地）
	中部港建设项目	交通	中国港湾、中建

续表

国家	项目名称	项目类别	建设公司
巴林	巴林机场新候机楼 25 条旅客登机桥建设项目	交通	中集集团
吉布提	亚吉铁路	交通	中国铁建
埃及	现代农业工程项目	农业	国机重工
	斋月十日城铁路项目	交通	中铁、中国航空技术
	4 座气体绝缘变电站项目	电力	通用电气
	汉拉维恩超超临界燃煤电站	电力	东方电气
	EETC 500 千伏输电线路工程	电力	中国电建
约旦	约旦联合循环燃气电站项目	电力	山东电建
科威特	科威特大学城项目	住房	中国建设、中冶、中水电
	南穆特拉住房项目	住房	葛洲坝国际
	RA/259 路桥项目	交通	中冶国际
	7 环公路改造项目	交通	中国水电八局、中铁五局
	市政公路项目	交通	中国十七冶集团
	阿祖南三期联合循环扩建项目	电力	山东三建、AL MULLA 公司（当地）
毛里塔尼亚	毛里塔尼亚渔业发展项目	渔业	宏东股份有限公司农业
阿曼	益贝利和苏赫项目	电力	中国电建
卡塔尔	卡塔尔 EPCI 项目	能源	中国海洋石油
沙特	延布发电和海水淡化联合厂项目 III 期工程	水利	山东电建
	沙特智能电网	电信	中兴通讯
苏丹	上阿特巴拉水利枢纽建设项目	水利	长江三峡集团、中国水电
摩洛哥	布里格里格河谷斜拉桥	交通	中铁大桥局
突尼斯	突尼斯梅莱格大坝工程	水利	中国水电十五局
阿联酋	国际机场 32 条登机桥建设项目	交通	中集集团
	哈翔 1200 兆瓦清洁燃煤电站	电力	哈电国际

数据来源：中国对外承包工程商会《中国对外承包工程发展报告 2016-2017》。

海湾六国作为全球第二大承包工程劳务市场和第二大工程建设市场，卡塔尔断交危机体现了其在工程承包市场风险性的特征。传统的基础设施投资主要来源于政府和商业银行，但随着全球金融危机的爆发，各国政府的负债越来越高，各国政府投资基础设施的能力在下降。而商业银行方面，新的银行监管规定的出台，使银行更加重视流动性的监管，不再愿意投资回报期限比较长的基础设施建设项目。产融合作给国际基础设施合作带来的新机遇和新模式，基础设施资产证券化，PPP、BOT 等模式的深化，创新金融产品和融资模式等商业模式、提升产融结合水平和能力成为中资企业在阿工程承包方面所面临的新挑战和新机遇。

第 6 章　中阿农产品与食品贸易

2016 年，中国同阿拉伯国家开启外交关系六十周年。2016 年 1 月 13 日，中国对外发布首份对阿拉伯国家政策文件，清晰定位了“全面合作、共同发展”的中阿战略合作关系。习近平主席访问中东三国取得了丰硕成果，双方经贸合作关系进入了历史性的新阶段。在此背景下，2016 年中阿双方在农业经贸合作发展方面取得重大进展，农产品和食品贸易得到进一步的发展。

6.1　中阿农产品与食品贸易发展情况

6.1.1　中阿农产品与食品贸易发展环境

近年来，中国紧抓“一带一路”建设机遇，积极发挥中阿合作论坛和中阿博览会等平台作用，与阿拉伯国家在农业领域，特别是畜牧养殖、水稻种植技术和农业科技示范等方面的交流合作逐步深入，农产品和食品贸易规模逐步扩大。

中国与阿拉伯国家积极开展农业合作交流项目。如中国与埃及在农产品除有贸易协议外，双方还签署了投资协议，积极推动中埃双方在现代农业方面的合作潜能。中埃鼓励和支持两国企业和科研机构在农业科技、作物种植、土壤改良、畜牧兽医、农产品加工、农业机械和渔业等领域开展交流合作项目；建立农业合作联委会，商定重点合作领域，制订合作计划；在水资源和灌溉领域开展合作，包括水资源优化配置与综合管理、地下水管理、灌溉排水、海水淡化、雨水收集利用及水利信息化等领域合作。

中国积极推动与阿拉伯国家的农业技术合作。中国中阿技术转移中心建设中阿科技创新平台大力推动双方技术合作。在椰枣、农业物联网、绿色智能节水装备、卫星数据服务、马铃薯食品开发等领域培育了一批中阿科技创新平台，为中阿农业合作提供了技术保障。宁夏农业物联网技术将技术转移至阿联酋，在该国示范推广设施园艺、智能节水物联网等技术。中阿技术转移中心、中阿（迪拜）技术转移中心、宁夏中阿技术转移开发有限公司与西部电子商务股份有限公司分别签署了《中阿设施园艺、智能节水物联网技术合作协议》和《迪拜设施农业物联网应用项目建设协议》。

中国和阿拉伯国家积极通过产业园区和农业技术示范中心深化农业产业合作。2016 年 6 月 28 日，中国政府向毛里塔尼亚政府移交畜牧业技术示范中心项目签字仪式顺利举行，中心将开展培训、养殖、种植等工作。2016 年 7 月，中阿（约旦）马铃薯产业科技示范园建设启动。中国在苏丹拉哈德灌区建立了援助苏丹的农业技术示范中心，示范中心自 2011 年建成以来，经过中方农业专家的不懈努力，从中国引进的品种中筛选出多个棉花、玉米等优良品种在苏丹通过审定并获大面积推广，对当地农业发展和提高农民收入起到了积极作用。在此基础上，2016 年 9 月“中国 – 苏丹农业合作开发区”成立，苏丹政府和中国企业通过共同合作，按照“一园多区”的总体空间布局推动农业合作。此外，中国 – 沙特（吉赞）产业园积极推动农业和农业技术的发展；作为 2015 年中阿博览会的落地项目之一，中国 – 阿曼产业园基础设施于 2016 年 5 月初开工建设，食品产业和现代农业产业是产业园产业规划的重要部分。

中国企业不断扩大在阿拉伯国家的农业投资。目前，山东高速集团、山东省棉麻公司、中天国际公司等中方企业在苏丹投资棉花种植、加工和纺纱，三家企业累计投资超过 2 亿元人民币。另外，天申食品集团、上海纺织集团、新疆生产建设兵团、青岛圣美尔集团等企业正在苏丹考察、论证投资农业项目。[①]

总体来看，中国对阿拉伯国家农业投资规模较小，阿拉伯国家农产品与食品进口仍然存在较多的技术性贸易壁垒，这在一定程度上制约着中阿农产品贸易规模的扩大。截至2016年底，农业部已同“一带一路”沿线48个国家签署101个合作协议，累计投资金额近100亿美元。中国在亚洲的农业投资流量排名前四位的国家和地区是以色列、印尼、中国香港和老挝。[②]阿拉伯国家中只有对苏丹、埃及和阿联酋等有一定数量的农业投资。此外，阿拉伯国家对农产品与食品的进口有着较高标准，客观上形成了一定的技术性贸易“壁垒”。例如，绝大多数的阿联酋食品法规以海合会的标准为基础，而当没有可适用的海合会标准时，阿联酋国家食品安全委员和检疫委员会就会分别对有关食品标准以及肉禽类标准提出建议，由市政综合秘书处制定食品标准，因此灵活性较大。在WTO关于贸易技术性措施的报告发布中，总体来看，阿联酋、沙特和卡塔尔等阿拉伯国家数量较多。阿联酋实施卫生与植物卫生措施（SPS），加强活禽、禽产品和活绵/山羊监管检疫；阿曼发布的均为动物检疫监管措施；巴林所关注的产品种类较多，包括肉和肉制品、水产品、蔬菜、茶等的包装、标识以及产品的污染物等；卡塔尔主要针对糖、油脂、茶、蔬果等包装、标识以及产品中的污染物安全要求。

6.1.2 中国对阿拉伯国家农产品与食品贸易规模

自2007年以来，中阿农产品贸易额总体呈上升趋势，基本保持高速增长，但是2009年、2014年和2016年贸易总额有所下降。2016年中国对阿拉伯国家农产品与食品出口额为21.37亿美元，进口额为2.76亿美元，相比2015年，均有所下降，贸易总额下降3.75%。双边农产品和食品贸易额占各自农产品和食品贸易总额比重相对较小，占中国农产品与食品贸易总

---

① 栾小惠:《科援苏丹：送去致富希望》,《走向世界》2017年第1期，第25页。

② 王琦:《我国对亚洲区域农业投资的主要目标与任务》,《经济纵横》2017年第2期，第94页。

额的 1.39%，占阿拉伯国家农产品与食品贸易总额的 2.43%。在双边农产品与食品贸易中，中国一直保持贸易顺差，2016 年中国顺差额为 18.61 亿美元（见表 6.1）。

表 6.1　中国与阿拉伯国家农产品与食品进出口贸易额

年份	出口额（亿美元）	进口额（亿美元）	贸易总额（亿美元）	比上年增长（%）
2007	11.87	0.56	12.43	29.48
2008	14.36	0.44	14.80	19.07
2009	14.34	0.37	14.72	–0.54
2010	17.52	1.04	18.56	26.09
2011	19.88	0.64	20.52	10.56
2012	19.15	2.30	21.45	4.53
2013	21.12	4.93	26.05	21.45
2014	21.05	3.87	24.92	–4.34
2015	21.60	3.47	25.07	0.60
2016	21.37	2.76	24.13	–3.75

数据来源：UN Comtrade Database，分类依据：HS2002。

6.1.3　中阿农产品与食品贸易的结构

2016 年，中国对阿拉伯国家主要出口的农产品与食品为“咖啡、茶、马黛茶及调味香料”“蔬菜、水果、坚果或植物其他部分的制品”“食用蔬菜、根及块茎”“含油子仁及果实；杂项子仁及果仁；工业用或药用植物；稻草、秸秆及饲料”“鱼；甲壳动物；软体动物及其他水生无脊椎动物”等产品。相比 2015 年，“谷物、粮食粉、淀粉或乳的制品；糕饼点心”的出口额虽有所下降，出口额排名却有所上升。2016 年增幅较大的产品是“谷物”“活树及其他活植物；鳞茎、根及类似品；插花及装饰用簇叶”“动、植物油、脂及其分解产品；精制的食用油脂；动、植物蜡”“制粉工业产品；麦芽；淀粉；菊粉；面筋”“其他动物产品”“食用蔬菜、根及块茎”“虫胶；树胶、树脂及其他植物液、汁”“乳品、蛋品；天然蜂蜜；其他食用动物产品”，其中“谷物”的增幅最大，为162.92%。另外，也有一些产品相比2015年的出口额下降比较大，它们是咖啡、茶、蔬菜、水果等。2016年降幅较大的产品是“肉及食用杂碎”“活动物”“含油子仁及果实；杂项子仁及果仁；工业用或药用植物；稻草、秸秆及饲料”等（如表6.2所示）。

表6.2 近三年中国对阿拉伯国家出口农产品与食品情况汇总表

产品代码	产品名称	年份			
		2014（万美元）	2015（万美元）	2016（万美元）	2016年同比变化（%）
第一类 活动物；动物产品					
01	活动物	2.42	1.69	1.39	-17.75
02	肉及食用杂碎	3796.39	3328.29	2307.98	-30.66
03	鱼；甲壳动物；软体动物及其他水生无脊椎动物	12779.36	12795.50	13586.73	6.18
04	乳品、蛋品；天然蜂蜜；其他食用动物产品	1347.55	1094.94	1330.92	21.55
05	其他动物产品	1334.24	1236.32	1683.12	36.14
第二类 植物产品					
06	活树及其他活植物；鳞茎、根及类似品；插花及装饰用簇叶	562.88	597.44	861.87	44.26
07	食用蔬菜、根及块茎	25099.53	28397.61	35622.96	25.44
08	食用水果及坚果；甜瓜或柑橘属水果的果皮	8970.70	6987.03	8224.93	17.72
09	咖啡、茶、马黛茶及调味香料	52688.52	51718.47	46671.87	-9.76
10	谷物	59.03	83.76	220.22	162.92
11	制粉工业产品；麦芽；淀粉；菊粉；面筋	248.96	443.92	623.71	40.50
12	含油子仁及果实；杂项子仁及果仁；工业用或药用植物；稻草、秸秆及饲料	21982.64	24326.68	21728.36	-10.68
13	虫胶；树胶、树脂及其他植物液、汁	1001.06	1041.59	1276.65	22.57

续表

产品代码	产品名称	年份			
		2014（万美元）	2015（万美元）	2016（万美元）	2016 年同比变化（%）
14	编结用植物材料；其他植物产品	83.06	102.60	95.32	-7.10
第三类　动、植物油、脂及其分解产品；精制的食用油脂；动、植物蜡					
15	动、植物油、脂及其分解产品；精制的食用油脂；动、植物蜡	709.46	473.51	668.49	41.18
第四类　食品；饮料、酒及醋；烟草、烟草及烟草代用品的制品					
16	肉、鱼、甲壳动物、软体动物及其他水生无脊椎动物制品	4628.75	4231.92	4348.29	2.75
17	糖及糖食	11036.74	9243.46	8974.83	-2.91
18	可可及可可制品	1812.62	1499.46	1398.42	-6.74
19	谷物、粮食粉、淀粉或乳的制品；糕饼点心	3070.22	2760.36	2691.69	-2.49
20	蔬菜、水果、坚果或植物其他部分的制品	36309.97	42404.75	38906.21	-8.25
21	杂项食品	10033.96	10545.69	9698.47	-8.03
22	饮料、酒及醋	2121.77	1960.19	1958.02	-0.11
23	食品工业的残渣及废料；配制的动物饲料	1241.96	1136.47	1221.19	7.45
24	烟草、烟草及烟草代用品的制品	9868.70	9949.76	9567.51	-3.84
出口总额		210790.49	216361.42	213669.15	-1.24

数据来源：UN Comtrade Database，分类依据：HS2002。

2016 年中国从阿拉伯国家进口农产品与食品进口额较大的产品依次是："含油子仁及果实；杂项子仁及果仁；工业用或药用植物；稻草、秸秆及饲料""食品工业的残渣及废料；配制的动物饲料""食用水果及坚果；甜瓜或柑橘属水果的果皮""鱼；甲壳动物；软体动物及其他水生无脊椎动物""动、植物油、脂及其分解产品；精制的食用油脂；动、植物蜡"等。2016 年进口增幅较大的产品是："肉、鱼、甲壳动物、软体动物及其他水生无脊椎动物制品”“烟草、烟草及烟草代用品的制品”“食用蔬菜、根及块茎”“谷物”“制粉工业产品；麦芽；淀粉；菊粉；面筋”。相比 2015 年，“谷物”和“制粉工业产品；麦芽；淀粉；菊粉；面筋”是新增的从阿拉伯国家进口的农产品与食品产品。而降幅较大的产品是：“虫胶；树胶、树脂及其他植物液、汁”和“动、植物油、脂及其分解产品；精制的食用油脂；动、植物蜡”（如表 6.3 所示）。

表 6.3　近三年中国从阿拉伯国家进口农产品与食品情况汇总表

单位：万美元

产品代码	产品名称	年份			
		2014（万美元）	2015（万美元）	2016（万美元）	2016 年同比变化（%）
第一类　活动物；动物产品					
01	活动物	20.91	16.87	15.27	-9.48
02	肉及食用杂碎	—	—	—	—
03	鱼；甲壳动物；软体动物及其他水生无脊椎动物	2715.85	1857.09	2718.77	46.40
04	乳品、蛋品；天然蜂蜜；其他食用动物产品	8.09	17.28	9.79	-43.34
05	其他动物产品	12.70	16.65	10.53	-36.76
第二类　植物产品					
06	活树及其他活植物；鳞茎、根及类似品；插花及装饰用簇叶	0.05	0.02	0.03	50.00
07	食用蔬菜、根及块茎	11.49	5.04	14.35	184.72
08	食用水果及坚果；甜瓜或柑橘属水果的果皮	1421.59	3022.88	3742.75	23.81
09	咖啡、茶、马黛茶及调味香料	52.25	47.96	33.94	-29.23
10	谷物	0.11	—	0.17	100.00

续表

产品代码	产品名称	年份			
		2014（万美元）	2015（万美元）	2016（万美元）	2016 年同比变化（%）
11	制粉工业产品；麦芽；淀粉；菊粉；面筋	—	—	0.12	100.00
12	含油子仁及果实；杂项子仁及果仁；工业用或药用植物；稻草、秸秆及饲料	13052.11	16470.48	12760.15	-22.53
13	虫胶；树胶、树脂及其他植物液、汁	1502.09	1343.32	526.41	-60.81
14	编结用植物材料；其他植物产品	18.53	276.43	258.20	-6.59
第三类　动、植物油、脂及其分解产品；精制的食用油脂；动、植物蜡					
15	动、植物油、脂及其分解产品；精制的食用油脂；动、植物蜡	12890.33	5367.07	2598.83	-51.58
第四类　食品；饮料、酒及醋；烟草、烟草及烟草代用品的制品					
16	肉、鱼、甲壳动物、软体动物及其他水生无脊椎动物制品	18.49	0.90	34.16	3695.56
17	糖及糖食	22.73	166.35	166.20	-0.09
18	可可及可可制品	5.39	9.56	11.54	20.71
19	谷物、粮食粉、淀粉或乳的制品；糕饼点心	116.80	217.45	177.67	-18.29
20	蔬菜、水果、坚果或植物其他部分的制品	36.47	42.52	35.76	-15.90
21	杂项食品	36.56	54.59	72.09	32.06
22	饮料、酒及醋	153.62	136.63	167.35	22.48
23	食品工业的残渣及废料；配制的动物饲料	6430.38	5613.08	4093.06	-27.08
24	烟草、烟草及烟草代用品的制品	129.86	26.83	157.72	487.85
进口总额		38656.39	34709.00	27604.85	-20.47

数据来源：UN Comtrade Database，分类依据：HS2002。

6.2 中国与阿拉伯国家农产品与食品贸易的主要来源国和目的国

阿盟 22 个国家与地区经济状况、国内外局势、地理区位、农业生产条件和技术水平各异，因此其贸易地位也各不同。

6.2.1 中国对阿拉伯国家农产品与食品贸易的主要目的国

由表 6.4 可以看出，中国对阿拉伯国家出口农产品与食品主要目的地是阿联酋、沙特、摩洛哥、埃及、阿尔及利亚和也门，且它们的排名一直比较稳定。阿联酋一直是中国对阿拉伯国家农产品与食品贸易的首要目的地，2016 年中国对阿联酋农产品与食品的出口额为 52225.16 万美元，占对阿拉伯国家的 24.44%。2016 年，伊拉克的排名由 2014 年的第 9 位上升至第 6 位。另外，相比 2014 年，2016 年苏丹的排名也有所上升。

表 6.4 近三年中国对阿拉伯国家出口农产品与食品主要目的国

单位：万美元

国家	2014 年		2015 年		2016 年	
	排名	出口额	排名	出口额	排名	出口额
阿联酋	1	52161.64	1	51395.39	1	52225.16
沙特阿拉伯	2	29219.93	2	30894.85	2	30129.46
摩洛哥	3	26497.48	3	27713.10	3	28698.77
埃及	4	21756.39	4	23265.44	4	20815.15
阿尔及利亚	5	16574.65	5	17111.51	5	14897.58
也门	6	11987.55	7	9087.87	7	9641.62
黎巴嫩	7	6858.25	8	7156.94	8	6960.24
毛里塔尼亚	8	6722.01	9	6208.11	9	6702.83
伊拉克	9	6648.82	6	11559.71	6	12817.13
约旦	10	6402.68	10	5556.52	10	6293.05

续表

国家	2014年		2015年		2016年	
	排名	出口额	排名	出口额	排名	出口额
科威特	11	6342.58	12	4031.58	12	3747.86
巴林	12	3581.49	13	3605.61	13	3321.46
利比亚	13	3119.06	14	3377.14	16	2245.97
苏丹	14	2942.45	11	4170.75	11	4127.25
叙利亚	15	2691.82	17	2384.22	18	1904.46

数据来源：UN Comtrade Database，分类依据：HS2002。

6.2.2　中国对阿拉伯国家农产品与食品贸易的主要来源国

近年来，中国主要从阿联酋、苏丹和摩洛哥等国进口农产品和食品。但阿联酋由2015年排名第二跌至2016年排名第五，进口额由2015年的9210.74万美元降至2016年的1147.71万美元，下降了87.54%，降幅最大；取而代之的是摩洛哥，上升至第二位。相比2015年，伊拉克排名上升最大，增幅也较大，为143.11%。自毛里塔尼亚进口的增长额最大，增加了1212.22万美元，增幅也最大，为159.55%。其次为埃及，进口额增加了911.61万美元。

表6.5　近三年中国从阿拉伯国家进口农产品与食品主要来源国

单位：万美元

国家	2014年		2015年		2016年	
	排名	进口额	排名	进口额	排名	进口额
阿联酋	1	16025.14	2	9210.74	5	1147.71
苏丹	2	11959.72	1	14900.99	1	14405.64
摩洛哥	3	3335.14	3	3868.65	2	4710.62
索马里	4	2688.11	5	2255.69	6	986.50
毛里塔尼亚	5	2580.89	6	759.77	4	1971.99
埃及	6	883.50	4	2287.74	3	3199.35
突尼斯	7	619.04	9	271.86	7	223.00

续表

国家	2014年		2015年		2016年	
	排名	进口额	排名	进口额	排名	进口额
沙特阿拉伯	8	218.73	10	253.12	9	206.36
伊拉克	9	133.60	12	86.56	8	210.43
吉布提	10	90.49	15	12.12	18	1.75

数据来源：UN Comtrade Database，分类依据：HS2002。

6.2.3 中国与海合会之间的农产品与食品贸易

出口方面：海合会国家一直是中国对阿拉伯国家农产品和食品的主要出口目的地，每年中国出口到阿拉伯国家的农产品和食品超过40%是进入海合会市场的。2016年，中国对海合会农产品与食品出口额为93911.44万美元，相比2015年下降了314.38万美元。但当年对海合会的出口占中国对阿拉伯农产品与食品出口总额的43.95%，较2015年有小幅上升。

进口方面：自2014年，中国自海合会进口的农产品与食品贸易额开始有所下降，2016年进口额仅为2759.70万美元，相比2015年下降了6692.84万美元，降幅达到了70.80%。同时，占中国自阿拉伯国家农产品与食品进口总额的10%，较前几年也出现了较大的下滑。

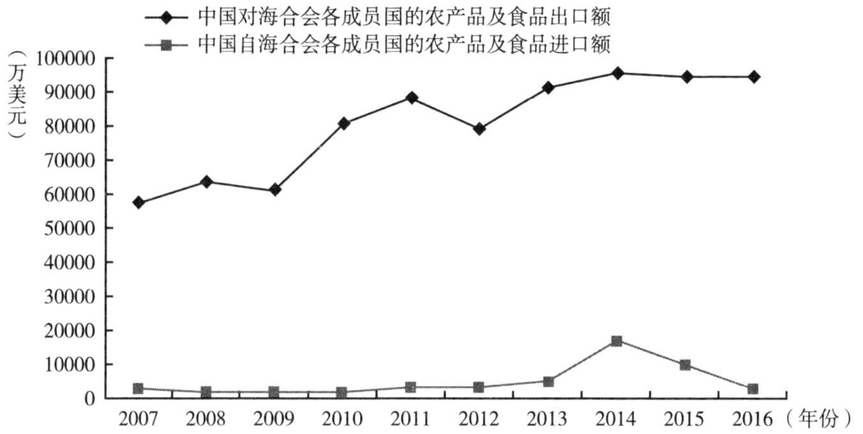

图6.1 2007~2016年中国与海合会双边农产品与食品进出口趋势

2016 年中国对海合会出口以水果、蔬菜、茶叶、烟草等产品为主，07 类、20 类、09 类、24 类、08 类和 17 类这六类产品的出口额均超过 5000 万美元，其总额占中国对海合会出口的农产品与食品出口总额的 76.67%。而“鱼；甲壳动物；软体动物及其他水生无脊椎动物”（03 类）出口额相比 2015 年有所下降，低于 5000 万美元，为 3990.0957 万美元。2016 年，中国对海合会出口农产品与食品增幅较大的是 05 类、15 类、11 类、07 类、06 类、24 类和 04 类，增幅均超过 20%。而“咖啡、茶、马黛茶及调味香料”（09 类）、“鱼；甲壳动物；软体动物及其他水生无脊椎动物”（03 类）、“活动物”（01 类）、“编结用植物材料；其他植物产品”（14 类）相比 2015 年降幅均超过 20%。

从具体出口目的地来看，如图 6.2 所示，阿联酋是中国对海合会农产品与食品出口最主要的贸易国，对阿联酋的农产品与食品出口占对海合会农产品与食品出口的 55.61%。中国对海合会的第二大农产品与食品出口国是沙特，对其出口占海合会国家的 32.08%。

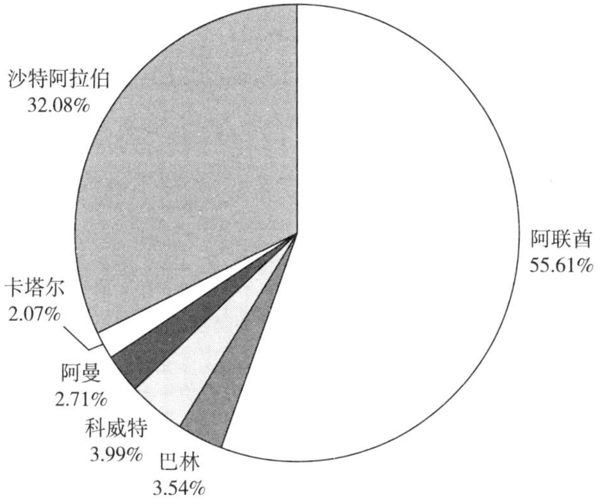

图 6.2　2016 年中国对海合会六国农产品与食品出口目的地情况

数据来源：根据 WITS 数据库数据整理计算。

2016年中国自海合会国家进口的农产品与食品中，“烟草、烟草及烟草代用品的制品”（24类）和“杂项食品”（21类）进口增幅较大，而“食品工业的残渣及废料；配制的动物饲料”（23类）、“动、植物油、脂及其分解产品；精制的食用油脂；动、植物蜡”（15类）、“虫胶；树胶、树脂及其他植物液、汁”（13类）、“咖啡、茶、马黛茶及调味香料”（09类）、“乳品、蛋品；天然蜂蜜；其他食用动物产品”（04类）降幅较大，下降幅度均超过50%。

表6.6 中国与海合会六国农产品与食品贸易结构（2016年）

产品代码	产品名称	中国对海合会成员国出口		中国自海合会成员国进口	
		2016（万美元）	同比变化（%）	2016（万美元）	同比变化（%）
第一类　活动物；动物产品					
01	活动物	1.2116	-24.69	4.353	-47.85
02	肉及食用杂碎	1466.2622	-17.66	—	—
03	鱼；甲壳动物；软体动物及其他水生无脊椎动物	3990.0957	-26.93	199.9661	47.83
04	乳品、蛋品；天然蜂蜜；其他食用动物产品	1020.0011	27.13	6.371	-52.75
05	其他动物产品	96.5358	59.52	—	—
第二类　植物产品					
06	活树及其他活植物；鳞茎、根及类似品；插花及装饰用簇叶	705.5246	32.03	0.0033	—
07	食用蔬菜、根及块茎	28196.2681	36.35	—	—
08	食用水果及坚果；甜瓜或柑橘属水果的果皮	7026.4969	15.11	118.0986	5.61
09	咖啡、茶、马黛茶及调味香料	8983.4557	-29.47	9.6214	-58.62
10	谷物	21.9217	18.71	—	—

续表

产品代码	产品名称	中国对海合会成员国出口		中国自海合会成员国进口	
		2016（万美元）	同比变化（%）	2016（万美元）	同比变化（%）
11	制粉工业产品；麦芽；淀粉；菊粉；面筋	389.046	48.21	—	—
12	含油子仁及果实；杂项子仁及果仁；工业用或药用植物；稻草、秸秆及饲料	3791.9008	-16.52	—	—
13	虫胶；树胶、树脂及其他植物液、汁	203.1696	-1.38	228.21	-78.50
14	编结用植物材料；其他植物产品	67.3626	-20.37	—	—
第三类　动、植物油、脂及其分解产品；精制的食用油脂；动、植物蜡					
15	动、植物油、脂及其分解产品；精制的食用油脂；动、植物蜡	266.3016	48.30	366.9387	-90.97
第四类　食品；饮料、酒及醋；烟草、烟草及烟草代用品的制品					
16	肉、鱼、甲壳动物、软体动物及其他水生无脊椎动物制品	1582.1915	-16.22	—	—
17	糖及糖食	5035.133	-10.67	161.306	-2.71
18	可可及可可制品	997.1912	-3.66	10.9992	20.31
19	谷物、粮食粉、淀粉或乳的制品；糕饼点心	1895.2769	-6.53	168.2857	-19.44
20	蔬菜、水果、坚果或植物其他部分的制品	15339.8269	-15.74	12.0544	-35.20
21	杂项食品	3217.2124	-18.99	29.1358	286.13
22	饮料、酒及醋	1880.6779	3.25	88.4635	47.45
23	食品工业的残渣及废料；配制的动物饲料	318.538	-16.62	3.2827	-99.92
24	烟草、烟草及烟草代用品的制品	7419.8422	27.85	157.7163	487.79
	总额	93911.444		1564.8057	

数据来源：根据 WITS 数据库数据整理计算。

6.3 中国农产品与食品在阿拉伯国家的市场竞争力

6.3.1 中国农产品与食品贸易现状及竞争力变化趋势

近年来，中国农产品与食品在世界市场上的竞争力优势逐渐下降。2008 年以来，中国农产品与食品贸易一直处于逆差状态。2016 年，中国农产品与食品出口总额为 711.33 亿美元，同比上升 4.35%；2016 年中国农产品与食品进口总额为 1021.53 亿美元，同比下降 2.65%。2016 年中国农产品与食品的主要出口国（地区）为日本、中国香港、美国等，对阿拉伯国家的出口总额位列第九；中国主要从美国、巴西、加拿大、澳大利亚、泰国、阿根廷、新西兰进口农产品与食品，进口额均超过 40 亿美元。

从农产品与食品的进出口结构来看，2016 年中国农产品与食品出口的前五位产品为“鱼；甲壳动物；软体动物及其他水生无脊椎动物”（03 类）、“食用蔬菜、根及块茎”（07 类）、“肉、鱼、甲壳动物、软体动物及其他水生无脊椎动物制品”（16 类）、“蔬菜、水果、坚果或植物其他部分的制品”（20 类）、“食用水果及坚果；甜瓜或柑橘属水果的果皮”（08 类），其出口额占中国全部农产品与食品出口额的 63.28%。从进口结构来看，2016 年中国农产品与食品进口的前五位的为“含油子仁及果实；杂项子仁及果仁；工业用或药用植物；稻草、秸秆及饲料”（12 类）、“肉及食用杂碎”（02 类）、“动、植物油、脂及其分解产品；精制的食用油脂；动、植物蜡”（15 类）、“鱼；甲壳动物；软体动物及其他水生无脊椎动物”（03 类）、“食用水果及坚果；甜瓜或柑橘属水果的果皮”（08 类），其进口额占中国全部农产品与食品出口额的 66.94%。

为提高中国农产品与食品在国际上的竞争力，一方面要充分发挥中国的劳动力优势，另一方面也要通过资本整合和技术创新积极推动现代农业产业发展。同时，要重视开拓“一带一路”沿线国家市场，包括阿拉伯国家市场。

6.3.2　中国农产品与食品在阿拉伯国家市场的竞争力

（1）基于贸易竞争力（TC）指数的分析

贸易竞争力指数均在 -1 ~ 1 之间。其值越接近于 0，表示竞争力越接近于平均水平；该指数为 -1 时，表示该产业只进口不出口，越接近于 -1 表示竞争力越薄弱；该指数为 1 时，表示该产业只出口不进口，越接近于 1 则表示竞争力越大。

2016 年中国农产品与食品在阿拉伯国家市场的贸易竞争力（TC）指数如表 6.7 所示，中国农产品与食品大多数产品的贸易竞争力指数比较接近于 1，在阿拉伯国家具有较强的竞争力。2016 年，有 7 类产品的贸易竞争力指数为 1，表示这几类产品在 2016 年只出口不进口。只有 4 类产品的贸易竞争力指数为负值，表示这几类产品在阿拉伯国家的竞争力较弱。相比 2015 年，大多数农产品与食品的贸易竞争力指数变化不大。“虫胶；树胶、树脂及其他植物液、汁”（13 类）在 2015 年的贸易竞争力指数为 -0.13，而 2016 年的贸易竞争力指数为 0.42，其竞争力较上年有一定的提升。而“动、植物油、脂及其分解产品；精制的食用油脂；动、植物蜡”（15 类）的贸易竞争力指数较 2015 年的也有小幅上升。

表 6.7　2016 年中国农产品与食品在阿拉伯国家市场的贸易竞争力（TC）指数

产品代码	产品名称	出口金额（万美元）	进口金额（万美元）	贸易差额（万美元）	贸易竞争力指数
第一类　活动物；动物产品					
01	活动物	1.39	15.27	-13.89	-0.83
02	肉及食用杂碎	2307.98	0.00	2307.98	1.00
03	鱼；甲壳动物；软体动物及其他水生无脊椎动物	13586.73	2718.77	10867.96	0.67
04	乳品、蛋品；天然蜂蜜；其他食用动物产品	1330.91	9.79	1321.13	0.99
05	其他动物产品	1683.12	10.53	1672.59	0.99

续表

产品代码	产品名称	出口金额（万美元）	进口金额（万美元）	贸易差额（万美元）	贸易竞争力指数
第二类　植物产品					
06	活树及其他活植物；鳞茎、根及类似品；插花及装饰用簇叶	861.87	0.03	861.84	1.00
07	食用蔬菜、根及块茎	35622.96	14.35	35608.61	1.00
08	食用水果及坚果；甜瓜或柑橘属水果的果皮	8224.93	3742.75	4482.19	0.37
09	咖啡、茶、马黛茶及调味香料	46671.87	33.94	46637.93	1.00
10	谷物	220.22	0.17	220.05	1.00
11	制粉工业产品；麦芽；淀粉；菊粉；面筋	623.71	0.12	623.58	1.00
12	含油子仁及果实；杂项子仁及果仁；工业用或药用植物；稻草、秸秆及饲料	21728.36	12760.15	8968.21	0.26
13	虫胶；树胶、树脂及其他植物液、汁	1276.65	526.41	750.24	0.42
14	编结用植物材料；其他植物产品	95.32	258.20	-162.88	-0.46
第三类　动、植物油、脂及其分解产品；精制的食用油脂；动、植物蜡					
15	动、植物油、脂及其分解产品；精制的食用油脂；动、植物蜡	668.49	2598.83	-1930.33	-0.59
第四类　食品；饮料、酒及醋；烟草、烟草及烟草代用品的制品					
16	肉、鱼、甲壳动物、软体动物及其他水生无脊椎动物制品	4348.29	34.16	4314.13	0.98
17	糖及糖食	8974.83	166.20	8808.63	0.96
18	可可及可可制品	1398.42	11.54	1386.88	0.98
19	谷物、粮食粉、淀粉或乳的制品；糕饼点心	2691.69	177.67	2514.02	0.88
20	蔬菜、水果、坚果或植物其他部分的制品	38906.21	35.76	38870.45	1.00
21	杂项食品	9698.47	72.09	9626.38	0.99
22	饮料、酒及醋	1958.02	167.35	1790.67	0.84
23	食品工业的残渣及废料；配制的动物饲料	1221.19	4093.06	-2871.87	-0.54
24	烟草、烟草及烟草代用品的制品	9567.51	157.72	9409.79	0.97

数据来源：UN Comtrade Database，分类依据：HS2002。

（2）基于显示性比较优势指数（RCA）的分析

一般而言，RCA 值接近 1 表示中性的相对比较利益，无所谓相对优势或劣势；RCA 值大于 1，表示该商品在国家中的出口比重大于在世界的出口比重，则该国的此产品在国际市场上具有比较优势，具有一定的国际竞争力；RCA 值小于 1，则表示在国际市场上不具有比较优势，国际竞争力相对较弱。

表 6.8　2016 年中国农产品与食品在阿拉伯国家市场的显示性比较优势指数

产品代码	产品名称	对阿出口额（万美元）	阿进口总额（万美元）	中国出口占阿进口比重（%）	显示性比较优势指数
第一类　活动物；动物产品					
01	活动物	1.39	181277.05	0.00	0.00
02	肉及食用杂碎	2307.98	526997.54	0.44	0.03
03	鱼；甲壳动物；软体动物及其他水生无脊椎动物	13586.73	177677.28	7.65	0.54
04	乳品、蛋品；天然蜂蜜；其他食用动物产品	1330.91	573681.28	0.23	0.02
05	其他动物产品	1683.12	11150.68	15.09	1.07
第二类　植物产品					
06	活树及其他活植物；鳞茎、根及类似品；插花及装饰用簇叶	861.87	25458.67	3.39	0.24
07	食用蔬菜、根及块茎	35622.96	349544.53	10.19	0.72
08	食用水果及坚果；甜瓜或柑橘属水果的果皮	8224.93	476296.59	1.73	0.12
09	咖啡、茶、马黛茶及调味香料	46671.87	270914.87	17.23	1.22
10	谷物	220.22	1470012.57	0.01	0.00
11	制粉工业产品；麦芽；淀粉；菊粉；面筋	623.71	69252.03	0.90	0.06
12	含油子仁及果实；杂项子仁及果仁；工业用或药用植物；稻草、秸秆及饲料	21728.36	312483.24	6.95	0.49

续表

产品代码	产品名称	对阿出口额（万美元）	阿进口总额（万美元）	中国出口占阿进口比重（%）	显示性比较优势指数
13	虫胶；树胶、树脂及其他植物液、汁	1276.65	19716.11	6.48	0.46
14	编结用植物材料；其他植物产品	95.32	2901.09	3.29	0.23
第三类　动、植物油、脂及其分解产品；精制的食用油脂；动、植物蜡					
15	动、植物油、脂及其分解产品；精制的食用油脂；动、植物蜡	668.49	472797.78	0.14	0.01
第四类　食品；饮料、酒及醋；烟草、烟草及烟草代用品的制品					
16	肉、鱼、甲壳动物、软体动物及其他水生无脊椎动物制品	4348.29	139256.17	3.12	0.22
17	糖及糖食	8974.83	395813.36	2.27	0.16
18	可可及可可制品	1398.42	204570.41	0.68	0.05
19	谷物、粮食粉、淀粉或乳的制品；糕饼点心	2691.69	443767.91	0.61	0.04
20	蔬菜、水果、坚果或植物其他部分的制品	38906.21	277902.44	14.00	0.99
21	杂项食品	9698.47	418984.21	2.31	0.16
22	饮料、酒及醋	1958.02	191889.85	1.02	0.07
23	食品工业的残渣及废料；配制的动物饲料	1221.19	357387.89	0.34	0.02
24	烟草、烟草及烟草代用品的制品	9567.51	397948.93	2.40	0.17

数据来源：UN Comtrade Database，分类依据：HS2002。

2016年，中国农产品与食品在阿拉伯国家市场的显示性比较优势指数如表6.8所示，中国农产品与食品在阿拉伯国家的显示性比较优势较小，只有“咖啡、茶、马黛茶及调味香料”和“其他动物产品”的RCA指数大于1，表明这两种的产品具有比较优势，具有一定的国际竞争力，而“活动物”“谷物”“动、植物油、脂及其分解产品；精制的食用油脂；动、植物蜡”“乳品、蛋品；天然蜂蜜；其他食用动物产品”“食品工业的残渣及废料；配制的动物饲料”“肉及食用杂碎”“谷物、粮食粉、淀粉或乳的制品；糕饼点心”“可可及可可制品”“制粉工业产品；麦芽；淀粉；菊粉；面筋”“饮料、酒及醋”等产品的 RCA 指数几乎接近 0，中国的肉制品在阿拉伯国家几乎不具有国际竞争力。相比 2015 年，“其他动物产品”“食用蔬菜、根及块茎”“咖啡、茶、马黛茶及调味香料”的 RCA 指数有所上升。

中国对阿拉伯国家农产品和食品当今的贸易格局既与自身农产品整体竞争力下降有关，也与阿拉伯国家的贸易环境比较复杂有关。但是，阿拉伯国家农产品和食品进口需求比较大，尤其是从中国优势产品如蔬菜、园艺产品和加工食品等来看，与阿拉伯国家市场进口需求的契合度非常高，双方的贸易空间比较大。在推进“一带一路”建设过程中，双方通过进一步加强信息沟通和消除贸易壁垒，必然会带来贸易规模的不断扩大并实现互利共赢。

第 7 章　发展中的中阿金融市场

7.1　阿拉伯国家间接投资[①]

7.1.1　阿拉伯国家对外间接投资

根据国际货币基金组织（IMF）统计数据，截至 2016 年 12 月底，阿拉伯国家的资产组合投资虽小亦非国际资本市场上的主流，但呈快速增长态势。此外，在阿拉伯国家的对外间接投资中，截至 2016 年底，沙特、巴林、科威特、黎巴嫩、埃及五国依然为主体国，且投资目标主要为欧美相关市场（见表 7.1），其中美国约占 40% 的份额，超过了阿拉伯国家对欧洲相关市场投资总和的 1/3（见图 7.1）。至于中国大陆市场，则在香港市场有所收缩的同时表现出了稳中有升，沙特是阿拉伯国家对我国的最大投资国，相当于投资美国额度的 10%。同时，其他国家也不同程度地吸收了来自阿拉伯国家的资产组合投资。

① 本节只考虑资产组合投资，数据仅限于 2016 年与 2017 年。

表 7.1　2015 年与 2016 年阿拉伯国家资产组合投资目的主体国状况

单位：百万美元

投资目标国＼投资来源国	2015 年						2016 年					
	巴林	埃及	科威特	黎巴嫩	沙特	合计	巴林	埃及	科威特	黎巴嫩	沙特	合计
巴林	—	21	3791	299	1877	5988	—	20	3688	319	2438	6465
开曼群岛	2644	10	727	211	2569	6161	—	10	861	195	2633	3699
中国香港	846	0	19	7	3719	4609	—	0	17	14	3691	3722
中国大陆	49	3	16	8	5586	5662	—	2	29	5	5807	5843
埃及	340	—	146	5	103	594	—	—	115	2	3104	3221
法国	559	32	125	389	8229	9334	—	32	60	368	8676	9136
德国	415	50	77	138	8576	9256	—	2	18	270	7778	8068
印度	1155	1	153	2	1190	2501	—	0	132	1	1062	1196
印度尼西亚	250	14	179	0	1816	2259	—	8	180	1	2157	2346
日本	157	12	—	5	13087	15520	—	11	—	8	12306	12325
约旦	714	5	94	145	5	963	—	4	42	134	23	201
科威特	288	50	0	15	109	462	—	0	—	14	54	68
卢森堡	282	9	78	213	2715	3297	—	10	113	247	1176	1546
马来西亚	396	45	574	26	2141	3182	—	45	714	25	2270	3054

续表

投资来源国 / 投资目标国	2015年						2016年					
	巴林	埃及	科威特	黎巴嫩	沙特	合计	巴林	埃及	科威特	黎巴嫩	沙特	合计
荷兰	329	2	22	84	2127	2564	—	0	55	108	2259	2422
阿曼	219	25	124	13	110	491	—	0	239	20	203	462
卡塔尔	2272	90	1085	141	5699	9287	—	81	1214	139	4837	6271
沙特	1496	340	1461	95	—	3392	—	316	1663	86	—	2065
西班牙	111	0	10	26	1816	5355	—	0	3	25	1715	1743
瑞士	137	26	122	267	6666	7218	—	0	99	233	6211	6543
突尼斯	95	2	15	0	30	142	—	2	12	0	39	63
土耳其	3324	6	358	23	2508	6219	—	5	397	17	2480	2899
阿联酋	4472	74	2759	217	8966	16488	—	21	2928	161	7211	10321
英国	1330	104	600	598	13571	16203	—	95	635	642	13134	14506
美国	4182	275	2064	1379	74562	82462	—	253	1866	1247	70418	73784
不具体投资	2195	0	1033	9	7	3244	—	0	686	4	2	692
世界各国总计	32107	1541	15914	5100	204161	258823	—	1273	16127	5009	199605	222034

数据来源：International Monetary Fund, Coordinated Portfolio Investment Survey（资产组合投资协作调查）。

注：由于四舍五入，所以总投资额与细分金额不完全相等；0 表示金额少于 500000 美元，或者为 0。

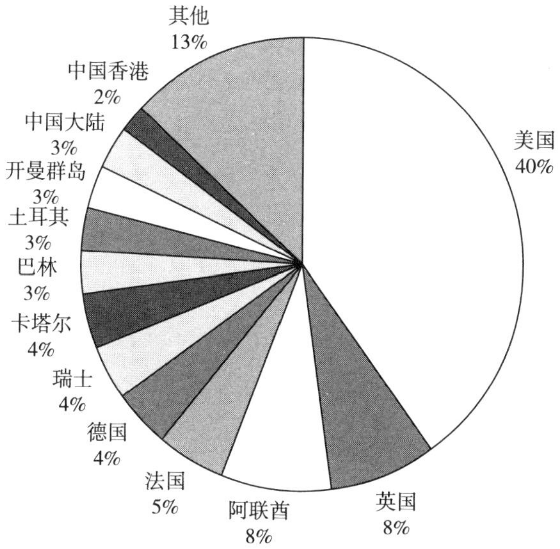

图 7.1 2016 年阿拉伯国家对外资产组合投资目的主体国状况

数据来源：国际货币基金组织（IMF），截止日期 2018 年 3 月 18 日。

7.1.2 阿拉伯国家吸引外国间接组合投资

从世界各国对外投资状况来看，较之 2015 年，阿拉伯国家 2016 年吸引外国的组合投资总额有所提升，但依然并非国际资本流入的热门地区（见表 7.2）。从 2016 年资金流入的构成情况来看，阿拉伯国家资金来源日益多元化，投资主体为债券（见表 7.3），且主要来自欧美（见表 7.4）。相比 2015 年世界各国对阿拉伯 22 个国家的资产组合投资总额 1601 亿美元，2016 年约为 1689 亿美元，整体上升了 5.5%。此外，表 7.2 显示，阿联酋虽为投资热点国，2016 年为 681.34 亿美元，但同比下降了 3.25%，黎巴嫩同比超过了三倍，同时，埃及和突尼斯也分别提升了 15.23% 和 16.46%。除吉布提，巴勒斯坦和索马里外，利比亚、苏丹、也门依次为相关投资最低国。2016 年，来自英国、卢森堡、美国、法国、瑞士、德国、荷兰的资金分别

表 7.2　2015 与 2016 年阿拉伯国家吸引外国投资总体状况

单位：百万美元

年度 投入国	2015	2016
阿尔及利亚	562	612
巴林	7852	8014
科摩罗	719	1018
吉布提	0	0
埃及	8821	10165
伊拉克	1757	1433
约旦	6645	6287
科威特	3241	1324
黎巴嫩	4242	14422
利比亚	68	51
毛里塔尼亚	234	73
摩洛哥	8502	8483
阿曼	1726	3202
巴勒斯坦	—	—
卡塔尔	28192	29142
沙特	13205	11933
索马里	0	0
苏丹	33	29
叙利亚	100	108
突尼斯	3778	4400
阿联酋	70422	68134
也门	9	47
阿拉伯国家合计	160112	168877
世界各国总计	50275594	52088314

数据来源：International Monetary Fund（资产组合投资协作调查）。

注：由于四舍五入，所以总投资额与细分金额不完全相等；0 表示金额少于 500000 美元或者实际为 0；“—” 表示无数据。

表 7.3　2015 与 2016 年国际资产组合投资流入阿拉伯国家总体状况

单位：百万美元

投资项目／投入国	2015 年 12 月					2016 年 12 月				
	股权投资与投资基金总额	债券投资总额	长期债券	短期债券	资产组合投资总额	股权投资与资基金总额	债券投资总额	长期债券	短期债券	资产组合投资总额
阿尔及利亚	346	138	104	34	483	344	23	23	0	368
巴勒斯坦	—	—	—	—	—	—	—	—	—	—
巴林	4468	3493	3304	189	7852	4200	3732	3519	213	7819
科摩罗	0	0	0	0	0	0	0	0	0	0
吉布提	0	4	4	0	4	0	3	3	0	3
埃及	6385	3214	3209	5	8821	5005	4976	1864	3131	10031
伊拉克	137	1601	1601	0	1757	133	1056	1056	0	1241
约旦	1048	5597	5046	191	6645	530	4724	4260	464	5254
科威特	1916	1275	1169	0	3241	795	1018	1001	11	1812
黎巴嫩	322	3918	3464	456	4242	1956	3052	2969	83	5009
利比亚	68	0	0	0	68	48	0	0	0	48
毛里塔尼亚	199	37	0	37	236	24	46	1	45	71
摩洛哥	1770	6689	6580	110	8502	1744	6352	6259	93	8096

续表

投资项目 / 投入国	2015年12月 股权投资与投资基金总额	2015年12月 债券投资总额	2015年12月 长期债券	2015年12月 短期债券	2015年12月 资产组合投资总额	2016年12月 股权投资与资基金总额	2016年12月 债券投资总额	2016年12月 长期债券	2016年12月 短期债券	2016年12月 资产组合投资总额
阿曼	954	751	748	4	1726	935	1759	1721	33	2715
卡塔尔	5765	20408	19686	2001	28192	4859	18025	17053	1057	26450
沙特	8741	4451	3885	501	13205	5359	3575	3137	501	8934
索马里	0	0	0	0	0	0	0	0	0	0
苏丹	30	3	3	0	33	27	1	1	0	27
叙利亚	100	100	0	0	0	110	0	0	0	110
突尼斯	336	3443	3439	4	3778	296	3838	3522	316	4134
阿联酋	16135	52593	44075	9390	70422	13870	43437	36072	7365	58637
也门	9	0	0	0	9	51	0	0	0	51
阿拉伯国家合计	48729	107715	96314	12922	159216	53108	95617	82460	13312	140810
世界各国总计	23392477	26883113	23854864	3028249	50275594	21101288	25214234	22685942	2528291	46315530

数据来源：International Monetary Fund, Coordinated Portfolio Investment Survey（资产组合投资协作调查）。

注：由于四舍五入，所以总投资额与细分金额不完全相等；0 表示金额少于 500000 美元，或者为 0；“—” 表示数据不可得。

表 7.4 2015 年与 2016 年阿拉伯国家资产组合投资流入主体

单位：百万美元

投资来源国 / 投资目标国	美国		日本		卢森堡		英国		德国		法国		爱尔兰		开曼群岛		荷兰		中国香港	
	2015	2016	2015	2016	2015	2016	2015	2016	2015	2016	2015	2016	2015	2016	2015	2016	2015	2016	2015	2016
阿尔及利亚	—	0	0	0	0	1	111	33	0	0	280	324	0	0	17	—	0	0	17	0
巴勒斯坦	—	—	—	—	—	—	—	—	—	—	—	—	—	—	—	—	—	—	—	—
巴林	207	—	17	20	217	303	374	592	149	125	99	95	42	87	59	8	37	30	86	58
科摩罗	0	0	0	0	0	0	0	0	0	0	—	—	0	0	—	—	0	0	0	0
吉布提	0	0	0	0	0	0	0	0	0	0	—	—	0	0	—	—	0	0	0	0
埃及	377	359	69	64	982	1074	1057	755	105	102	164	92	573	527	613	434	204	218	24	20
伊拉克	504	—	6	7	285	409	83	18	33	79	28	26	74	131	146	134	35	46	0	0
约旦	3060	3579	1	23	115	218	149	394	28	59	1	0	44	70	—	83	19	47	7	7
科威特	56	—	3	3	633	485	301	93	0	1	6	5	49	27	408	66	1	0	14	11
黎巴嫩	1171	2086	16	46	982	1435	112	8196	154	184	19	19	183	355	389	430	204	422	21	3
利比亚	0	0	0	0	0	1	0	6	0	0	2	—	0	0	—	—	0	0	0	0
毛里塔尼亚	0	0	0	0	15	16	31	47	0	0	—	—	0	0	—	5	0	0	0	0

续表

投资来源国 / 投资目标国	美国		日本		卢森堡		英国		德国		法国		爱尔兰		开曼群岛		荷兰		中国香港	
	2015	2016	2015	2016	2015	2016	2015	2016	2015	2016	2015	2016	2015	2016	2015	2016	2015	2016	2015	2016
摩洛哥	1908	1849	123	86	999	1227	557	384	864	861	827	990	421	327	207	65	228	191	234	254
阿曼	12	382	0	27	239	614	123	131	63	255	4	15	40	173	265	6	1	133	6	6
卡塔尔	2871	3190	1110	1259	1085	1339	1033	1021	617	833	111	91	2348	1441	1381	661	337	411	870	1061
沙特	3	—	93	688	276	796	3339	793	0	334	5017	2660	13	474	357	352	0	34	65	265
索马里	0	—	0	0	0	0	0	0	0	0	—	—	0	0	—	—	—	—	0	0
苏丹	0	0	0	0	0	0	1	0	0	0	—	—	0	0	—	—	—	—	0	0
叙利亚	0	0	0	0	0	0	0	0	0	0	—	—	0	0	—	—	0	0	0	0
突尼斯	1139	1755	1087	1133	104	106	25	68	220	252	86	83	223	252	1	1	101	141	2	3
阿联酋	3065	3440	1473	1535	6281	7276	4997	4330	2676	2856	1229	928	4653	3913	3636	3285	1162	1128	1774	3299
也门	0	0	0	0	0	0	0	0	0	0	—	—	0	0	—	—	0	0	0	0
合计	14373	16640	3998	4891	12313	15300	12292	16861	4909	5941	7867	5328	8663	7777	7479	5530	2329	2801	3092	4978

数据来源：International Monetary Fund, Coordinated Portfolio Investment Survey（资产组合投资协作调查）。

注：由于四舍五入，所以总投资额与细分金额不完全相等；“—”表示没有数据，0 表示金额少于 500000 美元，或者为 0。

占 10%、10%、9%、6%、5%、4% 和 2% 的市场份额（见图 7.2）。截至 2016 年底，美国、日本、卢森堡、英国、德国、法国、爱尔兰、开曼群岛、荷兰、中国香港分别向阿拉伯国家投资了 166.4 亿美元、48.91 亿美元、153 亿美元、168.61 亿美元、59.41 亿美元、53.28 亿美元、77.77 亿美元、55.3 亿美元、28.01 亿美元、49.78 亿美元，占全部资产组合投资的 37%。由此可见，欧洲仍是向阿拉伯国家投资最多的地区。表 7.1 显示，2016 年阿拉伯区域内的资金流动依然十分活跃，巴林、科威特和沙特仍为主体投资国，从而说明阿拉伯国家内部的经济合作进一步加强。总之，虽然阿拉伯地区对外投资的规模高于外来投资，但出现的新趋势是资金双向流动，流入速度依然呈上升趋势。

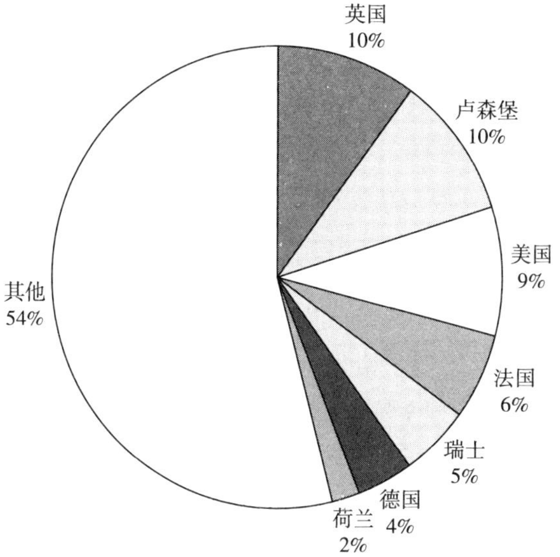

图 7.2　2016 年阿拉伯国家的资产组合投资主体来源国[①]

① 数据来源：国际货币基金组织（IMF），截止日期 2018 年 3 月 18 日。

7.2 人民币国际化进程①

7.2.1 2016年人民币国际化进程概况

根据《2017 人民币国际化报告》(以下简称《报告》),2016 年人民币国际使用稳步推进、依然在全球货币体系中保持稳定地位,虽然截至 2016 年四季度,人民币国际化指数(RII)为 2.26,同比下降 29.8%,但不改长期上升趋势。据《报告》统计数据,截至 2016 年末,中国人民银行已与 36 个国家和地区的货币当局签署了双边本币互换协议,协议总规模超过 3.3 万亿元。另据环球银行金融电信协会(SWIFT)统计数据,2016 年 12 月,人民币已成为全球第六大支付货币,市场占有率为 1.68%。2016 年,跨境人民币收付金额合计 9.85 万亿元,占同期本外币跨境收付金额的比重为 25.2%,而且人民币已连续六年成为中国第二大跨境收付货币。其中,经常项目人民币收付金额 52274.7 亿元,对外直接投资(ODI)人民币收付金额 10618.5 亿元,外商直接投资(FDI)人民币收付金额 13987.7 亿元。截至 2016 年末,使用人民币进行跨境结算的境内企业约 24 万家。

截至 2016 年末,中国境内(不含港、澳、台地区,下同)银行的非居民人民币存款余额为 9154.7 亿元,主要离岸市场人民币存款余额约为 1.12 万亿元,人民币国际债券未偿余额为 7132.9 亿元。截至 2016 年末,共有 18 个国家和地区获得人民币合格境外投资者(RQFII)额度,合计人民币 1.51 万亿元;共有 407 家境外机构获准进入银行间债券市场,入市总投资备案规模为 1.97 万亿元。据不完全统计,截至 2016 年末,共有 60 多个国家和地区将人民币纳入外汇储备,人民银行与其中 36 个国家和地区的中央银行或货币当局签署了双边本币互换协议,协议总规模超过 3.3 万亿元人民币;在 23 个国家和地区建立了人民币清算安排,覆盖东南亚、欧洲、中东、美

① 本小节的数据来源为:中国人民银行人民币国际化 2017 年年度报告。

洲、大洋洲和非洲等地，便利境外主体持有和使用人民币。

中国银行发布的 2016 年 11 月跨境人民币指数（CRI）显示，11 月 CRI 指数为 251 点，较 10 月上升 3 点，较上年末下降 25 点。总之，人民币跨境使用活跃度结束了“四连降”，而且人民币在全球支付结算中的使用比例重回 2%[①]。另据中国银行 2016 年度《人民币国际化白皮书》，境内外客户保持对人民币国际化的乐观预期[②]。具体而言，11 月全国办理经常项下和直接投资项下跨境人民币结算金额 7000 亿元，同比下降 7.6%，环比增长 24.2%。当月人民币净流出 3192 亿元，较上月多流出 415 亿元。当月人民币在全球支付结算中的使用份额为 2%，较上月上升 0.33 个百分点，而且全国办理经常项下跨境人民币结算金额为 4572 亿元，同比下降 14.7%，环比上升 24.2%。此外，当月货物贸易人民币结算金额 3583 亿元，同比下降 20.9%，环比上升 25.2%。按国际收支口径，11 月以人民币结算的货物贸易收支占所有币种货物贸易收支的比重为 15.8%，较上月提升 1 个百分点，而且当月服务贸易及其他经常项目人民币结算金额 990 亿元，同比增长 19.4%，环比增长 20.7%。从资本项目来看，11 月全国办理直接投资人民币结算 2427 亿元，同比增长 9.3%，环比增长 24.3%。其中外商直接投资人民币结算金额为 1421 亿元，同比减少了 7.8%，环比上升 31.4%；人民币对外直接投资结算金额 1006 亿元，同比上升 48.7%，环比上升 15.5%。从离岸市场来分析，11 月末香港银行机构人民币存款为 6276 亿元，环比下降 5%；11 月末台湾外汇指定银行和离岸业务银行人民币存款余额合计 3090 亿元，环比增加 0.16%。根据央行公布的数据，已经有超过 25 万家企业和 245 家银行开展了跨境人民币业务，和中国发生人民币跨境收付的国家和地区达到了 195 个。2017 年，全国经常项目和直接投资跨境人民币结算量近 6 万亿元；人民币保持了全球第六大支付货币的地位，占比达 1.75%。最新统计数据显示，2017 年中国银行集团跨境人民币结算量达 3.9 万亿元，跨境人民币清算量达 350 万亿元，均保持全球第一；在中国人民银行指定的 23 家境外人

① 中国银行:《跨境人民币指数》，2016 年 11 月，第 1~4 页。

② 中国银行：2016 年度《人民币国际化白皮书》，第 5~12 页。

民币清算行中，中国银行占据 11 席，人民币跨境支付系统（CIPS）间参行数量保持市场第一。

另据中国银行发布的 2016 年度报告《人民币国际化白皮书——正式加入 SDR 货币篮子的人民币》（以下简称《白皮书》）：境内外主体乐观看待人民币国际化；全口径跨境融资宏观审慎管理等新政策获得企业的充分肯定；人民币国际化基础领域建设成果显著；人民币加入 SDR 货币篮子有助于提升人民币的国际地位；人民币国际化长期趋势向好。白皮书显示，72% 的受访企业对人民币国际货币地位保持积极预期；近七成的境外受访企业打算在跨境交易中使用人民币或提升人民币的使用比例；中国大陆及港澳台地区以外地域人民币使用保持稳定，使用的广泛性与去年基本持平；45% 的境内受访企业希望未来能够参与离岸人民币市场，41% 的境内受访企业期待继续出台和深化人民币国际化相关政策。白皮书对市场关注的人民币在自贸区、“一带一路”沿线区域以及《财富》500 强企业中的使用情况进行了分析，结果显示：与其他地区企业相比，自贸区企业使用全球现金管理、境外发债、跨境贷款等产品的比例更高；中资银行在“一带一路”沿线国家机构网点的布局日趋完善，人民币产品的覆盖面全面提升；《财富》500 强企业使用人民币的意愿较其他受访企业更加积极；人民币的计价货币职能持续改善，越来越多的企业能够接受人民币报价；如果未来全球流动性趋于紧张，78% 的境外受访企业表示将考虑使用人民币作为替代选择，而在“一带一路”沿线国家企业中，这一比例高达 87%。今年的专题调查为“正式加入 SDR 货币篮子的人民币”。同时指出，金融改革的持续推进为人民币加入 SDR 奠定了坚实基础，超过九成的受访企业认为人民币加入 SDR 货币篮子有助于提升人民币的国际地位。64% 的境内受访企业和 52% 的境外受访企业认为，人民币加入 SDR 在提升人民币的国际地位的同时能进一步提升人民币的跨境使用水平。超过五成的境外受访企业和八成的境内受访企业，更为关注人民币汇率对一篮子货币汇率的变化，以更加全面地评估人民币汇率变动对其经营的影响。

2016 年以来，人民币在资本项下的使用规模快速上升。超过六成的境外受访企业有兴趣参与人民币金融市场。中国银行是人民币国际化业务的领先银行，集团跨境人民币结算量和清算量保持全球领先，中国大陆跨境人民币结算业务中约 1/4 通过中国银行的渠道办理。人民币清算网络覆盖全球，在中国人民银行指定的 23 家人民币清算行中，中国银行获得 11 家，为境外参加行开立人民币清算账户数保持同业领先。人民币国际化产品体系完备，涵盖跨境人民币结算、清算、海外人民币存款、贷款、资金交易、债券发行与承销、托管、现金管理等领域。2016 年，中国银行积极推动人民币在新兴领域的使用，协助境外主权机构及商业机构发行"熊猫债"；获得"深股通"独家结算银行、"深港通项下港股通"结算银行及独家指定开户银行资格；完成银行间外汇市场人民币对南非兰特、韩元、阿联酋迪拉姆、沙特里亚尔、加拿大元、匈牙利福林、波兰兹罗提、丹麦克朗、瑞典克朗、挪威克朗、土耳其里拉、墨西哥比索的直接交易等。未来，中国银行将充分发挥国际化、多元化优势，继续推动人民币的跨境流通和使用，为全球客户提供全面优质的金融服务。

7.2.2　2016年人民币国际化进程概况

7.2.2.1　跨境人民币收付业务

2016 年，跨境人民币收付金额合计 9.85 万亿元，同比下降 18.6%，占同期本外币跨境收付总额的比重为 25.2%，比上年下降 3.5 个百分点，其中收款 3.79 万亿元，付款 6.06 万亿元，净支出 2.27 万亿元，收付比为 11.6。

在人民币国际使用性政策方面，2016 年 1 月，调整境外机构人民币银行结算账户资金使用规定，境外机构人民币银行结算账户内的资金可以转存为定期存款，利率按中国人民银行相关规定执行。同月，扩大全口径跨境融资宏观审慎管理试点范围、建立宏观审慎规则下基于微观主体资本或净资产的跨境融资约束机制。2 月，进一步便利符合条件的境外机构投资银行间债券市场，取消投资额度限制，简化管理流程。5 月，在全国范围内实施全口径跨境融资宏观审慎管理。中国境内的非金融企业（不包括政府融资平台和房地产企业），以及经中国人民银行、中国银监会、中国证监会和中国保监会批准设立的各类法人金融机构，均可在以其资本或净资产为基准计算的跨境融资风险加权余额上限内自主开展本外币跨境融资。8月，进一步简化RQFII申请程序，优化额度管理方式，并且实行基础额度内自主投资和基础额度外审批相结合的方式，放宽锁定期限制，开放式基金继续免于锁定期管理，对其他产品和资金锁定期要求由原来的1年缩短至3个月。11月，进一步完善内地与香港股票市场交易互联互通机制。11月，进一步规范境内企业人民币境外放款业务。对境内企业人民币境外放款业务实行宏观审慎管理。12月，构建关于熊猫债的数据统计监测和宏观审慎管理体系，统一熊猫债账户开立、资金存管、跨境汇划和数据报送的规则。

在经常项目中，2016年，经常项目人民币收付金额合计5.23万亿元，同比下降27.7%，其中，货物贸易收付金额4.12万亿元，同比下降35.5%，占同期货物贸易本外币跨境收付金额的比重为16.9%；服务贸易及其他经常项目收付金额1.11万亿元，同比增长31.2%。2016年，经常项目人民币收款2.15万亿元，付款3.08万亿元，净支出9273.7亿元，收付比为11.43%。在资本与金融项目中，2016年，资本项目人民币收付金额合计4.62万亿元，同比下降5.1%。其中人民币收款1.63万亿元，付款2.98万亿元，净支出1.35万亿元，收付比为1∶1.83。在跨境直接投资业务中，2016年对外直接投资（ODI）人民币收付金额1.06万亿元，同比增长44.2%；外商直接投资（FDI）人民币收付金额1.4万亿元，同比下降11.9%。在跨境双向人民币资金池业务中，截至2016年末，全国共设立跨境双向人民币资金池1716个。其中，1052个资金池发生了资金跨境收付，收款总额为8766.6亿元，付款总额为8758.9亿元，净流入7.7亿元。在沪港通和深港通业务中，2016年，沪股通和深股通资金流入总金额为1105.5亿元，流出总金额为528.5亿元，净流入577.0亿元；港股通资金流入276.1亿元，流出2287.6亿元，净流出2011.5亿元。

7.2.2.2　人民币跨境使用概况

人民币作为储备货币。根据国际货币基金组织（IMF）“官方外汇储备货币构成”（COFER）季度数据，截至 2016 年 12 月末，人民币储备约合 845.1 亿美元，占标明币种构成外汇储备总额的 1.07%。据不完全统计，截至 2016 年末，60 多个国家和地区将人民币纳入外汇储备。自 2016 年 10 月 1 日起，人民币正式纳入国际货币基金组织（IMF）特别提款权（SDR）货币篮子，成为继美元、欧元、日元、英镑后的第五种货币，其中人民币权重为 10.92%，位列第三。人民币加入 SDR，体现了国际社会对于中国综合国力和改革开放成效，特别是人民币国际使用功能的认可，是人民币国际化的重要里程碑。随着人民币储备货币地位逐渐被认可，越来越多的央行和货币当局把人民币作为其储备资产。根据 2016 年 12 月跨境人民币指数（CRI）,12 月中国银行 CRI 指数为 229 点，当月下降 22 点，全年下降 47 点。2016 年全年，CRI 指数震荡走低，人民币跨境使用活跃度回落蓄势。指数呈现的主要特点表明，人民币跨境使用规模下降。2016 年，跨境人民币收付金额合计约 9.8 万亿元，同比下降近二成；其中，货物贸易收付金额 4.1 万亿元，同比减少超过三成。但同时，资本项下的人民币跨境使用相对保持活跃。2016 年全年，人民币在货物贸易进出口中的使用比例较 2015 年有所下降。与此同时，资本项下人民币的跨境使用成为新的增长点，2016 年直接投资项目结算量达到 2.46 万亿元，同比增长 6%。此外，新加坡、俄罗斯等 60 多个国家和地区将人民币纳入外汇储备。根据《2017 年人民币国际化报告》，人民币跨境使用概况如下。

第一，人民币国际债券。2016 年中国债券市场共发行人民币债券 36.1 万亿元，同比增长 54.2%。截至 2016 年末，债券托管余额 63.7 万亿元，同比增长 33%；全市场共成交结算 829.4 万亿元，同比增长 22.9%，其中，现券交易 132.2 万亿元，交投活跃度大幅提升。截至 2016 年末，共有 407 家境外机构获准进入中国境内银行间债券市场，债券托管余额为 8000.3 亿元。按照国际清算银行（BIS）狭义统计口径，截至 2016 年末，以人民币标价的国际债券余额为 6987.2 亿元，其中境外机构在离岸市场上发行的人民币债券余额为

5665.8亿元，在中国境内发行的人民币债券余额为1321.4亿元。市场将境外（含中国香港、中国澳门和中国台湾地区）机构在中国境内发行的人民币债券称为熊猫债。随着人民币国际接受程度的稳步提升，熊猫债市场受到国际市场广泛关注，发债主体类型进一步扩展，发债规模也实现了大幅增长。

第二，非居民持有境内人民币金融资产。截至2016年末，非居民持有境内人民币金融资产余额为3.03万亿元，其中，境外机构持有的股票市值和债券托管余额分别为6491.9亿元和8526.2亿元。境外机构对境内机构的贷款余额为6164.4亿元。非居民在境内银行的人民币存款余额为9154.7亿元，包括同业往来账户存款、境外机构和境外个人存款。截至2016年末，18个国家和地区获得人民币合格境外投资者（RQFII）额度，共计人民币1.51万亿元。据不完全统计，截至2016年末，中国港澳台地区和新加坡、英国等主要离岸市场人民币存款余额约为1.12万亿元（不含存款证）。其中，中国香港人民币存款余额为5467.1亿元，同比下降35.8%；新加坡人民币存款余额为386亿元，同比下降43.1%；英国人民币存款余额为510亿元，同比增长17.2%。

第三，人民币外汇交易。2016年，中国境内人民币外汇市场（含银行间市场和银行代客市场）日均交易量832亿美元。全年银行间市场人民币外汇即期成交折合5.93万亿美元，同比增长21.9%；人民币外汇掉期交易成交折合10万亿美元，同比增长19.8%；人民币外汇远期市场成交折合0.15万亿美元，同比增长311%。银行间外汇市场先后推出人民币对南非兰特、韩元等12个货币的直接交易。2016年，人民币对外币（不含美元）直接交易即期共成交1.13万亿元人民币，在银行间外汇市场即期交易中占比为2.9%，而2010年前银行间外汇市场人民币对外币（不含美元）直接交易成交量占比不到0.5%。

第四，人民币现钞跨境流通。2016年，银行跨境调运人民币现钞业务金额总计638.09亿元，同比增长6.66%。其中调运出境103.63亿元，调运入境534.46亿元，净调入430.83亿元。通过银行体系流入的境外人民币现钞持续较快增长（见图7.3）。中银香港代保管库继续发挥境外人民币现钞供应回流的辐射带动作用，为中国港澳台地区以外的境外参加行办理人民币现钞提存业务金额总计 10.48 亿元，同比下降 44.1%。其中人民币现钞提取 0.9 亿元，存入 9.58 亿元，净存入 8.68 亿元，业务范围覆盖亚洲、欧洲、美洲、非洲。

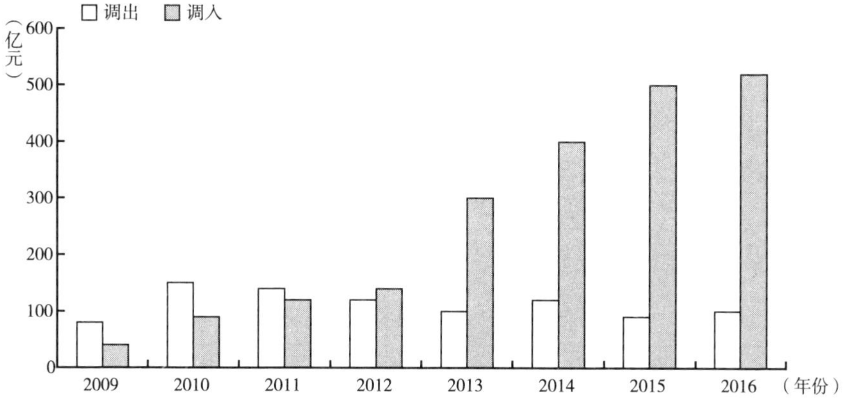

图 7.3　2016 年商业银行跨境调运人民币现钞金额

数据来源：中国人民银行。

第五，双边本币互换。2016 年，中国人民银行先后与摩洛哥央行、塞尔维亚央行、埃及的中央银行签署双边本币互换协议，总金额为 295 亿元人民币；与新加坡金管局、匈牙利央行、欧央行、冰岛的中央银行续签双边本币互换协议，总金额为 6635 亿元人民币。截至 2016 年末，中国人民银行已与 36 个国家和地区的中央银行或货币当局签署了双边本币互换协议，协议总金额超过 3.3 万亿元人民币。2016 年，在中国人民银行与境外中央银行或货币当局签署的双边本币互换协议下，境外中央银行或货币当局动用人民币 1278 亿元人民币，中国人民银行动用外币折合 664 亿元人民币。截至 2016 年末，境外中央银行或货币当局累计动用人民币 3655.31 亿元人民币，余额为 221.49 亿元人民币；中国人民银行累计动用外币折合 1128.41 亿元人民币，余额折合 77.58 亿元人民币。

第六，人民币跨境使用基础设施。2016 年，中国人民银行进一步推动人民币跨境支付系统（CIPS）系统建设和直接参与者扩容。2016 年 7 月，中国银行（香港）有限公司作为直接参与者接入 CIPS，中国银行（香港）

有限公司是 CIPS 首家境外直接参与者，其成功接入使 CIPS 业务量有大幅提升。截至 2016 年末，CIPS 共有 28 家直接参与者，512 家间接参与者，覆盖六大洲 80 个国家和地区。系统累计运行 312 个工作日，共处理支付业务 722849 笔，金额 48427 亿元。此外，2016 年，人民银行先后与美联储、俄央行签署了在美国、俄罗斯建立人民币清算安排的合作备忘录，在美国、俄罗斯、阿联酋指定了人民币业务清算行（见表 7.5）。截至 2016 年末，中国人民银行已在 23 个国家和地区建立了人民币清算安排，覆盖东南亚、欧洲、中东、美洲、大洋洲和非洲。

表 7.5　境外人民币业务清算分布情况

序号	国家和地区	时间	清算行
1	中国香港	2003 年 12 月	中国银行（香港）有限公司
2	中国澳门	2004 年 9 月	中国银行澳门分行
3	中国台湾	2012 年 12 月	中国银行台北分行
4	新加坡	2013 年 2 月	中国工商银行新加坡分行
5	英国	2014 年 6 月	中国建设银行伦敦分行
6	德国	2014 年 6 月	中国银行法兰克福分行
7	韩国	2014 年 7 月	交通银行首尔分行
8	法国	2014 年 9 月	中国银行巴黎分行
9	卢森堡	2014 年 9 月	中国工商银行卢森堡分行
10	卡塔尔	2014 年 11 月	中国工商银行多哈分行
11	加拿大	2014 年 11 月	中国工商银行（加拿大）有限公司
12	澳大利亚	2014 年 11 月	中国银行悉尼分行
13	马来西亚	2015 年 1 月	中国银行（马来西亚）有限公司
14	泰国	2015 年 1 月	中国工商银行（泰国）有限公司
15	智利	2015 年 5 月	中国建设银行智利分行
16	匈牙利	2015 年 6 月	中国银行匈牙利分行
17	南非	2015 年 7 月	中国银行约翰内斯堡分行
18	阿根廷	2015 年 9 月	中国工商银行（阿根廷）股份有限公司
19	赞比亚	2015 年 9 月	赞比亚中国银行
20	瑞士	2015 年 11 月	中国建设银行苏黎世分行
21	美国	2016 年 9 月	中国银行纽约分行
22	俄罗斯	2016 年 9 月	中国工商银行（莫斯科）股份公司
23	阿联酋	2016 年 12 月	中国农业银行迪拜分行

数据来源：中国人民银行。

7.3　中阿金融自由度报告

7.3.1　中阿金融自由指数

据《金融自由指数》[①]2016 年 7 月的更新数据（见表 7.6），在全球 185 国家中，有 4 个阿拉伯国家排名金融自由度前十，其中巴林位居世界之首，紧随其后的是阿联酋，沙特名列第 5，阿曼排名第 8，中国香港位居第 9。排名前十说明其金融市场开放程度较高，资本流动相对自由。在 22 个阿拉伯国家中，金融自由度达到中上水平的有 17 个，其中 14 个处于世界前 100 位。除上述海合会国家外，科威特和卡塔尔分别名列 12 和 38。此外，阿尔及利亚名列 162，利比亚虽无排名，但根据数据则处于全球倒数第 2 位。同时，毛里塔尼亚和吉布提分别名列 150 和 182，索马里处于倒数第一位。中国澳门虽无排名，但根据数据则处于叙利亚（59）和埃及（65）

① 该《金融自由指数》基于不同国际金融组织，例如世界银行、国际货币基金组织（IMF）、安永会计师事务所（EY）、普华永道（PWC）和德勤公司等公布的数据而进行的分析。在本小节中，笔者根据 2014/2015 版的《金融自由指数》，对中阿金融自由度进行归纳和类比。2014/2015 版《金融自由指数》通过 15 项指标和子指标，对各国金融自由度进行了整体分析。其中，6 项“税率”指标包括最高所得税税率、公司税率、增值税、资本利得税率、遗产税率和最惠国待遇税率（某国的总体“税分”越高表示该国的税收总体发生率就越低）；3 项国际税收指标包括公民居民、外国居民和非居民分别应纳的世界所得税，并将上述 6 项指标与 3 项国际税收指标合并为一个“总体税收分数”；1 项“投资者保护强度”指标是以世界银行 3 项衡量指数为组合，即公开程度指数、董事责任范围指数和股东诉讼缓解指数；1 项“法定权利强度”指标是以世界银行通过某国抵押和破产法专门衡量对借款人和贷款人的权利的保护；1 项“货币兑换”指标是指可自由兑换货币的国家，使其公民和外部投资者更容易在国际上进行贸易、投资和流动资本；1 项“不动产所有权”指标是指外国投资者在无公民身份的国家获得永久（即非租赁）产权的能力，该产权在此是指对建筑物和土地的所有权；1 项“生活成本”指标，即世界银行将 GDP 数字调整为全球价格水平差异，以便更好比较各国的国家产出，而 GDP 对本地价格的调整需要使用所谓的“PPP 转换因子与市场汇率比率”，所以通过 PPP 转换因子衡量某个经济体中生产的所有商品和服务的成本，从而衡量某个国家的生活成本；最后 1 项“通货膨胀”指标应用基金组织世界经济展望数据库对 2011~2018 年的年度通货膨胀率估算的平均数字。由于一些国家缺乏数据，所以并未将所有国家都列入排名。每项指标根据不同国家金融组织的相关详细分类描述进行平均评分，得到 0~1 的一个分数为最终评级指数。

表 7.6　2016 年中国与阿拉伯国家金融自由指数

国家或地区	排名	平均分	总体税收分	法定权利强度	投资人保护强度	货币兑换	不动产所有权	生活成本	通货膨胀
巴林	1	0.856	0.992	0.22	0.49	是	是	0.78	1.00
阿联酋	2	0.830	0.992	0.33	0.38	是	是	0.65	1.00
沙特	5	0.796	0.753	0.44	0.69	是	是	0.84	0.85
阿曼	8	0.769	0.956	0.33	0.46	否	是	0.83	0.86
中国香港	9	0.756	0.819	1.00	0.92	是	否	0.65	0.81
科威特	12	0.737	0.947	0.22	0.61	是	否	0.70	0.80
黎巴嫩	25	0.671	0696	0.22	0.46	部分	是	0.76	0.78
卡塔尔	38	0.651	0962	0.22	0.46	否	否	0.69	0.82
约旦	53	0.631	0.636	0.11	0.38	否	是	0.89	0.87
也门	55	0.628	0.679	0.11	0.34	否	是	0.93	0.30
叙利亚	59	0.622	0.703	0.00	0.43	否	是	0.76	0.78
中国澳门	N/A	0.621	0.856	N/A	N/A	否	部分	0.74	0.61
埃及	65	0.615	0.563	0.22	0.49	否	是	0.99	0.34
中国台湾	67	0.604	0.588	N/A	0.61	否	是	0.78	1.00

续表

国家或地区	排名	平均分	总体税收分	法定权利强度	投资人保护强度	货币兑换	不动产所有权	生活成本	通货膨胀
突尼斯	92	0.571	0.432	0.22	0.57	否	是	0.91	0.71
伊拉克	93	0.570	0.693	0.22	0.38	否	否	0.87	062
摩洛哥	102	0.559	0.398	0.22	0.46	否	是	0.89	1.00
苏丹	108	0.533	0.537	0.33	0.26	否	是	0.86	0.05
科摩罗	146	0.513	0.526	0.56	0.34	否	否	0.79	0.76
毛里塔尼亚	150	0.507	0.507	0.22	0.31	否	否	0.93	0.64
中国大陆	159	0.494	0.461	0.44	0.46	否	否	0.78	0.92
阿尔及利亚	162	0.484	0.432	0.22	0.49	否	否	0.90	0.67
吉布提	182	0.429	0.407	0.11	0.15	否	否	0.80	0.92
利比亚	N/A	0.41	0.83	0	N/A	否	部分	N/A	0.57
索马里	N/A	0.116	0.289	N/A	N/A	否	否	N/A	N/A
巴勒斯坦	—	—	—	—	—	—	—	—	—

数据来源：Financial Freedom Index（金融自由指数）。

注：金融自由指数基于 15 个指标和子指标。

对于整个指数的表格概览，6 种税率和 3 种国际税收指标合并为一个“税收分数”；其他 6 个主要指标显示在“指标”页上。

“N/A”表示无数据；“—”表示数据不可得；1.00 分为最佳，即 1.00“税分”转化为低税，因为 1.00“生活成本”转化为低生活成本。

之间，中国台湾位于埃及之后（67），中国大陆名列159。

其次，从表7.5中可以看出，阿拉伯地区国家金融法定开放度水平普遍波动较大，开放水平呈分化特点，其中只有科摩罗的“法定权利强度”指标超过了0.5，而海合会和其他阿拉伯国家的法定自由开放度则处于较低水平。至于“投资人保护强度”指标，只有3个国家达至中上水平，即沙特（0.69）、科威特（0.61）和突尼斯（0.57）。这些国家在金融危机前将大量资金投入美国衍生品市场，监管部门出于资本流出管制的考虑，在这一时期对资本项目下的跨境资本流动制定了较多限制。而在金融危机爆发后，这些国家为规避损失，开放了相关资本跨境流动管制，尤其针对资本流入。除去金融危机这一特殊时期，这些国家保持较高金融法定自由度的原因，在于其保持了较为稳定的内外部环境、较为完善的金融法制和市场。此外，在这些国家中，巴林、科威特、卡塔尔、沙特、阿联酋为OAPEC成员国，出于石油贸易原因而保持了对货币自由兑换及资本流动的较高自由度，同时也对私人资产转移和银行跨境业务保持了较高的法定自由度。其他国家，如伊拉克、利比亚、叙利亚和索马里等国则由于长期战乱及社会动荡，导致相关制度及法律缺失，表现为法定金融自由度的大幅下降，但随着近两年重建步伐的加快，这些国家（除了叙利亚）也相继制定了跨境资本管理制度，同时其法定金融自由度也有所上升。

7.3.2 世界发展指数：金融准入、稳定性和效率

据世界银行2017年《世界发展指数》[①]（见表7.7），相比2015年，在所有阿拉伯国家中，科摩罗依然保持着相对较高的法定权利自由度，表明

① 在本小节中，笔者以世界银行2017年《世界发展指数：金融准入、稳定性和效率》（简称《世界发展指数》）11项指标反映出的各国金融状况来分析中国与阿拉伯国家的金融自由度。首先，信用获取通过法定权利的强度和信用信息的深度来体现；其次，金融准入与外联通过商业银行储户、借款人、分行和自动柜员机来反映；其他指标分别为：银行资本与资产比例、银行不良贷款、国内银行向私营部门贷款利率差和贷款风险溢价等。具体而言，1.法定权利强度指数用以衡量抵押和破产法保护借款人和贷款人权利的程度，从而促进贷款。该指数范围从0到12，分数越高表明设计良好的法律是来扩大信贷的获得。2.信用信息深度指数用以衡量影响通过公共或私人信用登记系统提供的信用信息范围、可访问性和质量规则。该指数范围从0到8，其中较高的数值表示来自公共或私人注册局更多信用信息的可用性，以便决定贷款。3.商业银行的存款人是（转下页注）

该国国际资本流动绕开法规的数量较少；而巴林、埃及、沙特和阿联酋则保持着信用深度较高的水平，反映出其金融业一直保持着较快的发展势头。其对金融市场与国际资本流动的法律较为完善，管制措施也相对较少。尤其是巴林和阿联酋，两国为海湾地区的金融中心，拥有技能熟练的双语人才、经过反复检验的管理框架、低廉的运营成本和联通方便的地理位置，又紧邻地区第一大经济体沙特，这些优势使得巴林成为金融企业进入海湾地区建立长期并有一定规模机构的理想投资国。因此，其法定自由度与事实金融自由度保持着相对的一致性。埃及的法定金融自由度与事实自由度，则呈现出一定的差异。这种差异产生的原因在于埃及对衍生品、房地产、金融机构对外金融活动做出了严格的管制措施，而这些管制措施使得想进入埃及境内的国际资本绕过法律规定限制通过投资、贸易等渠道进入埃及境内。此外，科威特、黎巴嫩、摩洛哥、阿曼和卡塔尔近年来保持着较高的

（接上页注①）指商业银行和其他非金融公司（公共和私人）与家庭存款账户持有人的报告数量。对于许多国家，由于缺少帐户持有人的信息，所以本数据只涵盖了存款账户的总数。存款的主要类型包括支票账户、储蓄账户和定期存款。4. 商业银行的借款人是指非金融公司（公共和私人），以及从商业银行和其他银行获得贷款的居民客户数量。对许多国家来说，由于缺少贷款账户持有人的信息，数据只涵盖了贷款账户的总数。5. 商业银行分行是指常驻商业银行和其他居民银行的零售地点，作为商业银行，为客户提供金融服务，与主要办公室物理上分离，但不是作为合法分立的子公司组织。6. 自动柜员机是指为金融机构的客户提供在公共场所进行金融交易的设备。7. 银行资本与资产是指银行资本和储备与总资产的比率。资本和储备包括所有者提供的资金、留存收益、普通和特别准备金，以及准备金和估值调整等。资本包括一级资本（缴足股份和普通股），这是所有国家银行体系中的一个共同特征；此外，总监管资本包括几种特定类型的次级债券，如果资金不足则无须偿还，而是需要维持最低资本水平（包括二级和三级资本），而总资产则包括所有非金融和金融资产。8. 银行不良贷款占总贷款比率是指不良贷款的价值除以贷款组合的总价值（包括扣除特定贷款损失准备之前的不良贷款）。记录为不良贷款的贷款额应为资产负债表上记录的贷款的总值，而不仅仅是逾期的金额。9. 银行向私人部门提供的国内信贷是指其他存款公司（中央银行以外的存款公司）提供给私营部门的财政资源，如通过贷款，非物质证券的购买以及贸易信贷和其他应收账款，建立索赔。对于一些国家来说，索赔包括对公共企业的信贷。10. 利率差是指银行对私人部门客户贷款减去商业或类似银行为需求，时间或储蓄存款支付利率所收取的利率。利率附带条款和条件因国家不同而各异，从而限制了可比性。11. 贷款风险溢价是指银行对私人部门客户贷款的利率减去短期政府证券在市场上发行或交易的“无风险”国库券利率。在一些国家，这种利差有可能是负的，表明市场认为其最好的客户的风险低于政府。然而，贷款利率附带的条款和条件因国家而异，从而限制了可比性。

信用信息深度，表面其资本市场较为活跃。至于在金融准入与外联、银行资产与不良贷款等方面，相比 2015 年，2016 年阿拉伯国家整体有所改善。

同时，中国香港处于法定自由度和信用信息深度很高的水平，从而说明其金融市场的完善性和活跃性，而中国内地也保持着较高的水平，这表明其资本市场仍有很大的发展潜力。近年来，中国更是逐步确定了开放金融市场、积极参与国际金融活动的大方向，开始逐渐减少对国际资本流动和外国投资的限制。相比之下，中国虽不靠前，但是呈稳步上升趋势，说明中国的真实金融开放程度也在逐步提高，并且在法律限制范围之外有着更为活跃的资本流动。从数据来看，虽然在趋势上中国真实金融开放程度正在不断加深，法律限制也正在逐渐放开，但从利用外资的绝对数据上来看，近三年依然有减退趋势，说明中国在吸引外资增速方面有所放缓。至于法律限制外的资本流动，一般来讲，当法律限制较为宽松时，该国的真实金融一体化程度将在优越的法律制度条件下稳步上升；反之，当法律限制较严时，其他国家可能更多选择以其他方式绕过该国的法律制度限制，从而进行资本注入或其他金融活动（见表 7.7）。

7.3.3　2017年中阿金融自由指数

根据《经济自由度指数》①，中国香港和巴林一直保持着比较高的金

① 在本小节中，笔者以美国“传统基金会”历年公布的《经济自由指数》（以下简称《指数》）来分析中国与阿拉伯国家的金融自由度。在该《指数》中，金融自由指数被置于“开放市场”类别之下，是衡量银行效率的一项指标，也是衡量政府对金融部门控制和干预的一项指标。按照该《指数》来理解，国家对银行和其他金融机构（例如保险公司和资本市场）的所有权减少了竞争，并普遍降低了获得信贷的水平。在以最低程度的政府干预为特征的理想银行和融资环境中，中央银行对金融机构的监管仅限于执行合同义务和防止欺诈。信贷是按市场分配，政府则不拥有金融机构。所有金融机构向个人和公司提供各种类型的金融服务。银行可以自由地扩展信用，接受存款和以外币进行操作。外国金融机构自由经营，与国内机构一样对待。该《指数》通过考察五个广泛领域来评估一个国家的金融自由度，即政府监管金融服务的程度，国家对银行和其他金融公司通过直接和间接所有权的干预程度，政府对信贷分配的影响程度，金融和资本市场的发展程度，以及对外方竞争的开放程度。这五个领域被认为是评估一个国家金融自由的总体水平。此外，该《指数》为百分制，通过从 0 分到 100 分来体现中国大陆及港澳台地区与阿拉伯国家的金融自由度。该《指数》金融自由度数据来源：经济学家、国际货币基金组织、经济合作与发展组织经济调查、美国商务部、世界银行等。

表 7.7　2016 ~ 2017 年金融准入、稳定性和效率矩阵

	获取信用		金融准入与外联				2016 年银行资本与资产比率（%）	银行不良贷款占总贷款比率（%）	国内银行向私营部门贷款占 GDP 百分比（%）	利率差	贷款风险溢价
	2017 年法律权利力度指数（0 ~ 12）	2017 年信用信息深度指数（0 ~ 8）	2016 年商业银行储户（每 1000 名成年人）	2016 年商业银行借款人（每 1000 名成年人）	2016 年商业银行分行（每 100000 名成年人）	自动柜员机（每 100000 名成年人）				贷款利率减去存款利率（%）	主要借贷利率减去国库券利率（%）
阿尔及利亚	2	0	544	39	5.2	8.67	9.8	11.4	23	6.3	6.8
巴林	1	8	—	—	—	—	—	—	73.7	4.2	5.1
科摩罗	6	2	136	11	3.1	5.03	—	20.5	26.2	8.8	—
吉布提	1	0	167	35	5.9	9.61	—	—	30.5	9.6	—
埃及	2	8	440	100	4.5	13.45	—	—	34.1	5.7	5.4
伊拉克	0	0	—	—	4.1	1.88	—	—	9.2	7.4	—
约旦	0	5	534	—	15.1	27.12	—	—	75	5.1	—
科威特	1	6	—	211	14.3	62.17	—	—	103.6	2.9	—
黎巴嫩	2	6	1046	234	24.1	39.05	—	4.9	102.9	2.4	3.9
利比亚	0	0	—	—	—	—	—	—	—	3.5	—
毛里塔尼亚	2	3	147	67	8.3	9.7	—	—	—	—	—
摩洛哥	2	7	933	—	24.7	26.7	—	—	64	—	—
阿曼	1	6	1105	—	13.6	34.23	—	—	75.5	1.9	—

续表

	获取信用		金融准入与外联				2016年银行资本与资产比率（%）	银行不良贷款占总贷款比率（%）	国内银行向私营部门贷款占GDP百分比（%）	利率差	贷款风险溢价
	2017年法律权利力度指数（0～12）	2017年信用信息深度指数（0～8）	2016年商业银行储户（每1000名成年人）	2016年商业银行借款人（每1000名成年人）	2016年商业银行分行（每100000名成年人）	自动柜员机（每100000名成年人）				贷款利率减去存款利率（%）	主要借贷利率减去国库券利率（%）
卡塔尔	1	6	—	252	11.7	60.73	—	—	79.3	1.6	—
沙特	2	8	1141	166	8.6	74.42	14.8	1.4	58	—	—
索马里	0	0	—	—	—	—	—	—	—	—	—
巴勒斯坦	—	—	—	—	—	—	—	—	—	—	—
苏丹	3	0	—	—	3.4	4.75	—	—	8.9	—	—
叙利亚	1	2	—	—	—	—	—	—	—	—	—
突尼斯	3	6	—	218	20.5	27.44	—	—	77	—	—
阿联酋	2	8	1222	266	12.4	65.68	—	5.3	85.9	—	—
也门	0	0	124	13	1.6	6.28	—	—	—	—	—
中国大陆	0	0	34	384	8.8	81.45	8.4	1.7	156.7	2.9	—
中国香港	8	8	—	—	21.4	50.59	9.8	0.9	203.8	—	4.3
中国澳门	—	7	—	—	37.5	282.32	4.6	0.2	118.1	5.2	—
中国台湾	—	—	—	—	—	—	—	—	—	—	—

数据来源：世界银行。

注：“—”表示无数据。

融自由度，而摩洛哥、卡塔尔、科威特和苏丹于 2017 年的金融自由度也有所上升。另外，中国台湾和澳门的金融自由度保持不变，而中国大陆则有所下降。其次，表 7.7 显示，中国香港获 90 分，说明政府干预最小，金融机构的监管极少，但可能超出执行合同义务和防止欺诈；巴林获 80 分，反映出政府名义性干预，政府对金融机构的所有权在总体资产中所占份额很小，金融机构对其提供金融服务的能力几乎无任何限制；中国澳门保持在 70 分水平，为政府有限性干预，信贷分配受政府影响，私人信贷分配几乎不受限制，政府对金融机构的所有权相当大，外国金融机构受到的限制很少，同时摩洛哥也升至这一水平。处于 60 分水平的分别为中国台湾、约旦和阿曼，表明政府干预，银行和金融法规有负担，政府对金融机构的所有权和控制权进行管理，在整体资产中占有相当大的份额，金融机构提供金融服务的能力受到一些限制。同时，阿联酋、卡塔尔和科威特也到达并保持着这一水平。沙特和吉布提两国近年来一直保持着 50 分的水平，说明政府干预金融程度相当大，信贷分配受到政府显著影响，私人信贷分配面临重大障碍，金融机构提供金融服务的能力受到重大限制，外国金融机构受到一些限制，同时黎巴嫩也降至该水平。保持在 40 分水平的国家为埃及和毛里塔尼亚，反映出政府干预强，央行受政府影响，对金融机构监管严重，其执行合同和防止欺诈的能力较，政府对金融机构拥有所有权和控制权，在整体资产中占有份额很小；保持在 30 分水平国家分别为突尼斯、科摩罗和阿尔及利亚，表明政府干预广泛，信贷分配受到政府的广泛影响，政府拥有或控制大多数金融机构或处于支配地，金融机构受到严重限制，银行的形成面临重大障碍，外国金融机构受到重大限制。中国大陆则处于 20 分的水平，反映出政府干预严重，央行不独立，强制性监管金融机构，外国金融机构高度受限，同时苏丹也升至这一水平（见表 7.8）。

表 7.8　2014 ~ 2017 年中阿金融自由度指数

2014 ~ 2017 年中国与阿拉伯国家金融自由度					2017 年综合排名	
国家或地区＼年度	2014	2015	2016	2017	世界排名	区域排名
中国香港	90	90	90	90	1	1
巴林	80	80	80	80	44	4
中国澳门	70	70	70	70	N/A	N/A
中国台湾	60	60	60	60	11	5
约旦	60	60	60	60	53	5
阿曼	60	60	60	60	82	8
摩洛哥	60	60	60	70	86	9
黎巴嫩	60	60	50	50	137	11
阿联酋	50	50	60	60	8	1
卡塔尔	50	50	60	60	29	2
科威特	50	50	50	60	61	6
沙特	50	50	50	50	64	7
吉布提	50	50	50	50	171	43
毛里塔尼亚	40	40	40	40	131	25
突尼斯	30	30	30	30	123	10
也门	30	30	30	N/A	N/A	N/A
中国大陆	30	30	30	20	111	24
科摩罗	30	30	30	30	121	22
阿尔及利亚	30	30	30	30	172	14
利比亚	20	20	N/A	N/A	N/A	N/A
叙利亚	20	20	20	N/A	N/A	N/A
苏丹	N/A	N/A	N/A	20	164	40
伊拉克	N/A	N/A	N/A	N/A	N/A	N/A
索马里	N/A	N/A	N/A	N/A	N/A	N/A
巴勒斯坦	…	…	…	…	…	…

注："N/A" 表示无数据；"…" 表示数据不可得。

第 8 章　2017 中国 – 阿拉伯国家博览会举办情况

由商务部、中国贸促会和宁夏回族自治区人民政府共同主办的 2017 中国 – 阿拉伯国家博览会（以下简称本届博览会）于 2017 年 9 月 6~9 日在宁夏银川成功举办。本届博览会深入贯彻落实习近平总书记关于“一带一路”、中阿合作以及来宁视察等系列重要讲话精神，以“传承友谊、深化合作、共同发展”为宗旨，以“务实、创新、联动、共赢”为主题，聚焦经贸合作，围绕商品贸易、服务贸易、技术合作、投资合作、旅游合作 5 大板块，举办了 13 项会议论坛和 10 项展览展示活动。

中共中央总书记、国家主席习近平向大会致贺信，全国人大常委会副委员长张平出席开幕大会并发表主旨演讲，几内亚总统阿尔法・孔戴、阿富汗第一副首席执行官穆罕默德・汗、毛里塔尼亚国民议会第一副议长穆罕默德・哈尔希、埃及贸工部部长塔里克・卡比勒、阿拉伯国家联盟助理秘书长卡马勒・巴比克出席开幕大会并分别致辞。78 位中外部长级嘉宾，29 位外国驻华使节，60 个国家，117 家中外大型商协会，1232 家大型企业代表，共计 9797 名国内外嘉宾参会参展。在各方共同努力下，本届博览会圆满完成了各项目标任务，在推动与各国政策沟通、设施联通、贸易畅通、资金融通、民心相通方面发挥了重要平台作用，取得了务实合作成果。

8.1 有力地促进了政策沟通

围绕对接发展战略，构建政策沟通交流机制，为务实合作提供政策支持，举办了开幕大会、中阿合作论坛第七届企业家大会。习近平总书记在贺信中明确指出，中阿博览会契合“一带一路”国际合作理念，为中阿拓展合作搭建了重要平台，中国愿同包括阿拉伯国家在内的各国一道，推动“一带一路”建设共享机遇，共促和平。全国人大常委会副委员长张平代表中国政府明确提出，进一步发挥中阿博览会等合作机制作用，促进政府、企业和民间交流合作；落实《推进“一带一路”贸易畅通合作倡议》，促进双方经贸合作纵深发展；加快实施产能对接行动，拓展投资金融合作；推进“油气+”合作，深化能源资源合作。商务部和中国贸促会表示将一如既往地支持宁夏办好中阿博览会，不断提升中阿博览会服务“一带一路”建设的平台作用。几内亚总统、阿富汗第一副首席执行官、毛里塔尼亚国民议会第一副议长、埃及贸工部部长、阿拉伯国家联盟助理秘书长高度评价“一带一路”倡议，充分肯定宁夏连接中国与阿拉伯世界的重要枢纽地位，希望通过中阿博览会平台进一步加强务实合作。中阿合作论坛第七届企业家大会《银川宣言》提出，继续支持举办中阿博览会，发挥政策沟通、产品展示、商务洽谈、项目对接等方面的作用；支持发挥宁夏在中国－中亚－西亚经济走廊的重要节点作用，加强双方企业在产品、项目、技术和服务“全产业链”合作。

8.2 有力地促进了设施联通

围绕推动口岸基础设施建设，畅通陆水联运通道，拓展民航全面合作，促进基础设施互联互通，举办了国际物流合作洽谈会、网上丝绸之路大会。开通了银川至德黑兰国际货运班列，打通了中欧班列南通道；签订了宁夏口岸办与中铁集装箱、哈铁快运、土库曼斯坦铁路合作协议，建立了国际货运班列国际合作机制；明晰了面向中亚、西亚，辐射西北、华北地区，建设西向低成本陆路通道的思路。签署了宁夏、阿联酋航空公司合作协议，达成了开通卡塔尔航空、土耳其航空经停银川至国内其他城市航线，华夏航空、幸福航空银川至周边城市支线航线的合作意向；确立了构建“一主两核三辅”国际航线网络、“米字型”国内航线网络，建设西向低成本空中通道的思路。形成了开通顺丰集团、圆通速递货运包机的共识，签署了宁夏口岸办与连云港、威海港战略合作协议，引进了京东集团、运满满、大连良运、新加坡普洛斯等大型物流项目。确定了加快中阿网上丝绸之路经济试验区暨宁夏枢纽工程建设，优化网络基础资源配置，深化中阿数字经济合作，打造中阿国际网络大通道的思路。为把宁夏建设成为内陆地区向西开放的重要物流节点和丝绸之路经济带重要区域性国际物流中心提供了有效支撑。

8.3　有力地促进了贸易畅通

围绕拓宽贸易领域，优化贸易结构，提高贸易自由化便利化水平，举办了中埃投资贸易推介会、中阿技术转移暨创新合作大会、农业合作论坛、旅行商大会，以及 10 项展览活动。中埃两国签署了 6 项合作协议，涉及新材料、汽车、信息技术、纺织、农业等领域；中阿有关科技部门和企业签署了共建 3 个中阿技术转移中心海外分中心、10 个创新服务平台、6 个技术合作项目协议，以及 3 亿元产品和技术合作意向；中阿农业技术转移中心与毛里塔尼亚、吉尔吉斯斯坦、约旦分别签署了共建海外分中心协议；宁夏与同程控股签订了合作协议，宁夏旅行社与阿联酋、越南、泰国、新加坡和中国香港、台湾旅行商签署了 32 项合作协议；47 个国家或地区、国内 21 个省（区、市）1080 家企业，共 4635 名参展商参展，其中国外参展商 782 人，国内参展商 3853 人。厦工（三明）重机与毛里塔尼亚、摩洛哥、约旦、阿尔及利亚、阿联酋等国客商达成产品销售意向并签订 2 笔贸易订单；关于黎巴嫩橄榄油、土耳其手工陶瓷、伊朗地毯达成了一批采购意向，云洲智能与毛里塔尼亚、阿富汗等国企业达成了采购意向。

8.4 有力地促进了资金融通

围绕引导国内外投资基金和各类社会资本共同参与“一带一路”项目建设，举办了中阿国际产能合作论坛暨境外投资推介洽谈会、项目签约仪式，吸引沙特阿美石油、迪拜 Meraas 公司、工行迪拜国际金融中心等社会资本参与中国 - 沙特（吉赞）产业园、阿联酋（中国）食品产业园、中国 - 阿曼（杜库姆）产业园、沙特达雅阿斯法拉住房等项目合作。签订了 147 个投资合作项目，总投资 1860.5 亿元，涉及农业及食品加工、新技术新材料、装备制造、生物制药、能源化工、生态纺织、产业园区建设、现代服务业等 8 个领域。其中，国内其他省区与丝路沿线国家签订了 6 个合作项目，投资额 93.8 亿元；宁夏与埃及、沙特、毛里塔尼亚等 21 个丝路沿线国家和地区签订 12 个合作项目，投资额 207.05 亿元；与北京、天津、上海等 18 个省（区、市）签订了 129 个合作项目，投资额 1559.65 亿元。

8.5 有力地促进了民心相通

围绕传承和弘扬丝绸之路友好合作精神，展示宁夏形象，开展了全方位、多角度、高密度、深层次的宣传报道。134 家国内外媒体 580 名记者报道了大会盛况，刊播原创稿件 980 余篇（条），《人民日报》、新华社等中央媒体在头版头条刊登了《习近平向 2017 中国 - 阿拉伯国家博览会致贺信》，中央电视台阿语频道、人民网、新华网、中国网、央广网等电视和网络媒体现场直播了开幕大会，中国国际电视台阿语频道通过 Facebook、Twitter 海外社交平台发布了 75 条中阿博览会相关帖文，埃及、沙特等阿拉伯国家的主流媒体也同步报道了本届博览会。

附录 1

1. 中阿资金流量表分析

表 1 显示了沙特、阿联酋、科威特、中国在 2014~2016 年间宏观水平上的资金流量状况。由于中国的经济规模远超其他三国，出于比较性的原则，在下文各项指标的横向对比当中我们主要采取比例性指标。从国内储蓄占 GDP 比重来看，四国均属于高储蓄率国家，其中，中国的储蓄为四国当中最高。在 2016 年，中国国内储蓄高达 51575.38 亿美元，占 GDP 比重为 46.05%。阿联酋、沙特、科威特紧随其后，国内储蓄占 GDP 比重分别为 27.88%、27.26%、25.67%。从趋势上来看，2014 ~ 2016 年四国的国内储蓄占 GDP 比重都有所下降。而与高储蓄率相随的是高投资率，2014 ~ 2016 年四国的国内投资占 GDP 比重普遍有所上升。

对中国而言，2016 年中国国内储蓄占 GDP 比重为 46.05%，与此同时，国内投资占 GDP 比重高达 44.31%，由此可见，投资依旧是拉动中国经济增长的主要动力。然而，与中国高储蓄率与高投资率并存的情形不同，三个阿拉伯国家的投资率则较低，2016 年沙特国内投资占 GDP 比重为 31.03%，阿联酋为 25.12%，科威特为 26.99%。由于上述四国均存在储蓄超过投资的现象，因而导致了较大规模的经常性项目顺差，并最终表现为对外储蓄或资本外流。

表 1　宏观水平上的资金流量表

单位：亿美元

	沙特			阿联酋			科威特			中国		
	2014 年	2015 年	2016 年	2014 年	2015 年	2016 年	2014 年	2015 年	2016 年	2014 年	2015 年	2016 年
国内生产总值	7563.50	6517.57	6464.38	4031.98	3579.49	3487.43	1626.32	1145.67	1108.76	104823.72	110646.66	111991.45
国内储蓄（个人 + 生产 + 政府）	2914.33	1685.83	1761.90	1585.78	1026.60	972.30	815.93	354.19	284.61	52051.79	53545.19	51575.38
国内储蓄占 GDP 比重（%）	38.53	25.87	27.26	39.33	28.68	27.88	50.17	30.92	25.67	49.66	48.39	46.05
国内投资占 GDP 比重（%）	28.75	35.26	31.03	20.86	24.89	25.12	16.29	25.43	26.99	47.01	45.40	44.31
总投资	2174.55	2298.29	2005.66	841.17	890.76	876.09	264.93	291.32	299.30	49275.24	50234.56	49624.09
经常项目差额占 GDP 比重（%）	9.75	–8.7	–4.26	–3.44	–8.02	–	33.18	7.49	0.58	2.25	2.75	1.75
FDI 占总投资比重	3.68	3.54	3.72	12.87	9.87	10.26	1.83	0.98	0.98	5.44	4.83	3.44
FDI 净流量	80.12	31.41	74.53	108.23	87.95	89.86	4.86	2.85	2.92	2680.97	2424.89	1705.57
国民投资（个人 + 生产 + 政府）	2094.43	2216.88	1931.13	732.94	802.81	786.24	260.08	288.48	296.38	46594.27	47809.67	47918.53
国民投资占 GDP 比重（%）	27.69	34.01	29.87	18.18	22.43	22.54	15.99	25.18	26.73	44.45	43.21	42.79

数据来源：World Bank，Economist intelligence Unit，World economic and financial surveys。

注：1. 国内储蓄 S=I+(X–M+NEP)，其中 S 表示国内投资，X 表示出口额，M 表示进口额，NEP 表示净要素支付（NEP=GNP–GDP）。进出口额不包括服务贸易。

2. 国内投资包括政府投资、生成部门和个人投资。

3. 国民投资 I′=I–FDI，FDI 表示外商直接投资。

4. 表中数据以当期价格计算 。

2. 阿拉伯国家经常项目失衡情况

表 2 总结了部分阿拉伯国家经常性项目余额占 GDP 的比重（BCA/GDP）。从表 2 可以看出，2006 ~ 2016 年，由于油气资源的出口所创造的外汇收入，大多数 OPEC 成员国的经常性项目都保持着平均情况顺差，例如阿尔及利亚、巴林、埃及、伊拉克、沙特阿拉伯、科威特、利比亚以及阿联酋等。而在经济增长乏力、政局不稳定的国家，例如吉布提、黎巴嫩、苏丹、叙利亚、也门等国家，经常性项目平均情况通常为逆差。此外，经常性项目波动比较大的国家有卡塔尔、科威特、利比亚、阿尔及利亚等国，BCA/GDP 的标准差均超过 10%。

2008 年金融危机对部分阿拉伯国家经常性项目的影响不大，但对部分国家影响显著。通过对比 2008 年前后 BCA/GDP 的比重，我们发现，巴林、科威特、阿尔及利亚、沙特、卡塔尔等主要产油国都受到了 2008 年金融危机的影响，该项指标呈现出持续下降的趋势。以沙特为例，BCA/GDP 从危机前 2006 年的 26.28% 下降为危机后 2009 年的 4.88%，降幅较为显著。

2008 年金融海啸对部分阿拉伯国家经常性项目的影响具有显著的差异性，究其原因，我们发现经济结构是导致上述现象的重要因素。阿拉伯国家（特别是石油输出国组织 OPEC 成员国）经济结构的独特性在于其石油产业通常为国民经济的支柱产业，油气资源出口在经常性项目中占据重要地位。表 3 展示了部分阿拉伯国家 2006 ~ 2016 年石油净出口占 GDP 比重（NXGO/GDP）。通过对比表 2 和表 3，我们可以发现，在 NXGO/GDP 较大的国家，经常性项目顺差也较大，2008 年金融危机对其顺差的负面影响也越为显著。

与阿拉伯国家相比，中国的经常性项目顺差要低于阿拉伯国家中的 OPEC 成员国，但要显著高于非 OPEC 成员国。在 2008 年金融危机之后，中国的经常性项目顺差占 GDP 比重呈现出持续下降的趋势。中国与阿拉

表 2　中国以及部分阿拉伯国家经常性项目失衡情况（BCA/GDP）

单位：%

国家	2006 年	2007 年	2008 年	2009 年	2010 年	2011 年	2012 年	2013 年	2014 年	2015 年	2016 年	平均值	标准差
中国	8.42	9.94	9.14	4.76	3.90	1.80	2.52	1.54	2.25	2.75	1.75	4.43	3.20
阿尔及利亚	24.71	22.49	19.86	0.31	7.58	8.84	5.78	0.57	–4.45	–16.42	–16.46	4.80	14.10
巴林	11.82	13.38	8.78	2.44	2.99	11.28	7.23	7.87	3.37	4.31	5.51	7.68	4.06
科摩罗	–5.54	–6.83	–13.14	–7.48	–7.41	–9.45	–7.21	—	—	—	—	–8.15	2.48
吉布提	–2.15	–20.21	–22.56	–6.78	4.47	–13.87	–10.93	–9.18	–14.48	–17.47	—	–11.32	8.29
埃及	2.45	0.32	–0.87	–1.77	–2.06	–2.32	–2.50	–1.22	–1.95	–5.05	–6.05	–1.91	2.30
伊拉克	4.12	17.47	21.61	–1.01	4.68	14.07	13.55	9.63	10.41	2.29	2.24	9.01	7.16
约旦	–11.46	–16.80	–9.35	–5.22	–7.12	–10.25	–15.23	–10.43	–7.28	–9.08	–9.34	–10.14	3.41
科威特	44.62	36.05	40.87	27.36	32.05	42.94	45.45	39.90	33.18	7.49	0.58	31.86	14.93
黎巴嫩	–5.12	–6.53	–14.04	–19.00	–19.66	–13.30	–21.79	–24.43	–24.26	–16.28	–19.75	–16.74	6.50

续表

国家	2006 年	2007 年	2008 年	2009 年	2010 年	2011 年	2012 年	2013 年	2014 年	2015 年	2016 年	平均值	标准差
利比亚	40.34	42.23	40.97	14.88	22.47	9.20	—	—	—	—	—	28.35	14.69
毛里塔尼亚	—	—	—	—	—	—	-23.46	-22.04	-27.32	-19.73	-14.91	-21.49	4.60
摩洛哥	2.06	-0.15	-4.90	-5.35	-4.21	-7.89	-9.74	-7.34	-5.99	-2.14	-4.37	-4.55	3.43
阿曼	15.22	5.85	8.24	-1.04	7.90	13.02	10.20	6.59	5.19	-15.71	-18.58	3.35	11.00
卡塔尔	—	—	—	—	—	31.07	33.18	30.42	23.96	8.35	-5.46	20.25	15.52
沙特	26.28	22.45	25.46	4.88	12.64	23.62	22.39	18.14	9.75	-8.70	-4.26	13.88	12.19
苏丹	-18.13	-7.84	-6.59	-9.27	-2.63	-3.94	-9.19	-8.08	-4.32	-5.62	-4.32	-7.27	4.24
叙利亚	-1.80	-2.36	-3.81	-2.84	-4.78	-7.39	-8.26	-8.39	-9.12	-8.92	-8.78	-6.04	2.93
突尼斯	-1.80	-2.36	-3.81	-2.84	-4.77	-7.39	-8.26	-8.38	-9.12	-8.92	-8.78	-6.04	2.93
阿联酋	1.08	-6.96	-4.65	-10.06	-3.41	-1.61	-0.95	-3.79	-3.44	-8.02	—	-4.18	3.39
也门	24.71	22.49	19.86	0.31	7.58	8.84	5.78	0.57	-4.45	-16.42	-16.46	4.43	3.20

数据来源：世界银行世界发展指数（World Development Indicator）。

表 3　部分阿拉伯国家 2006 ~ 2016 年石油净出口占 GDP 比重（NXGO/GDP）

单位：%

国家	2006 年	2007 年	2008 年	2009 年	2010 年	2011 年	2012 年	2013 年	2014 年	2015 年	2016 年	平均值	标准差
阿尔及利亚	45.74	44.12	45.01	32.28	34.70	36.05	33.96	34.65	33.23	35.86	36.78	37.49	4.97
巴林	27.23	26.7	29.73	23.64	22.28	31.00	35.83	32.45	31.66	34.33	32.79	29.79	4.34
科摩罗	−6.19	−6.44	−6.94	−6.52	−8.64	−10.31	−10.67	−9.87	−8.88	−8.76	−7.67	−6.39	5.73
吉布提	−7.02	−10.14	−16.36	−8.2	−13.73	−14.69	−15.51	−12.45	−13.34	−12.21	−12.89	−12.41	2.92
埃及	1.91	2.51	1.01	0.47	1.31	0.41	−0.24	−0.56	−0.49	−0.39	−0.55	0.49	1.07
伊拉克	40.48	38.38	44.04	32.73	36.33	42.06	41.65	42.23	43.32	44.56	45.56	41.03	3.85
约旦	−18.10	−16.95	−16.76	−10.53	−13.02	−19.15	−20.47	−20.67	−20.01	−21.87	−20.89	−10.27	15.95
科威特	52.36	51.5	56.03	46.15	51.53	60.10	61.08	62.09	61.89	62.07	61.56	56.94	5.68
黎巴嫩	−10.13	−10.23	−13.05	−8.98	−10.51	−12.34	−15.05	−16.09	−17.89	−16.76	−15.56	−13.33	3.10
利比亚	70.86	67.23	65.82	52.13	54.74	39.71	67.35	65.89	60.90	59.89	63.04	60.69	8.94
毛里塔尼亚	14.34	−4.08	−7.24	−0.99	−1.84	−7.66	−6.31	−7.66	−6.81	−7.68	−5.31	−3.75	6.44
摩洛哥	−7.41	−8.06	−10.07	−7.03	−8.75	−10.69	−11.66	−10.56	−11.76	−12.67	−11.89	−10.05	1.95
阿曼	47.49	44.69	47.20	37.46	42.91	47.67	47.47	48.89	45.98	46.67	47.89	45.85	3.24
卡塔尔	51.25	49.92	53.53	43.28	57.04	60.84	59.29	56.98	58.98	59.96	57.23	55.30	5.33
沙特	49.94	49.36	54.07	38.00	40.86	47.44	48.16	46.09	45.89	46.98	47.32	46.74	4.31
苏丹	15.83	19.45	20.93	12.68	16.16	12.00	13.57	14.67	15.66	14.96	14.38	15.48	2.68
叙利亚	3.53	0.26	−0.24	2.11	2.46	—	—	—	—	—	—	1.62	1.57
突尼斯	−1.84	0.27	−1.51	−0.26	−0.76	−1.77	−2.73	−1.68	−1.98	−2.21	−2.03	−1.50	0.89
阿联酋	31.58	28.62	32.75	26.24	26.29	32.64	32.54	33.95	34.89	33.56	32.05	31.37	2.98
也门	17.62	10.24	15.41	9.81	13.55	14.57	5.29	5.79	6.98	7.89	7.02	10.38	4.26

数据来源：世界银行世界发展指数（World Development Indicator）；联合国贸易数据库（UN-COMTRADE）。

伯国家间在经常性项目失衡方面的差异与各自的产业结构密切相关。阿盟整体 NXGO/GDP 比重要远高于其 BCA/GDP 比重，并且两者变化趋势相一致，这表明石油贸易是导致贸易顺差的主要因素。对中国而言，NXGO/GDP 远低于 BCA/GDP，两者并无显著的相关关系。这表明制造业贸易（而非石油贸易）是导致中国贸易顺差的主要因素。

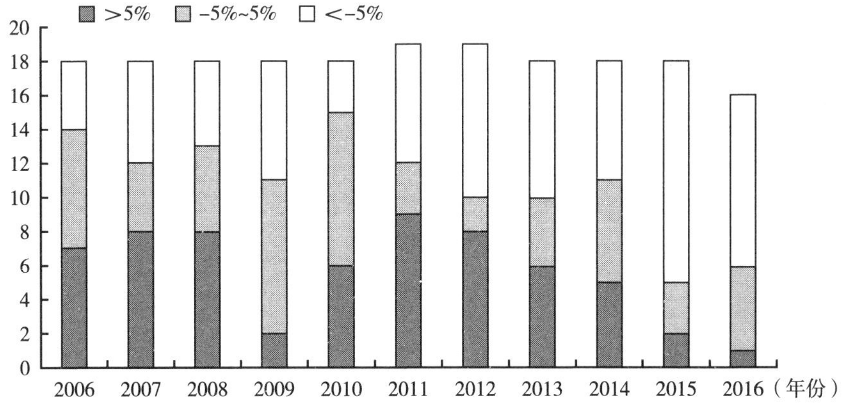

图 1　2006 ~ 2016 年阿拉伯国家经常性项目失衡程度分布

数据来源：世界银行世界发展指数（World Development Indicator）。

我们根据 BCA/GDP 将样本中的阿拉伯国家分为三类：第一类，高度逆差国（BCA/GDP<-5%）；第二类，相对平衡国（-5%<BCA/GDP<5%）；第三类，高度顺差国（BCA/GDP>5%）。图 1 刻画了这三类国家在 2006 ~ 2016 年的变化趋势，在 2011 年后，贸易顺差国呈现出显著减少的趋势，而贸易逆差国呈现出增加的趋势。

3. 中国、阿拉伯经济周期同步指数

在本部分，我们引入周期的同步指数用来反映阿拉伯国家内部经济一体的程度以及阿盟与世界经济的紧密联系程度。参考经典文献中的做法，本部分采用相关系数法来计算各国间的经济周期同步性指数。相关系数法简单易

操作，但存在着明显缺陷：即使两国间经济变量的相关系数较大，也无法得出两国间经济周期同步程度较高的结论，主要原因是有着相同经济发展趋势的国家，相关系数高可能体现的只是它们有共同趋势而已。因此，在计算经济周期同步性指数之前，我们首先要剔除宏观经济周期数据中的时间趋势，保留其周期性部分。借鉴 Baxter 和 King（1999）的 BP 滤波法，我们去除了数据中的趋势部分，然后计算周期性部分的相关系数，若相关系数越高，则表明该经济体与阿盟的经济周期同步性就越高。本部分的数据来源于世界银行的世界发展报告，为剔除价格因素的影响，GDP 数值以 2010 年为不变价格计算。

表 4 显示了阿盟内部各国以及世界各主要经济体与阿盟的经济周期同步性指数。在整个样本期间，阿盟内部各国与阿盟的经济周期同步性存在显著差异性。在富含石油资源的沙特、科威特、伊拉克、利比亚、阿联酋等国家，其与阿盟总体的经济周期同步性较高，而石油资源相对缺乏的毛里塔尼亚、约旦等国家与阿盟总体的经济周期相关性系数较低。众所周知，石油产业长期以来都是阿盟经济的支柱产业，因此富含石油的国家整体上而言与阿盟经济同步性较高，油价波动所带来的周期性对其经济冲击较大，而石油资源匮乏的国家则受油价波动的影响较小。再看阿盟与域外主要经济体的经济周期同步性，总体而言，阿盟与区域外主要经济体间的经济周期同步性显著高于区域内部石油资源匮乏的国家。例如阿盟与美国在 1980 ~ 2016 年的经济同步性指数为 0.618，而阿盟国家内部平局同步性指数为 0.238。

表 4　1980 ~ 2016 年 GDP 经济周期同步性

国家 \ 年份	1980 ~ 1999	2000 ~ 2016	1980 ~ 2016
约旦	−0.325	0.278	0.002
叙利亚	−0.115	−0.146	−0.116
黎巴嫩	−0.415*	−0.132	−0.265*
沙特	0.143	0.588*	0.457*
伊拉克	0.349*	0.469	0.366*
也门	0.216	0.517	0.348

续表

国家＼年份	1980 ~ 1999	2000 ~ 2016	1980 ~ 2016
科威特	0.223*	0.434*	0.312*
卡塔尔	0.243*	0.475*	0.389*
巴林	0.332*	0.357*	0.398*
阿曼	0.134	0.132	0.123
吉布提	0.157	0.189	0.155
阿尔及利亚	0.217*	−0.099	0.055
摩洛哥	0.089	0.026*	0.069
突尼斯	0.288*	0.689*	0.467*
利比亚	0.365*	0.477	0.379*
苏丹	−0.116*	−0.189*	−0.171*
埃及	0.556*	0.368*	0.489*
毛里塔尼亚	0.176	0.376*	0.121
科摩罗	0.166	0.085*	0.016*
阿联酋	0.563*	0.589*	0.573*
美国	0.423*	0.775*	0.618*
欧盟	0.187*	0.368*	0.286*
中国	0.117*	0.215*	0.168*
日本	0.325*	0.559*	0.466*
均值	0.179	0.308	0.238

数据来源：笔者根据世界银行数据计算而得。

注：1. * 表示在 5% 显著性水平。

2. 索马里由于数据缺失故并未放入表中。

此外，表 4 还显示了经济周期同步性指数的变化趋势。当下，经济全球化将世界不同国家紧密联系在一起，全球经济日益处于一种一荣俱荣、一损俱损的局面。相当多的研究发现，经济波动的跨国传导是经济周期同步性的核心问题，一般表现为一国的经济波动会影响与该国有密切联系的其他国家的经济运行。经济全球化和自由贸易化的趋势加强了阿拉伯国家与世界经济的联系，因此二者之间的经济周期同步性也不断加强。正如表 4 所示，在 2000 ~ 2016 年，大部分国家与阿盟的经济周期同步性都有所增强。

4. 储蓄－投资相关度系数

本部分测算了各个阿拉伯国家的储蓄－投资一体化的相关系数，以考察各国的金融一体化程度。现有的研究表明，储蓄与投资相关度系数越小，则金融一体化程度越高。以下是对本部分所使用的数据说明和实证模型介绍。

（1）数据说明

本部分所使用的样本区间为 1970 ~ 2016 年，共选取了 22 个国家，包括中国和 21 个阿拉伯国家，即：中国以及约旦、叙利亚、黎巴嫩、沙特阿拉伯、伊拉克、也门、科威特、阿联酋、卡塔尔、巴林、阿曼、吉布提等 12 个西亚国家；阿尔及利亚、摩洛哥、突尼斯、利比亚、苏丹、埃及等 6 个北非国家；非洲西部的毛里塔尼亚，非洲东部的索马里、科摩罗。

为了具有可比性，本文所采用的数据中，各国资本形成额占 GDP 的比重 $capital_{it}$ 以及各国国内总储蓄额占 GDP 的比重 $\left(\frac{s}{GDP}\right)_{it}$ 均来自《世界发展指标》（世界银行，2017），各变量均为年度变量。

（2）实证模型

关于储蓄－投资相关关系的研究由来已久，Feldstein 和 Horioka（1980）对 16 个 OECD 国家在 1960 至 1974 年的储蓄－投资关系进行截面分析，研究表明储蓄－投资相关系数（FH 系数）高度显著且接近于 1。

与 Kimetal（2005）和 Chakrabarti（2006）等人的研究相类似，本文采用以下更具普通意义的 Feldstein-Horioka 回归式，以对发展中国家的储蓄－投资相关关系展开深入研究，具体的实证模型设定如下：

$$capital_{it} = a_i + \delta_t + \beta\left(\frac{s}{GDP}\right)_{it} + \varepsilon_{it} \quad (1)$$

其中，表示 $capital_{it}$ 第 i 国家在 t 时期资本形成额占 GDP 的比重，而

$\left(\frac{S}{GDP}\right)_{it}$ 则表示第 i 个国家在 t 时期国内储蓄占 GDP 的比重，a_i 为个体的固定效应，δ_t 为个体的确定性趋势，ε_{it} 为扰动项，而系数 β（又称 FH 系数）则刻画了储蓄 – 投资的相关关系。回归方程（1）考虑了个体单位在不同层面上可能具有的异质性，因此，在储蓄 – 投资关系研究中更具普遍意义。此外，为了估计各个国家的储蓄 – 投资的相关系数，我们根据（1）式进行分样本回归，结果如表 5 所示。

表 5　储蓄 – 投资相关系数估计

国家	储蓄 – 投资相关度系数	标准差
总体	0.149*	0. 081
中国	0.682***	0.082
约旦	0.441***	0.161
叙利亚	0.472***	0.100
黎巴嫩	0.221***	0.067
沙特阿拉伯	0.329***	0.136
伊拉克	–0.029	0.200
也门	0.611***	0.082
科威特	–0.086***	0.004
卡塔尔	–0.771***	0.059
巴林	0.591***	0.072
阿曼	0.338***	0.083
吉布提	0.373***	0.161
阿尔及利亚	0.197*	0.098
摩洛哥	0.466***	0.163
突尼斯	0.599***	0.110
利比亚	0.300***	0.081
苏丹	0.461***	0.148
埃及	0.447***	0.151
毛里塔尼亚	0.364*	0.189
科摩罗	0.466***	0.163

数据来源：笔者根据世界银行数据计算而得。

注：1. *、**、*** 分别表示在 10%、5% 和 1% 显著性水平上显著。

2. 阿联酋、索马里的数据有缺失，故未列在表中。

正如表 5 所示，在样本国家当中，科威特、卡塔尔、阿尔及利亚等国家的投资 – 储蓄相关度系数在 0.3 以下，这些国家金融市场发达，资本较为活跃，资金来源渠道稳定且来源范围广泛，而不仅仅局限于居民储蓄。因此，在上述投资 – 储蓄相关度系数较低的地区，金融一体化程度相对较高。与此相对应的是，在储蓄相关度系数较高的地区，诸如突尼斯、也门、巴林等国家，其投资 – 储蓄相关度系数在 0.59 以上，因此金融一体化程度较低。平均而言，样本内所有阿拉伯国家投资 – 储蓄相关度系数在 0.149 左右，金融一体化程度较高。再看中国，中国投资 – 储蓄相关度系数在 0.682 左右，在样本国家中最高，金融一体化程度远低于阿拉伯国家平均水平。当期，中国的金融一体化水平尚不够高，需要进一步加强经济体的往来，以增强国际间资本流动能力，活跃国内资本市场。

5. 中阿股票市场的相关性

我们将通过演示阿拉伯国家股票市场之间如何相关以及中国与阿拉伯国家股票市场如何相关，来揭示中阿经济一体化程度有多深。① 表 6 报告了 2000 ~ 2016 年度，中国及阿拉伯市场相关系数矩阵。② 我们将样本按照时间标准划分为四个子区间：2000 年 1 月至 2002 年 12 月，2003 年 1 月至 2005 年 12 月，2006 年 1 月至 2008 年 8 月，2009 年 4 月至 2016 年 12 月，并通过对不同区间的分析来反映市场间的相关程度如何随时间变化。为去除全球性金融危机对市场一体化程度的影响，我们剔除了 2008 年 9 月至 2009 年 3 月这一期间内的样本。

首先，从表 6–A 可以看出，2003~2005 年的阿拉伯国家股票市场相关系

① 股票市场相关度可以通过某一时期两个股票市场回报序列间的相关系数来反映。我们使用经过对数查分后的中国及阿拉伯国家股票市场指数周度数据计算股票回报率。阿拉伯市场股票指数和中国股票指数信息从 investing.com 中选取，中国股市使用上证 A– 股作为代理变量。

② 报告中不包括 2000 年以前的数据，因为那时候阿拉伯国家还没有股票市场。

数比 2000~2002 年有所提高，但金融一体化程度还是较低。如：2002~2002 年，最高相关系数为 0.23（阿联酋与毛里塔尼亚），而 2003 ~ 2005 年，相关系数最高达 0.4（阿联酋和约旦）。从表 6–B 可以看出，2009 ~ 2016 年的股票市场间的相关指数整体上要比 2006 ~ 2008 年有所提升，但巴勒斯坦与毛里塔尼亚和摩洛哥除外。

其次，由于中国股票市场尚未对国外个人投资者开放，因此中国与阿拉伯国家在不同时期均未显示出较高的相关性。表 6–A 和表 6–B 显示，中国与阿拉伯国家市场间存在较弱的关系甚至存在负相关。

6. 中阿 GDP 与物价水平的相关性

衡量经济周期同步性的一个重要指标是各国间经济增长的相关系数。表 7 下半部分区域显示了 1991 ~ 2016 年阿拉伯国家和中国 GDP 增长率相关系数矩阵。本部分选取的样本期为 1991 ~ 2016 年，为减少非经常性经济冲击的影响，本部分剔除 1997 年、1998 年、2008 年以及 2009 年的数据。从表 7 我们可以发现以下经济特征。

首先，中国与卡塔尔、巴林、约旦、科威特的真实 GDP 增长率之间有着很大的正相关关系，其中中国与卡特尔、约旦的真实 GDP 增长率相关系数分别高达 0.752 和 0.647。

其次，各个阿拉伯国家间经济增长率的同步程度并不一致。对此可能的经济学解释是中国经济蓬勃发展提振了能源需求，这在一定程度上有助于以石油为支柱产业的阿拉伯国家的经济增长，与此同时，上述国家对中国经济的依赖程度相应的上升。

此外，文献中还使用各国通货膨胀率间的相关性来衡量经济一体化的程度。表 7 上半部分显示了各国间通货膨胀率的相关系数矩阵。与经济增长协同性的结果不同，中国与大部分阿拉伯国家的通货膨胀存在显著的正向相关关系。例如，中国与伊拉克、中国与卡塔尔的通货膨胀率相关系数高达 0.787、0.698。对此可能的经济学解释是，中国国内的经济活动高度依

表 6-A　2001 ~ 2005 年股票市场相关系数矩阵

	中国	巴林	约旦	阿曼	毛里塔尼亚	黎巴嫩	摩洛哥	巴勒斯坦	卡塔尔	沙特	突尼斯	阿联酋
2003 年 1 月 1 日至 2005 年 12 月 31 日（上部区域）												
中国	—	−0.04	−0.08	−0.06	0.08	0.03	−0.08	0.005	0.07	0.01	−0.09	0.05
巴林	n.a.	—	0.12	0.14	0.06	−0.08	−0.08	0.16	0.04	−0.01	−0.06	0.05
约旦	0.03	n.a.	—	0.25	0.02	−0.02	−0.03	0.16	0.04	−0.003	0.09	0.40
阿曼	−0.11	n.a.	−0.06	—	−0.02	−0.06	0.02	0.07	0.09	0.002	0.14	0.27
毛里塔尼亚	0.07	n.a.	0.01	0.06	—	0.06	0.11	−0.04	0.08	−0.02	−0.01	0.01
黎巴嫩	0.12	n.a.	0.12	0.05	0.11	—	0.15	−0.05	0.05	−0.17	0.01	−0.06
摩洛哥	0.16	n.a.	−0.09	0.16	0.2	0.14	—	−0.01	0.05	−0.12	0.11	−0.02
巴勒斯坦	−0.17	n.a.	−0.14	0.12	−0.03	−0.21	−0.02	—	0.16	0.11	0.08	0.31
卡塔尔	−0.01	n.a.	0.03	0.10	0.13	0.15	0.06	−0.05	—	0.01	−0.05	0.18
沙特	0.22	n.a.	−0.003	−0.12	−0.02	−0.08	0.05	−0.13	0.06	—	0.07	0.19
突尼斯	0.05	n.a.	−0.08	0.06	0.06	0.02	−0.07	0.11	−0.04	−0.06	—	0.07
阿联酋	−0.14	n.a.	0.15	−0.05	0.23	0.03	0.14	−0.03	0.15	−0.04	−0.01	—

2000 年 1 月 1 日至 2002 年 12 月 31 日（下部区域）

注：以“—”组成的线为界，右侧为上部区域，左侧为下部区域，余表同。

表 6-B　2006 ~ 2016 年股票市场相关系数矩阵

	中国	巴林	约旦	阿曼	毛里塔尼亚	黎巴嫩	摩洛哥	巴勒斯坦	卡塔尔	沙特	突尼斯	阿联酋
2009 年 4 月 1 日至 2016 年 12 月 31 日（上部区域）												
中国	—	0.01	0.04	0.07	0.001	0.03	0.001	–0.07	–0.04	0.03	0.05	0.06
巴林	–0.02	—	0.11	0.08	0.06	0.13	0.07	0.12	0.16	0.06	0.09	0.22
约旦	–0.05	0.15	—	0.19	0.22	0.18	0.12	0.03	0.1	0.05	0.07	0.23
阿曼	–0.09	0.21	0.01	—	0.12	0.06	0.10	0.12	0.38	0.25	–0.004	0.25
毛里塔尼亚	0.03	0.06	0.01	0.001	—	0.11	0.08	–0.04	0.16	–0.04	–0.002	0.12
黎巴嫩	0.01	0.17	0.06	0.11	–0.13	—	0.02	–0.02	0.02	0.05	0.12	0.11
摩洛哥	0.09	0.1	–0.04	0.03	0.01	–0.02	—	–0.04	0.08	–0.03	0.01	0.02
巴勒斯坦	0.03	–0.17	0.07	–0.07	0.09	0.12	–0.01	—	0.17	0.13	0.06	0.03
卡塔尔	0.01	0.14	0.15	–0.01	0.15	0.09	–0.07	0.05	—	0.14	–0.001	0.29
沙特	0.05	–0.03	–0.02	0.07	0.13	–0.01	0.01	–0.001	0.01	—	–0.004	0.13
突尼斯	–0.1	–0.05	0.07	0.03	–0.09	0.004	–0.09	0.13	–0.08	0.09	—	0.06
阿联酋	0.11	0.21	0.09	–0.06	0.03	0.06	0.11	0.12	0.10	–0.02	–0.09	—
2006 年 1 月 1 日至 2008 年 8 月 31 日（下部区域）												

数据来源：阿拉伯市场股票指数和中国股票指数信息从 investing.com 中选取。

注：1. 中国股市使用上证 A- 股作为代理变量。使用对数差后的股票回报计算相关系数矩阵。为剔除全球金融危机的影响，将剔除 2008 年 9 月至 2009 年 3 月间的数据。表中所采用数据为股票市场周度数据。由于数据限制，仅对 11 个阿拉伯国家进行分析。n.a. 表示数据缺失。

表 7　真实 GDP 增长率（下部区域）及通货膨胀率（上部区域）相关系数矩阵

	中国	阿尔及利亚	巴林	科摩罗	吉布提	埃及	伊拉克	约旦	科威特	黎巴嫩	利比亚
中国	—	0.605	0.163	0.243	0.608	0.308	0.787	0.28	0.129	0.286	0.204
阿尔及利亚	−0.356	—	0.352	0.113	0.581	0.278	0.589	0.134	0.647	0.408	−0.0466
巴林	0.39	−0.267	—	−0.213	0.278	−0.134	0.0885	0.143	0.791	−0.29	−0.124
科摩罗	−0.0132	0.289	0.0256	—	0.27	−0.257	0.299	0.13	−0.23	−0.398	0.25
吉布提	−0.394	0.401	−0.0042	−0.009	—	0.409	0.391	0.759	0.347	0.154	0.0842
埃及	0.281	0.077	−0.0405	0.173	−0.0014	—	0.137	0.297	−0.0111	0.561	0.276
伊拉克	0.124	0.0303	−0.112	0.391	−0.121	0.319	—	0.0271	0.0127	0.282	−0.0357
约旦	0.647	−0.0223	0.211	0.379	−0.358	0.311	0.328	—	0.216	−0.0173	0.158
科威特	0.54	−0.259	0.66	0.0411	−0.186	−0.273	0.136	0.211	—	−0.298	0.0218
黎巴嫩	0.169	−0.453	0.484	−0.566	−0.149	−0.263	−0.605	−0.0522	0.0542	—	−0.0929
利比亚	−0.363	0.104	−0.307	0.187	0.203	0.325	0.221	−0.305	−0.433	−0.332	—
毛里塔尼亚	0.177	0.209	0.283	0.0829	0.234	0.117	0.0714	0.0997	0.228	−0.147	−0.225
摩洛哥	−0.0751	0.0259	−0.19	−0.617	0.282	−0.0627	−0.231	−0.286	−0.139	0.232	−0.112

续表

	毛里塔尼亚	摩洛哥	阿曼	卡塔尔	沙特	苏丹	叙利亚	突尼斯	阿联酋	也门
中国	0.229	0.439	0.162	0.698	0.228	0.776	0.444	0.0762	0.262	0.436
阿尔及利亚	0.606	0.454	0.313	0.899	0.405	0.599	0.457	0.241	0.432	0.547
巴林	0.125	–0.173	0.823	0.961	0.769	–0.179	0.37	–0.107	0.796	0.345
科摩罗	0.171	0.202	–0.12	–0.299	–0.0613	0.102	0.035	–0.0486	–0.139	0.116
吉布提	0.342	0.505	0.469	0.565	0.388	0.374	0.548	0.263	0.49	0.323
埃及	0.0336	0.414	–0.0546	0.0745	–0.051	0.384	0.216	0.271	–0.0098	–0.042
伊拉克	0.183	0.417	–0.0233	0.934	0.0824	0.872	0.26	0.251	0.0446	0.464
约旦	0.3	0.232	0.399	0.399	0.272	0.0239	0.127	0.0554	0.398	–0.0303
科威特	0.31	–0.0091	0.917	0.93	0.945	–0.175	0.464	–0.069	0.91	0.51
黎巴嫩	0.223	0.484	–0.203	–0.207	–0.184	0.594	–0.1	0.28	–0.123	–0.0185
利比亚	–0.066	0.0925	–0.0427	–0.053	0.0023	–0.0758	0.385	–0.365	–0.0184	–0.0946
毛里塔尼亚	—	0.203	0.0963	0.553	0.192	0.207	–0.138	0.227	0.268	–0.0569
摩洛哥	–0.0065	—	–0.0112	0.194	–0.0069	0.462	–0.0393	0.191	0.0729	0.334

续表

	中国	阿尔及利亚	巴林	科摩罗	吉布提	埃及	伊拉克	约旦	科威特	黎巴嫩	利比亚
阿曼	0.176	–0.537	0.18	0.128	–0.219	0.22	0.122	0.235	–0.119	0.247	0.046
卡塔尔	0.752	–0.391	0.44	–0.262	0.0444	0.667	0.399	0.579	0.0437	0.48	0.399
沙特	–0.0435	0.0974	0.303	–0.15	0.202	–0.319	–0.421	–0.0716	0.225	0.455	–0.179
苏丹	0.319	0.06	0.422	0.106	–0.0151	0.51	–0.201	0.331	0.029	0.137	0.237
叙利亚	0.533	–0.258	0.173	–0.0409	–0.374	–0.303	0.104	0.635	0.184	0.365	–0.437
突尼斯	0.329	0.042	0.261	0.106	–0.258	0.512	0.221	0.46	–0.108	0.0572	0.141
阿联酋	0.107	0.208	–0.0792	0.263	–0.0166	0.139	0.105	0.068	0.279	–0.361	0.186
也门	0.409	–0.11	0.254	0.0622	–0.412	0.122	0.0056	0.309	0.0649	0.244	0.031

续表

	毛里塔尼亚	摩洛哥	阿曼	卡塔尔	沙特	苏丹	叙利亚	突尼斯	阿联酋	也门
阿曼	-0.157	-0.206	—	0.94	0.939	-0.236	0.41	-0.047	0.954	0.444
卡塔尔	0.417	0.394	0.162	—	0.91	0.112	0.463	0.15	0.928	0.534
沙特	0.0658	0.258	-0.0531	0.125	—	-0.141	0.52	0.0124	0.946	0.532
苏丹	0.0777	-0.105	0.174	0.282	-0.0101	—	0.192	0.312	-0.135	0.313
叙利亚	-0.135	0.0217	0.53	0.391	0.218	-0.0231	—	0.0311	0.487	0.531
突尼斯	0.0748	0.081	0.226	0.421	-0.0228	0.511	0.0207	—	-0.0763	0.0807
阿联酋	0.285	0.0016	-0.193	0.201	0.308	0.158	-0.229	0.169	—	0.445
也门	0.0525	-0.025	0.107	0.313	-0.101	0.266	0.574	0.574	0.0093	—

数据来源：世界银行世界发展指数（World Development Indicator）。

注：1. 表格以“—”为分界，以上为上半部分，以下为下半部分，下半部分为真实 GDP 的相关系数矩阵，上半部分为通货膨胀率的相关系数矩阵。

2. 样本期为 1991 ~ 2016 年，为减少非经常性冲击的影响，剔除 1997 年、1998 年、2008 年、2009 年的数据。

赖阿拉伯国家的石油供应，而石油产业又是阿拉伯产油国的主要经济支柱，因此中国与阿拉伯主要产油国的物价水平存在显著的正相关。除此之外，全球经济一体化的深入推进也使得通货膨胀实现跨国间的传递，这也是导致上述现象的原因之一。

附录 2

2016 年大事记

1 月 4~5 日，外交部副部长张明访问埃及，分别会见了埃及总统安全事务顾问纳佳、外交部长舒克里和阿盟秘书长阿拉比。中国驻埃及大使宋爱国参加上述会见。

1 月 6~8 日，外交部副部长张明访问沙特，分别会见了沙特王储穆罕默德、外交大臣朱贝尔以及经济计划大臣法基赫、商工大臣拉比阿、卫生大臣艾勒法利赫、王宫顾问鲁梅延、艾勒赫提卜、萨比克公司主席绥纳延。

1 月 7 日，外交部长王毅会见应中国人民外交学会邀请访华的叙利亚反对派组织“反对派和革命力量全国联盟”主席胡杰一行。

1 月 18 日，在对沙特阿拉伯王国进行国事访问之际，国家主席习近平在沙特《利雅得报》发表题为《做共同发展的好伙伴》的署名文章。

1 月 19 日上午，国家主席习近平乘专机离开北京，应沙特阿拉伯王国国王萨勒曼、阿拉伯埃及共和国总统塞西、伊朗伊斯兰共和国总统鲁哈尼邀请，对沙特阿拉伯、埃及、伊朗进行国事访问。

1 月 19 日，在对埃及进行国事访问之际，国家主席习近平在埃及《金字塔报》发表题为《让中阿友谊如尼罗河水奔涌向前》的署名文章。

1 月 19 日，国家主席习近平在利雅得会见伊斯兰合作组织秘书长伊亚德。

1 月 19 日，国家主席习近平在利雅得会见海湾阿拉伯国家合作委员会秘书长扎耶尼。

1月19日，国家主席习近平在利雅得会见沙特阿拉伯王储穆罕默德。

当地时间1月19日，国家主席习近平在利雅得同沙特阿拉伯国王萨勒曼举行会谈。两国元首积极评价中沙关系发展，就双边关系和共同关心的国际和地区问题深入交换意见，达成广泛共识，共同宣布建立中沙全面战略伙伴关系，推动双边关系深入发展，取得更大合作成果。

1月19日，中华人民共和国和沙特阿拉伯王国在利雅得发表《中华人民共和国和沙特阿拉伯王国关于建立全面战略伙伴关系的联合声明》。

1月20日，正在利雅得陪同习近平主席访问沙特的中国外交部长王毅会见沙特外交大臣朱贝尔。

1月20日，国家主席习近平和沙特阿拉伯国王萨勒曼共同出席中沙延布炼厂投产启动仪式。

1月20日，国家主席习近平抵达埃及首都开罗，开始对埃及进行国事访问。

1月20日，刚刚抵达开罗的国家主席习近平在下榻酒店会见埃及总理伊斯梅尔。

1月20日晚，国家主席习近平在开罗阿比丁宫会见埃及总统塞西。

1月21日，国家主席习近平在开罗库巴宫同埃及总统塞西举行会谈。两国元首高度评价中埃传统友谊和各领域互利合作成果，规划中埃关系发展，就共同关心的国际和地区问题深入交换意见，达成广泛共识。

1月21日，国家主席习近平在开罗会见阿拉伯国家联盟秘书长阿拉比。

1月21日，中华人民共和国和阿拉伯埃及共和国在开罗发表关于加强两国全面战略伙伴关系的五年实施纲要。

1月21日，国家主席习近平和埃及总统塞西在古老的卢克索神庙广场共同出席中埃建交60周年庆祝活动暨2016中埃文化年开幕式。

1月21日，国家主席习近平在开罗阿拉伯国家联盟总部发表题为《共同开创中阿关系的美好未来》的重要演讲，强调中阿两个民族彼此真诚相待，这份信任牢不可破。我们要共建“一带一路”，确立和平、创新、引领、治理、交融的行动理念，推动中阿两大民族复兴形成更多交汇。

1 月 31 日，巴勒斯坦总理哈姆迪拉在拉马拉会见中国中东问题特使宫小生。中国驻巴勒斯坦办事处临时代办钱伟参加会见。

2 月 3 日，中国中东问题特使宫小生在访问阿尔及利亚期间，会见了阿马格里布、非洲及阿盟事务部长梅萨赫勒。中国驻阿尔及利亚大使杨广玉会见时在座。

2 月 11 日，外交部长王毅在慕尼黑出席叙利亚国际支持小组第四次外长会期间会见埃及外长舒克里。

3 月 7 日，中国中东问题特使宫小生出席在印度尼西亚雅加达举行的伊斯兰合作组织关于巴勒斯坦和耶路撒冷问题特别峰会。会议由伊斯兰合作组织和印尼政府联合举办，来自56个伊斯兰合作组织成员国、4个观察员国、中东问题“四方机制”成员及联合国安理会五常的代表共 300 余人与会。

3 月 18 日，外交部副部长张明会见应中国人民外交学会邀请来华访问的伊拉克库尔德地区对外关系部负责人法拉赫一行，双方就中伊关系及中方同伊拉克库尔德地区交流，及其他共同关心的问题交换了意见。

3 月 26 日下午，国务院副总理刘延东在埃及首都开罗出席中埃大学校长论坛闭幕式并致辞。

3 月 27 日，国务院副总理刘延东在开罗分别会见埃及总统塞西、总理伊斯梅尔。

3 月 27 日，国务院副总理刘延东在埃及开罗阿盟总部会见阿盟秘书长阿拉比。

3 月 31 日，国务院副总理刘延东在拉马拉会见巴勒斯坦总理哈姆达拉。

3 月 31 日，国务院副总理刘延东在拉姆安拉会见巴勒斯坦总统阿巴斯。

3 月 31 日，国务院副总理刘延东对巴勒斯坦进行正式访问，分别会见巴勒斯坦总统阿巴斯、总理哈姆达拉。

3 月 31 日，正在巴勒斯坦访问的国务院副总理刘延东在拉姆安拉参观巴勒斯坦费萨尔·侯塞尼女子学校，受到全校师生的热烈欢迎。

4 月 20 日，中国驻苏丹大使李连和出席阿拉伯 – 中国关系研讨会开幕式并致辞。

4 月 21 日，中国政府叙利亚问题特使解晓岩访问叙利亚，分别会见叙副总理兼外长穆阿利姆、叙总统政治与新闻顾问夏班，双方就当前叙形势深入交换了看法。

4 月 24 日，中国政府叙利亚问题特使解晓岩访问沙特阿拉伯，在利雅得会见沙特外交大臣朱贝尔，双方就当前叙问题交换了看法。中国驻沙特大使李成文参加了会见。

4 月 26 日，外交部礼宾司副司长吴江浩接受巴勒斯坦国新任驻华大使法里兹・马赫达维递交的国书副本。

4 月 27 日，外交部副部长张明会见来华出席亚信第五次外长会议的卡塔尔外交大臣助理穆莱基，双方就中卡关系、中国 – 阿拉伯国家集体合作以及共同关心的国际地区问题交换了意见。

4 月 29 日，外交部副部长李保东会见了来华出席亚洲相互协作与信任措施会议第五次外长会的埃及外交部部长助理巴德尔，就中埃关系、双方在多边领域合作交换了看法。

5 月 11 日，外交部长王毅在多哈出席中阿合作论坛第七届部长级会议前会见科摩罗外长穆罕默德。

5 月 11 日，外交部长王毅在多哈出席中阿合作论坛第七届部长级会议前会见阿拉伯国家联盟秘书长阿拉比。

5 月 11 日，外交部长王毅在多哈出席中阿合作论坛第七届部长级会议前会见阿尔及利亚外交与国际合作部非盟和阿盟事务部长梅萨赫勒。

5 月 11 日，国家主席习近平在人民大会堂同摩洛哥国王穆罕默德六世举行会谈，两国元首决定建立以相互尊重、平等互利原则为基础的中摩战略伙伴关系，开启双边关系新篇章。

5 月 11 日，卡塔尔埃米尔塔米姆在多哈埃米尔宫会见到访的中国外交部长王毅。

5 月 11 日，外交部长王毅在多哈与卡塔尔外交大臣穆罕默德会谈。

5 月 11 日，外交部长王毅在多哈出席中阿合作论坛第七届部长级会议前会见黎巴嫩外交部长巴西勒。

5 月 12 日，全国人大常委会委员长张德江在人民大会堂会见了摩洛哥国王穆罕默德六世。

5 月 12 日，外交部长王毅在出席中阿合作论坛第七届部长级会议期间会见沙特外交事务国务大臣迈达尼。

5 月 12 日，外交部长王毅和卡塔尔外交大臣穆罕默德、阿盟秘书长阿拉比共同出席中阿合作论坛第七届部长级会议开幕式。王毅宣读中国国家主席习近平向本次论坛发来的贺信。

5 月 12 日下午，国务院总理李克强在人民大会堂会见来华进行国事访问的摩洛哥国王穆罕默德六世。

5 月 12 日，外交部长王毅在多哈出席中阿合作论坛第七届部长级会议后会见苏丹外长甘杜尔。

5 月 12 日，中国外交部长王毅与卡塔尔外交大臣穆罕默德、阿盟秘书长阿拉比共同出席中阿合作论坛第七届部长级会议闭幕式。

5 月 12 日，外交部长王毅在出席中阿合作论坛第七届部长级会议期间会见摩洛哥外交与合作部大臣级代表布艾达。

5 月 12 日，外交部副部长张明在卡塔尔多哈出席中阿合作论坛第七届部长级会议期间，分别会见科威特外交部亚洲事务大臣助理阿里、阿曼外交部秘书长巴德尔、伊拉克副外长巴尔赞吉、索马里副外长卡迪耶，就中国同上述四国双边关系、中阿合作论坛建设以及伊拉克、也门、叙利亚、安理会改革等国际和地区问题交换了意见。

5 月 13 日，突尼斯总统埃塞卜西在突尼斯总统府会见到访的中国外交部长王毅。

5 月 13 日，外交部长王毅在突尼斯与突尼斯外交部长朱海纳维举行会谈。

5 月 13 日，突尼斯总理绥德在总理府会见到访的中国外交部长王毅。

5 月 13 日，突尼斯总统埃塞卜西、总理绥德分别会见到访的中国外交部长王毅。

5月15日，卡塔尔《旗帜报》《东方报》《祖国报》《阿拉伯人报》等主流媒体，大版面刊登在中国－阿拉伯国家合作论坛第七届部长级会议闭幕之际采访外交部副部长张明有关内容。

5月13~15日，外交部副部长张明访问苏丹，分别会见苏总统巴希尔、中国事务总统助理、发展对华关系委员会副主席贾兹、外长甘杜尔，并同苏外交国务部长卡迈勒举行两国外交部第七轮政治磋商，就双边关系及共同关心的国际和地区问题深入交换意见。

5月20日，国家主席习近平分别向埃及总统塞西和法国总统奥朗德致慰问电，就5月19日埃及航空公司MS804航班失事向遇难者表示深切的哀悼，向塞西总统、奥朗德总统及遇难者家属表示诚挚的慰问。

5月21日，国务院总理李克强分别向埃及总理伊斯梅尔和法国总理瓦尔斯致慰问电，就日前埃及航空公司MS804航班失事向遇难者表示深切的哀悼，向伊斯梅尔总理、瓦尔斯总理及遇难者家属表示诚挚的慰问。

5月22~23日，国务委员王勇访问阿曼，在首都马斯喀特分别同阿内阁事务副首相法赫德、运输和通信大臣福泰斯、外交部秘书长巴德尔举行会见，就深化中阿传统友谊、推动两国"一带一路"建设合作达成新共识。

5月25日，约旦国王阿卜杜拉二世在首都安曼会见正在约旦访问的国务委员王勇。

5月23~26日，国务委员王勇访问约旦，在首都安曼与约旦国王阿卜杜拉二世、首相兼国防大臣恩苏尔举行会见。

5月31日，国家主席习近平同埃及总统塞西互致贺电，庆祝两国建交60周年。

5月22~31日，中国－阿拉伯国家合作论坛中方秘书处委托国家行政学院在华举办中国经济发展和中阿合作研讨班，来自13个阿拉伯国家以及阿盟、海湾合作委员会等组织的37名中高级官员参加。

6月3日，外交部长王毅出席在巴黎举行的支持中东和平倡议外长会并发表讲话。

6月30日，国务委员杨洁篪在中南海会见来华出席二十国集团能源部长会议的沙特能源、工业和矿产大臣法利赫。

7 月 10~13 日，王毅部长特别代表吴思科大使访问阿尔及利亚，会见阿国务部长、外交与国际合作部长拉马拉，与阿外交部秘书长拉贝西举行工作会谈。双方就中阿关系、两国合作共同关心的国际和地区问题交换了意见。

7 月 27 日，新任外交部“中阿合作论坛事务大使”李成文会见摩洛哥驻华大使哈基姆、卡塔尔驻华大使曼苏里和阿盟驻华代表处主任希卜里等部分阿拉伯驻华使节。双方就加强中阿合作论坛建设，促进中阿各领域务实合作深入交换了意见。

7 月 28 日，国务委员杨洁篪在中南海分别会见了乍得外长法基，苏丹总统助理、发展对华关系委员会副主席贾兹，冈比亚外长盖伊。

7 月 28 日，外交部长王毅在北京会见来华出席中非合作论坛约翰内斯堡峰会成果落实协调人会议的科摩罗外交与国际合作部长杜萨尔。

7 月 28 日，中共中央政治局常委、国务院副总理张高丽在人民大会堂会见苏丹总统助理、发展对华关系委员会副主席贾兹。

7 月 29 日，外交部长王毅在北京会见来华出席中非合作论坛约翰内斯堡峰会成果落实协调人会议的吉布提外交与国际合作部长优素福。

7 月 29 日，外交部长王毅会见阿尔及利亚外交与国际合作部马格里布、非盟和阿盟事务部长梅萨赫勒。

7 月 30 日，外交部副部长张明应邀出席摩洛哥驻华使馆举行的穆罕默德六世国王登基十七周年（国庆）招待会，并与摩驻华大使哈基姆就双边关系交换了意见。

8 月 1 日，苏丹总统巴希尔在总统官邸会见来喀土穆主持南苏丹问题联合监督和评估委员会（JMEC）伙伴小组第三次高级别会议的中国政府非洲事务特别代表钟建华，中国驻苏丹大使李连和及苏丹总统事务国务部长塔哈、外交国务部长奥贝德等参加会见。

8 月 9 日，外交部副部长张明会见即将离任的突尼斯驻华大使阿姆里。

8 月 11 日，外交部副部长张明应约会见阿尔及利亚新任驻华大使布哈利法。

8月21日，中国政府叙利亚问题特使解晓岩访问伊拉克，会见伊拉克外交部长贾法里、文化部长法尔亚德、总统顾问穆阿法格和阿卜杜拉，并同外交部阿拉伯司司长萨德里会谈。中国驻伊拉克大使陈伟庆出席上述活动。双方就叙利亚问题交换了看法。

8月23日，中国政府叙利亚问题特使解晓岩访问约旦，会见约旦代理外交与侨务大臣、新闻事务国务大臣穆曼尼，同约旦外交部代理秘书长兼阿拉伯与中东事务司司长齐丹进行会谈，双方就叙利亚问题交换了看法。

8月23日，外交部“中阿合作论坛事务大使”李成文访问埃及阿盟总部，会见了阿盟副秘书长本·哈里，并同阿盟秘书长顾问、亚澳司司长哈立德举行会谈。

8月24日，外交部副部长张明访问吉布提，分别拜会了吉总统盖莱、外长优素福，就双边关系及共同关心的国际和地区问题深入交换意见。

8月24~25日，中国政府叙利亚问题特使解晓岩访问卡塔尔，会见了卡塔尔外交大臣穆罕默德，双方就叙利亚问题交换了看法。中国驻卡塔尔大使李琛出席。

8月25日，外交部“中阿合作论坛事务大使”李成文访问阿尔及利亚，会见了阿外交部秘书长拉贝希。

8月29日，中国中东问题特使宫小生访问埃及，会见了埃外交部周边国家事务部长助理马格杜布，双方就巴勒斯坦等地区热点问题交换了看法。

8月28~29日，外交部“中阿合作论坛事务大使”李成文访问卡塔尔，会见了卡外交事务国务大臣穆莱基和卡外交部阿拉伯司司长穆罕纳迪。

8月29日，外交部副部长刘振民和沙特外交部双边事务次大臣詹达尼共同主持中沙高委会政治外交分委会首次会议。

8月30日，国务委员杨洁篪在钓鱼台国宾馆会见来华出席中沙高级别联合委员会首次会议的沙特王储继承人兼第二副首相、国防大臣穆罕默德。

8月30日，中共中央政治局常委、国务院副总理、中沙高级别联合委员会中方牵头人张高丽在北京和沙特王储继承人兼第二副首相、国防大臣、中沙高级别联合委员会沙方牵头人穆罕默德共同主持中沙高委会首次会议。

8 月 31 日，外交部长王毅在北京会见沙特外交大臣朱贝尔。

8 月 31 日，国家主席习近平在钓鱼台国宾馆会见沙特王储继承人穆罕默德。国务院副总理张高丽出席。

8 月 31 日，巴勒斯坦总统阿巴斯在拉马拉总统府会见中国中东问题特使宫小生，双方就巴以局势等地区热点问题交换了意见。

9 月 4 日，国家主席习近平在杭州会见应邀来华出席二十国集团领导人峰会的埃及总统塞西。

9 月 9 日，外交部副部长张明会见即将离任的埃及驻华大使阿米尔。

9 月 13 日，外交部副部长张明会见即将离任的摩洛哥驻华大使哈基姆。

9 月 13 日，外交部副部长张明会见由科威特前副议长法赫德率领的科社会精英代表团，双方就在“一带一路”框架内推进中科各领域友好合作交换了看法。

9 月 18 日，“中阿汉语翻译联合培养项目”开学典礼在上海外国语大学举行。中国 – 阿拉伯国家合作论坛事务大使李成文、上海外国语大学校长曹德明、上海市教委副主任丁晓东、阿盟驻华代表处临时代办沙菲以及来自埃及、突尼斯、约旦、苏丹、摩洛哥、黎巴嫩、阿尔及利亚等 7 个国家的首批 13 名学员出席。

9 月 20 日，叙利亚国际支持小组第六次外长会在纽约举行，讨论叙利亚当前局势，强调有关各方应发挥各自影响，致力于推动在叙利亚实施停火，开展人道救援，尽快重启日内瓦和谈。外交部副部长李保东代表中国出席上述会议。

9 月 23 日，外交部礼宾司副司长张益明接受埃及新任驻华大使穆罕默德 · 奥萨马 · 塔哈 · 马格杜布递交的国书副本。

9 月 18~24 日，应中阿合作论坛中方秘书处的邀请，阿拉伯经济新闻记者团访华。来自埃及、阿尔及利亚、苏丹、黎巴嫩、约旦、科威特、卡塔尔、伊拉克、突尼斯等 9 个阿拉伯国家的 12 名主流媒体经济记者参加。

9 月 26 日，外交部副部长张业遂同埃及总统安全事务顾问纳佳在北京举行首轮战略合作磋商。

9月27日，国务委员杨洁篪在中南海会见埃及总统安全事务顾问纳佳。

10月11日，外交部副部长张明同阿曼外交部秘书长巴德尔举行两国外交部第十轮战略磋商。

10月14日，外交部副部长张业遂会见来华举行两国外交部第十轮战略磋商的阿曼外交部秘书长巴德尔，双方就双边关系等交换了意见。

10月25日，国家能源局和阿拉伯国家联盟共同主办的第五届中阿能源合作大会在北京开幕。本届大会以“能源：中阿合作的基石”为主题，旨在落实习近平主席提出的中阿“产能对接行动”，进一步推动中阿能源合作进程，加速我国优势产能与中东能源优势的结合。国家能源局副局长李凡荣出席大会并致辞。

10月27日，外交部礼宾司副司长张益明接受也门新任驻华大使穆罕默德·奥斯曼·马赫拉菲递交的国书副本。

10月28日，外交部长王毅在北京与苏丹外长甘杜尔举行会谈。

10月28日，国家副主席李源潮在北京会见了苏丹外长甘杜尔。

11月4日，国家主席习近平向黎巴嫩新任总统米歇尔·奥恩致贺电，代表中国政府和人民并以个人名义，向奥恩就任黎巴嫩总统表示祝贺。

11月9日，外交部副部长李保东会见联合国秘书长也门问题特使艾哈迈德，双方就下一阶段政治解决也门问题思路交换了意见。

11月11日，中国中东问题特使宫小生会见来华访问的联合国秘书长也门问题特使艾哈迈德，就也门问题深入交换了看法。

11月16日，外交部礼宾司副司长张益明接受科威特国新任驻华大使赛米赫·伊萨·焦哈尔·哈亚特递交的国书副本。

11月14~18日，应中国外交部邀请，阿拉伯国家产能合作考察团访华，来自埃及、沙特、阿联酋、科威特、卡塔尔、阿曼、伊拉克、黎巴嫩、巴勒斯坦和苏丹等国11名产能合作司局级主管官员参加。

11月23日，外交部部长助理钱洪山应邀出席阿曼驻华使馆举办的国庆招待会，并同阿驻华大使萨阿迪就中阿关系交换了意见。

11 月 22~24 日，外交部“中阿合作论坛事务大使”李成文访问约旦，会见了约外交与侨务部代秘书长齐丹，双方就落实习主席访问中东和论坛第七届部长会成果、中阿合作共建“一带一路”、中约关系和论坛建设等交换了意见。访问期间，李成文还分别会见了参议员、“中阿友好杰出贡献奖”获奖者塔拉勒和安曼文化局长、《文明的追随：中国的崛起与阿拉伯人的未来》一书作者萨米尔。

11 月 29 日，外交部副部长张明出席阿联酋驻华使馆举办的国庆招待会，并同阿驻华使馆代办尚穆西就中阿关系交换了意见。

11 月 25~28 日，外交部中阿合作论坛事务大使李成文访问阿曼。访问期间，李分别会见了阿外交部署理外交事务次大臣哈塞恩、阿拉伯与国际对话司副司长卡尔巴尼、杜库姆经济特区管委会主席贾比利，双方就中阿合作共建“一带一路”、中阿关系及论坛建设、产业园区合作等交换了意见。

11 月 26~28 日，外交部部长助理李惠来率代表团在阿尔及尔同阿尔及利亚外交部马格里布、非盟及阿盟事务部长兼政府反恐事务协调人梅萨赫勒共同主持中阿首次反恐安全磋商，并分别会见阿内政和地方行政部长贝都伊、宗教部长阿伊萨。

11 月 29 日，中国政府非洲事务特别代表许镜湖大使作为中方代表出席在突尼斯举行的“经济支持与投资国际会议”。许特代在会上发言，介绍了中突合作情况，强调中方一贯支持突维护国家稳定、促进经济社会发展的努力，愿同突方加强发展战略对接，充分利用中阿合作论坛、中非合作论坛等集体合作平台，深化在贸易、投资、基础设施建设、旅游、文化等各领域务实合作，继续为突发展经济和改善民生提供力所能及的支持。

11 月 28~30 日，外交部中阿合作论坛事务大使李成文访问阿盟总部和埃及。李大使分别会见了阿盟副秘书长本·哈里，秘书长顾问、亚澳司长哈立德，埃及外交部部长助理兼常驻阿盟代表贾拉勒。

12 月 1 日，外交部副部长张明应约会见科威特新任驻华大使赛米赫，就双边关系及共同关心的重大问题交换了意见。

12 月 5 日，中国政府叙问题特使解晓岩访问黎巴嫩并会见黎候任总理哈里里，双方就叙利亚当前形势及未来发展深入交换了意见。驻黎巴嫩大使王克俭在座。

12 月 7~8 日，中国政府叙问题特使解晓岩访问叙利亚，分别会见叙副总理兼外长穆阿利姆、常务副外长米格达德和民族和解国务部长海德尔，双方就当前叙形势深入交换了看法。

12 月 13 日，国家主席习近平向埃及总统塞西致慰问电，就 12 月 11 日埃及一座教堂遭遇恐怖爆炸袭击向塞西总统、遇难者家属和受伤人员致以诚挚的慰问。

12 月 17 日，中国 – 海湾国家经济合作智库峰会在钓鱼台国宾馆举行。外交部副部长张明出席会议并发表题为“弘扬丝路精神，共创中海合作新局面”的致辞。

12 月 20 日，外交部副部长张明出席在北京语言大学举办的“声援巴勒斯坦人民国际日”纪念活动并致辞。

12 月 21 日，外交部副部长张明会见巴勒斯坦外交部部长助理马金，就中巴关系和巴以局势交换意见。

12 月 21 ~ 22 日，中国政府非洲事务特别代表许镜湖访问苏丹，分别会见苏第一副总统巴克利和外长甘杜尔，就中苏关系及南苏丹局势交换意见。

Development Process of China-Arab States Economic and Trade Relations Annual Report 2017

Jin Zhongjie
Major Contributor

中阿经贸关系发展进程 2017年度报告

社会科学文献出版社
SOCIAL SCIENCES ACADEMIC PRESS(CHINA)

Compiling Explanation and Acknowledgements

Guided by the Secretariat of China-Arab States Expo, this Report, with Jin Zhongjie as editor-in-chief, is organized and compiled (see the following list of authors for members compiling the Report). With the long-term accumulation of knowledge on China-Arab states economic and trade relations, the members describe the progress, characteristics and development trend of China-Arab states economic and trade relations by using appropriate analysis tools.

The Chinese version of this Report is edited by Jin Zhongjie, proofread by Ding Liping. Chen Yuxiang and Lu Jiangang are responsible for coordination. Feng Xiang, Ma Boying, Wang Yan, Li Li, etc. translate this Report into English. Feng Xiang provides excellent proofreading for the English version of this Report.

Sincere thanks go to all the members involved in compiling this Report for their efforts and professionalism as well as to the Secretariat of China-Arab States Expo for its support and assistance.

The view in this Report represents only the opinions of its author, and not the Secretariat of China-Arab States Expo.

List of Authors

Jin Zhongjie (major contributor, Professor of China Institute for Arab Studies at Ningxia University)

Ding Liping (proofreader, Editor of Ningxia people's Publishing House)

Gu Zhenglong (Researcher of Center for World Affairs Studies, Xinhua News Agency, and Guest Researcher of China Institute for Arab Studies at Ningxia University)

Xia Shuqin (Professor of School of Economics and Management of Ningxia University)

Feng Lulu (Professor of China Institute for Arab Studies at Ningxia University)

Zhang Qianjin (Associate Research Fellow of China Institute for Arab Studies at Ningxia University)

Zhang Chi (Lecturer of School of Politics and Law of Ningxia University)

Yang Shaoyan (Professor of School of Economics and Management of Ningxia University)

Wang Yongbao (Professor of School of Economics and Finance of Xi'an International Studies University, and Guest Researcher of China Institute for Arab Studies at Ningxia University)

Yang Zishi (the Secretariat of China-Arab States Expo)

Chen Yuxiang (Teacher of China Institute for Arab Studies at Ningxia University)

Ma Ruiyang (Teacher of China Institute for Arab Studies at Ningxia University)

CONTENTS

Chapter 1 Review of the Development of Middle East Situation in 2017 / 001

1.1 Middle East under Frequent Change of Situation / 001

1.2 Major Changes Have Taken Place in the Syrian Crisis and the War Has not Ended / 001

1.3 Influence of Situation in Saudi Arabia on the Region / 005

1.4 Qatar, "A Small Country's Diplomacy with Powers" Suffered a Diplomatic Break-up / 006

1.5 Yemen's Turmoil Epitomizes the Continuous Turmoil in the Middle East / 009

1.6 Jerusalem Issue Complicates Israeli-Palestinian Conflict / 012

1.7 Two Opposing Camps formed in the Middle East / 014

Chapter 2 Dependence of China-Arab States Trade / 016

2.1 Overview of China-Arab States Trade Development in 2016 / 016

2.2 Trade Flows Inside and Outside Arab Region / 025

2.3 Dependence of China-Arab States Trade / 028

2.4 Dependence Index of Traded Goods / 032

Chapter 3 China-Arab States Trade Structure / 041
3.1 Trade Structure of Arab States / 041
3.2 Trade Development between China and Arab States / 043
3.3 Trade Status between China and the Six GCC Countries / 054
3.4 Analysis of Trade Situation between China and Arab States in North Africa / 063

Chapter 4 Dependence of China-Arab States Investment / 069
4.1 Mutual Investment Situation and Main Areas of Cooperation between China and Arab States / 069
4.2 Investment Dependence Index between China and Arab States / 078
4.3 Foreign Investment Institutional Reform of China and Arab States / 088

Chapter 5 China-Arab States Trade in Services / 098
5.1 Overview of Trade in Services in Arab States / 098
5.2 Comparison and New Trend of the Openness of China-Arab States Trade in Services / 107
5.3 Project Contracting Business / 112

Chapter 6 China-Arab States Trade in Agricultural Products and Food / 118
6.1 Development Situation of China-Arab States Trade in Agricultural Products and Food / 118
6.2 Main Source Countries and Destination Countries of China-Arab States Trade in Agricultural Products and Food / 128
6.3 Market Competitiveness of China's Agricultural Products and Food in Arab States / 135

Chapter 7 Developing China-Arab States Financial Market / 143

7.1 Indirect Investment in Arab States / 143

7.2 Internationalization Process of RMB / 153

7.3 Report of Degree of Freedom of China-Arab States Finance / 163

Chapter 8 Organization of China-Arab States Expo 2017 / 178

8.1 It Has Effectively Promoted Policy Coordination / 179

8.2 It Has Effectively Promoted Convenient Transportation / 180

8.3 It Has Effectively Promoted Trade Facilitation / 181

8.4 It Has Effectively Promoted Currency Circulation / 181

8.5 It Has Effectively Promoted People-to-people Bonds / 182

Appendix 1 / 183

Appendix 2 / 200

Chapter 1 Review of the Development of Middle East Situation in 2017

1.1 Middle East under Frequent Change of Situation

In early 2017, U.S. President Trump came to power and the geopolitical situation in the Middle East intensified. Trump's new Middle East Policy had a profound impact on the regional situation and the global war on terrorism, the Syrian Civil War, the Israeli-Palestinian conflict, and Arab relations. The extremist organization "Islamic State" collapsed and the situation in Syria changed dramatically. At a time of major structural changes in the Middle East, U.S. President Trump announced his recognition of Jerusalem as the capital of Israel, triggering a protest in the Arab and Islamic world. Saudi Arabia and Iran fought fiercely and United States and Russia fought against each other, rewriting the territory of the Middle East, causing continuous instability in the region, breaking the balance of the geopolitical pattern in the region and intensifying the conflicts among the countries in the region. How the situation in the Middle East will evolve affects the whole world. Looking ahead to the Middle East in 2018, it is still difficult to get out of the mess.

1.2 Major Changes Have Taken Place in the Syrian Crisis and the War Has not Ended

The Syrian conflict in the past seven years has turned into a complicated and multifaceted proxy war. It began with the uprising against Bashar, and the ensuing chaos led to the separatist regime of Kurdish armed forces and the

"Islamic State". Foreign interference, especially Russia and Iran, which support the Syrian government, and the United States and Saudi Arabia, which support the opposition, internationalized the civil war. Undoubtedly, the Syrian crisis is one of the most influential events affecting the geopolitical situation in the Middle East in 2017.

Due to changes in the battlefield situation, the strength of opposition forces attempting to overthrow the Syrian government has been severely weakened. Moderate opposition forces have to agree with Russia's plan to establish "De-escalation Zones" to cease fire with government troops. On May 4, 2017, representatives of Russia, Turkey and Iran signed a Memorandum of Understanding on the "De-escalation Zones" during the fourth round of Astana Syria Peace Talks. Provision is made for the establishment of "De-escalation Zones" in areas controlled by Syria's armed opposition in order to reduce the intensity of conflicts and alleviate humanitarian disasters.

According to the Memorandum, Russia, which represents the Syrian government, has signed agreements with Syrian opposition forces to establish three "De-escalation Zones" in Latakia, HAMA and Aleppo. In these provinces where the fighting is most intense, government troops, extremist organizations and moderate opposition are mixed. Opposition armed forces have promised to crack down on the extremist groups "Islamic State" and "Al-Nusrah Front" inside and outside the "De-escalation Zones", thus basically realizing the goal of separating "Al-Nusrah Front" from Moderate Armed Opposition.

During their first meeting on July 7, 2017 in Hamburg, Germany, U.S. President Trump and Russian President Putin said that the two sides agreed to cooperate on the Syrian issue, and urged all parties concerned to reach a ceasefire agreement in the "De-escalation Zones" in South-west Syria. On September 14, the sixth round of Astana Syria Peace Talks officially began in the Capital of Kazakhstan. Syrian government and opposition delegations were present. Despite the interruption of peace talks due to interference, all parties at the meeting finally agreed to establish a fourth "De-escalation Zone" in Syria, including Idlib province, where the conflict was the most intense. The agreement stipulates that in the "De-escalation Zone", except for extremist organizations, all weapons will be prohibited and all military operations will be stopped so that humanitarian organizations can provide medical aid and other assistance in these areas. Russia, Turkey and Iran will act as guarantors and be responsible

for supervising the Syrian parties' compliance with the ceasefire agreement in the security zone: Russian and Iranian troops will be responsible for monitoring Syrian government forces in the "security zone". The Turkish army is responsible for monitoring the rebels.

In addition to Syrian government troops, the Iranian Revolutionary Guards, Lebanese Hezbollah, Russia, Turkey and other troops took part in the war in Syria. Letting Iran and Russia, the two warring parties, supervise the ceasefire is indeed very difficult to give each other a sense of security. In addition, there are differences over Turkey's status as a guarantor country, so Egypt and Jordan have joined the ranks of the "De-escalation Zones" guarantor countries. Jordan participates in monitoring cease-fire in the "De-escalation Zones" in South-west Syria; Egypt dominates negotiations on the "De-escalation Zones" in the Eastern Ghouta suburb of Damascus and the De-escalation Zones in northern Homs. Iran and Turkey did not undertake any task of monitoring the ceasefire in the three regions. This is a compromise plan reached between the United States and Russia. At the same time, it also means that the United States agrees that Russia will lead the work of the "De-escalation Zones". Both Russia and Syria believe that Syria has established many "De-escalation Zones" which have changed the battlefield situation and accelerated the victory of Syrian government forces in their military operations against terrorism.

In the second half of 2017, during the military operation code-named "Great Dawn", Syrian government troops fought against the extremist organization "Islamic State" (IS) with frequent good news. Large areas of lost territory have been recovered; the battlefield situation has undergone an important turning point, and government troops have taken the initiative in the war. On September 5, Syrian government troops marched into a three-year-old military camp in Deir ez-Zor, besieged by extremist groups, to join forces with government soldiers who held fast to the camp. Since 2015, 9,300 civilians have been trapped in an enclave around Deir ez-Zor on the west bank of the Euphrates River. Their survival depends on the supplies dropped by the United Nations and the relief of the Syrian army. Around the enclave is the last stronghold of the "Islamic State" organization in Syria. Government troops broke the three-year blockade and siege imposed by extremist organizations on Deir ez-Zor city. This "strategic turn" accelerated the process of eliminating extremist organizations throughout Syria, and it is considered of great strategic significance, which is the biggest

victory of Syrian government forces in the war on terror in three years.

As the battle between the Syrian peace process and the post-war arrangements intensifies and the opposition in Syria begins to struggle to seize territory, the situation in Syria in the post-"Islamic State" era becomes more and more complicated. The U.S. and Russia and other foreign powers, as well as Israel, Saudi Arabia, Iran, Turkey and other domestic powers, take Syria as an arena to start multiple games. The Syrian conflict has become a complicated and multifaceted war.

Looking at the tortuous changes in the Syrian situation in the past seven years, the Syrian crisis affects the entire Middle East and affects the world. Its complexity and influence are extraordinary. On the one hand, it intensifies the overall crisis in the entire Arab world and leads to a relative decline in its overall position, on the other hand, non-Arab states that have suffered less impact and increased strength—Iran, Turkey, Israel and other countries have been active on the stage of the Middle East power game. In addition, geopolitical battles in the Middle East characterized by sectarian divisions, such as Qatar's severed diplomatic ties, Yemen's war, Lebanon's Prime Minister's resignation crisis, and the power games of all parties in Syria, etc., coupled with the regional impact caused by the Kurdish independence movement, the frequent hot spots and tensions between Turkey and Israel have profoundly changed the international relations and Middle East order in the region. The intervention of foreign forces has internationalized the civil war and profoundly affected the reconstruction of the Middle East order. Syria's road to post-war reconstruction is doomed to be bumpy.

Staffan de Mistura, special envoy of the United Nations for Syria and mediator of the peace talks, said on September 6, 2017, "The Syrian opposition must admit that they did not win the nearly seven-year war with Syrian President Bashar. He said that those who oppose Bashar should accept the reality that the opposition did not win the war. At present, I don't think anyone can really claim to have won this war". "Since the Arab Spring swept through Syria, the situation has taken on a complicated and changeable trend. The Syrian war is one of the most horrible civil wars in human history. The game between Syria's post-war reconstruction and power distribution is also escalating. Syria's future is full of uncertainty.

1.3 Influence of Situation in Saudi Arabia on the Region

Since the Arab Spring, Saudi Arabia's influence on the situation in the Middle East has gradually increased. The shadow of Saudi Arabia spreads from Syria to Qatar, Yemen, Palestine to Lebanon. On November 4, 2017, Saudi King Salman announced the establishment of a national anti-corruption commission, chaired by Crown Prince Mohamed Ben Salman. Eleven princes, four current ministers and dozens of former ministers were arrested. These include the leader of Saudi National Guard, Prince Muteb, son of former King Abdullah, Prince Turki, former governor of Riyadh province, and Prince Al-Waleed bin Talal, Saudi Arabia's richest man, Minister of Economy and Planning Adele and other high-ranking figures. Prince Mansour, son of former Saudi Crown Prince Muqrin bin Abdulaziz Al Saud and Deputy Governor of Asir province, was killed in a helicopter crash on the Yemeni border. Prior to this, Saudi Arabia joined other Gulf States in breaking off diplomatic ties with Cartel, participating in the Yemeni Civil War and the resignation of Lebanese Prime Minister Hariri. The above series of incidents highlighted the continuous strengthening of geopolitical confrontation between Saudi Arabia and Iran's Gulf, two powers in the Gulf region. This has increased the complexity of the hot issues in the Middle East region, which also provides a chance for the United States and Russia to intervene in the affairs of the region. U.S. support for a series of actions led by Saudi Crown Prince is needed for Iran's policy. Since Trump came to power, the diplomatic friction between the United States and Iran has been intensifying around the implementation of the Iran Nuclear Deal. The United States needs Saudi Arabia to cooperate in strengthening sanctions against Iran.

Facing multiple challenges, Saudi Arabia is committed to making policy adjustments at the level of major power relations and implementing a balanced diplomacy of major powers dominated by U.S.-Saudi relations. While continuing to rely on its traditional ally, the United States is also relatively "balanced" in its relations with other major powers. Saudi Arabia pursues "balanced" diplomacy in order to push the United States to give Saudi Arabia more support and oppose Iran's struggle for dominance in the Middle East region. In order to adapt to the historical trend, top-down changes have been made in economic and social development. If the Saudi reform is successful, it will lead the change in the

Gulf region, especially in the monarchical countries within the GCC. To some extent, Saudi Arabia is at a crossroads. The success of the reform will benefit Saudi Arabia and the Middle East region. If there is an accident or local or even global turmoil, it will endanger Saudi Arabia's own stability and aggravate the unstable situation in the Middle East.

1.4 Qatar, "A Small Country's Diplomacy with Powers" Suffered a Diplomatic Break-up

On June 5, 2017, Bahrain, Saudi Arabia, the United Arab Emirates, Egypt, Syria, Yemen and the Maldives issued statements respectively announcing that they had severed diplomatic relations with Qatar. The Arab League also issued a statement dismissing Qatar. The breakup of diplomatic relations has aroused widespread concern in the international community.

Qatar is a small peninsula along the Persian Gulf with an area of only about 11,600 square kilometers and a population of nearly one million. Less than 300,000 Arabs are Qatari nationals, the others are all foreign laborers, and Qatar is a typical small country. However, since the Iraq war, especially since the Arab Spring broke out in 2011, Qatar has made frequent moves in a series of political storms in the Arab world and in the international diplomatic arena, actively making waves and making a figure, becoming a "new player" in the geopolitical game in the Middle East with an unusual role of "A Small Country's Diplomacy with Powers".

The cause of the incident was that a few days after U.S. President Trump had just concluded his visit to Saudi Arabia and called on Arab states to isolate Iran, Qatar News Agency quoted the head of state as saying at a military celebration. It is unwise to say that Iran is "an Islamic power that cannot be ignored" and "hostile to Iran". The Saudi newspaper "Okaz" immediately accused Qatar of "separating" from the ranks of the Gulf Cooperation Council (GCC) member States and taking sides with the "enemy". Immediately after receiving the news from the report, the Qatari government refuted the rumor that the website of Qatar News Agency was "hacked by an unknown entity" and "a so-called" false statement "attributed to His Highness Sheikh Tamim Bin Hamad Al-Thani Emir of the State of Qatar, was published". Qatar News Agency has deleted false information released after the invasion. However, Qatar's so-called "rumor

refutation statement" has not calmed things down.

Behind Qatar's active diplomacy and becoming a "new player" in the region is its hard strength. Qatar's hard power first comes from its abundant financial resources. Qatar's proven oil reserves rank 13th in the world, allowing Qatar to exploit for another 57 years at its current output. Qatar has the third largest natural gas reserves in the world after Russia and Iran. Strong financial resources have enabled Qatar to raise its national image through holding international conferences and competitions: in 2006, Qatar successfully hosted the 15th Asian Games. In 2010, it won the right to host the World Cup 2022 and the UN Climate Change Conference. The country's wealth has given Qatar a greater voice. In the process of diplomatic mediation, Qatar provided economic assistance to all parties to the conflict in due course. For example, Qatar has specially established foreign aid agencies such as the Sudan's Humanitarian Aid Commission and Al Quds Committee, and has invested heavily in mediating conflicts in Sudan, Lebanon, Yemen and other countries. Among Arab states, Qatar was the first to send fighter planes to take part in military actions to overthrow the Qaddafi's regime. It firstly proposed to allow Yemeni President Saleh to hand over power. It was the first to openly support Arab troops entering Syria, so as to stop bloody conflicts.

Qatar is not only rich but also has other hard powers. Militarily, Qatar allied itself with the United States and tied its security to the United States. The base of U.S. Air Force in Qatar was built in 1996 at a cost of us $ 100 million. It is now the largest U.S. Air Force Base in the Middle East and the seat of the Central Command. The Air Force Base played an important role in the wars in Iraq and Afghanistan. Qatar was an early member of the organization of petroleum exporting countries, a founding member of the GCC and a member of the Arab League. On the other hand, Qatar has the support of western countries. Qatar's proposition reflects the western countries' proposition to some extent. Qatar is not only a spokesman for Gulf countries, but also a spokesman for western countries such as the United States. Qatar has successfully found an important diplomatic gap between the mainstream politics of western and Arab nationalism.

Qatar faces international pressure and dissatisfaction from all sides due to its political aloofness. Qatar has become excessively involved in regional conflicts or misjudged the situation in the Middle East, interacting with various forces

and establishing ties with many opposition organizations in the Middle East, from radicals to moderates are allowed to exist in Qatar. For example, Qatar believes that the Palestinian Islamic Resistance Movement (HAMAS) is also an important force and provides financial support, even allowing Hamas to move its headquarters to Qatar. The overthrow of Egypt's Morsi government in July 2013 and the Qatari government's support for the Muslim Brotherhood have strained relations between Qatar and Egypt's Al-Sisi government. At the beginning of 2014, Saudi Arabia, the United Arab Emirates, Bahrain and Egypt announced the recall of their respective Ambassadors to Qatar to protest Qatar's interference in their internal affairs and strongly urged Qatar not to continue to support "individuals and organizations engaged in activities that undermine their security and stability." The good relations between Qatar and Iran have drawn Saudi displeasure. Saudi Arabia accuses Qatar of being directed by Iran in favor of Yemen's Houthi Forces. However, the consequences of Qatar's intervention in regional affairs are not ideal. For example, NATO's intervention in Libya has the support of Qatar, but the consequence of the intervention is "the situation is worse today". Israel is still building settlements, depriving Palestinians of their rights and land; The Syrian crisis is still unresolved. Bloody civil war continues.

As a small Gulf country, Qatar is inevitably in a weak position in diplomacy due to many inherent disadvantages, which makes it difficult to have a real impact on international relations. The main characteristics of small country diplomacy are: low-level participation in world affairs; choose a neutral position and rely on big powers; insufficient diplomatic resources lead to a lack of confidence in diplomacy, such as caution. The measure is considered to be difficult to win the support of all parties or to be accepted by all parties. Some scholars believe that after the end of the cold war, the voice of small countries has become weaker and weaker in the international community, thus disappearing. Although Qatar is a rich oil country in the world and is called "Tall, Rich and Handsome Guy" and "Local Tyrants Club", it is still a small country with limited energy.

There are signs that Emir Tamim, who is considering the current situation, has begun to adjust his foreign policy and is trying to find ways to repair, reconcile and cooperate with neighboring countries. He has expressed his desire to repair relations with Gulf countries such as Saudi Arabia and the United Arab Emirates. To this end, the Qatari government also asked several senior leaders of the Egyptian Muslim Brotherhood to leave Qatar in order to ease tensions

between the Qatari government and Egypt, Saudi Arabia and other countries. Egypt released detained Al-Jazeera reporters in response.

Qatar's foreign policy is aimed at establishing the dominant position of its own monarchy Emirates, while relying on western backers, seeking to become a new regional power center. Wishing to see a peaceful and prosperous Gulf region, Qatar adheres to the philosophy that in a shrinking global village, the fate of mankind is finally intertwined. Qatari leaders are well aware that any conflict is likely to threaten the stability of the region. Qatar's frequent moves on the international diplomatic stage reflect the profound changes taking place in the Middle East region. Qatar is trying to use its own financial resources and voice to consolidate its influence in the Middle East region. Perhaps the Arab world needs a force like Qatar to play a role in a changing world.

1.5 Yemen's Turmoil Epitomizes the Continuous Turmoil in the Middle East

On December 4, President Ali Abdullah Saleh was killed by the Houthi opposition outside the capital Sana'a. Sources with the Houthi opposition said that militants intercepted Saleh's armored vehicle outside Sana'a and shot him dead. Saleh's nephew and his General Secretary and Deputy Secretary of the General People's Congress were also killed. This is the second Arab leader to die in a disorderly situation after Libyan leader Qaddafi since the Arab Spring broke out in the Middle East in 2011.

Saleh, 75, ruled the country on the Arabian Peninsula for more than 30 years. Under his leadership, the unification of north and south Yemen was realized, the rebels, extremist organizations and tribal armed forces in the country were eliminated, and the stability of the country was generally maintained. Yemen is also actively involved in international anti-terrorism operations and has carried out anti-terrorism cooperation and "Decisive Storm" military operations with the United States, Saudi Arabia and other countries. Saleh's regime, which ruled Yemen with an iron fist, gradually lost popular support because of cronyism, arrogance and corruption, neglect of economic development and improvement of people's livelihood. In the wave of Arab Spring that erupted in 2011, large-scale demonstrations also broke out in Yemen, forcing Saleh to agree to transfer power. Yemen completed the Presidential election under the mediation of all

parties. Then Vice President Abd-Rabbu Mansour Hadi was elected President and Saleh officially stepped down. Since Hadi came to power, the Houthi opposition, a Shiite outfit, has clashed several times with Sunni militants supporting Hadi's government. In September 2014, Husserl forcibly seized Sana'a, occupied southern Yemen and forced Hadi to flee to Saudi Arabia. At the end of the same year, Houthi opposition formed an alliance with Saleh. In March 2015, Saudi Arabia and other countries launched a large-scale military operation against the Houthi opposition. The Houthi opposition joined hands with Saleh to oppose Saudi military operations against Yemen. In July 2016, Husserl and Saleh's General People's Congress formed the Supreme Political Council. In October, the so-called "national salvation government" was set up to fight against the government approved by the international community and led by President Hadi. Conflicts continued.

However, the alliance between Husserl's arms suit and Saleh's camp is not stable, and infighting has continued since the summer of 2017. Before this infighting, the contradiction between Houthi opposition and Saleh had surfaced. Armed forces loyal to former President Saleh clashed with Iranian-backed the Houthi opposition and the alliance collapsed. In the summer of 2016, the United Nations proposed that all parties to the Yemen conflict hand over the western city of Hodeida to a third party to facilitate the delivery of relief supplies. Saleh welcomed the UN proposal, while Husserl's suit rejected the plan. In August 2017, Saleh's close aide Khaled al-Radhi was killed in a street battle, triggering dissatisfaction among Saleh's party and vowing to avenge Husserl. Houthi opposition accused Saleh of trying to withdraw soldiers from the front line and accelerating the dissolution of the alliance.

On December 2, Saleh announced that he and his party were willing to negotiate with the Coalition forces headed by Saudi Arabia and announced that he would abandon his alliance with the Houthi opposition to support the Saudi-led coalition. Saleh said in a speech that he was ready to open a "new page" with the Yemeni coalition government and called the Houthi opposition a "coup militia." Saleh's statement was condemned by the Houthi opposition as "betrayal" and "coup". In response to Saleh's overtures, the Saudi Coalition launched air strikes against the Houthi opposition's stronghold in Sana'a for two consecutive days.

Allies who fought side by side with the Saudi-led coalition forces for nearly

three years, fierce fighting broke out on November 29 near Sana'a's largest mosque and tanks were used. 245 people were killed. The Iranian Embassy was hit by a rocket and caught fire. The fighting soon spread to other parts of the city. Saleh was finally killed. Saleh's death has dealt a major blow to the Saudi-led coalition, which has "shattered any hopes" of Saudi Arabia. The Houthi opposition has destroyed a powerful new rival. At present, the Yemeni coalition government either continues its long-term war in Yemen or makes compromises to bring the Houthi opposition to the negotiation table. After Saleh's death, Yemen's domestic front is unlikely to become clear. The Houthi opposition hopes Saleh's followers to re-align with him and oppose Hadi and his alliance with Saudi Arabia. However, this is wishful thinking and there is little sign that Yemen's civil war will soon end. Saleh's death worries people. The possibility of an understanding between Saleh and Saudi Arabia to end the war has completely vanished. Saleh's followers will avenge his death, which is likely to open a new front in Yemen's civil war, marking the beginning of a new cycle of violence. Saleh's death will be a big blow to Yemen's peace prospects and may change the war process in the Arabian Peninsula countries.

Yemen has always been a key battleground between Sunnis and Shias in the Middle East. Sunnis makes up about 60%-65% of Yemen's population, while Shias constitute 35%-40%. The Houthi opposition is mainly composed of Shiite tribal forces in northern Yemen. They have long occupied the border area between Yemen and Saudi Arabia under the banner of "anti-U.S. and anti-Israel". Saudi Arabia, as a representative of Sunnis in the Islamic world, has a long border with Yemen and will not sit idly by while Saleh dies.

According to relevant World Bank data, as one of the poorest Arab states, the poverty rate in Yemen in 2012 was as high as 54.5 %. The rapid population growth in 2013 has increased the pressure on natural resources and public services, causing serious unemployment. Due to political and security limitations, the World Bank suspended its operations in Yemen in March 2015. Yemen continues to suffer from war. The political process has stagnated; the economy has collapsed; vital goods and materials cannot enter the blockaded areas, and the humanitarian crisis in Yemen is worsening day by day. Figures released by the United Nations in September 2017 show that more than 20 million people across Yemen need emergency assistance and about 7 million people face the threat of hunger. More than 500,000 people are infected with cholera.

Tracing back to its roots, Yemen's turmoil was the result of the Arab Spring turmoil in West Asia and North Africa. It was the result of a game between rival regional sects and also the struggle of all parties and factions in Yemen for national resources and power. It is also the struggle of regional powers to seek influence. In essence, it is the derivation of the Syrian issue. It is also a microcosm of the continuous turmoil and war in the Middle East since the Arab Spring.

1.6 Jerusalem Issue Complicates Israeli-Palestinian Conflict

The Israeli-Palestinian conflict is the core of the Middle East affairs, and Jerusalem is a core in the core. Since the Arab Spring, the Israeli-Palestinian conflict has been marginalized. Trump's statement that Jerusalem is the capital of Israel has activated this issue and has become the focus of the Middle East. Although the influence of the United States on the Middle East issue is declining, it has long been the leader of Israeli-Palestinian peace. Although past U.S. Presidents have generally favored Israel, however, they were still cautious on sensitive issues such as Jerusalem. Now Trump has broken this rule and all parties need to readjust their policies and countermeasures. Because of the clear support of the United States, Israel's attitude and position have become stronger, while the Palestinian and Arab trust in the United States has plummeted. Although Trump expressed his position in Jerusalem, he also said that he would continue to push forward the Palestinian-Israeli peace talks. However, in fact, his remarks have made it impossible for Israel and Palestine to resume peace talks, and even the atmosphere of looking forward to peace talks is illusory. Now all parties are looking at how the United States will act next. If the United States really implements the move next, it will trigger a new wave of Anti-American Protests. It will even endanger the security situation in Palestine, Israel and the whole region.

U.S. Embassy moved to Jerusalem to decide or trigger risk of violence. On December 6, 2017, U.S. President Trump officially recognized Jerusalem as the capital of Israel despite opposition from the Arab world and the international community, and instructed the State Council to plan to "relocate" the Embassy. Trump's move overturns decades of U.S. policy, risking violence and a new

round of chaos in the Middle East. Trump's decision to recognize Jerusalem as the capital of Israel has many consequences. For the situation in the Middle East: firstly, Palestine may suspend all ties with the United States and Israel. The united Palestine is likely to see a military conflict with Israel. Secondly, there is also the possibility of an explosion in Lebanon war, which is backed by Iran in the rear. The rise in the Palestinian-Israeli issue will definitely affect the process of destroying the "Islamic State" extremists in the "Post-Islamic State Era" and will also provide extremists with an opportunity. For the United States, this "stand-by" move has undermined the tone of the Middle East Policy of the U.S. for decades and its efforts to mediate the Palestinian-Israeli issue. Palestine cannot accept the U.S. government's policy of such partiality. The difficulty of U.S. mediation between Palestine and Israel will increase. The decision of the United States will also deeply disturb its strongest ally in the Middle East—Saudi Arabia and other countries.

Trump's consideration in choosing this point in time is: firstly, at a time when major structural changes have taken place in the Middle East, especially under the background of "Russia moves forward and U.S. withdraws" in the Middle East power game. Trump announced that he recognized Jerusalem as the capital of Israel and instructed the State Council to plan to "move the Embassy" out of the need of the internal affairs of the United States. To fulfill his election promise will help to get rid of the difficulties faced at home, show kindness to anti-Trump policy figures, and strive for support for their policies. The U.S. Embassy in Israel moved to Jerusalem is Trump's core election promise. Trump's decision is first to fulfill this promise. At the same time, he is eager to consolidate his basic set of voters and continue to adhere to the path of "Anything But Obama", showing that he is different from former President Obama. Domestic politics is the driving force behind Trump's move towards recognition of Jerusalem as Israel's capital and a gesture to conservative voters and donors. In addition, the Jewish background of Trump's son-in-law Jared Kushner and the role of American Jewish interest groups cannot be ignored. After Trump appointed Kushner as senior White House adviser, the activity of Jewish interest groups has increased greatly. Secondly, the role of the U.S. should be shown on the issue of the full impact of the Palestinian-Israeli conflict. In order to achieve a breakthrough in the Israeli-Palestinian conflict, the Arab camp is usually frustrated and hit after major events or major military conflicts in the Middle

East, and the evil consequences of the Arab Spring continue, which resulted in the weakening of Arab power. Trump thinks that it is the right time for the United States to take action because it can put pressure on Arabs and is easy to accept. Therefore, Trump said, "the present" is a suitable time point. Thirdly, the Syrian crisis and the war against the "Islamic State" have made progress at a critical moment. The United States must do something in the Middle East region to fight for the control of anti-terrorism and the resolution of the Middle East problem. Since Russia holds more control power in the Middle East, especially in the Iran nuclear issue, Trump is in a dilemma and his determination to withdraw from the Iran Nuclear Deal has not been made. The sensitive issue of Jerusalem in the Israeli-Palestinian conflict is chosen as the starting point. On the one hand, it can kick the ball to the U.S. Congress, on the other hand, it can seize the leading position in the Middle East issue. Fourthly, the internal divisions and contradictions among countries in the Middle East region have deepened. The influence of Iran and Turkey has increased, and Sunni countries such as the Gulf countries are at the lower peak. Conflicts between Arab states and between Arab and non-Arab states have increased. Such as Saudi Arabia-Iran's intensified fierce fighting. The reason is that the Arab-Israeli conflict has been marginalized, which is conducive to Trump's policy of favoring Israel in choosing sides on the Israeli-Palestinian conflict.

1.7 Two Opposing Camps formed in the Middle East

At the end of 2017, the situation in the Middle East under the background of "Russia moves forward and U.S. withdraws" was in full swing, with all parties to the conflict vying for territory. Russia, Turkey and Iran have increased their influence in Syria and the Middle East as a whole, becoming the winners in the battle for control of the Middle East. In addition, the United States, Saudi Arabia and other external forces have been intervening and influencing the situation in Syria. U.S. President Trump wants to maintain an indefinite military presence in Syria after the "Islamic State" is defeated. Trump's goal is not only to defeat the "Islamic State", but also to find a political solution to the Syrian civil war. This is a daunting and possibly indefinite commitment. The United States has invested a lot of financial and material resources in Syria before, and it will not give up easily. If it ends hastily, Trump will not be able to explain to domestic voters

that the Syrian crisis is not over. Despite Russia's proposal to resolve the Syrian crisis, all parties to the conflict still hold their own positions during the civil war. Syrian opposition groups have been insisting on the resignation of Syrian President Bashar. It is believed that Syria will not be able to begin the political transition phase unless Bashar and his group step down. Syria is considered to be a wrestling match between major powers headed by Russia and the United States. They each have a key to solve the problem in their hands, and the next game will be more intense.

Among the hot issues besetting the Middle East in 2017 are the Iraqi nuclear issue, the anti-terrorism issues in Egypt and Libya, as well as the frequent hot spots and tensions caused by Turkey and Israel, which are not Arab states. Western new interventionism, the tit-for-tat security views of countries in the region and geopolitical games have continuously aggravated the security dilemma in the Middle East, all of which have profoundly changed the international relations in the Middle East region, the reshaping of the Middle East order and the process of national transformation. Under such a complicated and changeable situation, it will bring threats to the stability of the region, especially the security problems are becoming more fiercer like "grey rhinoceros" and the effects are superimposed, thus forming multiple security dilemmas. The situation in the Middle East in 2017 is "continuous and disorderly". In 2018, it will still be difficult to get out of the mess.

Chapter 2 Dependence of China-Arab States Trade

2.1 Overview of China-Arab States Trade Development in 2016

2.1.1 Gross Domestic Product (GDP) of Arab States and Their Growth Rate

In 2016, the global economy showed signs of recovery, providing significant opportunities for Arab states. The Arab states in the process of transformation generally hope to get out of the shadow of turmoil and stagnation as soon as possible. In this context, how is its economic development? The following is the gross domestic product and growth rate of the Arab states from 2011 to 2016 in constant dollar in 2010.

As can be seen from Table 2.1, in 2016, in the face of the complicated regional situation, the overall performance of the Arab states' economy has developed rapidly and maintained a high-speed growth. In 2016, the gross domestic product of the Arab states based on the 2010 constant price of US dollars was 2,389.5 billion USD, an increase of 18.53% over the previous year. Due to fluctuations in the US dollar exchange rate, although the growth rate of GDP in the Arab states in 2016 increased by 15.13 percentage points compared with 2015 (3.4%), the real GDP of the Arab states declined, which was 29.7 billion USD less than that in 2015. In 2016, the per capita GDP of the Arab states in terms of 2010 constant dollar was about 6,827 USD, a decrease of 168 USD from the per capita GDP of 6,995 USD in 2015. In 2016, among the 22 Arab states, except for the data of Bahrain, Oman, Libya, Palestine, Syria, Djibouti and Somalia, and the negative growth of the

Table 2.1 GDP of Arab States and Their Growth Rate 2011-2016 (Constant Dollar in 2010)

Country	2011		2012		2013		2014		2015		2016	
	GDP(100 Million USD)	Growth Rate (%)	GDP(100 Million USD)	Growth Rate (%)	GDP(100 Million USD)	Growth Rate (%)	GDP(100 Million USD)	Growth Rate (%)	GDP(100 Million USD)	Growth Rate (%)	GDP(100 Million USD)	Growth Rate (%)
Egypt	2228	1.78	2277	2.22	2327	2.19	2395	2.92	2500	4.37	2607	4.28
The UAE	3083	6.36	3241	5.10	3428	5.79	3541	3.28	3676	3.83	3788	3.04
Kuwait	1265	9.63	1349	6.63	1365	1.15	1371	0.50	1380	0.59	1429	3.55
Qatar	1419	13.38	1485	4.69	1551	4.41	1612	3.98	1670	3.55	1707	2.22
Bahrain	262	1.98	272	3.73	287	5.42	299	4.35	308	2.86	—	—
Oman	580	-1.11	634	9.33	662	4.37	679	2.54	717	5.65	—	—
Saudi Arabia	5810	10.00	6125	5.41	6290	2.70	6520	3.65	6787	4.11	6905	1.74
Libya	284	-62.08	—	—	—	—	—	—	—	—	—	—
Jordan	271	2.59	278	2.65	286	2.83	295	3.10	302	2.39	308	2.00
Tunisia	432	-1.92	449	4.00	462	2.87	475	2.82	481	1.15	486	1.17
Algeria	1659	2.89	1715	3.37	1762	2.77	1829	3.79	1898	3.76	1960	3.30
Palestine	—	—	—	—	—	—	—	—	—	—	—	—

Continued

Country	2011		2012		2013		2014		2015		2016	
	GDP(100 Million USD)	Growth Rate (%)	GDP(100 Million USD)	Growth Rate (%)	GDP(100 Million USD)	Growth Rate (%)	GDP(100 Million USD)	Growth Rate (%)	GDP(100 Million USD)	Growth Rate (%)	GDP(100 Million USD)	Growth Rate (%)
Syria	—	—	—	—	—	—	—	—	—	—	—	—
Morocco	981	5.25	1011	3.01	1056	4.54	1085	2.67	1134	4.55	1148	1.22
Comoros	5	2.60	6	3.00	6	3.50	6	2.06	6	1.02	6	2.20
Mauritania	45	4.70	48	5.80	51	6.09	54	5.58	55	1.40	56	2.00
Sudan	643	-1.97	647	0.52	675	4.39	693	2.68	727	4.91	761	4.70
Djibouti	12	4.47	12	4.84	13	5.00	14	6.00	15	6.50	—	—
Yemen	270	-12.71	276	2.39	290	4.82	289	-0.19	208	-28.1	187	-9.78
Lebanon	388	0.92	399	2.80	409	2.64	417	2.00	421	0.82	429	2.00
Somalia	—	—	—	—	—	—	—	—	—	—	—	—
Iraq	1490	7.55	1697	13.94	1809	6.57	1822	0.70	1909	4.80	2119	11.00
Total Value	21127	—	21921	—	22734	—	23400	—	24192	—	23895	—
Mean	1112	3.51	1218	9.52	1263	3.69	1300	2.93	1344	3.40	1593	18.53

Date Source: The World Bank Note: "—" means data is not available.

Yemen economy (-9.78%), the economies of other countries have achieved positive growth. Among them, the fastest growing country is Iraq (11.0%), and the countries with faster growth rate are Sudan (4.7%), Egypt (4.28%), Kuwait (3.55%), Algeria (3.3%) and the UAE (3.04%).

2.1.2 Overall Situation of China-Arab States Trade Development

In 2016, bilateral trade volume between China and Arab states reached 171.03 billion USD, a decrease of 16.7% from the previous year. Among them, China exported 100.67 billion USD to the Arab states, down 12.7%; imports 70.36 billion USD, down 21.8%. The difference in import and export of goods (exports minus imports) was 30.31 billion USD, an increase of 4.98 billion USD over the previous year (see Table 2.2 and Figure 2.1).

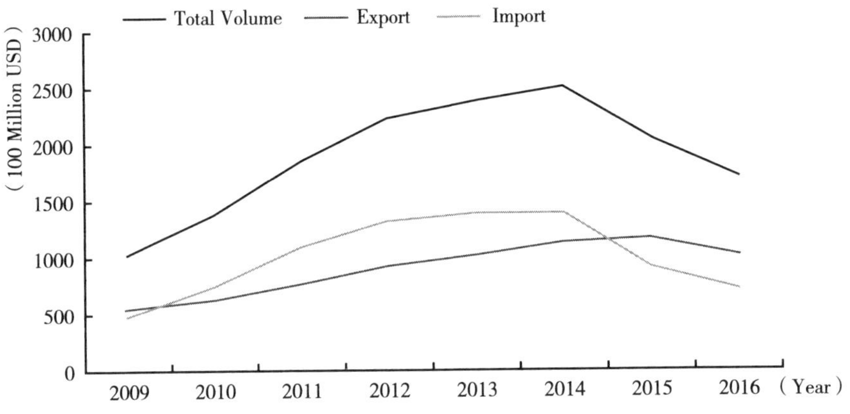

Figure 2.1 Trade between China and Arab States 2009-2016

Classification Basis: HS2007.

Data Source: WITS database

Figure 2.1 shows the trends in trade between China and the Arab states from 2009 to 2016. As can be seen from the figure, firstly, during the past seven years, the bilateral trade volume between China and Arab States has maintained a sustained and rapid growth as a whole. The bilateral trade volume increased from 101.82 billion US dollars in 2009 to 171.03 billion US dollars in 2016, a total increase of 69.21 billion US dollars, an average annual growth of 9.89 billion US dollars, and an average annual growth rate of 76.93%. It shows that the bilateral economic and trade

Table 2.2 Overall Situation of China-Arab States Trade Development 2009-2016

Indicator / Year	Import and Export Trade		Export Trade		Import Trade		Trade Balance	
	Total Volume of Trade (100 Million USD)(%)	Compared with last year (%)	Amount (100 Million USD) (%)	Compared with last year(%)	Amount (100 Million USD)(%)	Compared with last year(%)	Amount (100 Million USD)(%)	Compared with last year(%)
2009	1018.2	-18.7	542.3	-11.4	475.9	-25.6	66.4	-343.2
2010	1368.3	34.4	629.1	16.0	739.2	55.3	-100.1	-250.8
2011	1843.1	34.7	758.1	20.5	1085.0	46.8	-326.9	-226.6
2012	2223.8	20.7	912.4	20.4	1311.4	20.9	-399.0	22.1
2013	2388.0	7.4	1012.6	11.0	1375.4	4.9	-362.8	-9.1
2014	2509.8	5.1	1137.5	12.3	1372.3	-0.2	-234.8	-35.3
2015	2053.5	-18.2	1153.4	1.4	900.1	-34.4	253.3	-207.9
2016	1710.3	-16.7	1006.7	-12.7	703.6	-21.8	303.1	19.7

Classification Basis: HS2007.

Data Source: calculated and collated based on United Nations, Comtrade database.

Note: China is the reporting country.

relations between China and Arab States are characterized by continuous expansion of scale, continuous expansion and continuous development. It also shows that China and the Arab states became each other's important economic and trade partners. Secondly, during the past seven years, there has always been trade deficit in China and trade surplus in the Arab states. This situation was reversed in 2015. In 2015 and 2016, China's trade with the Arab states showed a surplus. Thirdly, the year in which bilateral trade between China and Arab States reached the best level in history was in 2014, and bilateral trade volume was 250.98 billion USD. Fourthly, in 2015, bilateral trade between China and Arab states showed a significant sharp decline, down 18.2%. In 2016, this trend continued, and it fell by 16.7%, and there was no signal of rapid reversal.

2.1.3 China's Major Trading Partners in the Arab states

Table 2.3 China's Major Trading Partners in the Arab States in 2016

No.	Country	Amount (100 Million USD)			Year-on-year Growth (%)		
		Import and Export	Export	Import	Import and Export	Export	Import
1	Saudi Arabia	423	187	236	-18.1	-13.7	-21.3
2	The UAE	401	301	100	-17.5	-18.8	-13.2
3	Iraq	182	75	107	-11.5	-4.6	-15.9
4	Oman	142	22	120	-17.3	1.5	-20.0
5	Egypt	110	104	6	-14.7	-12.7	-39.7
6	Kuwait	94	30	64	-16.8	-20.5	-15.0
7	Algeria	80	77	3	-4.4	0.9	-56.7
8	Qatar	55	15	40	-19.8	-33.4	-13.0
9	Morocco	37	31	6	6.2	6.3	6.1
10	Jordan	32	30	2	-14.7	-13.7	-26.6

Classification Basis: HS2007.

Data Source: UN Comtrade

Note: Among the Arab states, the Gulf Cooperation Council refers to the GCC, including Saudi Arabia, the UAE, Oman, Kuwait, Qatar, and Bahrain6 countries.

As can be seen from Table 2.3, China's largest trading partner in the Arab states is Saudi Arabia, with a trade volume of 42.3 billion USD. The second is the

UAE with a trade volume of 40.1 billion USD. Oman, Kuwait and Qatar are respectively ranks the fourth, sixth and eighth places, with the trade volume of 14.2 billion USD, 9.4 billion USD and 5.5 billion USD. In terms of trade balance, in 2016, China has a trade surplus with such five countries as Saudi Arabia, Iraq, Oman, Kuwait and Qatar, while China has a trade deficit with five countries, namely, the UAE, Egypt, Algeria, Morocco and Jordan. Compared with 2015, Morocco's trade volume with China increased rapidly in 2016, and replaced Sudan as one of the Arab states whose trade volume with China ranks in the top 10, and became China's ninth largest trading partner in the Arab states.

In 2016, five of the Arab states whose trade volume with China ranks in the top 10 are the GCC member states. In 2016, the bilateral trade volume between China and the GCC countries was 112.4 billion USD, accounting for 65.71% of the bilateral trade volume between China and Arab states. Compared with 2015, the bilateral trade volume between China and the GCC countries decreased by 24.6 billion USD, a decrease of 1.01%. On the whole, although the bilateral trade volume and proportion of China and the GCC countries have declined, the decline has not been large.

2.1.4 The Main Commodities of Trade between China and Arab states

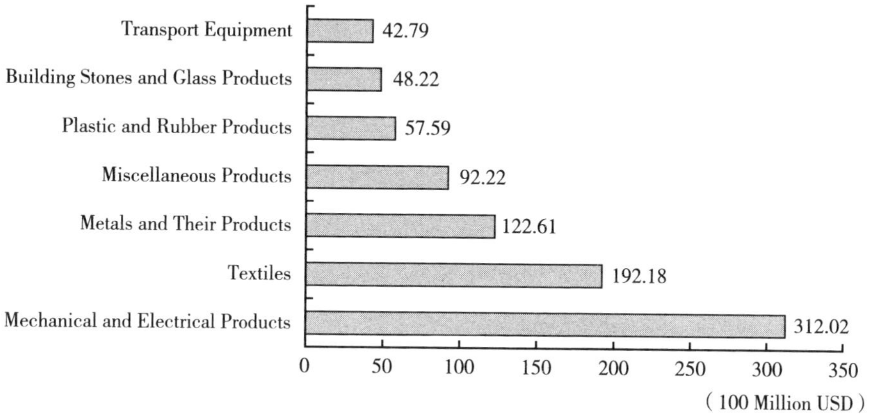

Figure 2.2 The Composition of Main Commodities China Exported to Arab States in 2016

Classification Basis: HS2007.

Data Source: the data is calculated and collated from WITS database. Merchandises with an export value greater than 4 billion USD are showed.

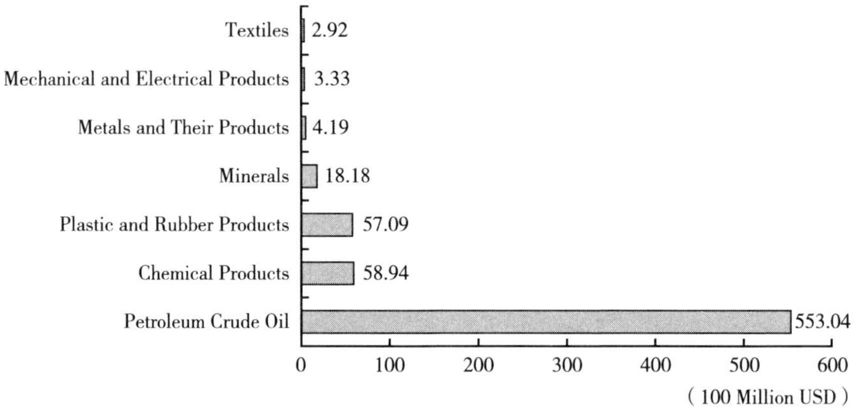

Figure 2.3 The Composition of Main Commodities China Imported from Arab States in 2016

Classification Basis: HS2007.

Data Source: the data is calculated and collated from WITS database. The remarks are the same as Figure2.2.

As can be seen from the figure, in 2016, among the main commodities exported by China to the Arab states, mechanical and electrical products ranked the first place, and the second was textiles. The third to seventh places were metals and their products, miscellaneous products, plastic and rubber products, building stones and glass products and transport equipment. Compared with 2015, among the main commodities of exports, the ranking of the fifth commodity plastics and rubber products, the sixth building stone and glass products changed, and the order of other commodities did not change. The goods imported by China from the Arab states are mainly concentrated in the field of petroleum crude oil. Among the main commodities imported by China from the Arab states, oil accounts for the largest part, followed by chemical products, plastics and rubber products, and mineral products.

As can be seen from Table 2.4 and Figure 2.4, crude oil trade is the most trade-dependent commodity between China and Arab states, and it accounts for a large proportion in bilateral trade between China and Arab states. In 2016, China imported 47.304 billion USD of crude oil from Arab states, accounting for 40.55% of China's total imports of crude oil that year, accounting for 27.66% of China's total imports and exports from Arab states, accounting for 67.23% of China's total imports from the Arab states.

Table 2.4 China's Import of Crude Oil (HS2709 Commodities) from Arab States in 2016

Ranking	Imported from	Amount of Imports (100 million USD)	The proportion of total imports of crude oil (%)
1	Saudi Arabia	155.69	13.35
2	Oman	111.48	9.56
3	Iraq	106.60	9.14
4	Kuwait	48.29	4.14
5	The UAE	38.62	3.31
6	Libya	3.45	0.30
7	Sudan	3.38	0.29
8	Egypt	2.53	0.22
9	Qatar	1.57	0.13
10	Yemen	1.43	0.12
—	Total Value	473.04	40.55

Classification Basis: HS2007.

Data Source: calculated and collated based on United Nations, Comtrade database.

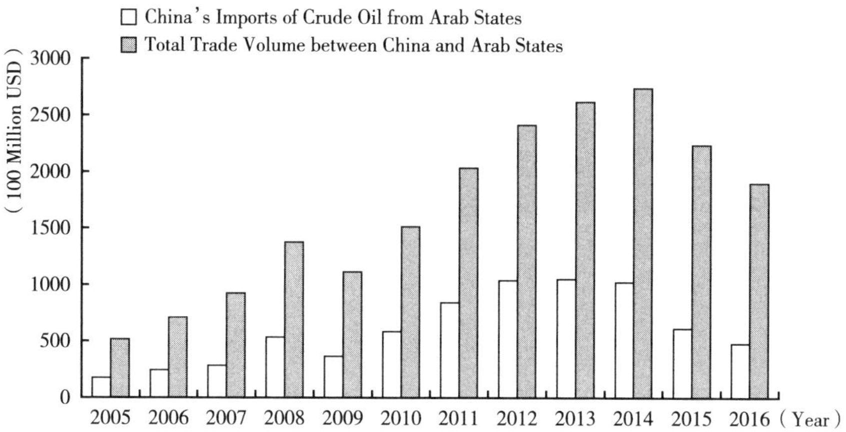

Figure 2.4 Trade of Crude Oil between China and Arab States 2005-2016

Classification Basis: HS2002.

Data Source: WITS database

From this, we can see that: Firstly, on the whole, the amount of petroleum crude oil imported by China from the Arab states in 2016, the proportion of China's total imports of crude oil in the year and the proportion of China's total imports and exports from the Arab states all declined. Among them, the amount of imported petroleum crude oil dropped the most. Compared with 2015, the decline was as high as 25.7%, and the others decreased by 6.84% and 3.34% respectively. Secondly, the country with the fastest decline in oil and crude oil trade between China and Arab states in 2016 is Saudi Arabia. In 2016, the amount of petroleum crude oil imported by China from Saudi Arabia was 15.569 billion USD, a decrease of 5.207 billion USD compared with 20.776 billion USD in 2015. In 2016, China's oil crude oil imported from Saudi Arabia accounted for 13.35% of China's total imported crude oil in the year, a decrease of 2.12 percentage points compared with 15.47% in 2015. Followed by Sudan, the amount of oil crude oil imported from Sudan by China in 2016 was 338 million USD, a decrease of 2.543 billion USD compared with 2.881 billion USD in 2015; in 2016, China's crude oil imported from Sudan accounted for 0.29% of the total amount of crude oil imported by China in that year, which was 1.85 percentage points lower than 2.14% in 2015. Thirdly, in 2016, the amount of oil crude oil imported by China from Qatar and its share of total imports and exports from the Arab states increased by 49 million USD and 0.05 percentage points respectively.

2.2 Trade Flows Inside and Outside Arab Region

2.2.1 Research Object

In this section, we will compare the trade flows of the countries concerned, analyze the import and export trade flows and flow patterns between China and the Arab states and other trading partners, and examine the level of trade dependence from the total amount. The research objects includes ten trading partners from Arab states, namely, Saudi Arabia, the UAE, Kuwait, Oman, Qatar, Bahrain, Algeria, Egypt, Iraq and Morocco, as well as China, East Asia, South Asia, the European Union and the United States.

2.2.2 Trade Flow, Flow Direction and Characteristics

It can be seen from the table: Firstly, in 2016, China's main export markets were

Table 2.5 Trade Volume of Trade in Goods between China and the Arab States (10 countries) and Other Trade Partners in 2016

(Unit: 100 million USD)

Export / Import	China	Saudi Arabia	The UAE	Kuwait	Oman	Qatar	Bahrain	Algeria	Egypt	Iraq	Morocco	East and South Asia	The US	EU
China	—	236.3	99.9	63.7	120.4	40.1	0.6	3.3	5.5	106.6	5.5	3256.5	1351.2	2079.8
Saudi Arabia	186.5	—	69.3	4.3	10.2	3.2	13.5	0.1	19.3	0.1	2.0	377	173.4	301.8
The UAE	300.7	44.74	—	9.2	24.3	5.8	9.1	0.1	399.8	17.1	1.3	566.6	205.9	399.8
Kuwait	30.0	17.6	14.1	—	2.1	0.9	3.1	0.0	4.2	0.0	0.3	100.1	29.5	70.7
Oman	21.5	8.0	28.1	1.4	—	2.2	1.6	0.0	1.2	0.5	0.0	30.3	7.7	18
Qatar	15.2	16.6	14.9	1.8	2.4	—	3.2	0.0	3.3	0.0	0.3	74.9	46.1	90.6
Bahrain	7.9	15.5	8.6	1.1	0.7	2.1	—	0.0	0.8	0.0	0.1	31.8	12.8	22.3
Algeria	76.5	5.5	2.1	0.1	0.2	0.4	1.2	—	4.8	0.0	2.7	109.7	23.2	224.2
Egypt	104.4	15.3	29.9	0.6	0.5	11.1	2.0	2.9	—	5.2	3.7	128.1	31.0	187.3
Iraq	75.5	4.0	20.1	2.7	7.6	0.6	0.4	0.0	3.9	—	0.2	104.4	11.8	39.1
Morocco	30.8	3.4	1.9	0.1	0.1	0.5	0.8	5.0	3.3	0.0	—	43.5	26.6	231.6
East and South Asia	3222.1	92.0	93.3	14.2	131.8	326.3	22.3	12.1	14.3	0.0	16.3	—	2707.9	3824.3
The US	3856.8	12.9	15.2	1.3	8.1	6.8	13.7	38.7	10.1	63.2	8.0	6312.4	—	4247.5
The European Union	3383.1	45.8	29.9	2.0	4.3	57.2	5.4	172.0	58.1	0.0	148.1	5153.9	2330.5	—

Classification Basis: HS2007.

Data Source: UN Comtrade Database, UNTCAD Database.

Note: There are five countries in East Asia, including China, Japan, North Korea, South Korea and Mongolia. There are seven countries in South Asia, including Pakistan, India, Nepal, Bhutan, Bangladesh, Sri Lanka and Maldives.

the United States, the European Union, East Asia and South Asia; while China's main import markets were East Asia and South Asia, the European Union, and the United States. Although the ranking order has not changed compared with 2015, both the export volume and the import volume have declined. Secondly, in 2016, among the Arab states, China's most important export destinations were the UAE (30.07 billion USD) and Saudi Arabia (18.65 billion USD), Egypt (10.44 billion USD), Algeria (7.65 billion USD) and Iraq (7.55 billion USD) ranked third, fourth and fifth respectively. China's main importers are Saudi Arabia (23.63 billion USD), Oman (12.04 billion USD), Iraq (10.66 billion USD, and the UAE in 2015). Thirdly, in 2016, Saudi Arabia's largest exporter was China (23.63 billion USD) and the second largest exporter was East Asia and South Asia (9.2 billion USD). The ranking order has changed compared to 2015. In 2016, Saudi Arabia's largest importers were East Asia and South Asia (37.70 billion USD), followed by the European Union (30.18 billion USD). The UAE and Kuwait's largest exporters are China (9.99 billion USD, 6.37 billion USD, respectively), and the second largest exporters are East Asia and South Asia (9.33 billion USD, 1.42 billion USD, respectively); Oman's The largest exporters are East Asia and South Asia (13.18 billion USD), and the second largest exporter is China (12.04 billion USD); Qatar's largest exporters are East Asia and South Asia (32.63 billion USD), the second largest exporter is the European Union (5.72 billion USD); Bahrain's largest exporters are East Asia and South Asia (2.23 billion USD, Saudi Arabia in 2015), and the second largest exporter is the US (1.37 billion USD, The UAE in 2015); Algeria's largest exporter is the European Union (17.20 billion USD), and the second largest exporter is the United States (3.87 billion USD); Egypt's largest exporter is The UAE (39.98 billion USD, the European Union in 2015), the second largest exporter is the European Union (5.81 billion USD, Saudi Arabia in 2015); Iraq's largest exporter is China (10.66 billion USD), and the second largest exporter is the United States (6.32 billion USD); Morocco's first The largest exporters is the European Union (14.81 billion USD) and the second largest exporters are East Asia and South Asia (1.63 billion USD).

As can be seen from Tables 2.5 and 2.6, in 2016, among the 10 Arab states: the largest exporter was Egypt, the export trade volume reached 52.86 billion USD (Saudi Arabia in 2015), and the largest import country was the UAE, the

Table 2.6 Total Volume of Trade in Goods between China and the Arab States (10 Countries) and Other Trade Partners in 2016

(Unit: 100 million USD)

Country	Total Exports	Total Imports
China	11311.0	7369.4
Saudi Arabia	517.6	1160.7
The UAE	427.3	1984.4
Kuwait	102.5	272.6
Oman	312.7	120.5
Qatar	457.2	269.3
Bahrain	76.9	103.6
Algeria	234.2	450.6
Egypt	528.6	521.9
Iraq	192.7	270.3
Morocco	188.5	347.6
East Asia and South Asia	16289.2	10476.9
The United States	6957.6	14594.7
The European Union	11737.0	11390.3

Note: The total amount of exports is the sum of the columns of Table 2.5, which represents the total exports of each country (region) to other countries (regions); the total amount of imports in the Table is the sum of the rows in Table 2.5, which indicates the total amount of imports from each country (region) to other countries (regions).

import trade volume reached 198.44 billion USD; the partners with the largest bilateral trade volume were the UAE and Iraq (the UAE and Saudi Arabia in 2015), followed by The UAE and Saudi Arabia (The UAE and Oman in 2015). The exports of Oman, Qatar and Egypt to other Arab states are greater than imports, and the exports of Saudi Arabia, The UAE, Kuwait, Bahrain, Algeria, Iraq and Morocco to other Arab states are less than imports.

2.3 Dependence of China-Arab States Trade

2.3.1 Index Descriptions

At present, many experts at home and abroad are analyzing the degree of

interdependence of international trade and the degree of international market ties, or the degree of openness of a country's economy and its dependence on foreign trade, or the degree of integration of inter-regional trade markets. Trade dependence is an indicator. Trade dependence is also called "interdependence". According to the international definition, it refers to the proportion of a country's foreign trade in the country's national income or gross domestic product (GDP). In order to make horizontal comparisons more credible, scientific, and comparable, this section uses the following definitions. That is, the degree of trade dependence refers to the trade volume between country A and country B (import plus export) in a certain period (generally one year) divided by the total trade volume of country A to the world. In theory, through the observation of trade dependence, it is possible to conduct more effective analysis of macroeconomic trends and economic linkages between regions, and to more accurately analyze the development of regional economic trade and international trade activity; Trade dependence can directly reflect the degree of change and development trend of inter-regional trade market integration.

2.3.2 Overall Trade Dependence between China and Arab States

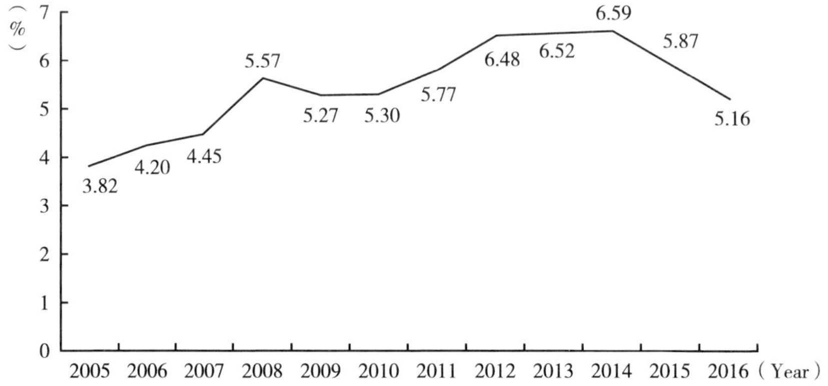

Table 2.5 Trade Dependence of China on Arab States 2005-2016

Classification Basis: HS2002.

Data Source: the data is calculated and collated from WITS database.

Note: A country's trade dependence on B country is calculated as follows: A and B trade volume (import plus export) divide by a country's trade to the world's total trade.

As shown in Figure 2.5, China's overall trade dependence on Arab states in 2005-2016 increased from 3.82% in 2005 to 5.16% in 2016, showing an upward trend, but it fluctuated in terms of particular cases. In 2005-2008, trade dependence grew rapidly, from 3.82% to 5.57%, a total increase of 1.75 percentage points, with an average annual growth rate of 0.58%. Between 2008 and 2010, due to the impact of the global financial crisis, trade dependence continued to decline. It rebounded in 2011 and rose to the highest point in 2014, reaching 6.59%. In the past two years, due to the fall in global oil prices, the volume of import and export trade between China and Arab states has declined rapidly, and trade dependence has also declined. In 2016, it fell to 5.16%.

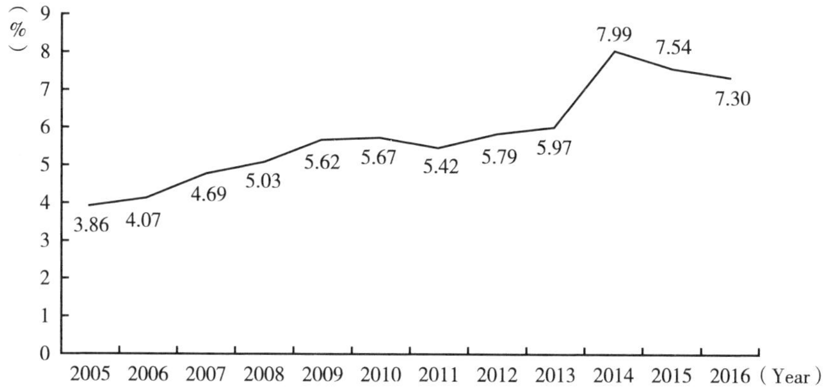

Figure 2.6 Trade Dependence of Arab States on China 2005-2016

Classification Basis: HS2002.

Data Source: the data is calculated and collated from WITS database.

Figure 2.6 shows that from 2005 to 2016, the overall trade dependence of Arab states on China increased from 3.86% in 2005 to 7.30% in 2016, showing an upward trend, but it fluctuated in terms of particular cases. In the period of from 2005 to 2013, trade dependence of Arab states on China has been growing steadily, with a total increase of 2.11 percentage points and an average annual growth rate of 0.26%. In 2014, trade dependence grew the fastest, reaching 7.99%, an increase of 2.02 percentage points compared with 5.97% in 2013. From 2015 to 2016, the overall trade dependence of the Arab states on China continued to decline. In 2016, it decreased by 0.24 percentage points from that in 2015.

As can be seen from Figure 2.5 and Figure 2.6, the overall trade dependence of Arab states on China from 2005 to 2016 is higher than China's overall trade dependence on Arab states. This is in line with the reality that China-Arab trade is highly complementary.

2.3.3 Trade Dependence between China and its Ten Trade Partners from Arab States and Its Characteristics

Table 2.7 Trade Dependence between China and Arab States 2011-2016

(Unit: %)

Country \ Year	2011	2012	2013	2014	2015	2016
Saudi Arabia	1.83	1.98	1.80	1.66	1.36	1.15
The UAE	1.00	1.09	1.16	1.32	1.27	1.09
Kuwait	0.32	0.34	0.31	0.32	0.29	0.25
Oman	0.45	0.50	0.57	0.62	0.45	0.38
Qatar	0.17	0.23	0.25	0.25	0.18	0.15
Bahrain	0.03	0.04	0.04	0.03	0.03	0.02
Algeria	0.18	0.20	0.20	0.21	0.22	0.22
Egypt	0.25	0.26	0.26	0.28	0.34	0.30
Libya	0.08	0.24	0.12	0.07	0.07	0.04
Morocco	0.10	0.10	0.09	0.08	0.09	0.10

Classification Basis: HS2002.

Data Source: UN Comtrade Database, UNTCAD Database.

Table 2.7 shows that, firstly, in 2016, among the 10 Arab states, China had the highest trade dependence (1.15%) with Saudi Arabia, followed by the UAE (1.09%), Oman (0.38%), and Egypt (0.30%), Kuwait (0.25%), Algeria (0.22%) and Qatar (0.15%); the three countries with the lowest trade dependence are Bahrain (0.02%), Libya (0.04%) and Morocco (0.10%). Secondly, compared with 2015, the foreign trade dependence between China and 10 Arab states in 2016 showed the features of 1 rises, 8 drops and 1 flat. The country with increased

trade dependence is Morocco, with a growth rate of 11.11%; eight countries with significant declines, namely, Libya (down 42.86%), Bahrain (down 33.33%), Qatar (down 16.67%), Saudi Arabia (down 15.44%), Oman (down 14.56%), the UAE (down 14.17%), Kuwait (down 13.79%) and Egypt (down 11.76%); Algeria's trade dependence has not changed. Thirdly, during the six years from 2011 to 2016, the trade dependence between China and Egypt and Algeria showed a steady increase. The trade dependence between China and Egypt increased from 0.25% in 2011 to 0.30% in 2016; a total increase of 20%; the trade dependence between China and Algeria increased from 0.18% in 2011 to 0.22% in 2016, an increase of 22.22%. Fourthly, during the six years from 2011 to 2016, the five countries where China and Saudi Arabia's trade dependence declined significantly were all GCC countries. Among them, China's trade dependence with Saudi Arabia fell for four consecutive years, a total of 37.16% in six years, showing a sharp decline. Fifthly, China's trade dependence with 10 Arab trading partners is still very low, and the differences in trade dependence with countries are large. This shows that the trade development potential between China and these countries is huge, which is to be further explored to develop and improve the level of trade between each other.

2.4 Dependence Index of Traded Goods

In this section, based on the data of 2016, the first six trade commodities are selected in this section: electromechanical products (HS84-85), chemical products (HS28-38), metal products (HS72-83), textiles (HS50-63), rubber and plastic products (HS39-40) and petroleum (HS27). The trade dependence of the Arab states on the major countries and regions of the world (China, Hong Kong, Macao and Taiwan regions of China, East Asia, South Asia, Southeast Asia, West Asia, Central Asia, Asia, 27 members of the European Union and the North American Free Trade Area) was calculated by means of the foreign trade dependence index, so as to examine the change of trade dependence between China and Arab states in terms of major traded goods and analyze trade dependency.

2.4.1 Dependency of Mechanical and Electrical Products of Arab States to Major Regions

Firstly, in terms of trade in electromechanical products, in a certain investigation

time range, the regions that have the highest degree of trade dependence with the Arab states are Asia, followed by the 27 countries of the European Union, China and North American FTA. Secondly, compared with 2015, in 2016, the dependence of electromechanical products trade in Arab states had experienced ups and downs. The trade dependence of mechanical and electrical products in the Arab states on the EU-27 increased from 32.42% in 2015 to 33.83% in 2016, an increase of 1.41 percentage points; the trade dependence on the West Asian 20 countries increased from 8.06% in 2015 to 8.47% in 2016, an increase of 0.41 percentage points; the trade dependence on the seven countries in South Asia increased from 1.90% in 2015 to 1.96% in 2016, an increase of 0.06 percentage points; the trade dependence on Asia fell from 49.00% in 2015 to 47.8% in 2016, down 1.2 percentage points; trade dependence on the North American Free Trade Zone fell from 13.93% in 2015 to 13.42% in 2016, down 0.51 percentage points; trade dependence to China decreased from 23.41% in 2015 to 23.38% in 2016, a decrease of 0.03 percentage points. Thirdly, from 2012 to 2016, the dependence on the trade of mechanical and electrical products in the Arab states has undergone a change. Taking 2015 as an example, the trade dependence of mechanical and electrical products trade in Asia fell from 53.31% in 2014 to 49.0% in 2015, a decrease of 4.31 percentage points; the trade dependence on China fell from 26.81% in 2014 to 23.41% in 2015, a decrease of 3.4 percentage points; on the contrary, the trade dependence on the EU-27 increased from 28.35% in 2014 to 32.42% in 2015, an increase of 4.07 percentage points; The trade dependence of the North American Free Trade Zone increased from 12.78% in 2014 to 13.93% in 2015, an increase of 1.15 percentage points.

Table 2.8 Arab States Trade Dependence on Major Regions: Mechanical and Electrical Products 2012-2016

(Unit: %)

Region \ Year	2012	2013	2014	2015	2016
China	23.18	24.19	26.81	23.41	23.38
Hong Kong, Macao and Taiwan regions of China	0.08	0.10	0.12	0.16	0.14
East Asia	33.46	33.04	35.45	31.83	30.70
South Asia	2.81	2.80	1.95	1.90	1.96

Continued

Region \ Year	2012	2013	2014	2015	2016
Southeast Asia	0.09	0.10	0.09	0.07	0.07
West Asia	5.50	6.18	6.52	8.06	8.47
Central Asia	0.02	0.02	0.04	0.03	0.03
Asia [a]	50.30	51.62	53.31	49.00	47.80
North American Free Trade Area [b]	12.87	13.65	12.78	13.93	13.42
27 Countries of the EU	31.77	29.53	28.35	32.42	33.83

Classification Basis: HS2012。

Data Source: WITS database

Note: Arab states' foreign trade dependence on X region is calculated as follows: Arab states and X region's trade volume (import plus export) divide by Arab states' trade volume in the world's total trade.

a. Asia includes 48 countries, such as 5 East Asian countries (China, Japan, North Korea, South Korea and Mongolia), 7 South Asia countries (Pakistan, India, Nepal, Bhutan, Bangladesh, Sri Lanka and Maldives), 5 Central Asian countries (Kazakhstan, Uzbekistan, Turkmenistan, Tajikistan and Kyrgyzstan), 11 Southeast Asian countries (Vietnam, Laos, Thailand, Myanmar, Cambodia, Philippines, Brunei, East Timor, Indonesia, Malaysia and Singapore), 20 West Asia countries (Afghanistan, Iran, Iraq, Kuwait, Bahrain, Qatar, UAE, Oman, Yemen, Saudi Arabia, Syria, Jordan, Israel, Lebanon, Turkey, Palestine, Cyprus, Azerbaijan, Georgia and Armenia), as well as China's Hong Kong, Taiwan, and Macao.

b. North American FTA includes the United States, Canada and Mexico.

2.4.2 Dependency of Chemical Products of Arab States to Major Regions

As can be seen from Table 2.9, first, in the area of chemical products trade, in a certain investigation time range, many Asian countries are the most important trading partners of the Arab states, followed by the 27 countries of the EU, North America FTA and China respectively ranked the third and fourth. Second, compared with 2015, in 2016, the dependence of chemical products trade in the Arab states also experienced ups and downs. The trade dependence of the chemical products trade in the Arab states on the EU-27 increased from 32.83% in 2015 to 33.85% in 2016, an increase of 1.02 percentage points; the trade dependence on the North American Free Trade Zone increased from 8.54% in 2015 to 9.17% in 2016, an increase of 0.63 percentage points; the trade dependence on Asia decreased from 43.0% in 2015 to 41.0% in 2016, a decrease

of 2.0 percentage points; the trade dependence on China fell from 9.27% in 2015 to 7.73% in 2016, down by 1.54 percentage points.

Table 2.9 Arab States Trade Dependence on Major Regions: Chemical Products 2012-2016

(Unit: %)

Region \ Year	2012	2013	2014	2015	2016
China	11.11	10.53	9.89	9.27	7.73
Hong Kong, Macao and Taiwan regions of China	0.40	0.06	0.07	0.16	0.18
East Asia	15.52	15.25	13.94	12.36	10.32
South Asia	8.52	8.68	9.08	9.54	9.27
Southeast Asia	5.82	6.35	5.97	4.67	4.04
West Asia	14.64	15.83	16.17	16.41	17.18
Central Asia	0.04	0.04	0.04	0.02	0.01
Asia [a]	44.88	46.19	45.20	43.00	41.00
North American Free Trade Area [b]	8.86	8.88	7.77	8.54	9.17
27 Countries of the EU	32.22	29.95	32.06	32.83	33.85

The classification basis, data source and notes are the same as Table 2.8.

2.4.3 Dependency of Metal Products of Arab States to Major Regions

As can be seen from Table 2.10, first, in the years surveyed, the trade of metals and their products in the Arab states has a greater dependence on trade in Asia, both exceeding 55% and the highest close to 59%. This reflects the high dependence of the trade of metals and their products in the Arab states on the Asian economy. The North American Free Trade Area has the least trade dependence, and in the few years examined, it does not exceed 7%, and the lowest is only 4.16%. Second, compared with 2015, in 2016, though the trade dependence of metal products of the Arab states rose and dropped, the rise is more than the drop. The specific performance is that its trade dependence on North American Free Trade Area, 27 Countries of the EU and China has improved, and the trade dependence on Asia has been declining. This characteristic is different from the

annual change of trade dependence of electromechanical products and chemical products in Arab states. Third, from 2012 to 2016, the trade dependence of metal products of the Arab states on the trade dependence of other economies fluctuated relatively gentle, and there was no significant fluctuation. Taking 2016 as an example, the trade dependence of metals and their products of Arab states on Asia, 27 Countries of the EU and China increased from 56.59%, 22.41% and 12.34% in 2015 to 56.23%, 22.53% and 12.81% in 2016, respectively, down 0.36%, up 0.12% and 0.47%; the trade dependence on North American Free Trade Area rose from 5.40% in 2015 to 6.44% in 2016, an increase of 1.04 percentage points. Overall, the magnitude of the change is small.

Table 2.10 Arab States Trade Dependence on Major Regions: Metal Products 2012-2016

(Unit: %)

Region \ Year	2012	2013	2014	2015	2016
China	10.96	9.81	11.60	12.34	12.81
Hong Kong, Macao and Taiwan regions of China	0.03	0.07	0.04	0.06	0.05
East Asia	22.23	18.88	19.96	20.60	20.35
South Asia	6.26	6.21	5.65	5.07	5.98
Southeast Asia	3.05	2.69	2.77	3.62	3.66
West Asia	24.77	31.13	26.82	27.28	25.98
Central Asia	0.28	0.07	0.10	0.18	0.22
Asia [a]	56.58	58.99	55.31	56.59	56.23
North American Free Trade Area [b]	4.16	4.93	5.70	5.40	6.44
27 Countries of the EU	21.49	19.46	20.94	22.41	22.53

The classification basis, data source and notes are the same as Table 2.8.

2.4.4 Dependency of Textiles of Arab States to Major Regions

Asia was the most important partner for textile trade of the Arab states, with a trade dependence of more than 54% and a maximum of 63%. In 2014 and the previous years, China ranked second, with a trade dependence of more than 28%. However, in 2015, the textile trade of the Arab states to Asia was

significantly reduced by 5.08%. On the contrary, the dependence on textiles of the 27 Countries of the EU rose by 6.29%, which directly led to the textile trade of the 27 Countries of the EU not only surpassing China, and the gap is very large, up to 4.66 percentage points. This has led to a change in the ranking of the major partner countries in the textile trade of Arab states. The 27 countries of the EU replaced China as the second most important partner in the Arab textile trade. The loss of China's share in traditional markets deserves further study. Second, compared with 2015, the dependence on textile trade in the Arab states in 2016 has experienced ups and downs, and it has shown a trend of change. The trade dependence of the Arab states' textile trade on 27 Countries of the EU increased from 29.97% in 2015 to 31.81% in 2016, an increase of 1.84 percentage points; on the contrary, the trade dependence on the North American Free Trade Area fell from 8.39% in 2015 to 7.68% in 2016, a decrease of 0.71 percentage points; the trade dependence on Asia decreased from 55.89% in 2015 to 54.06% in 2016, a decrease of 1.83 percentage points; the trade dependence on China fell from 25.31% in 2015 to 23.76% in 2016, a decrease of 1.55 percentage points. Third, from 2012 to 2016, the dependence on textile trade in the Arab states is more volatile.

Table 2.11 Arab States Trade Dependence on Major Regions: Textiles 2012-2016

(Unit: %)

Region \ Year	2012	2013	2014	2015	2016
China	28.09	28.68	28.43	25.31	23.76
Hong Kong, Macao and Taiwan regions of China	19.59	18.15	21.62	18.97	15.99
East Asia	32.12	32.47	31.21	27.83	25.96
South Asia	13.35	14.06	13.03	11.34	11.02
Southeast Asia	5.26	5.38	5.05	4.33	4.34
West Asia	9.46	10.18	11.22	12.34	12.55
Central Asia	0.23	0.24	0.26	0.03	0.03
Asia [a]	60.61	62.51	60.97	55.89	54.06
North American Free Trade Area [b]	6.61	6.29	8.07	8.39	7.68
27 Countries of the EU	26.22	24.97	23.68	29.97	31.81

The classification basis, data source and notes are the same as Table 2.8.

2.4.5 Dependency of Rubber and Plastic Products of Arab States to Major Regions

As can be seen from Table 2.12, first, in certain investigated time range, the highest trade dependence of the Arab states was Asia, followed by 27 Countries of the EU, China and North American Free Trade Area. Second, compared with 2015, in 2016, the trade dependence of the Arab states of rubber and plastic products has been risen and fallen now and then, but the overall change is not very much. The trade dependence of plastics and rubber products in the Arab states on Asia increased from 60.23% in 2015 to 61.35% in 2016, an increase of 1.12 percentage points; the trade dependence on China increased from 12.58% in 2015 to 12.95% in 2016, an increase of 0.37 percentage points; the trade dependence on 27 Countries of the EU decreased from 22.17% in 2015 to 21.99% in 2016, a decrease of 0.18 percentage points; the trade dependence on North American Free Trade Area fell from 4.6% in 2015 to 3.8% in 2016, a drop of 0.8 percentage points. Third, from 2012 to 2016, the dependence on the trade of plastics and rubber products in the Arab states has undergone a change. In 2014, for example, the trade dependence of plastics and rubber products in the Arab states on Asia decreased from 62.44% in 2013 to 61.98% in 2014, a decrease of 0.46 percentage points; the trade dependence on China fell from 14.76% in 2013 to 13.71% in 2014, down by 1.05 percentage points. On the contrary, the trade dependence on 27 Countries of the EU increased from 20.30% in 2013 to 20.36% in 2014, an increase of 0.06 percentage points; the trade dependence on the North American Free Trade Area increased from 3.78% in 2013 to 4.01% in 2014, an increase of 0.23 percentage points.

Table 2.12 Arab States Trade Dependence on Major Regions: Rubber and Plastic Products 2012-2016

(Unit: %)

Region \ Year	2012	2013	2014	2015	2016
China	14.49	14.76	13.71	12.58	12.95
Hong Kong, Macao and Taiwan regions of China	0.33	0.40	0.35	0.49	0.39
East Asia	21.84	20.64	19.12	17.80	17.26

Continued

Region \ Year	2012	2013	2014	2015	2016
South Asia	6.33	7.55	7.58	6.67	7.78
Southeast Asia	12.78	11.27	11.63	10.46	10.58
West Asia	22.17	22.56	23.31	24.98	25.30
Central Asia	0.05	0.03	0.02	0.03	0.03
Asia [a]	63.55	62.44	61.98	60.23	61.35
North American Free Trade Area [b]	3.63	3.78	4.01	4.60	3.80
27 Countries of the EU	20.32	20.30	20.36	22.17	21.99

The classification basis, data source and notes are the same as Table 2.8.

2.4.6 Dependency of Oil of Arab States to Major Regions

From the Table 2.13, first, from the data of the years we studied, the Arab states' trade dependence on Asia is greater, and the trade dependence on the North American FTA is minimal. Second, compared with 2015, in 2016, though the dependence of oil trade of the Arab states rose and dropped, but the rise was more than drop. The specific performance is that the trade dependence of the Arab states on North American FTA has increased but its trade dependence on China, the EU 27 countries and Asia was declining. Third, the most evident change in the oil trade dependence of the Arab states is its oil trade dependence on Asia. In 2016, its trade dependence on such three major economies as China, the 27 countries of the European Union and the North American FTA accounted for less than 15% of the market share of the Arab oil trade.

Table 2.13 Arab States Trade Dependence on Major Regions: Oil 2012-2016

(Unit: %)

Region \ Year	2012	2013	2014	2015	2016
China	1.03	1.36	4.34	5.21	3.94
Hong Kong, Macao and Taiwan regions of China	0.01	5.94	0.002	0.004	0.001
East Asia	1.26	9.74	14.16	12.56	9.77

Continued

Region \ Year	2012	2013	2014	2015	2016
South Asia	0.70	2.21	2.92	2.61	2.44
Southeast Asia	0.41	1.82	2.38	2.23	2.13
West Asia	3.13	4.32	5.42	7.19	5.76
Central Asia	0.02	0.02	0.01	0.003	0.002
Asia [a]	7.22	18.77	23.66	22.60	20.10
North American Free Trade Area [b]	2.99	1.28	1.01	1.13	2.00
27 Countries of the EU	8.99	8.08	7.88	10.04	8.36

The classification basis, data source and notes are the same as Table 2.8.

Chapter 3 China–Arab States Trade Structure

3.1 Trade Structure of Arab States

According to WITS data, the total import and export volume of goods in the Arab states[1] reached 1, 394.1 billion USD in 2016, of which exports amounted to 686.1 billion USD and imports amounted to 708 billion USD. As shown in Table 3.1, the main importing countries of the Arab states in 2016 were China, the United States, Germany, India and Italy, accounting for 11.07%, 8.35%, 5.73%, 4.60% and 3.90% of the market share of imported goods in the Arab states. The five countries together accounted for one-third of the total imports of goods in the Arab states that year. The main export destinations of the Arab states are unspecified other Asian countries and regions (6.55%), China (3.46%), India (2.77%), the UAE (2.67%) and Japan (2.12%), accounting for 17.57% of the total exports of the Arab states in 2016. China is the single importer and exporter of goods trade in the Arab states (non-state concepts of other Asian countries and regions not illustrated) and plays a vital role in the economic development of Arab states.

① The Arab states in this chapter refer specifically to 17 countries including Algeria, Bahrain, Egypt, Iraq, Jordan, Kuwait, Lebanon, Mauritania, Morocco, Oman, Qatar, Saudi Arabia, Tunisia, United Arab Emirates, Yemen, Sudan and Libya, however, countries and regions such as Palestine and Syria, etc. are not included in the statistics due to lack of data.

Table 3.1 Major Import and Export Trade Partners of the Arab States 2016

	Name of Countries/Regions	Market Share (%)
Major Import Countries of Arab States	China	11.07
	U.S.	8.35
	Germany	5.73
	India	4.60
	Italy	3.90
Total		33.65
Major Export Destinations of Arab States	Unstated other Asian countries and regions	6.55
	China	3.46
	India	2.77
	The UAE	2.67
	Japan	2.12
Total		17.57

Data Source: WITS database.

As shown in Table 3.2, the main imported commodities in the Arab states in 2016 were mechanical and electrical equipment, miscellaneous products, transport equipment, building stones and glass products and metals and their products. Total accounted for 65.86% of the import share of the year. Except for the export volume of building stones and glass products increased by 8.7% compared with the previous year, the export value of the other four categories of goods generally decreased significantly from the previous year's export volume, with a range of 8% to 13%. In terms of exports, the main export commodities of the Arab states in 2016 were fuels, miscellaneous products, chemical products, building stones and glass products, and plastic and rubber products. Total of five commodities accounted for 86.26% of the export share of the year. Among them, the export value of fuel products (reduced by 8.76% from the previous year) accounted for more than half of the total export value, indicating that although the oil trade volume has shrunk due to the impact of the international oil price downturn, the export trade of oil is still at the dominant position in the Arab states.

Table 3.2 Top Five Categories of Goods for Import and Export Trade in Arab States in 2016

Top Five Categories of Goods for Import Trade					
HS Code	Categories of Commodity	2016 (Million USD)	2015 (Million USD)	Year-on-Year Increase (%)	Ratio (%)
84-85	Mechanical and Electrical Products	271725	297890	-8.78	19.22
90-99	Miscellaneous Products	228392	260943	-12.47	16.16
86-89	Transport Equipment	178262	195101	-8.63	12.61
68-71	Building Stones and Glass Products	139280	128138	8.70	9.85
72-83	Metals and Their Products	113143	124521	-9.14	8.01
Total		930803	1006593	-7.53	65.86
Top Five Categories of Goods for Export Trade					
HS Code	Categories of Commodity	2016	2015	Year-on-Year Increase	Ratio
27-27	Fuel	703231	770774	-8.76	51.31
90-99	Miscellaneous Products	306815	361922	-15.23	22.39
28-38	Chemical Products	59508	70033	-15.03	4.34
68-71	Building Stones and Glass Products	58788	50345	16.77	4.29
39-40	Plastic and Rubber Products	53914	50158	7.49	3.93
Total		1182256	1303232	-9.28	86.26

Data Source: WITS database

3.2 Trade Development between China and Arab States

According to WITS data, in recent years, China has maintained a close trading partnership with Arab states and it is the largest importer of goods and the second largest exporter of goods in the Arab states. In 2016, the total value of

imports and exports of goods between China and the Arab states was 167.45 billion USD, accounting for 4.54% of China's total trade in goods in that year, which was 15.9% lower than the total value of China-Arab trade of 199.1 billion USD. Among them, Arab states' exports to China fell from 111.6 billion USD in 2015 to 97.1 billion USD in 2016, down 13 percentage points; imports to China fell from 87.5 billion USD (2015) to 70.3 billion USD (2016), a drop of 19.6%.

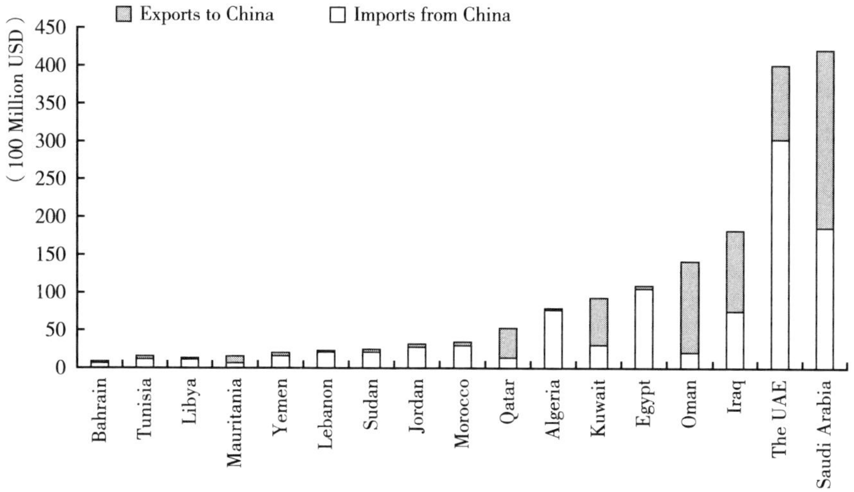

Figure 3.1 Trade between China and Major Arab States in 2016 (Data Source WITS Database)[①]

As shown in Figure 3.1, trade in goods between China and the Arab states in 2016 was mainly concentrated in Saudi Arabia (total trade volume of approximately 42.3 billion US dollars), the UAE (about 40.1 billion US dollars), Iraq (about 18.2 billion US dollars), Oman (about 14.1 billion USD) and Egypt (about 11 billion USD). The trade volume of the above five countries with China accounted for 75.1% of the total trade volume of the Arab states in China, while the remaining 12 Arab states accounted for less than 25%. This shows that due to the imbalance of economic volume and regional development in Arab states, China-Arab trade mainly occurs in a large population countries (Saudi Arabia,

① Since there lacks the data of Sudan and Libya in WITS database, China's trade data in WITS database is used.

Egypt and other five countries account for about 45%[①] of the Arab population), and countries that are rich in energy and mineral resources (Saudi Arabia, Iraq) as well as those with relatively stable political situation; while China and Kuwait and other Arab states have not traded more than 10 billion US dollars, there is still room for improvement in trade cooperation between China and Arab states. In addition, the trade volume of the 2016 GCC countries (Saudi Arabia, the UAE, Oman, Qatar, Kuwait and Bahrain) reached 112.3 billion USD, accounting for nearly two-thirds of the Arab trade with China. It played a leading role in the Arab trade with China.

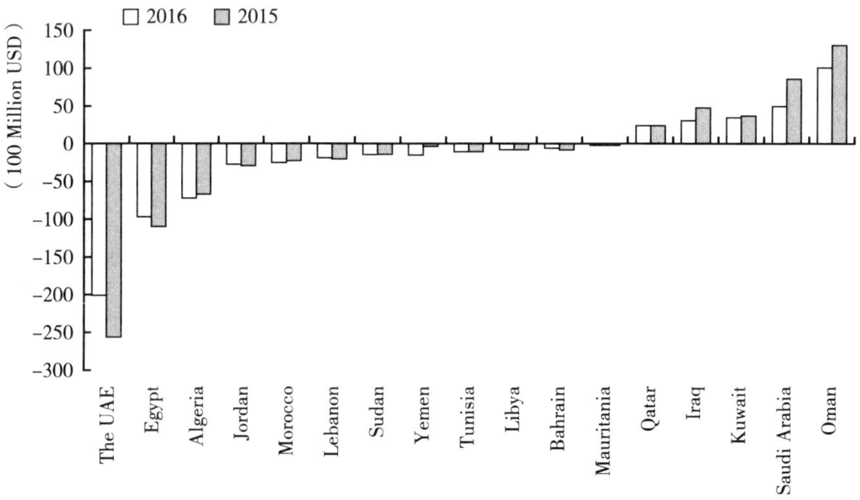

Figure 3.2 Trade Surplus with China of Arab States in 2015 and 2016 (Data Source WITS Database)

In 2016, the Arab trade deficit with China reached 27.8 billion US dollars, which was nearly 15% narrower than the 2015 trade deficit of 24.2 billion US dollars. As shown in Figure 3.2, the main trade deficit with China in the Arab states in 2016 was the UAE (a deficit of about 20.1 billion USD, a 21% decrease from 2015) and Egypt (a deficit of 9.9 billion USD, which was smaller than the previous year 10%), and Algeria (a deficit of about 7.3 billion US dollars, an

① Data Source: the World Bank: https://data.worldbank.org/region/arab-world?view=chart

increase of 7% over the previous year); the main trade surplus with China is Oman (surplus of about 9.9 billion US dollars, down 23% from the previous year), Saudi Arabia (surplus) about 5 billion USD, a 40% decrease from the previous year) and Kuwait (a surplus of about 3.7 billion USD, a 9% decrease from the previous year). On the whole, the difference of trade surplus (deficit) between the Arab states and China shows a trend of overall contraction, and the import and export of China is more balanced, such as the UAE (Saudi Arabia) and other countries with a single import (export) in the past. There is more trade diversity on it.

As far as imports to China are concerned, as shown in Table 3.3, the import value of Arab states to China in 2016 was 97.1 billion USD, a 13% decrease from the 2015 import volume to China and 5% of China's total exports in 2016. Among them, the UAE, Saudi Arabia, Egypt, Algeria and Iraq are the main importing countries to China, accounting for 30.96%, 19.21%, 10.75%, 7.88% and 7.77% of the total imports of the Arab states in China, respectively, more than 75%.

Table 3.3 Overall Situation of Imports of Arab States to China in 2016

Country	Imports from China in 2016 (Million USD)	Year-on-Year Increase (%)	Proportion of China's Total Imports in 2016 (%)	Proportion of Total Exports of Arab States to China (%)
The UAE	30067	-18.78	1.43	30.96
Saudi Arabia	18651	-13.70	0.89	19.21
Egypt	10436	-12.73	0.5	10.75
Algeria	7648	0.85	0.36	7.88
Iraq	7548	-4.57	0.36	7.77
Morocco	3079	6.27	0.15	3.17
Kuwait	3001	-20.46	0.14	3.09
Jordan	2954	-13.73	0.14	3.04
Oman	2148	1.48	0.1	2.21
Sudan	2130	-11.06	0.1	2.19
Lebanon	2100	-8.10	0.1	2.16

Continued

Country	Imports from China in 2016 (Million USD)	Year-on-Year Increase (%)	Proportion of China's Total Imports in 2016 (%)	Proportion of Total Exports of Arab States to China (%)
Yemen	1692	18.35	0.08	1.74
Qatar	1516	-33.40	0.07	1.56
Tunisia	1296	4.72	0.06	1.33
Libya	1184	-37.39	0.06	1.22
Mauritania	870	8.53	0.04	0.90
Bahrain	790	-21.88	0.04	0.81
Total	97110313	-13.00	5.00	100

(Data Source WITS DATABASE)

Table 3.4 indicates that in 2016, Arab states' exports to China exceeded 70.3 billion USD, a decrease of 19.58% from the exports to China in 2015, accounting for 4% of China's total imports in 2016. Among them, Saudi Arabia, Oman, Iraq, the UAE and Kuwait are the main exporters to China, accounting for 33.59%, 17.12%, 15.16%, 14.21% and 9.06% of the total exports of the Arab states to China, respectively, nearly 90%.

Table 3.4 Overall Situation of Exports of Arab States to China in 2016

Country	Export to China in 2016 (Million USD)	Year-on-Year Increase (%)	Proportion of China's Total Imports in 2016 (%)	Proportion of Total Exports of Arab States to China (%)
Saudi Arabia	23626	-21.30	1.49	33.59
Oman	12041	-19.98	0.76	17.12
Iraq	10663	-15.87	0.67	15.16
The UAE	9994	-13.20	0.63	14.21
Kuwait	6370	-15.03	0.4	9.06
Qatar	4012	-13.05	0.25	5.70

Continued

Country	Export to China in 2016 (Million USD)	Year-on-Year Increase (%)	Proportion of China's Total Imports in 2016 (%)	Proportion of Total Exports of Arab States to China (%)
Mauritania	748	4.11	0.05	1.06
Morocco	553	6.12	0.03	0.79
Egypt	553	-39.73	0.03	0.79
Sudan	505	-30.71	0.03	0.72
Libya	346	-63.68	0.02	0.49
Algeria	332	-56.75	0.02	0.47
Jordan	211	-26.56	0.01	0.30
Yemen	166	-81.51	0.01	0.24
Tunisia	139	-24.46	0.01	0.20
Bahrain	64	-42.87	0	0.09
Lebanon	18	2.02	0	0.03
Total	70341	-19.58	4.00	100

Data Source: WITS database

As shown in Table 3.5, from the perspective of trade commodity categories, the five major categories of goods imported by the Arab states in China in 2016 are mechanical and electrical products, textiles, metals and their products, miscellaneous products and plastic and rubber products. Total amount reached 75.1 billion USD, accounting for 77.35% of the total imports from the Arab states. Among them, mechanical and electrical products account for nearly one-third of the total, which is China's main export to Arab states.

The five major categories of goods exported by the Arab states to China are fuel, chemical products, plastic and rubber products, minerals, metals and their products. Total amount of the five categories exports to China reached 69.1 billion USD, accounting for 98.3% of the total exports of the Arab states to China in 2016. Among them, fuel accounted for 78.62% of the total, exceeding three-quarters of the total exports to China.

Table 3.5 Top 5 Categories of Commodities Arab States Imported from (Exported to) China in 2016

HS Code	Categories of Commodity	Amount (Million USD)	Year-on-Year Increase (%)	Ratio (%)
		Imports from China		
84-85	Mechanical and Electrical Products	30434	-8.84	31.34
50-63	Textiles	18445	-13.05	18.99
72-83	Metals and Their Products	11716	-12.05	12.06
90-99	Miscellaneous Products	9023	-16.10	9.29
39-40	Plastic and Rubber Products	5499	-11.75	5.66
Total		75118	-11.53	77.35
		Export to China		
27-27	Fuel	55304	-21.11	78.62
28-38	Chemical Products	5894	-20.80	8.38
39-40	Plastic and Rubber Products	5708	-5.36	8.12
25-26	Minerals	1818	-13.27	2.58
72-83	Metals and Their Products	419	-22.50	0.60
Total		691434	-19.80	98.30

(Data Source: WITS database)

According to the data in Table 3.6, the amount of various types of goods imported by the Arab states in China in 2016 was generally lower than that in 2015. Among them, ceramic products (HS Code 69) saw the largest decline, up to 30.1%, furniture; beddings; lamps; prefabricated buildings (HS Code 94), footwear, gaiters and similar articles, and parts thereof (HS Code 64) and articles of mineral materials (HS Code 68) and other product categories have also fallen by more than 20%.

Table 3.6 Composition of Major Commodities Imported by the Arab States from China in 2016 (Chapter)

HS Code	Product Categories	2016 (Million USD)	2015 (Million USD)	Year-on-Year Increase (%)	Ratio (%)
Chapter	Total Value	97078	111617	-13.0	100
85	Electric motors, electric, audio and video equipment and parts & accessories	15932	17112	-6.9	16.41
84	Nuclear reactors, boilers, mechanical apparatus and parts	14502	16275	-10.9	14.94
61	Knitted or crocheted garments and clothing accessories	6353	7421	-14.4	6.54
94	Furniture; beddings; lamps; prefabricated buildings	5085	6557	-22.5	5.24
73	Articles of iron or steel	4785	5291	-9.6	4.93
62	Non-knitted or non-crocheted garments and clothing accessories	4744	5516	-14.0	4.89
87	Vehicles and parts & accessories, other than railway vehicles	3554	4394	-19.1	3.66
39	Plastics and articles of plastics	3548	4126	-14.0	3.66
72	Iron & steel	3433	3815	-10.0	3.54
64	Footwear, gaiters and similar articles, and parts thereof	2821	3694	-23.6	2.91
69	Ceramic articles	1967	2814	-30.1	2.03
40	Rubber and articles of rubber	1951	2073	-5.9	2.01
54	Man-made fiber and its products	1810	1915	-5.5	1.86
42	Articles of leather; travel luggage; articles of gut	1522	1862	-18.3	1.57
63	Other textile products; sets; worn textiles	1502	1799	-16.5	1.55
95	Toys, articles for games or sports and parts & accessories	1339	1327	0.9	1.38
48	Paper and paperboard; paper pulp, articles of paper or paperboard	1334	1365	-2.3	1.37

Continued

HS Code	Product Categories	2016 (Million USD)	2015 (Million USD)	Year-on-Year Increase (%)	Ratio (%)
76	Aluminum and its products	1273	1515	-16.0	1.31
90	Optical, photographic and medical equipment and parts & accessories	1263	1436	-12.0	1.30
70	Glass and articles of glass	1162	1406	-17.3	1.20
44	Wood and articles of wood; wood charcoal	1146	1301	-11.9	1.18
83	Miscellaneous articles of base metal	1144	1406	-18.6	1.18
68	Articles of mineral materials	1120	1597	-29.9	1.15
55	Chemical staple fiber	1089	1278	-14.8	1.12
96	Miscellaneous Products	1046	1117	-6.3	1.08
29	Organic chemicals	1043	1048	-0.5	1.07
60	Knitted or crocheted fabrics	1042	1143	-8.9	1.07
82	Base metal tools, articles of cutlery, tableware and parts	835	943	-11.5	0.86
27	Fossil fuel, mineral oil and its products; asphalt, etc.	728	776	-6.2	0.75
52	Cotton	584	591	-1.1	0.60
Total		89657	102915	-12.9	92.36

Data Source: WITS database.

The data in Table 3.7 shows that the export value of Arab states to China in 2016 decreased by 17.1 billion US dollars compared with 2015, a decrease of 19.6%. Among them, the export volume of fossil fuel (HS Code 27) decreased by about 14.8 billion, accounting for 86.5% of the export reduction to China, which was the main reason for the decrease in Arab exports to China. Although the export volume of various commodities to China has decreased compared with the data of 2015, rubber and its products (HS Code 40), other base metals, metal ceramic and its products (HS Code 81), furniture; beddings; lamps; prefabricated buildings (HS Code 94) and fish and crustaceans, mollusks and

other aquatic invertebrates (HS Code 03) have a good export trend to China, with an increase of 466.5%, 204.1%, 180.5% and 77.2% over the previous year. On the whole, the Arab states' export structure to China is relatively simple, and the proportion of fossil fuel is too large, which is not conducive to the stable development of China-Arab trade. In recent years, China is gradually reducing its dependence on the Arab states in the oil sector and expanding its trade share in other product categories, which will help to improve the energy trade-led imbalance between China and Arab states.

Table 3.7 Composition of Major Commodities Arab States Exported to China in 2016 (Chapter)

HS Code	Product Categories	2016 (Million USD)	2015 (Million USD)	Year-on-Year Increase (%)	Ratio (%)
Chapter	Total Value	70339	87472	-19.6	100
27	Fossil fuel, mineral oil and its products; asphalt, etc.	55304	70100	-21.1	78.63
39	Plastics and articles of plastics	5696	6030	-5.5	8.10
29	Organic chemicals	5475	6898	-20.6	7.78
26	Ore, slag and calx	1143	1182	-3.3	1.62
25	Salt; sulphur; earth and stone; lime and cement, etc.	675	914	-26.1	0.96
85	Iron & steel	288	276	4.6	0.41
71	Pearls, semi-precious stones, costume jewelry and coins, etc.	214	249	-14.3	0.30
74	Copper and its products	214	328	-34.9	0.30
28	Inorganic chemicals; compounds of precious metals	204	202	0.8	0.29
62	Non-knitted or non-crocheted garments and clothing accessories	148	134	10.0	0.21
76	Aluminum and its products	144	110	31.1	0.21
31	Fertilizer	139	261	-46.6	0.20
12	Oilseeds; oleaginous fruits; industrial or medical plants; fodder	123	148	-17.2	0.17

Continued

HS Code	Product Categories	2016 (Million USD)	2015 (Million USD)	Year-on-Year Increase (%)	Ratio (%)
61	Knitted or crocheted garments and clothing accessories	51	45	13.8	0.07
34	Washing preparations, lubricating preparations, artificial waxes and modeling pastes, etc.	45	39	15.2	0.06
84	Nuclear reactors, boilers, mechanical apparatus and parts	44	40	8.4	0.06
72	Iron & steel	43	59	-28.0	0.06
23	Residues and wastes of food industry; prepared animal fodder	41	56	-27.1	0.06
08	Edible fruits and nuts, etc.	37	30	23.7	0.05
52	Cotton	31	41	-23.8	0.04
15	Animal and vegetable oils, fats and their decomposition products, etc.	26	54	-51.6	0.04
38	Miscellaneous chemical products	25	35	-29.0	0.04
41	Raw hides and skins (other than fur) and leather	25	33	-24.9	0.03
56	Wadding, felt and nonwovens; articles of twine and cordage, etc.	24	35	-30.9	0.03
03	Fish and crustaceans, mollusks and other aquatic invertebrates	22	13	77.2	0.03
54	Chemical fiber filament	18	20	-12.4	0.03
90	Optical, photographic and medical equipment and parts & accessories	14	7	87.9	0.02
40	Rubber and its products	12	2	466.5	0.02
94	Furniture; beddings; lamps; prefabricated buildings	10	4	180.5	0.01
81	Other base metals, metal ceramic and its products	10	3	204.1	0.01
Total		70246	87349	-19.6	99.86

Data Source: WITS database.

3.3 Trade Status between China and the Six GCC Countries

Since the 20th century, China has maintained close trade ties with the GCC countries. Its main feature is the strategic mutually beneficial relationship betwcen the two sides in energy. In 2016, the trade volume between the GCC countries and China reached 112.3 billion USD, accounting for nearly two-thirds of the Arab trade volume with China, and played a leading role in the Arab trade with China. In addition to energy cooperation, China and the GCC countries are increasingly showing stronger complementary relationships in non-energy trade. In the Gulf region, China is the main source of imports for communications equipment, hardware, and light industrial products. In recent years, cooperation between the two sides is expanding in the fields of machinery manufacturing, automobile assembly, finance, tourism, and aviation.

First, according to the classification criteria of WTO multilateral negotiations, the trade structure between China and GCC countries is analyzed from three aspects: raw materials, intermediate products and final consumption goods. Table 3.7 reflects the trade situation of GCC countries and China in raw materials. In 2016, the import of raw materials from China to the GCC countries was 540 million USD, a decrease of 21% from the previous year. Among them, the imports of fresh fruit or dried vegetables (code 1201) and raw metal materials (code 0901) were about 230 million and 150 million US dollars respectively, accounting for 43.36% and 27.51% of the raw material imports to China. Unprocessed tobacco (code 2201), textile and apparel raw materials (code 0201), fresh fruit or dried vegetables (code 1201) and unprocessed grain (code 1501) accounted for a relatively high proportion of imports to China in terms of global imports, which is 17.95%, 7.87%, 4.59% and 4.47%.

In 2016, the GCC countries' exports of raw materials to China were 13.8 billion USD, a year-on-year decline of 22%. Among them, the export value of crude oil (code 9701) and raw metal materials (code 0901) to China was 1.06 billion and 3.1 billion US dollars respectively, accounting for 76.92% and 22.63% of the raw material export share to China that year, accounting for 99.55%. In 2016, the six countries of the GCC countries traded more

Table 3.8 Analysis on Raw Material Products of China and the Gulf Countries' Trade in 2016

MTN	Product Name	2016 Imports from China (Thousand USD)	2016 Exports to China (Thousand USD)	Imports Growth Rate (%)	Exports Growth Rate (%)	Ratio (%) Import	Ratio (%) Export
0101	Wood products, paper and other raw materials	5382	745	-7.46	29.90	1.43	0.51
0201	Textile and apparel raw materials	12105	387	-39.26	2435.2	7.87	0.29
0301	Other raw materials such as leather and footwear	3205	7437	-21.07	—	1.88	18.00
0401	Ore and scrap	1425	42735	-60.82	-72.44	0.06	4.03
0901	Raw metal materials	148553	3125150	-11.93	-18.84	0.95	6.92
1101	Unprocessed fish products	18717	8010	-31.34	226.45	2.10	2.84
1201	Fresh fruit or dried vegetables	234181	821	-6.31	-45.39	4.59	0.32
1301	Unprocessed coffee and tea	11791	206	-63.18	-3.24	1.55	0.27
1501	Unprocessed grain	32095	0	-60.54	-99.87	4.47	0.00
1601	Grain	1264	0	47.53	—	0.03	0.00
1701	Live animals	2390	19	6753.0	208.02	0.29	0.01
1801	unprocessed or semi-finished oilseeds, fat and grease products	26541	79	-42.77	143603	3.26	4.62
1901	Plants & flowers, fresh vegetables	9659	19	-5.55	-99.13	3.10	0.13
2101	Fresh or semi-processed dairy products	7	126	-34.73	1216.7	0.00	0.10
2201	Unprocessed tobacco	14156	32	193.10	—	17.95	1.38
2301	Other unprocessed agricultural products	18602	1159	-21.26	8.14	1.87	1.96
9701	Crude oil	—	10623134	—	-22.31	0.00	4.75
	Total Trade Volume of Raw Material Products	540072	13810059	-20.56	-21.93	1.46	5.09

(Data Source WITS DATABASE)

than 13.2 billion yuan in raw materials; almost all of them came from the crude oil trade. This shows that the GCC countries still rely heavily on crude oil exports in trade with China, while the dependence on other non-energy commodities are relatively weak.

Table 3.9 reflects the trade situation between the GCC countries and China in intermediate products. In 2016, the import value of GCC countries' intermediate products from China was about 7.4 billion US dollars, a decrease of 16% from the previous year. Among them, the most intermediate products imported from China are semi-finished metal products (code 0402), semi-finished chemical products (code 0502), semi-finished textile and apparel products (code 0202), semi-finished products such as wood products and paper (code 0102), the amount is about 3.66 billion US dollars, 1.56 billion US dollars, 9.8 billion US dollars and 850 million US dollars respectively, accounting for 49.15%, 20.98%, 13.17% and 11.44% of the import share of intermediate products in China that year, and totally accounted for nearly 95%. In addition, semi-finished textile and apparel products (code 0202), semi-finished products such as wood products and paper (code 0102), semi-finished products of metal products (code 0402), and semi-finished mechanical and electrical products (code 0802) accounted for more than the proportion of global imports of similar products 10%. China's semi-finished textile and apparel products (code 0202) category of goods in the GCC countries market share of more than one-third, with strong competitiveness.

In 2016, the export value of China's intermediate products to China was about 6.4 billion USD, a decrease of 13% from the previous year. Among them, the semi-finished chemical products (code 0502) exported nearly 6.2 billion USD to China, accounting for 96.14% of the export share of intermediate products to China, accounting for 19.42% of the total exports of similar products of the GCC countries. In addition to the above-mentioned commodities, the export of other types of intermediate products to China is obviously insufficient, while the total amount is less than 300 million USD, and the trade correlation is weak.

As shown in Table 3.10, the import and export trade volume of GCC countries to China in 2016 was 43.6 billion USD and 890 million USD, respectively, which was 11.22% and 27.54% lower than that of the previous year. The highest import commodities are processed electromechanical products (code 0803), non mechanical and electrical products (code 0703), textile and apparel

Table 3.9 Analysis on Intermediate Products of China and the Gulf Countries' Trade in 2016

MTN	Product Name	2016		Imports Growth Rate (%)	Exports Growth Rate (%)	Ratio (%)	
		Imports from China (Thousand USD)	Exports to China (Thousand USD)			Import	Export
0102	Semi-finished products such as wood products and paper	850914	928	-11.09	23916	19.66	0.26
0202	Semi-finished textile and apparel products	979850	16165	-11.92	-24.64	33.95	3.45
0302	Semi-finished leather and footwear products	33137	11634	-12.44	-37.25	9.10	14.22
0402	Semi-finished metal products, etc.	3655097	187381	-16.79	-28.79	16.72	1.36
0502	Semi-finished chemical products	1560534	6175150	-18.98	-12.26	9.03	19.42
0802	Semi-finished mechanical and electrical products	241	14	—	-90.49	11.28	0.07
0902	Semi-finished industrial products	350986	30175	-18.61	142.12	0.92	0.16
1102	Semi-finished fish products	12	10	-93.54	-57.52	0.10	0.22
1202	Semi-finished fruit and vegetable products	372	—	-93.80	—	1.29	0.00
1302	Semi-finished coffee and tea	141	—	2689.60	—	0.11	0.00
1402	Semi-finished sugar and sugar food products	4533	1774	19.93	-35.39	0.51	0.21
1502	Other semi-finished products such as grain	591	182	57.51	—	0.18	0.10
2302	Other semi-finished agricultural products	860	—	-51.37	—	0.84	0.00
	Total Trade Volume of Intermediate Products	7437267	6423414	-16.15	-12.69	8.61	9.66

Data Source: WITS database.

Table 3.10 Analysis on Final Consumption Goods of China and the Gulf Countries' Trade in 2016

MTN	Product Name	2016		Imports Growth Rate (%)	Exports Growth Rate (%)	Ratio (%)	
		Imports from China (Thousand USD)	Export to China (Thousand USD)			Import	Export
0103	Wood products and paper	1721645	916	-14.43	-42.63	24.70	0.04
0203	Textile and apparel	5269751	12430	-9.37	-38.79	39.71	1.39
0303	Leather and footwear products	2337832	414	-14.13	-50.44	32.84	0.34
0403	Metal products	1999742	3418	-16.35	-15.12	16.79	0.15
0503	Chemicals	1038736	8145	-10.21	25.12	4.85	0.24
0603	Transport equipment	1753150	142319	-14.93	-48.27	2.76	2.65
0703	Non mechanical and electrical products	10407312	38112	-20.51	-9.95	18.67	1.30
0803	Processed electromechanical products	13931008	24781	-2.02	163.08	36.19	1.22
0903	Manufactured goods	1542401	28124	-13.71	-5.39	10.04	0.40
1003	Other processed products	3267419	55229	-6.89	1235.58	19.32	5.19
1103	Fish products	10159	7641	41.19	2162.15	2.35	13.56
1203	Fruit and vegetable products	109110	132	-23.16	34.45	6.79	0.07
1303	Processed coffee and tea products	18310	319	-0.89	-26.63	1.07	0.13

Continued

MTN	Product Name	2016		Imports Growth Rate (%)	Exports Growth Rate (%)	Ratio (%)	
		Imports from China (Thousand USD)	Export to China (Thousand USD)			Import	Export
1403	Processed sugar and confectionary food products	35773	82	-8.76	-66.86	9.80	0.13
1503	Processed products such as grain	43203	2088	-14.41	16.68	0.71	0.16
1703	Meat products	15327	82	-22.60	2480.84	0.43	0.03
1803	Processed oilseeds, fat and grease products	6606	4693	169.14	-94.39	0.26	0.56
2003	Beverage and drinks	27560	800	-7.36	29.81	1.36	0.08
2103	Processed dairy products	2120	2418	1651.74	249.28	0.08	0.43
2203	Processed tobacco	62806	92	48.30	-74.93	2.39	0.02
2303	Other processed agricultural products	5355	9	-8.53	-77.98	1.09	0.01
9703	Refined oil	19339	553817	24.92	-25.21	0.38	1.08
Total Trade Volume of Final Consumption Goods		43624663	886059	-11.22	-27.54	15.59	1.05

Data Source: WITS database.

(code 0203), other processed products (code 1003) and wood products and paper (code 0103). China's imports were 13.9 billion USD, 10.4 billion USD, 5.3 billion USD, 3.3 billion USD and 1.7 billion USD, respectively. The market shares of the above four types of China's goods accounted for 36.19%, 18.67%, 39.71% and 24.70% of the similar imported goods of the GCC, indicating that China's electrical, mechanical, apparel and wood products dominate the GCC countries with strong competitiveness. In 2016, the final consumption goods exported by China's GCC will be refined oil (code 9703), transport equipment (code 0603) and other processed products (code 1003), with export value of 550 million USD, 140 million USD and 55 million USD respectively.

The comparison indicates that the GCC countries rely heavily on China's imports on final consumption goods. China's exports account for 15.59% of the GCC's final consumption goods import market; while the GCC countries' exports to China are weak, and the main exports to China are mainly refined oil, but refined oil exported to China accounted for only 1.08% of the total return of global refined oil in the GCC.

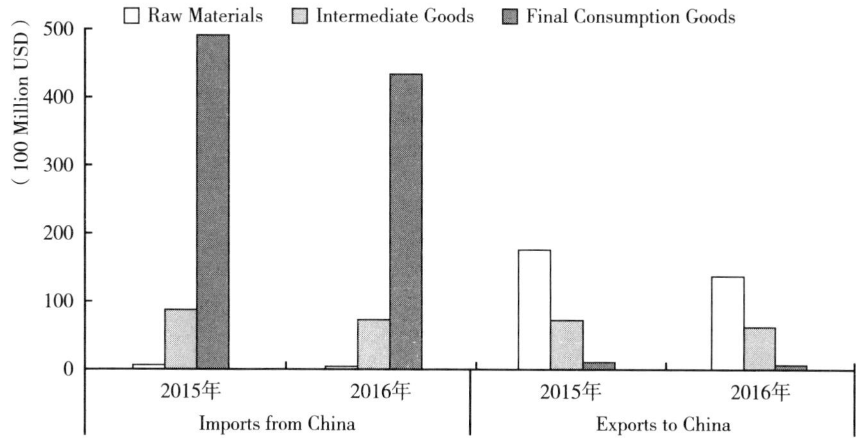

Figure 3.3 Composition of the Trade Structure of the GCC Countries to China in 2015 and 2016 (Data Source WITS DATABASE)

As shown in Figure 3.3, the GCC countries mainly export crude raw materials such as crude oil and ore to China, and import a large amount of industrial consumption value such as electromechanical, mechanical and

textiles from China. The participating countries formed a large trade deficit in trade with China. In addition, the trade between the GCC countries and China is mainly concentrated in crude oil, ore, textiles, electromechanical and other products. The trade structure is relatively simple and economic and trade cooperation in the fields of food and agricultural products processing has yet to be further deepened.

The top 10 products GCC countries imported from China or exported to China can also reflect the trade dependence between the two sides. As shown in Table 3.11, in 2016, imports of GCC countries from China are mainly concentrated in communications equipment and accessories, machinery and equipment, home appliances, toys, textiles, etc., and most of these products occupies more than half of the local import market share. The ratio of the amount to the total import value is more than half, indicating that the GCC countries rely heavily on importing these goods from China. China's communication equipment, machinery and equipment, textiles, toys and hardware products have strong market competitiveness in overseas markets. Among them, the market shares of portable automatic data processing equipment (code 847130), plastic or textile fabric bags, handbags, briefcases, school bags, etc. (code 420212), tricycle, skateboard, scooter and small-wheel toy car (code 950300) are all over 80%. In addition, the market share of the main products of the GCC will be slightly higher than that of the previous year, including drilling machinery, pile driver, pile driver, snowplow, etc. (code 843049) and wireless phone (code 851712). Last year, it increased by 28.00% and 7.16%.

Table 3.11 Top 10 Products Imported from China by Gulf Cooperation Council (GCC) in 2016

HS(2016)-6	Product Name	Imports from China (Thousand USD)	Market Share (%)	Year-on-Year Increase (%)
851712	Wireless phone	9854987	65.94	7.16
847130	Portable automatic data processing equipment (weight less than 10 kg)	2258026	88.14	1.07
851762	Data or audio reception, reproduction and transformation processor	876046	45.66	1.53

Continued

HS(2016)-6	Product Name	Imports from China (Thousand USD)	Market Share (%)	Year-on-Year Increase (%)
841510	Electric fan, air conditioner and its components	770063	51.26	2.48
851770	Telephone device and parts	501108	57.06	-1.34
843049	Drilling machinery, pile driver, pile driver, snowplow, etc.	465377	78.59	28.00
950300	Tricycle, skateboard, scooter and small-wheel toy car	456238	83.29	0.01
401120	New rubber inner tube on bus or truck	366755	36.39	-2.08
420212	Luggage bags, handbags, briefcases, school bags, etc., made of plastic or textile fabrics	329484	85.98	0.10
848180	Boiler equipment and similar equipment including valves, pipes, pressure reducing valves, thermostatic control valves.	310823	11.23	0.38

Data Source: WITS database.

As shown in Table 3.12, the main commodities exported by the GCC countries to China in 2016 are oil, natural gas and various chemical products. Among them, China accounts for 4.75% and 7.72% of the export share of GCC countries' oil (code 270,900) and natural gas (code 271111), accounting for a small share of the world, but it is China's largest energy import regional organization①. It can be seen that China relies heavily on energy exports from GCC countries and has weaker demand and reliance on other categories of products in the GCC countries.

① According to WITS data, in 2016, China's imports of oil and natural gas energy products accounted for 24.47% of the GCC countries, amounting to 43.2 billion US dollars; Russia is China's largest single energy exporter, accounting for 10.77%, the amount is about 19 billion US dollars; Saudi Arabia is China's second largest single energy exporter, accounting for 9.27%, and the amount is about 16.4 billion US dollars.

Table 3.12 Top Ten Products that GCC Exported to China in 2016

HS(2016)-6	Product Name	Export to China (Thousand USD)	Market Share (%)	Year-on-Year Increase (%)
270900	Oil	10,623,134	4.75	-1.24
271111	Natural Gas	3,029,871	7.72	1.09
390120	Polyethylene with proportion more than 0.94	1,723,502	25.35	5.01
290943	Monobutyl ether of glycol or diglycol	1,096,586	49.08	-5.28
290250	Styrene	560,024	43.51	-4.30
271012	Light oil and arranging agent extracted from petroleum	548,422	1.09	0.76
390110	Polyethylene with proportion less than 0.94	479,112	11.15	0.38
290243	Para-xylene	414,019	43.66	-6.97
390210	Polypropylene	396,889	7.68	-0.12
290511	Methanol	325,080	25.55	8.05

(Data Source WITS DATABASE)

3.4 Analysis of Trade Situation between China and Arab States in North Africa

In 2016, China's trade with Egypt, Algeria, Morocco, Sudan, Tunisia, Libya and Mauritania reached 29.8 billion USD, accounting for about one-fifth of the total Arab trade with China. Affected by regional political and economic factors, the trade volume between China and North African countries in 2016 was generally lower than that in 2015. The trade volume between Egypt and Sudan against China fell by nearly 15%, and Libya fell by 46.19%.

As shown in Figure 3.4, the import volume of most North African countries to China is much higher than that of exports. The major North African countries have a large trade deficit with China, showing a strong import and weak export trade structure with China. In addition, Egypt, Algeria and Morocco

have a relatively large trade volume with China. Total accounts for 75.80% of the total trade volume with China in North Africa. It is China's main trading partner in North Africa and has regional representation in trade with China. Therefore, this section makes a detailed analysis of the trade situation of the three countries mentioned above.

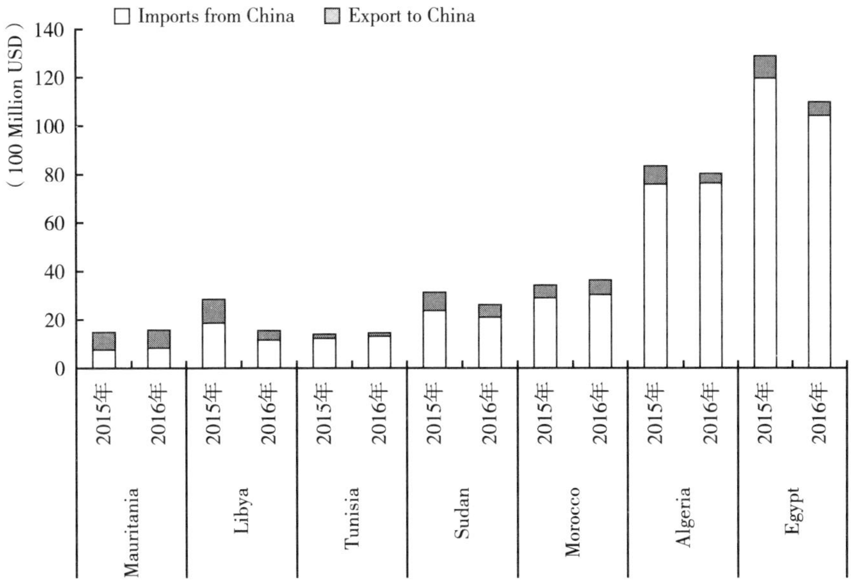

Figure 3.4 Arab States' Trade with China in North Africa (Data Source WITS DATABASE)

3.4.1 Import and Export Trade Structure between China and Egypt

According to data released by the Ministry of Commerce of the P.R.C.[①], as of August 2017, China is Egypt's ninth largest export market and the largest source of imports. Egypt is China's largest trading partner in North Africa. In 2016, Egypt's total import and export volume of goods was 83.61 billion USD, down 8.0% from the previous year. Among them, exports were 21.80 billion USD,

① Website of the Ministry of Commerce of the P.R.C., https://countryreport.mofcom.gov.cn/record/view110209.asp?news_id=53738

up 3.2%; imports were 61.81 billion USD, down 11.4%. The trade deficit was 40 billion USD, down 17.8%. The bilateral trade in goods between Egypt and China was 8.86 billion USD, a decrease of 6.9%. Among them, Egypt exports to China 490 million USD, an increase of 16.0%, accounting for 2.3% of Egypt's total exports, an increase of 0.3 percentage points; Egypt imports from China 8.37 billion USD, down 8.0%, accounting for 13.5% of Egypt's total imports, an increase of 0.5 percentage point. Egypt's trade deficit was 7.88 billion USD, down 9.2%.

Table 3.13 Main Import and Export Trading Partners of Egypt in 2016 (Million USD)

	Country/Region	Amount (Million USD)	Year-on-Year Increase (%)	Market Share (%)
Egypt's Main Sources of Imports	China	8,368	-8	13.5
	Germany	5,539	3	9
	The U.S.	3,293	-19.6	5.3
	Italy	2,739	-10.1	4.4
	Turkey	2,668	-15.2	4.3
Egypt's Main Export Destinations	The UAE	2,671	146.5	12.3
	Saudi Arabia	1,735	-9.2	8
	Italy	1,443	-9.1	6.6
	Turkey	1,343	10	6.2
	UK	1,067	15.4	4.9

Data Source: Website of the Ministry of Commerce of the P.R.C., https://countryreport.mofcom.gov.cn/record/qikanlist110209.asp?qikanid=9079&title=2016 年埃及货物贸易及中埃双边贸易概况

China is Egypt's largest source of imports and a source of deficit, so Egypt's imports to China are particularly noteworthy. First of all, among the five major categories of Egypt's imports in 2016, mechanical and electrical products mainly came from China, Germany, Italy, the US and South Korea. The import value from China was 3.08 billion USD, ranking first with the proportion of 30.2%; minerals mainly came from Egypt, Qatar, Saudi Arabia, Kuwait and other Arab

states in the Middle East and Turkey, Malta and other Mediterranean countries; base metals and products mainly from China, Ukraine, Turkey, Russia and Italy, imports from China amounted to 1.12 billion USD, accounting for 15.3%, ranking the first. In addition, transport equipment and chemical products are mainly from developed countries such as Korea, Germany, Japan, Switzerland, etc. China's Market Share is less than 10%.

3.4.2 Import and Export Trade Structure between China and Algeria

According to data released by the Ministry of Commerce of the P.R.C. ①, as of August 2017, China is the largest source of imports for Algeria, ranking 14th in the Algeria export trade. Algeria is China's second largest trading partner in North Africa. In 2016, the import and export volume of Algeria was 77.11 billion USD, down 10.7% from the same period of the previous year (the same below). Among them, exports were 30.02 billion USD, down 13.4%; imports were 47.09 billion USD, down 8.9%. The trade deficit was 17.07 billion USD, an increase of 0.2%. The bilateral import and export volume of goods between China and Algeria was 8.74 billion USD, a decrease of 0.7%. Among them, Algeria exported 330 million USD to China, down 39.9%, accounting for 1.1% of Algeria's total exports, down 0.5%; Algeria imported 4.41 billion USD from China, up 2.0%, accounting for 17.9% of total Algeria imports, up 2.0 percentage point. In 2016, Algeria's trade deficit with China was 8.08 billion USD, an increase of 5.2%. China is Algeria's largest source of imports and a source of deficit.

From the perspective of trade structure, Algeria has a single export structure. Fossil fuels and by-products (asphalt) are the main export commodities. In 2016, the export value of this large category of goods reached 28.61 billion USD, accounting for 95.3% of the total export trade of Algeria; machinery and equipment, mechanical and electrical products, transport equipment, steel, and grain are the five major categories of goods imported by Algeria. Algeria's main exporters are Italy, Spain, The US, France and Brazil, accounting for 17.4%, 12.9%, 12.9%, 11.4 and 5.4% of Algeria's export share respectively; Algeria's

① Website of the Ministry of Commerce of the P.R.C., https://countryreport.mofcom.gov.cn/new/view110209.asp?news_id=56308

main import sources are China, France, Italy, Spain and Germany accounted for 17.9%, 10.1%, 9.9%, 7.6% and 6.4% of Algeria's imports.

3.4.3 Import and Export Trade Structure between China and Morocco

China's business data shows that as of September 2017, China is Morocco's 14th largest export destination and the third largest source of imports. Morocco is China's third largest trading partner in North Africa. In 2016, the import and export volume of Morocco's goods was 63.82 billion USD, an increase of 6.1% over the same period of the previous year (the same below). Among them, exports were 22.48 billion USD, up 1.2%; imports were 41.34 billion USD, up 9.1%. The trade deficit was 18.86 billion USD, an increase of 20.2%. The bilateral import and export volume of goods between China and Morocco was 4 billion USD, an increase of 19.0%. Among them, Morocco's exports to China were 230 million US dollars, down 6.5%, accounting for 1.0% of Morocco's total exports, down 0.1 percentage points; Morocco's imports from China were 3.77 billion USD, up 20.7%, accounting for 9.1% of Morocco's total imports, an increase of 0.8 percentage point. In 2016, Morocco's trade deficit with China was 3.54 billion USD, an increase of 22.1%. China is Algeria's largest source of deficit and the third largest source of imports after Spain and France.

According to the Ministry of Commerce's Country Trade Report①, in 2016, the five major categories of products imported by Morocco were mechanical and electrical products, chemical products, minerals, transport equipment and base metals and products. Mechanical and electrical products are mainly from China, Spain, France, Germany and Italy, with China accounting for the highest proportion of 18.1% and amount of 1.56 billion USD. Chemical products, minerals and transport equipment are mainly from Western countries such as Spain, the U.S., France, Germany and Russia. China products are not competitive in the local market. The five major products exported by Morocco are electromechanical products, chemical products, transport equipment, textiles, and raw materials and plant products.

① Website of the Ministry of Commerce of the P.R.C.,https://countryreport.mofcom.gov.cn/record/qikanlist110209.asp?qikanid=8996&title=2016 年摩洛哥货物贸易及中摩双边贸易概况

The main export targets are European and American countries such as Spain, France, Italy, the U.S., and Brazil. It can be seen that Morocco's trade is still dominated by European and American countries. In addition to the higher market share in the field of mechanical and electrical products, China's products are subject to fierce competition from European countries such as Spain, France, etc. in Morocco.

Chapter 4 Dependence of China–Arab States Investment

4.1 Mutual Investment Situation and Main Areas of Cooperation between China and Arab States

4.1.1 Investment Advantages of Arab States

(1) Outstanding Natural Endowment Characteristics

Located on the border of Asia and Africa, the Arab region is the gateway to connect the Atlantic and Indian Oceans, the West and the East. Arab region enjoys unique resource advantage with rich petroleum, natural gas and phosphate resources. As of the end of 2016, its proven oil reserve is 96.9 billion tons, taking up 40.3% of the global conventional oil reserve, of which Saudi Arabia, Iraq, Kuwait and the United Arab Emirates are listed as the second, fifth, seventh and eighth in the world. Annual output of oil in the Arab region is 1.4808 million tons, and the annual export volume is 998 million tons, taking up 31.0% of the world's total oil exports; its proven reserve of natural gas is 53.6 trillion m^3, taking up nearly 28.7% of the world's total reserve. Besides, its phosphate reserve ranks top in the world, mainly in Morocco and Tunisia, etc. ①

(2) Tremendous Potential in Economic Development

While making good use of its oil and gas industry as pillar industry, Arab countries also actively carry out industrial restructuring to realize diversified development in economy, which has achieved remarkable results. The proportion of the oil and gas industry to GDP is declining. The Saudi government is also committed to working on the development of new energy and the introduction

① Page 16, 25, 26 of *BP Statistical Review of World Energy* 2017

of renewable energy plans. The plan shows that Saudi Arabia will invest 30 billion to 50 billion US dollars in new energy fields by 2032. Drawing on development experience of various countries, the Arab countries will actively expand the country's needs and increase domestic economic strength. Efforts will also be made to develop manufacturing so as to change the current situation that technologies for producing have depended on foreign countries for a long time. It also promotes foreign investment, facilitates investment measures and procedures, encourages exports, formulates relevant policies, and follows China's establishment of special economic zones, free ports, and free trade.

4.1.2 Introduction to Foreign Investment and Foreign Investment of Arab States

(1) Attracting Foreign Investment

The report of the Arab Investment and Export Credit Guarantee Corporation in 2017 indicates that the Arab countries have attracted 30.8 billion USD of foreign direct investment (FDI) in 2016, higher than the number (24.6 billion USD) in 2015. Among them, the UAE has attracted 8.9 billion USD of FDI in 2016 (8.7 billion USD in 2015), accounting for 29% of the total foreign direct investment of Arab countries; the foreign direct investment attracted by Egypt accounts for 26% of the total foreign direct investment of Arab countries (8.1 billion USD), higher than the number in (6.9 billion USD). The current foreign direct investment of Egypt reaches 102.3 billion USD (94.3 billion USD in 2015), accounting for 12.3% of the total foreign direct investment in the Arab countries.① Investment from foreign countries in Arab States mainly goes to fields like real estate, finance, telecommunication, construction and petrochemical industry, etc.

World Investment Report of United Nations Conference on Trade and Development shows (UNCTAD) 2017 publishes that FDIS of Arab countries in 2016 is 828.6 billion USD, a year-on-year increase of 1.8%, taking up 3.1% of the global FDIS (27 trillion USD). The FDIS of Arab States is mainly in Saudi Arabia (231.5 billion USD, accounting for 27.9%), the United Arab Emirates (117.9 billion USD, accounting for 14.2%), and Egypt (102.3 billion USD,

① 《مؤشر ضمان لجاذبية الاستثمار,مناخ الاستثمار في الدول العربية,2017》, the Arab Investment and Export Credit Guarantee Corporation, Page 16.

accounting for 12.3%). The FDIS of the three countries approximately take up 54.5% of total FDIS in Arab countries.

(2) Outward Foreign Investment

The flows of outward foreign direct investment of Arab countries in 2016 is 29.214 billion USD, a year-on-year decrease of 12.5%, taking up 2.01% of the global cross-border investment and 7.62% of outward foreign direct investment of developing countries, which is mainly affected by Kuwait's negative growth (-6.258 billion USD) in outward foreign direct investment flows in 2016. Countries like Qatar (7.902 billion USD), Saudi Arabia (8.359 billion USD), and the UAE (15.711 billion USD) are main outward FDI countries.①

The total amount of sovereign wealth of GCC have reached 2.9 trillion USD in June 2016, taking up 39.5% of total amount of sovereign wealth of countries around the world, which exceeds the figure of 38% in 2015. The investment is mainly used in oil refining, petrochemical industry, security and real estate, etc. The amount of SWF of the UAE reached 1.2 trillion USD, and that of Saudi Arabia reached 758 billion USD. Overall, though the economy is suffering a global downturn, the GCC countries have shown their strength to maintain a stable SWF.②

4.1.3 Mechanisms and Platforms of China and Arab States for Promoting Investment Cooperation

China-Arab states economic and trade cooperation has always adhered to the principle of "equal and mutually beneficial, pragmatic, diversified and common development", and China has attached great importance to establishing bilateral and multilateral cooperation mechanisms with Arab countries. In terms of bilateral cooperation, until now, China has become the second largest trading partner of the Arab countries and the largest trading partner of nine Arab countries. The Arab countries also are China's largest supplier of crude oil, the seventh largest trading partner, as well as the important market for project contracting and overseas investment.

In terms of multilateral cooperation, many collective cooperation platforms

① "World Investment Report 2017", UNCTAD, Page 228

② The Sovereign Wealth Level of the Gulf Countries Remains Stable, the website of Ministry of Commerce of the People's Republic of China, http://www.mofcom.gov.cn/article/i/jyjl/k/201610/20161001430343.shtml, 2016-10-23

have been set up between China and Arab States, such as China-Arab States Cooperation Forum and China-Arab States Expo, etc. China-Arab States Cooperation Forum was established in 2004, the measure of economic and trade cooperation introduced by the biennial Ministerial Conference effectively promoted the development of overall China-Arab states pragmatic cooperation. Meanwhile, the regularly held Arab Chinese Businessmen Conference under the framework of the Forum also promoted cooperation between enterprises of the two sides in investment and trade. China-Arab States Expo is a high-level comprehensive cooperation platform that is co-sponsored by China's Ministry of Commerce, China Council for the Promotion of International Trade and People's Government of Ningxia Hui Autonomous Region.

The activity of China-Arab States Expo Approaching Egypt 2016 (hereafter referred to as "Approaching Egypt"), co-sponsored by the People's Government of Ningxia Hui Autonomous Region and Egyptian Ministry of Trade and Industry (MFTI), was successfully held in Cairo, the capital of Egypt, from May 30 to June 1, 2016. It was an important measure taken by the first local government in China to implement the achievements of President Xi Jinping's visit to Egypt and participated in the celebration of 60th anniversary of diplomatic relations between China and Egypt. It was widely covered by media both at home and abroad and was highly welcomed in Egypt, thus effectively improved the influence and popularity of China-Arab States Expo and Ningxia Hui Autonomous Region in Arab states. Chinese Premier Li Keqiang also spoke highly of it. During the exhibition, 8 cooperation agreements were signed and over 20 cooperation intentions were achieved and 4 cooperation memorandums were signed. Ningxia Aiyi Bio-Engineering Co., Ltd. successfully signed the agency contract, 10 enterprises that participated in the exhibition including Ningxia Hong Wolfberry Products Co., Ltd. reached initial cooperation intention with Egyptian enterprises. Ningxia Tourism Administration signed framework cooperation agreement with Tourism Administration of Egypt; Imperial Mausoleums of Western Xia signed Memorandum on Brotherhood Scenic Spots with the Pyramids of Egypt; three travel agencies of Ningxia including China Merchants International Travel (Ningxia) Co., Ltd., etc. signed tourists exchange agreements with relevant travel agencies of Egypt. Three hospitals including General Hospital of Ningxia Medical University, etc. reached cooperation agreements with three medical institutions including Egyptian Manshey

Hospital, etc.; General Hospital of Ningxia Medical University and Egypt Sharaf Foundation reached cooperation intention on construction of the International Healthcare City in Yinchuan Binhe NewDistrict, etc. ①

4.1.4 China's Investment to Arab States

Over the years, with the joint efforts of China and the Arab countries, the investment cooperation between China and Arab countries has developed smoothly, showing the characteristics of continuous expansion and development. Arab Investment and Export Credit Guarantee Corporation, headquartered in Kuwait released that China is the most important investor in the Arab region, and the total investment reached 29.5 billion USD in 2016, taking up 31.9%, according to the Emirates News Agency. It played a positive role in consolidating China-Arab strategic cooperation. In recent years, with the promotion of the "Belt and Road", more and more Chinese companies focus on the Arab market, and the Arab countries have become one of the important destinations for Chinese companies to invest overseas.

(1) Overview

In 2016, total trade volume between China and Arab states reached 171.14 billion USD, of which China's exports to Arab states was 100.84 billion USD, while its imports from Arab states was 70.30 billion USD, China has maintained to be the largest trade partner of Saudi Arabia, Egypt and Iraq, etc.

In 2016, China's investment in Arab states has seen rapid growth. Non-financial direct investment flow from China's enterprises reached 1.15 billion USD, a year-on-year increase of 74.9%, which is 30.8 percentage points higher than the increase of total amount of foreign non-financial direct investment flow of Chinese companies over the same period. The Silk Road Fund owns 7.4% of the share of the UAE's clean coal power plant project, becoming the first case in the region. After the Suez Economic and Trade Cooperation Zone in Egypt, Saudi Arabia and Oman, etc. have discussed with China one after another on carrying out development and cooperation on industrial parks. The China Industrial Park invested and developed by Chinese enterprises in the Special Economic Zone Authority at Duqm has started infrastructure construction.

---

① "China-Arab States Expo Approaching Egypt 2016", Website of China-Arab States Expo, https://www.casetf.org/2016alb/

The scale of project contracting cooperation in Arab states is expanding. In 2016, the amount of newly signed project contracting contracts by Chinese enterprises in Arab states reached 40.37 billion USD, a year-on-year increase of 40.8%, taking up 16% of the total amount of China's newly signed contracts globally, and increased 2.9 percentage points compared to the end of 2015. The revenue of Chinese enterprises in Arab states reached 33.60 billion USD, a year-on-year increase of 10.6%. The will of Chinese enterprises to actively carry out project investment and financing as well as integration cooperation is increasing, and the pre-caution consciousness and coping capacity for all kinds of risks are gradually improving.

(2) Main Fields

The Gulf countries are one of the world's major traditional energy exporters. However, in recent years, due to the low international oil prices and increased government financial pressure, the Gulf countries have increasingly attached importance to R&D and application in the field of renewable energy. Looking back on the cooperation between China and Arab countries in the field of renewable energy in recent years, the two sides have achieved a series of results under the framework of the "Belt and Road". In June 2016, China Harbin Electric Corporation and Silk Road Fund participated in the first clean coal power station project in the Middle East as investors; China's investment in Arab countries mainly focused on industry, construction, finance, information technology and service industries; oil and gas industry is a key area of China's investment in Arab countries. PetroChina, Sinopec, CNOOC and Sinochem have implemented oil and gas development or exploration projects in Sudan, Iraq, Oman, the UAE, Qatar and other countries through sole proprietorship, joint ventures and equity participation.

The "1+2+3" cooperation pattern between China and Arab states has taken shape, and energy cooperation between China and countries such as Saudi Arabia, the UAE and Sudan is deepening. Large-scale projects cooperation in infrastructure fields such as electric power, telecommunication, transportation and industrial parks, etc. between China and Saudi Arabia, the UAE, Egypt and Algeria, etc. are emerging; China and GCC restarted the FTA Talks and even speeded it up. In terms of high and new technologies, breakthroughs have been achieved between China and Saudi Arabia, the UAE, Egypt and Algeria, etc. in high and new technologies

such as nuclear energy, space satellite and new energy. ①

From 2014 to 2016, China and Egypt has successively signed the important documents including the "Joint Declaration on Establishing Comprehensive Strategic Partnership between People's Republic of China and the Arab Republic of Egypt", "Framework Agreement on China-Egypt Capacity Cooperation", "Five-Year Outline on Strengthening the Comprehensive Strategic Partnership Between the People's Republic of China and the Arab Republic of Egypt", "Memorandum of Understanding on Jointly Promoting the Construction of the Silk Road Economic Belt and 21st Century Maritime Silk Road between Governments of People's Republic of China and the Arab Republic of Egypt", "Agreement on Suez Economic and Trade Cooperation Zone", "Memorandum of Understanding on Carrying out Regional Aviation Cooperation between China's Ministry of Commerce and Ministry of Civil Aviation of Egypt", etc., which made China-Egypt economic and trade cooperation ties even stronger.

4.1.5 Investment of Arab States to China

(1) Overview

The investment in Arab countries has begun to move eastward to China since the 1990s. The total amount of investment remains small without major projects. After entering into the new era, Arab countries' investment in China began to increase year by year. In recent years, Arab countries, especially the Gulf countries, are highly bullish on prospects for Chinese development and accelerating investment in China. From 2014 to 2016, main economies of the LAS have directly invested 621 million USD to China accumulatively, and that of the Gulf countries reached 561 million USD, taking up 90.34% of the total investment. Saudi Arabia and the UAE are main countries of the direct investment, and that of Saudi Arabia reached 39.33 million USD and the UAE reached 13.45 million USD in 2016. The growth rates in Jordan, Egypt and Iraq hit new record high, 30, 12 and 4 times than the figure in 2015, respectively. Algeria, Sudan and Oman have made breakthroughs from nothing. See Table 4.1, and Figure 4.1.

---

① Chinese President Xi Jinping delivers a speech "Work Together for a Bright Future of China-Arab Relations" at Arab League Headquarters: "I called for joint Chinese and Arab efforts to build the Belt and Road Initiative. I suggested that we take energy cooperation as one priority, infrastructure development and trade and investment facilitation as two key areas, and nuclear energy, aviation satellite and new energy as the three high-tech areas for breakthrough", Xinhua News, http://news.xinhuanet.com/politics/2016-01/22/c_1117855467.htm, January 22, 2016

Table 4.1

Economies	2014 (Ten Thousand USD)	2015 (Ten Thousand USD)	2015 Year-on-Year (%)	2016 (Ten Thousand USD)	2016 Year-on-Year (%)	Global Proportion in 2016 (%)	2014-2016 Growth Rate (%)
Global	11956156	12626555	5.61	12600142	-0.21	100	—
Sudan	0	0	—	50	—	0.000397	-78.10
Egypt	126	50	-60.32	269	438.00	0.002135	1293.75
Algeria	0	0		3	—	0.000024	—
Morocco	0	0		0	—	0.000000	33.62
Tunisia	2	13	550.00	0	—	0.000000	-39.31
The UAE	2855	3899	36.57	3933	0.87	0.031214	50.00
Saudi Arabia	3061	27774	807.35	1345	-95.16	0.010674	-11.28
Qatar	0	90		0	—	0.000000	—
Kuwait	694	220	-68.30	152	-30.91	0.001206	-78.10
Iraq	16	102	537.50	223	118.63	0.001770	1293.75
Oman	0	0	0	6	—	0.000048	—
Jordan	116	5	-95.69	155	3000.00	0.001230	33.62
Syria	173	55	-68.21	105	90.91	0.000833	-39.31
Libya	12	10	-16.67	18	80.00	0.000143	50.00
Arab States Total	7055	32218	356.67	6259	-80.57	0.049674	-11.28

Data Source: ① "China Statistical Yearbook-2016", "China Statistical Yearbook-2017", Page 11-44, the actual foreign investment amount is divided in accordance with countries (regions), China Statistics Press.

② "—" means data cannot be calculated.

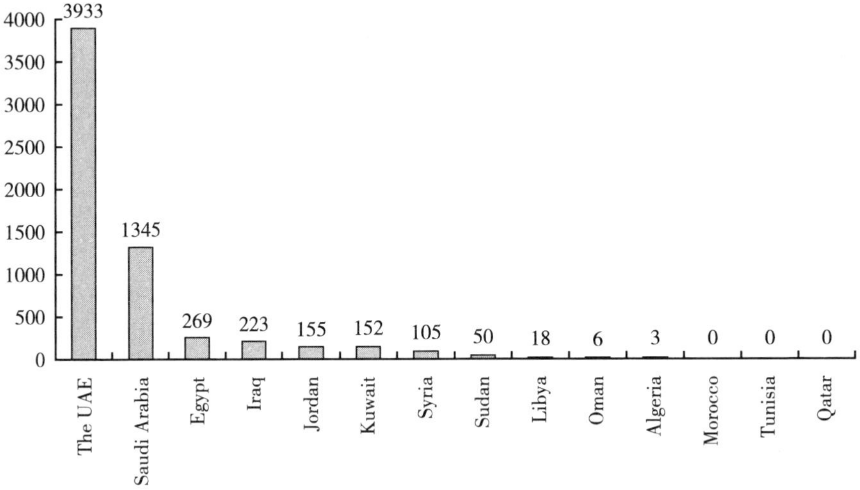

Figure 4.1 Direct Investment Flow from Major Arab States to China in 2016

(2) Main Fields

Arab States mainly invest in fields such as petrochemical industry, logistics, light industry and building materials, etc. in China. Major projects include the integrative project of the refinery and petrochemical industry in Fujian province and ethylene project of Tianjin that company of Saudi Arabia shares the equity, chemical fertilizer project in Qinhuangdao that the company of Tunisia shares equity, the plastic products storage & transportation and processing project invested by company of the UAE in Guangzhou and Shanghai, etc. In the downstream area of oil and gas, Fujian petrochemical integration project and Tianjin ethylene project, which have already been put into operation, are the main projects for Arab countries' entry of capital. Saudi Basic Industry Corporation (SABIC) announced that it has signed the Project Development Agreement (PDA) with Shenhua Ningxia Coal Industry Group (SNCG), and will build a new petrochemical industrial park in Ningxia with SNCG. ①

① "Saudi Basic Industries Corporation of Saudi Arabia Signed a Cooperation Agreement on Establishing the Petrochemical Industrial Park with Shenhua Group", website of the Ministry of Commerce of China,http://www.mofcom.gov.cn/article/i/jyjl/k/201606/20160601331563.shtml, June 2, 2016

In the field of finance, Abu Dhabi Investment Authority (ADIA) of the UAE, Kuwait Investment Authority (KIA) and Qatar Holding LLC successively became the qualified foreign institutional investors of China. Since Qatar Central Bank, Saudi Arabian Monetary Agency (SAMA) and Kuwait Investment Authority (KIA) have been permitted to enter China's inter-bank bond market, and their financial investment is further expanded. Abu Dhabi Investment Authority (ADIA) invested quota of 1.5 billion USD to China's stock market in 2015, a year-on-year increase of 50%. Kuwait has accumulatively obtained the investment quota of 1.5 billion USD as a qualified foreign institutional investor in China's securities market and 1 billion USD of investment quota in the inter-bank bond market, becoming the largest investor in China's RMB open market. Besides, Kuwait has successively invested in the H-Shares of financial institutions such as ICBC, Agricultural Bank of China and CITIC Securities, etc., its accumulated financial investment in China (including China's Hong Kong) has exceeded 10 billion USD. Qatar Investment Authority plans to invest 15 billion USD to the Greater China Region in the following five years.

4.2 Investment Dependence Index between China and Arab States

From 2012 to 2016, China's FDI from the whole world suffered a slight decline in 2016, with annual growth rate of 3.05% in past 5 years. After the recovery growth of FDI inflow from the major economies of LAS in 2015, it touched a five-year lowest point, a year-on-year decline of 80.57 %, see Table 4.2. The FDI of China from GCC member countries revealed a trend of fluctuations, that Saudi Arabia in 2015 and 2016 was in a big drop, a year-on-year decrease of 95.16%, with average annual growth rate negative 27.94%; FDI from the UAE has been declining from 2012 to 2014, but increased largely in 2015 and remained stable state in 2016; however, that Qatar has remained extremely low state since 2012, which was nothing in 2016. FDI from Northern African countries had a tendency to rise in 2015 and 2016 with a year-on-year growth of 366%, thanks for the rapid growth of Egypt and Sudan in the past two years. See Table 4.2, Figure 4.2 and Figure 4.3.

Table 4.2 Direct Investment Flow Attracted from Major Arab States to China

Economies	2012 (Ten Thousand USD)	2013 (Ten Thousand USD)	2014 (Ten Thousand USD)	2015 (Ten Thousand USD)	2016 (Ten Thousand USD)	Annual Growth Rate (%)
Global	11171614	11758620	11956156	12626555	12600142	3.05
Major Economies of the LAS	22400	12856	7055	32218	6259	-27.30
Nine Countries of West Asia	21043	12546	6915	32145	5919	-27.17
GCC Members	20735	12072	6610	31983	5436	-28.44
Bahrain	79	0	0	0	0	-100.00
Kuwait	0	69	694	220	152	—
Oman	0	0	0	0	6	—
Qatar	2706	1771	0	90	0	-100.00
Saudi Arabia	4987	5851	3061	27774	1345	-27.94
The UAE	12963	4381	2855	3899	3933	-25.78
Other Countries in West Asia	308	474	305	162	483	11.90
Iraq	93	101	16	102	223	24.44
Jordan	120	125	116	5	155	6.61
Syria	95	248	173	55	105	2.53
Six Countries in North Africa	1357	310	140	73	340	-29.25
Algeria	571	5	0	0	3	-73.08
Egypt	567	209	126	50	269	-17.01
Libya	180	0	12	10	18	-43.77
Morocco	0	27	0	0	0	—
Sudan	7	24	0	0	50	63.48
Tunisia	32	45	2	13	0	-100.00

Data Source: ① The data for 2012-2015 comes from the "2016 Edition of Annual Report on Development of China-Arab States Economic and Trade Relations", Internal Information, page 49

② "China Statistical Yearbook-2017", Page 11-44, the actual foreign investment amount is divided in accordance with countries (regions), China Statistics Press.

③ "—" means data cannot be calculated.

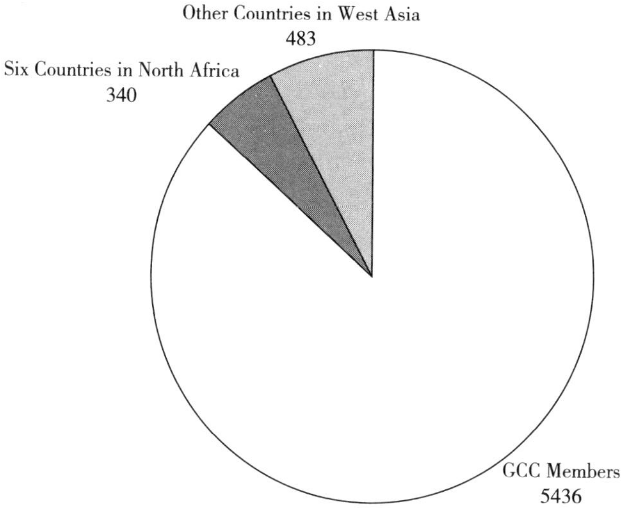

Figure 4.2 Direct Investment Flow from Major Economies of the LAS to China

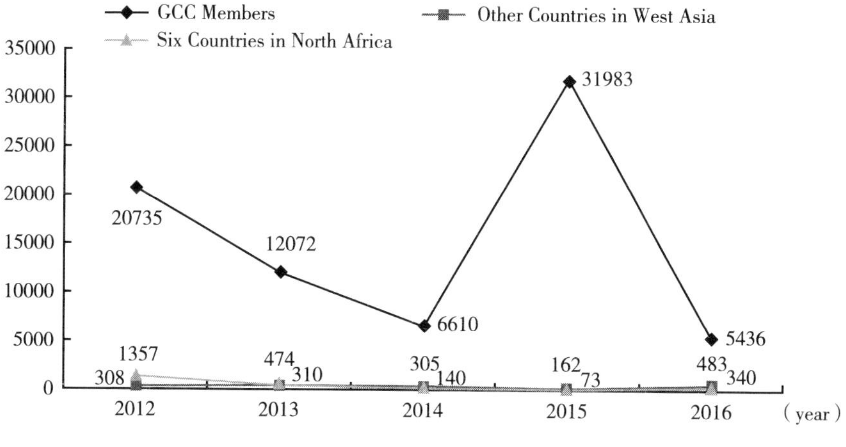

Figure 4.3 Direct Investment Flow from Major Economies of the LAS to China from 2011 to 2015

China has maintained a high speed annual growth of 22.26% in terms of global investment from 2012 to 2016. However, the investment in the major economies of the LAS has tumbling decline in general. In 2016, there was a negative growth. The large divestment conducted by the UAE, Iraq, Algeria and

Sudan, which were the first large-scale divestments in recent years. The main investor in the past, Saudi Arabia, has also dropped significantly. Whether it is for the GCC countries, other countries in West Asia or the six countries in North Africa, the total amount of investment is negative. The investment flows to the major economies of the LAS fell by 140% in 2016, compared with the figure in 2015. See Table 4.3, and Figure 4.4.

Table 4.3 Direct Investment Flow from China to Major Countries of the Arab States

Economies	2012 (Ten Thousand USD)	2013 (Ten Thousand USD)	2014 (Ten Thousand USD)	2015 (Ten Thousand USD)	2016 (Ten Thousand USD)	Growth Rate (%)
Global	8780353	10784371	12311986	14566715	19614943	22.26
Major Economies of the LAS	84200	123762	221694	229374	-90726	—
Nine Countries in West Asia	48600	86694	120201	198004	-22715	—
Members of the GCC	33908	85420	110250	196971	-17972	—
Bahrain	508	-534	0	0	3646	63.68
Kuwait	-1200	-59	16191	14444	5055	—
Oman	300	-74	1516	1095	462	11.40
Qatar	8400	8747	3579	14085	9613	3.43
Saudi Arabia	15400	47882	18430	40479	2390	-37.23
The UAE	10500	29458	70534	126868	-39138	—
Other Countries in West Asia	15200	1274	9951	1033	-4743	—
Iraq	14800	2002	8286	1231	-5287	—
Jordan	1000	77	674	158	613	-11.52
Syria	-600	-805	955	-356	-69	—
Six Countries in North Africa	35600	37068	101493	31370	-68011	—
Algeria	24600	19130	66571	21057	-9989	—
Egypt	11900	2322	16287	8081	11983	0.17
Libya	-700	45	13	-4106	-1705	-24.93

Continued

Economies	2012 (Ten Thousand USD)	2013 (Ten Thousand USD)	2014 (Ten Thousand USD)	2015 (Ten Thousand USD)	2016 (Ten Thousand USD)	Growth Rate (%)
Morocco	100	774	1144	2603	1016	78.54
Sudan	-200	14091	17407	3171	-68994	-330.97
Tunisia	-100	706	71	564	-322	-33.96

Data Source:

① Data from 2012 to 2015 is from the "2014 Edition of Annual Report on Development of China-Arab States Economic and Trade Relations", Internal Information, page 51.

② Data 2016 is from the "2016 Statistical Bulletin of China's Outward Foreign Direct Investment", page 45-47, China Statistics Press

③ The growth rate is calculated according to data from 2012 to 2016

④ "—" means data can't be calculated

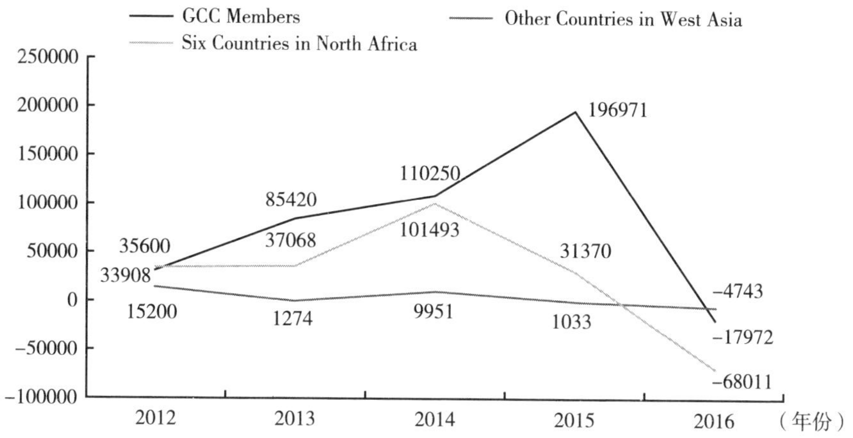

Figure 4.4 Direct Investment Flow from China to Major Countries of the Arab States from 2011 to 2015

From the perspective of the mother country, the dependence of China's FDI to major economies of the LAS reaches a low point in 2016, and the overall performance is declining. The peak in 2012 was only 0.96%, reaching the first negative value in 2016 in the past few years. The average value in the past five

years is 0.108%. Individually, China's FDI to GCC members, other countries in West Asia and six countries in North Africa fell to negative values in 2016, indicating that China's FDI dependence to major economies of the LAS began to decrease. However, the FDI dependence to Egypt is 0.061%, while the dependence on Sudan is the lowest, negative 0.352%, as shown in Table 4.4, Figure 4.5 and Figure 4.6.

Table 4.4 China's FDI Dependence to Major Countries of the Arab States (From the Perspective of the Mother Country)

(unit: %)

Source of Foreign Investment	2012	2013	2014	2015	2016	Average in Five Years
Global	100	100	100	100	100	100
Major Economies of the LAS	0.959	0.01148	0.01801	0.01575	-0.46254	0.10834
Nine Countries in West Asia	0.554	0.00804	0.00976	0.01359	-0.11580	0.09392
Members of the GCC	0.38	0.00792	0.00895	0.01352	-0.09162	0.06375
Bahrain	0	-0.00005	0.00000	0.00000	0.01859	0.00371
Kuwait	-0.014	-0.00001	0.00132	0.00099	0.02577	0.00281
Oman	0.003	-0.00001	0.00012	0.00008	0.00236	0.00111
Qatar	0.096	0.00081	0.00029	0.00097	0.04901	0.02942
Saudi Arabia	0.175	0.00444	0.00150	0.00278	0.01218	0.03918
The UAE	0.12	0.00273	0.00573	0.00871	-0.19953	-0.01247
Other Countries in West Asia	0.173	0.00012	0.00081	0.00007	-0.02418	0.02996
Iraq	0.169	0.00019	0.00067	0.00008	-0.02695	0.02860
Jordan	0.011	0.00001	0.00005	0.00001	0.00313	0.00284
Syria	-0.007	-0.00007	0.00008	-0.00002	-0.00035	-0.00147
Six Countries in North Africa	0.405	0.00344	0.00824	0.00215	-0.34673	0.01442
Algeria	0.28	0.00177	0.00541	0.00145	-0.05093	0.04754
Egypt	0.136	0.00022	0.00132	0.00055	0.06109	0.03984
Libya	-0.008	0.00000	0.00000	-0.00028	-0.00869	-0.00339

Continued

Source of Foreign Investment	2012	2013	2014	2015	2016	Average in Five Years
Morocco	0.001	0.00007	0.00009	0.00018	0.00518	0.00130
Sudan	-0.002	0.00131	0.00141	0.00022	-0.35174	-0.07016
Tunisia	-0.001	0.00007	0.00001	0.00004	-0.00164	-0.00050

Data Source: ① Calculated from the data of the " 2014 Edition of Annual Report on Development of China-Arab States Economic and Trade Relations", page 42, "2015 Statistical Bulletin of China's Outward Foreign Direct Investment", page 42-44

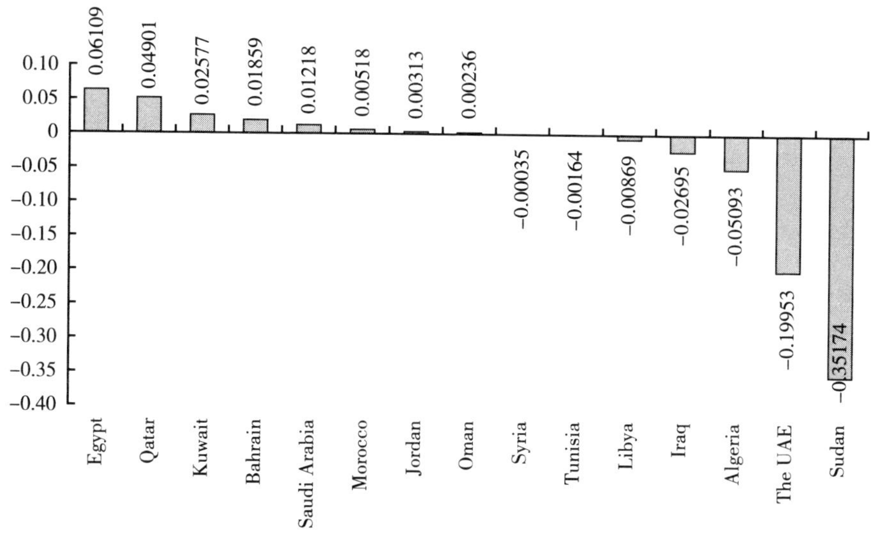

Figure 4.5 China's FDI Dependence to Major Countries of the Arab States

(From the Perspective of the Mother Country)

From the perspective of the host country, China's dependence to foreign investment from the Arab States remains low, only taking up 0.05%. In recent five years, China's dependence to investment in-flow from major economies of the LAS has seen a wavy trend, and the average value of the five years is 0.1337%. The figure is lowest in 2016. China's FDI dependence from the GCC members has remained the highest with the average value of 0.128%, taking up 95.88%

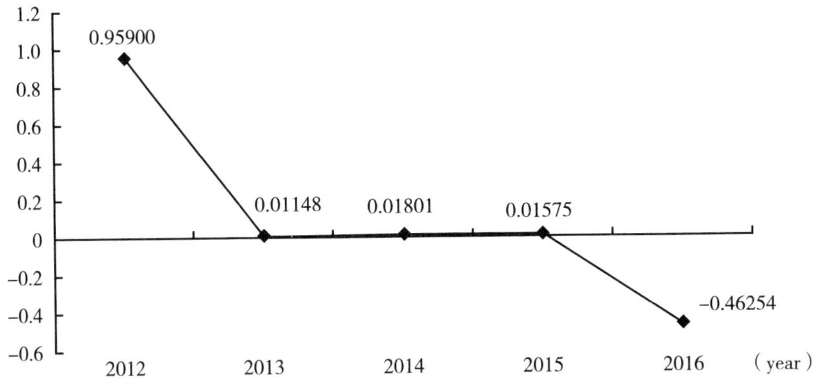

Figure 4.6 China's FDI Dependence to Major Economies of the LAS

(From the Perspective of the Mother Country)

of the total foreign investment from major economies of the LAS to China. Saudi Arabia and the UAE are among the main sources of investment of the Arab States to China with the average value in five years reaching 0.01067% and 0.03121% respectively. The FDI dependence of China from the six countries in North Africa is even lower with the average value of 0.0027% and only that of Egypt reached 0.0021%, see Table 4.5, Figure 4.7, Figure 4.8 and Figure 4.9.

Table 4.5 China's Dependence to Foreign Investment In-flow from Major Countries of the Arab States (From the Perspective of the Host Country)

(unit: %)

Source of Foreign Investment	2012	2013	2014	2015	2016	Average in Five Years
Global	100	100	100	100	100	100
Major Economies of the LAS	0.201	0.109	0.055285	0.253299	0.04967	0.13365
Nine Countries in West Asia	0.188	0.107	0.057836	0.254583	0.04698	0.13088
Members of the GCC	0.186	0.103	0.055285	0.253299	0.04314	0.12815
Bahrain	0.0007	0	0.000000	0.000000	0.00000	0.00014
Kuwait	0	0.0006	0.005805	0.001742	0.00121	0.00187
Oman	0	0	0.000000	0.000000	0.00005	0.00001
Qatar	0.024	0.015	0.000000	0.000713	0.00000	0.00794
Saudi Arabia	0.045	0.05	0.025602	0.219965	0.01067	0.07025

Continued

Source of Foreign Investment	2012	2013	2014	2015	2016	Average in Five Years
The UAE	0.116	0.037	0.023879	0.030879	0.03121	0.04779
Other Countries in West Asia	0.003	0.004	0.002551	0.001283	0.00383	0.00293
Iraq	0.001	0.001	0.000134	0.000808	0.00177	0.00094
Jordan	0.001	0.001	0.000970	0.000040	0.00123	0.00085
Syria	0.001	0.002	0.001447	0.000436	0.00083	0.00114
Six Countries in North Africa	0.012	0.003	0.001171	0.000578	0.00270	0.00389
Algeria	0.0051	0.00004	0.000000	0.000000	0.00002	0.00103
Egypt	0.005	0.002	0.001054	0.000396	0.00213	0.00212
Libya	0.0016	0	0.000100	0.000079	0.00014	0.00038
Morocco	0	0.0002	0.000000	0.000000	0.00000	0.00004
Sudan	0.0001	0.0002	0.000000	0.000000	0.00040	0.00014
Tunisia	0.0003	0.0004	0.000017	0.000103	0.00000	0.00016

Data Source: ① Calculated from the data of the "2014 Edition of Annual Report on Development of China-Arab States Economic and Trade Relations", page 49, "China Statistical Yearbook-2017", page 11-14

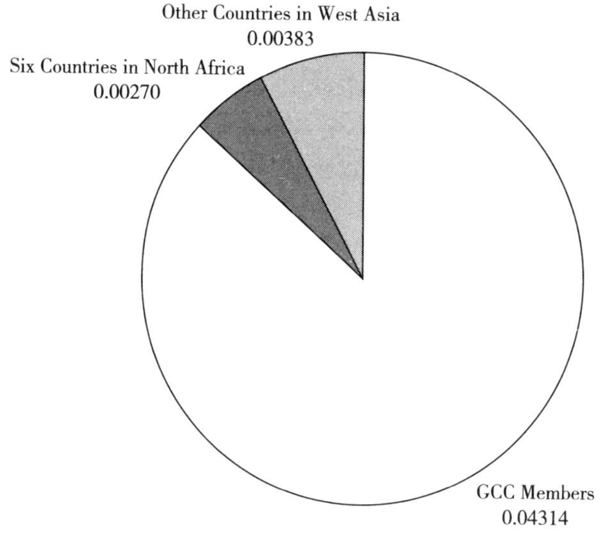

Figure 4.7 China's Dependence to Foreign Investment In-flow from Major Countries of the Arab States (From the Perspective of the Host Country)

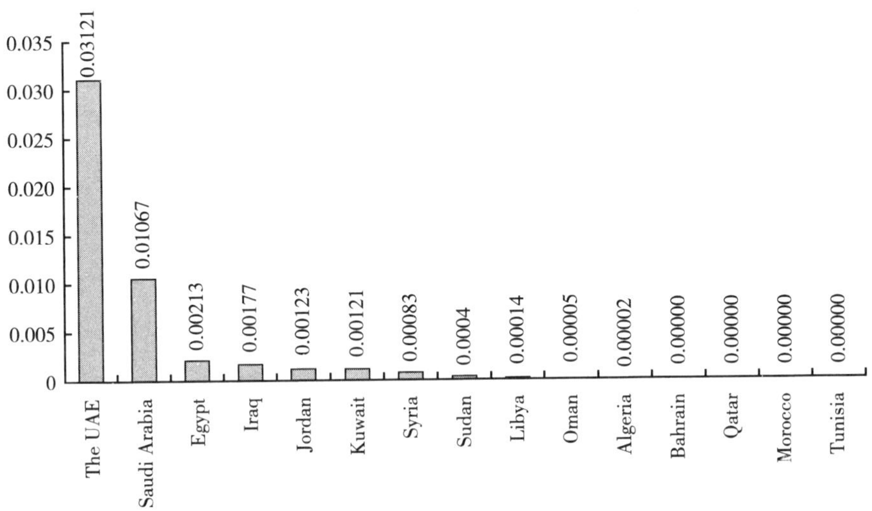

Figure 4.8 China's Dependence to Foreign Investment from Major Countries of the Arab States 2015 (From the Perspective of the Host Country)

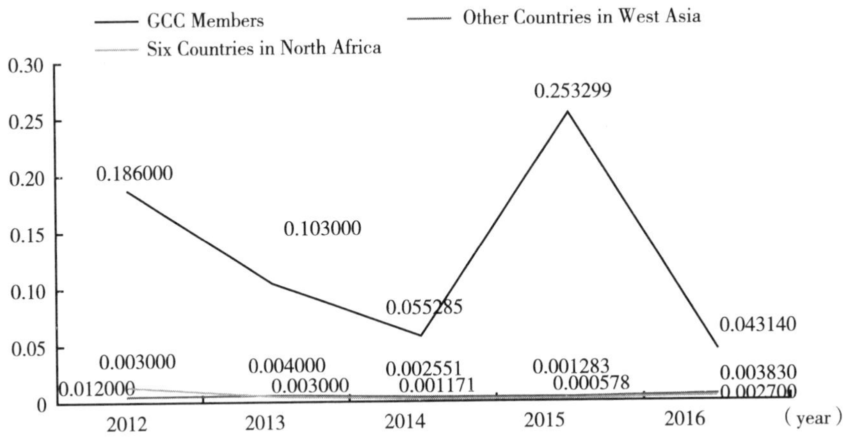

Figure 4.9 China's Dependence to Foreign Investment from Major Countries of the Arab States from 2012 to 2016

4.3 Foreign Investment Institutional Reform of China and Arab States

4.3.1 Investment Environment of China and Arab States

Table 4.6 Rankings Related to Investment Environment of China and Major Arab Countries

	EoDB (2015)	EoDB (2016)	GCI (2015)	GCI (2016)
China	84(↑6)	78(↑6)	25(↑3)	28(↓3)
Bahrain	65(↓12)	63(↑2)	39(↓5)	48(↓9)
Kuwait	101(↓15)	102(↓1)	34(↑6)	38(↓4)
Oman	70(↓4)	66(↑4)	62(↓16)	66(↓4)
Qatar	68(↓18)	83(↓15)	14(↑2)	18(↓4)
Saudi Arabia	82(↓33)	94(↓12)	25(↓1)	29(↓4)
The UAE	31(↓9)	26(↑5)	17(↓5)	16(↑1)
Iraq	161(↓5)	165(↓4)	—	—
Jordan	113(↑4)	118(↓5)	64	63(↑1)
Syria	175	173(↑2)	—	—
Algeria	163(↓9)	156(↑7)	87	87
Egypt	131(↓19)	122(↑9)	116(↑3)	115(↑1)
Libya	188	188	—	—
Morocco	75(↓4)	68(↑7)	72	70(↑2)
Sudan	159(↑1)	168(↓9)	—	—
Tunisia	74(↓14)	77(↓3)	92(↓5)	95(↓3)

Data Resource:

Eodb: Data of the World Bank published in 2017

GCI: 2016-2017, published by World Economic Forum

—GCI: Ranking of Global Competitiveness Index, 2015-2016, published by World Economic Forum. "↑" improved compared to the last ranking; "↓" decreased compared to the last ranking; "--" means data cannot be calculated

In general, the investment environment of GCC members is better than that of other Arab countries. Table 4.7 shows that the ranking of China and major Arab

countries in terms of indexes related to investment environment published in international organizations, namely, the Ease of Doing Business (EoDB) ranking issued by the World Bank, the Economic Freedom World Index (EFW) issued by Fraser Institute of Canada and the Global Competitiveness Index (GCI) ranking issued by World Economic Forum.

China's investment environment was generally stable from 2015 to 2016, but the rankings of EoDB remains low. Among the Arab states, GCC members enjoy relatively better investment environment, and their global ranking of the two indexes are among the top ones. The UAE, in particular, is the best; among Arab countries in West Asia and North Africa, the investment environment of Morocco and Tunisia is relatively better, and that of Egypt is improving gradually with the ranking of EoDB and GCI rising up with rising business environment and the global competitiveness index. The rankings of Arab States are all decreasing to different extents in recent years due to political unrests.

4.3.2 Foreign Investment Institutional Reform of China

Since 2013, Chinese government has largely relaxed the restriction for foreign investment and established the basic principle of "relaxing investment admission, unifying laws and regulations on domestic and foreign investment, maintaining a stable, transparent and predictable foreign investment policy", reformed the foreign investment approval system, and piloted the foreign investment management institutional reform in China (Shanghai) Pilot Free Trade Zone. In January 2016, the Chinese government has issued the first China's Arab Policy Paper, which stipulates the guiding principle for developing China-Arab relations, offers the blueprint for China-Arab mutually beneficial cooperation, and reiterates the political will of commitment to peace and stability in the Middle East, in order to promote China-Arab relations to a new and higher level.

On September 3, 2016, four laws was revised including the "Law of the People's Republic of China on Foreign Capital Enterprises"; on October 8, 2016, the Ministry of Commerce of China issued the "Interim Measures for the Recordation Administration of the Formation and Modification of Foreign-Funded Enterprises"; on December 7, 2016, the National Development and Reform Commission (NDRC) and Ministry of Commerce of China and related departments revised the "Catalogue for the Guidance of Foreign Investment Industries". See Table 4.7.

Table 4.7 China's Key Measures in Foreign Investment Management Institutional Reform in 2016

Date of Publication	Institution & File No.	Name	Contents
January 13, 2016	News from Xinhua News Agency (Beijing) on January 13	China's Arab Policy Paper	This is the first China's Arab Policy Paper formulated by the Chinese government. Except from the "Preface", the Paper elaborated various policies and measures of China to strengthen China-Arab relations in an all-round way in five parts, such as "deepen overall cooperation and jointly develop China-Arab strategic cooperative relations", "China's policies toward Arab stats", "strengthen China-Arab states cooperation in an all-round way", "China-Arab States Cooperation Forum and its following actions" and "relationship between China and regional organizations in the Arab region", etc. Among which the fields of investment and trade in the third parts include ten contents, such as the "Belt and Road", capacity cooperation, investment cooperation, trade, energy cooperation, infrastructure construction, space cooperation, cooperation in civil nuclear, financial cooperation, economic and trade cooperation mechanism and platform construction, etc.
September 3, 2016	Adopted on the 22nd Conference of the 12th Standing Committee of National People's Congress of the People's Republic of China	Decision of the National People's Congress on revision of four laws including the "Law of the People's Republic of China on Foreign Capital Enterprises", etc.	I. Article XXIII: "For foreign invested companies that are not applicable to the national special administrative measures on admission, the approval matters regulated in article VI, article X and article XX shall employ filing administration. The national special administrative measures on admission shall be issued or approved by the State Council." II. Article XV: "For joint ventures that are not applicable to the national special administrative measures on admission, the approval matters regulated in article III, article XIII and article XIV shall employ filing administration. The national special administrative measures on admission shall be issued or approved by the State Council." III. Article XXV: "For cooperative enterprises that are not applicable to the national special administrative measures on admission, the approval matters regulated in article V, article VII, article X, clause II of article XII and article XXIV shall employ filing administration. The national special administrative measures on admission shall be issued or approved by the State Council." IV. Article XIV: "For companies invested by compatriots in Taiwan that are not applicable to the national special administrative measures on admission, the approval matters regulated in clause I, article VIII shall employ filing administration. The national special administrative measures on admission shall be issued or approved by the State Council." The Decision shall be implemented on October 1, 2016. The effect of the decision on temporarily adjusting relevant administrative approvals regulated by law passed on August 30, 2013 and December 28, 2014 shall terminate.

Continued

Date of Publication	Institution & File No.	Name	Contents
October 8, 2016	Decree No.3, 2016 of the Ministry of Commerce of the People's Republic of China	"Interim Measures for the Recordation Administration of the Formation and Modification of Foreign-Funded Enterprises"	This Interim Measure marks a significant reform on China's foreign investment management system, which will improve China's business environment featuring rule of law, international and convenient.The Interim Measure, with five chapters and thirty seven articles, is a "real filing" system that provides service and convenience to enterprises. Meanwhile, the "Filing Administrative Measures for Foreign Investment Projects in Pilot Free Trade Zone" issued by Notice No. 12, 2015 of the Ministry of Commerce was abolished concurrently.
October 8, 2016	Notice No. 22, 2016 of the National Development and Reform Commission and the Ministry of Commerce of the P.R.C.	Notice No. 22, 2016 of the National Development and Reform Commission and the Ministry of Commerce of the P.R.C.	The "Decision on Amendment of Four Laws including the Law of the People's Republic of China on Foreign Capital Enterprises" issued on September 3, 2016 didn't involve the establishment and change of foreign invested companies regulated by the national special administrative measures on admission, and the examination and approval will be replaced by filing administration. After the approval of the State Council, the range of the special administrative measures on admission of foreign investment will be implemented according to the equity requirement and requirement on senior managers specified as restriction category, prohibiting category and encouraging category regulated in the "Catalogue for the Guidance of Foreign Investment Industries (2015 Revision)". The establishment of enterprises by means of mergers and acquisitions by foreign investment and change shall be implemented according to current regulations.

Source: compiled according to documents issued by Standing Committee of the National People's Congress of the People's Republic of China, NDRC, China's Ministry of Commerce and Xinhua News Agency, etc.

4.3.3 Foreign Investment Institutional Reform of Arab States

In recent years, some Arab states have suffered political unrests, making their investment environment unfavorable. Facing double challenges of both rivalry from Southeast Asian and Latin American economies for foreign investment outside and implementation of economic reform and diversification strategies domestically, many Arab states have implemented reform measures on foreign investment administration to better attract foreign investment. Here we briefly summarize the investment environment of Arab states in recent two years and their major reform measures (see Table 4.8 for details).

Bahrain: it has relatively good investment environment, whose ranking in terms of investment environment is among the top places of the Arab states. Its rankings of Ease of Doing Business (EoDB) in 2016 was pointing to a bit of a rebound since 2015, but Global Competitiveness Index (GCI) dropped, that of EoDB rose 2 places, while that of GCI fell 9 places. It has remained an open mind toward foreign investment with no changes in its foreign investment administrative measures in recent two years.

Kuwait: its rankings related to investment environment are among the bottom places in Gulf countries and has set many restrictions on foreign investment. Its ranking of Ease of Doing Business (EoDB) is the 102th in 2016, dropped 1 places. In order to improve its investment environment, its Global Competitiveness Index (GCI) ranking dropped 4 places.

Oman: its ranking of investment environment is among the middle places of the Gulf countries. In order to improve its investment environment, Oman has encouraged foreign investment and gradually improved the institutional framework for promoting investment. Its ranking of Ease of Doing Business (EoDB) moved up 4 places in 2016 and maintained in the 66th place, however, its Global Competitiveness Index (GCI) ranking saw a dramatic drop of 16 places.

Qatar: the indexes related to investment environment dropped quickly, from 2015 to 2016, its ranking of Ease of Doing Business (EoDB) dropped 18 places in 2015 and 15 in 2016. Though the Global Competitiveness Index (GCI) ranking moved up 2 places in 2015 and dropped 4 places in 2016, but it is currently in the forefront of the world. In contrast, its EoDB ranking should be

concerned.

Saudi Arabia: similar with Qatar, its ranking of Ease of Doing Business (EoDB) has seen an even faster drop from 2015 to 2016. The year of 2015 fell 33 places and 2016 fell 12 places, ranking 94th. Meanwhile, the Global Competitiveness Index (GCI) ranking in 2015 also kept falling, so its investment environment should be concerned, which suggests from another perspective that the government of Saudi Arabia should further deepen its reform in considering improving its investment environment as a strategy for trade and investment liberalization and economic diversification.

The UAE: the UAE is a country that is most attractive in terms of investment in Arab countries, its rankings related to investment environment have moved up to the level of developed countries. Though its EoDB and GCI rankings both dropped in 2015, its ranking of EoDB and GCI moved up 5 places and 1 place again in 2016. In order to implement the economic diversification strategy, the government of the UAE committed publicly to simplifying its procedures for foreign investors.

Iraq: it has had many investment opportunities during the process of its economic reconstruction, however, due to political unrest and imperfect legal system, its Ease of Doing Business (EoDB) ranking ranked the 165th place among 189 economies in 2016, which was way down the list and is still dropping.

Jordan: Jordan enjoys high-level economic freedom for its open economic policy. Under the situation that rankings of EoDB of almost all Arab countries suffered a general drop, it's not easy for Jordan to maintain its EoDB and GCI rankings to the 118th and 63rd places respectively, which also suggests that Jordan has achieved certain results in adjusting its foreign investment policies and improving its investment environment.

Syria: since March 2011, it has suffered political unrest, which lasted for a long time and made its security situation even worse and its investment environment was also impacted severely. Its Ease of Doing Business (EoDB) ranking ranked the 173rd place among 189 economies published by the World Bank in 2016, moved up 2 places; however, its investment environment is still severe.

Algeria: its investment environment ranking is lower than most of the Arab states. It has published a series of laws and regulations restricting foreign investment from 2009 to 2010 to make the shareholding ratio of foreign

investment less than 49%. In recent years, the government of Algeria has strived to improve its investment environment, such as providing tax preference at various levels to investment projects.

Egypt: since the provisional government has taken office in July 2013, the political situation of Egypt began to restore stability, making its economic situation better and rankings of EoDB and GCI moved up, and realized growth again. Financial industry has become one of its major industries, and fields like pharmaceutical industry, telecommunication industry, automobile and material have relatively large appeal to foreign direct investment.

Libya: the investment environment of Libya is not so good for its bad security situation and fragile legal system, its Ease of Doing Business (EoDB) ranking ranks the 188th place among 189 economies, which is not better than the last year.

Morocco: it enjoys stable political situation and obvious geographic advantages, as well as high degree of openness, and its rankings related to investment environment are among the top places of North African countries, its EoDB ranking moved up 7 places and GCI moved up 2 places in 2016. The government of Morocco encourages foreign investment, opens its all industries to the outside world and provides national treatment. It has stipulated development plans for all fields and encouraged to invest in industrial sectors that enjoy prior development.

Sudan: since the split of South Sudan and North Sudan in 2011, it has undergone continuous conflicts, making its economic and social development faced with daunting challenges and the investment environment even worse. In order to encourage foreign investment, Sudan has revised its investment law once again in 2013; however, its rankings of EoDB and GCI are still relatively backward.

Tunisia: its rankings related to investment environment are similar with those of Morocco among other North African countries, which highlight its superior geographical location and favorable investment environment. However, due to drastic changes in its political situation since 2011, all its indexes have continued to drop.

Table 4.8 Key Measures in Foreign Investment Administrative Reform of Arab States in 2016

Arab States	Foreign Investment Administrative Reform Measures
Kuwait	On July 31, 2016, the Cabinet of Kuwait officially approved to establish a free trade zone in Nuwaiseeb in southern Kuwait. Nuwaiseeb Free Trade Zone covers an area of 2 million m^2, which will be one of largest free trade zones in the region.
Qatar	The government of Qatar officially abolished the guarantor system on December 13, 2016 and initiated the new Labor Law based on contract (No. 21, 2015) as substitute. The new Labor Law will replace the old guarantor system. Before this, Qatar has always employed the guarantor system that was prevailing in Gulf countries, which regulated that both foreign companies and foreigners who are intended to work in Qatar must find a local guarantor, and they would need the approval of the guarantor before changing their jobs or leaving Qatar; while the new Law will enable more freedom to foreign labors when they change their jobs or leave Qatar, and it also added some articles to protect labors. The Prime Minister of Qatar issued the Decree No. 23, 2016 in December 2016, which decided to set up the Investment Service One-stop Window Coordinating Committee, which would be under direct control of the Cabinet, and the President of which would be the responsible person of the Prime Minister Office, and the committee members of which would be officials from the Ministry of Interior, Ministry of Energy and Industry, Ministry of Finance, Ministry of Economy and Commerce, Ministry of Justice, Ministry of Labor and Social Affairs, Ministry of Transport and Communication, Ministry of Municipal Affairs and Environment, the Tourism Administration and Chamber of Commerce, all of whom would be appointed by the Prime Minister.
Saudi Arabia	In order to attract investment, Saudi Arabian General Investment Authority (SAGIA) issued the regulation on issuance and updating of the investor visa or CEO visa, which took effect on February 15, 2016. According to the new regulation, for both foreign companies and joint ventures, the investor must ensure that the number of foreign employees shall not exceed 25% of the total employees, and the company shall divide the scope of jobs in accordance with this ratio: 10% of managers or professional posts and 15% of technicians and workers or vice versa. After confirming with SAGIA, the above regulation applies only to investors who apply for the investment license and register the company in his/her own name, and the company of whom must own some patents that are used for product manufacturing, and the products shall conform to the technical standards of Saudi Arabia, GCC and international standards. The employees of the company shall not be less than 50 people and capital of the company shall be not less than 10 million USD, etc., only when the above conditions be met can an entrepreneur apply for the investment license in his/her own name and be an investor. And the above conditions for employment shall also be met. For Chinese enterprises in Saudi Arabia, those who apply for or update their investment licenses in the name of "enterprise" shall still meet the employee-ratio policy stipulated by the Ministry of Labor in various fields.

Continued

Arab States	Foreign Investment Administrative Reform Measures
Saudi Arabia	In the evening of June 6, 2016, Saudi Arabia's King Salman bin Abdulaziz Al Saud hosted the Cabinet conference and passed the "National Transformation Plan" (shorted for "NTP"). The Plan is a part of the "2030 Vision" of Saudi Arabia, which specifies the detailed indexes of the goals of "2030 Vision" that shall be realized before 2020, and clarifies the duties of relevant government departments as well as sets up the Key Performance Indicators (KPI) for all indexes. By this means, the FDI of Saudi Arabia would be improved from 30 billion Rials to 70 billion Rials;
The UAE	On September 4, 2016, the UAE issued the "Bankruptcy Law", which includes many positive covenants that have been expected for a long time, as well as ensuring business continuity and protecting investors and their rights and interests, etc., which will make financial management more flexible to provide favorable environment for corporate investment. The implementation of the Bankruptcy Law will strengthen the economic and investment legal system of the UAE, improve the rankings of the UAE in Ease of Doing Business (EoDB), competitiveness and entrepreneurship, etc. in the world.
Morocco	At the beginning of the year 2016, Morocco passed the amendment of the new "Renewable Energy Law" to promote individuals to invest in renewable energy. Private investors of renewable energy can sale their surplus capacities (not exceed 20% of the annual capacity) to the power grid. Besides, the minimum installed capacity of private invested hydropower station is improved from 12 MW to 30 MW. On May 11, 2016, the People's Bank of China and the Bank Al-Maghrib of Morocco signed the Bilateral Currency Swap Agreement with the scale of 10 billion yuan/15 billion Morocco Dirham and term of validity of three years, which can be extended after agreement of the two sides. The Agreement will be convenient for the two sides to carry out bilateral trade and investment to strengthen financial cooperation between the two countries.
Bahrain	The government of Bahrain introduced the new policy for foreign investment reform in July 2016 and allowed 100% shareholding of foreign investment in the fields of tourism, information and communication technology and manufacturing industry, etc. The government of the Bahrain indicated that the policy would further attract foreign investment, stimulate economic growth and enhance employment.

Continued

Arab States	Foreign Investment Administrative Reform Measures
Egypt	In July 2016, the Minister of Investment Khurshid indicated that the Ministry of Investment would attract 10 billion USD of investment from the fiscal year of 2016 to 2017. Next, the Ministry of Investment would attract investment by means of facilitating investment conditions, simplifying legal procedures and promoting publicity at home and abroad, etc. To this end, the government of Egypt would simplify 80% of the procedures before 2017. In April 2016, Governor of the Central Bank of Egypt said that Tarek Amer Central Bank was formulating a plan for foreign investors to transform profits, which was one of the plans of the Central Bank to shore up confidence of international investors in the economy of Egypt. The Central Bank would provide US dollars for enterprises that operate in Egypt and ensure that their profits can be transformed back to the mother companies, and it also hoped that foreign enterprises in Egypt can increase their product exportation. The Ministry of Investment of Egypt issued the latest version of auditing standard in July 2016. The Minister of Investment Salman said that the new standard would bring positive impressions to investors and encourage international companies to enter Egyptian market and make investment to improve the quality of their financial reports, as well as encourage investment from international investors, boost the capital market and improve the operation efficiency of companies to make the overall economic situation better. To this end, Egypt has established a Standing Committee consists of Egyptian Financial Supervisory Authority (EFSA), the Egyptian Society of Accountants & Auditors (ESAA) and Central Auditing Organization (CAO) to follow up the development and changes in accounting and auditing standards and be responsible for improvement, simplification and explanation of related standards.

Source: compiled in accordance with contents issued by the Economic and Commercial Counselors of Chinese Embassies in Kuwait, Qatar, Saudi Arabia, the United Arab Emirates, Morocco, Bahrain and Egypt.

Chapter 5 China-Arab States Trade in Services

5.1 Overview of Trade in Services in Arab States

5.1.1 General Comparison of Trade in Services between China and Arab States

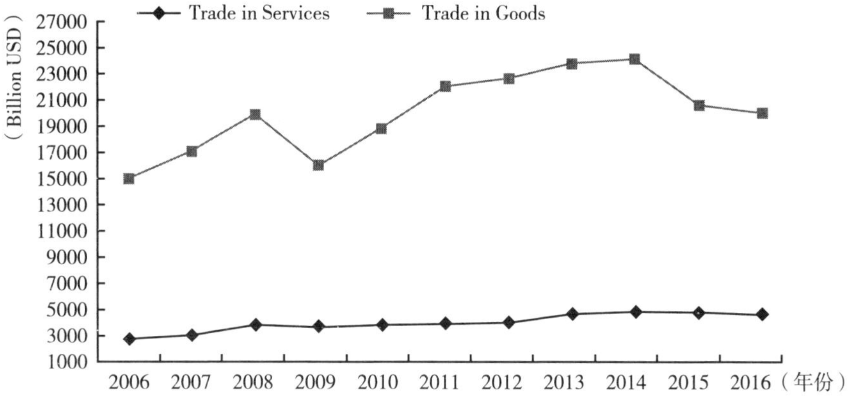

Figure 5.1 Global Trade in Services and Goods (2005—2015) Unit (Billion USD)

According to the World Trade Outlook Indicator (WTOI) issued by the WTO, the global trade has begun to recover; however, its speed increase would be still lower than the overall increase of the global economy, and slightly better than expectation. Since 2013, against the background of speed decrease of global trade in goods, the increase of trade in services is obviously faster than that of trade in goods, and the space for trade in services to further develop will be

larger than that of trade in goods. In 2016, the global volume of trade in services showed a slight decline, but the overall development was stable (as shown in Figure 5.1).

The background and favorable factors of service trade growth and development include: Firstly, the global market demand expands the space for the development of trade in services in the traditional field. As the domestic and international market service demand tends to be personalized and diversified, globalization of service consumption has become a new hot spot after the globalization of commodity consumption. Secondly, the integration of manufacturing and service drives the development of trade in producer services, the deep integration of industry chain, supply chain and value chain, and the high-level integration trend of service industry and manufacturing industry, which drives the progress of productive service industry and the development of trade in productive services. Thirdly, the digital economy drives the development of emerging trade in services. The development of digital technology has led to changes in the form of transactions, and has continuously created new trade service industries, such as digital economy, shared economy, platform economy, etc. The new industry model has accelerated development and improved production efficiency in various industries. From the perspective of the international environment, the development of global trade in services and service outsourcing is on the rise. As the world economic growth momentum stabilizes, trade in services is expected to maintain relatively rapid growth.

Table 5.1 Scale of Trade in Services of China and Arab States

Countries		2013	2014	2015	2016
China	Total Amount of Trade in Services (Unit: Billion USD)	534.14	648.88	649.76	657.11
	Service Export (Unit: Billion USD)	204.72	218.08	216.49	207.28
	Service Import (Unit: Billion USD)	329.42	430.80	433.27	449.83
	Balance of Trade in Services (Unit: Billion USD)	-124.71	-212.72	-216.78	-242.55
	World Export Share (%)	4.4	5.5	5.4	4.3
	World Import Share (%)	7.5	9.1	10.1	9.6

Continued

Countries		2013	2014	2015	2016
Arab States	Total Amount of Trade in Services (Unit: Billion USD)	402.68	456.34	405.08	373.79
	Service Export (Unit: Billion USD)	145.86	163.91	150.43	141.97
	Service Import (Unit: Billion USD)	256.82	292.43	254.65	231.82
	Balance of Trade in Services (Unit: Billion USD)	-110.96	-128.52	-104.22	-89.85
	World Export Share (%)	2.1	2.6	2.5	2.9
	World Import Share (%)	5.1	5.6	5.2	4.9
Six Gulf Countries	Total Amount of Trade in Services (Unit: Billion USD)	257.38	301.89	295.91	290.37
	Service Export (Unit: Billion USD)	79.12	92.58	98.21	100.47
	Service Import (Unit: Billion USD)	178.26	209.31	197.70	189.90
	Balance of Trade in Services (Unit: Billion USD)	-99.14	-116.73	-104.89	-89.43
	Export Share of Arab States (%)	54	56	65	71
	Import Share of Arab States (%)	69	72	78	82

Data Source: www .wto.org.

Table 5.1 reflects the overall scale and trade balance in trade in services between China and Arab states. The total average amount of trade in services of Arab States decreased with obvious fluctuations from 2013 to 2015. Overall, the total trade in services of the Arab countries in 2014 was 4563.4 (Billion USD), reaching the highest point in recent years. From 2014 to 2016, the total volume of trade in services, service exports, service imports and balance of trade in services of the Arab countries all tended to decline. The only growing data is that in 2016 the service export share of Arab countries in the world increased from 2.5% in 2015 to 2.9%. From 2013 to 2016, the fluctuation of total volume, import share, export share, and balance of trade in services of the Gulf countries were less than that of the Arab states, the ratio of its import & export of trade in services in Arab states has seen steady growth, and the imports of trade in services takes up 82% of that of the Arab states in 2016, and that of exports of trade in services takes up 71%, and further strengthened the leading advantages of the Gulf

countries in trade in services among the Arab states, indicating diversity and complexity within the Arab countries.

Under the influence of the global economic environment, China's trade in services growth rate has also slowed down, but the total volume of trade in services still shows a growth trend. Service imports are increasing year by year, and service exports have declined slightly since 2015. Against this background, the growth rate of trade in services gap is obvious. In 2016, the balance of trade in service increased by 12% year-on-year to 242.55 billion USD.

As the Belt and Road initiative further develops, it brings new vitality into Chinese and global trade, especially trade in services. China has worked with the countries along the route to strengthen economic and trade exchanges, to facilitate personnel exchanges and to powerfully promote various cooperation in the fields of tourism, culture, technology and other services. President Xi Jinping proposed at the first Belt and Road Forum for International Cooperation that the Belt and Road should be built into a road for peace, a road of prosperity, a road of opening up, a road of innovation, and a road connecting different civilizations. It has brought about a historic opportunity for China to strengthen all-round trade in services cooperation with countries along the Belt and Road and will promote the development of China's trade in services. China adheres to implement high-level policy for trade and investment liberalization and expands the service industry to the outside world. The service industry has become the principal part to introduce foreign capital. In the first three quarters of 2017, foreign capital in service industry accounted for 69.2% of China's total foreign investment, and the open service industry continued to grow. With the deepening of supply-side structural reform and the expansion of the service industry to the outside world, the international competitiveness of China's service industry will steadily increase. At the same time, the supportive policies for innovative pilot of trade in service development, zero tax rate of service export or tax exemption have perfect improved, which will create favorable conditions for development of trade in services. Trade in services will become an important support for foreign trade transformation and upgrading, an important task for cultivating new economic development momentum, and an important carrier of mass entrepreneurship and innovation.

5.1.2 Development Trend of the Service Sector of Arab States

Table 5.2 Ratio of the Value of Service Sector in GDP of Arab States

(Unit: %)

	2012	2013	2014	2015	2016
Arab States	41.4	42.8	44.6	51.7	55.0
Algeria	39.3	41.6	43.3	47.9	48.9
Bahrain	52.2	51.8	53.2	59.4	59.9
Djibouti	—	—	—	—	—
Egypt	50.1	50.1	49.9	52.5	55.2
Iraq	35.3	37.5	38.6	53.8	57.7
Jordan	66.8	66.9	66.4	66.2	66.8
Kuwait	30.6	31.8	35.0	48.3	51.1
Lebanon	80.3	79.7	78.2	78.6	79.5
Libya	—	—	—	—	—
Mauritania	36.2	35.1	40.0	43.7	42.6
Morocco	58.0	56.6	57.6	56.3	56.8
Oman	33.2	35.8	39.0	47.4	50.5
Qatar	26.4	28.1	30.1	41.3	47.6
Saudi Arabia	35.3	38.1	40.7	51.8	54.0
Somalia	—	—	—	—	—
Sudan	55.3	55.0	56.9	58.1	58.1
Syria	—	—	—	—	—
Tunisia	59.4	60.3	61.0	61.4	63.6
The UAE	41.9	44.3	46.5	55.1	58.8
Yemen	29.7	27.9	28.0	34.2	42.2

Data Source: World Bank, World Development Indicators.

From 2012 to 2016, the ratio of value added in all service sectors of the Arab states in GDP has seen steady growth, taking up 55% in 2016. While the figure in China is 51.6% over the same period, lower than the world average level of 66.07% in 2016. From the ratio of the valued added of the service sector in GDP in 2016, which of Lebanon ranks top among the Arab states with the ratio of 79.5%, reaching the level of that of developed countries. Jordan and Tunisia rank the second and the third places respectively with the ratio of 66.8% and 63.6%. Iraq is the country with the fastest growth in service industry among Arab countries. The value added of the service sector accounted for 35.3% of GDP in 2012 and increased to 57.7% in 2016. And that of Yemen and Mauritania are the lowest with the ratio of 42.2% and 42.6% in 2016. Tunisia's service value added accounted for 63.6% of GDP in 2016, ranking top in the Arab countries, but the increase speed of annual increase of Tunisia is the lowest among the Arab states (1.1%).

5.1.3 Trade in Services of Arab States: Export, Import and Trade Balance

Since 2015, the export of service trade in the Arab countries has shown a downward trend. The total exports of trade in services of Arab states in 2016 is 141.97 billion USD, a year-on-year decrease of 5.6%, accounting for 2.9% of the world's export share of trade in services. The UAE is the largest export country of trade in services in the Arab states with the export amount of 62.52 billion USD, taking up 44% of all Arab countries. The second is Saudi Arabia with the export amount of 15.268 billion USD, a year-on-year increase of 10%. The third is Morocco with the export amount of 14.682 billion USD. The fourth is Qatar with the export amount of 14.550 billion USD, developing smoothly up. The fifth is Egypt with the export amount of 14.008 billion USD. Since 2014, the downward trend continued, and in 2016, it fell by 31% from 2015. Libya, Mauritania and Djibouti are countries with lowest export amount, which are 79 million USD (2014), 202.5 million USD (2015) and 233 million USD (2015) respectively. As far as exports of trade in services are concerned, from 2013 to 2016, the Gulf countries represented by the UAE, Saudi Arabia and Qatar maintained sustained growth. Other countries have fluctuated slightly, and Egypt has been on a downward trend from 2014, falling from the second place before 2014 to the fifth place in

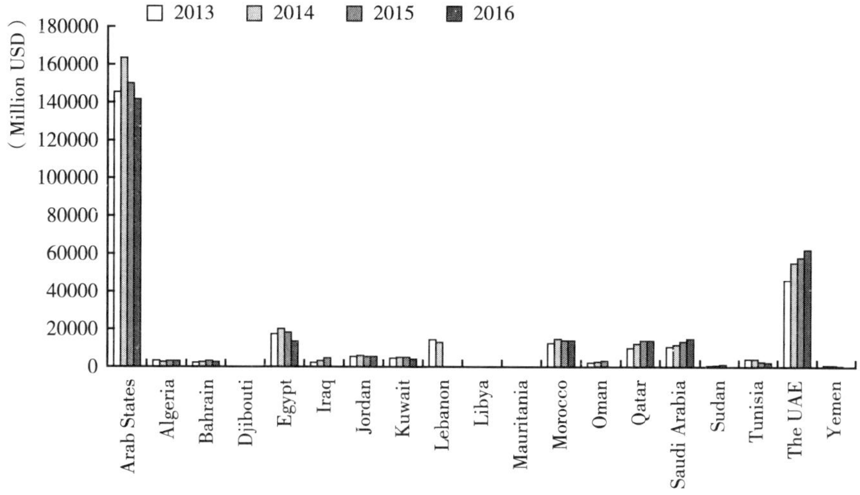

Figure 5.2 Overview of Export of Trade in Services in Arab States (Unit: Million USD)

(Data Source: I-TIP Statistics, WTO and the World Bank.)

2016, and the decline was gradually increasing.

In terms of imports of service, since 2015, the Arab countries have been on a downward trend, and the decline is greater than the exports of Trade in Services during the same period. In 2016, the total import value of services was 231.816 billion USD, a year-on-year decrease of 8.9%, and the share in the world's import of trade in services fell from 5.2% in 2015 to 4.9% in 2016. From 2013 to 2016, all Arab countries' imports of trade in services fluctuated, and no country maintained sustained growth or decline. In 2016, the Gulf countries represented by the United Arab Emirates, Saudi Arabia, Qatar and Kuwait are far ahead of other Arab countries in terms of import volume of trade in services, ranking the first to the fourth respectively, with the UAE 82.042 billion USD, Saudi Arabia 50.966 billion USD, Qatar 29.729 billion USD, and Kuwait 25.424 billion USD. The Gulf countries' imports of trade in services accounted for 82% of the entire Arab share. In 2016, Egypt's import of trade in services ranked the fifth among Arab countries. Compared with the sharp decline in export of trade in services, import of trade in services were generally stable and volatile, with a year-on-year decline of 3.2% in 2016, while exports of trade in services fell by 31% in the same period. Djibouti and Mauritania enjoys the lowest import of

trade in services among the Arab countries, at 247 million USD and 599 million USD (2015).

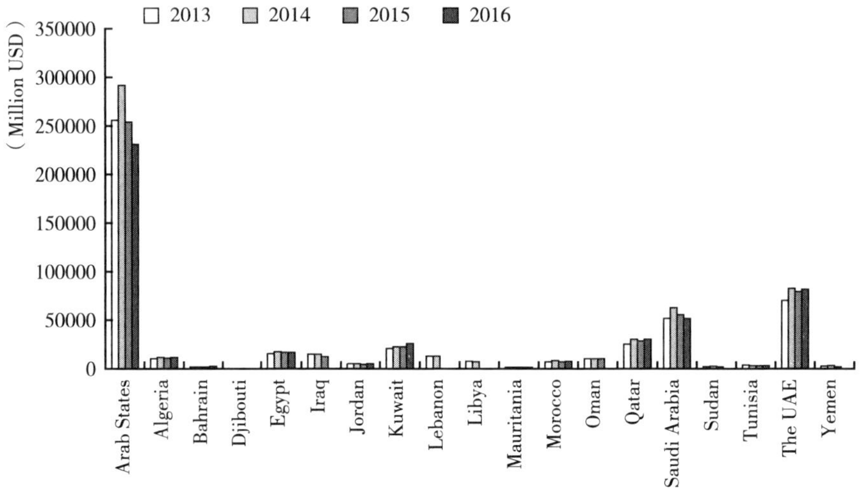

Figure 5.3 Overview of Import of Trade in Services in Arab States (Unit: Million USD)

(**Data Source**: I-TIP Statistics, WTO and the World Bank.)

In terms of balance in trade in services, the Arab states have maintained deficit in trade in services, though fluctuated from 2013 to 2016. Since 2015, the balance of trade in services has shown a downward trend. In 2016, the deficit of trade in services of Arab states is 89.844 billion USD, a year-on-year decrease of 13.82%. From the statistics in 2016, Saudi Arabia has the largest deficit in trade in services with the amount of 35.698 billion USD; Kuwait is the second with the deficit value of 20.457 billion USD; the UAE is the second with the deficit value of 19.524 billion USD; the following are Qatar, Iraq (2015), Algeria, Egypt and Mauritania. Not all Arab states have suffered deficits, such as Morocco, Jordan, Bahrain, and Tunisia have trade surplus; among which Morocco has stayed on the top place of the list on trade surplus among Arab countries, increased by 2.9% of trade surplus in 2016, while that of Egypt has declined largely year after year since 2014, for the first time in 2016, and it became a country with a trade deficit.

Table 5.3 Balance of Trade in Services of Arab States

(Unit: Million USD)

	2013	2014	2015	2016
Arab States	-110963	-128517.2	-104222	-89843.5
Algeria	-6383.64	-7784.09	-6900.06	-7141.25
Bahrain	1422.07	1716.76	1602.74	1427.72
Djibouti	1.34	-4.24	-13.75	—
Egypt	3069.87	3461.4	1420.9	-2122.57
Iraq	-11261	-10609.3	-7239	—
Jordan	1563.94	2044.08	1867.74	1706.34
Kuwait	-15103	-16652.96	-16615.6	-20456.5
Lebanon	2223.1	1224	—	—
Libya	-7207.6	-6886.8	—	—
Mauritania	-716.19	-593.43	-396.35	-478
Morocco	6552.29	7613.59	7118.51	7325.77
Oman	-6831.16	-6841.1	-6618.83	—
Qatar	-14550.4	-17232.43	-14287.4	-15179.7
Saudi Arabia	-40530.8	-50721.77	-41882.8	-35698.4
Sudan	-673.59	-491.8	-274	—
Tunisia	1664.66	1442.79	355.02	296.58
The UAE	-23546.1	-27011.57	-21674.6	-19523.5
Yemen	-657.07	-1190.34	-684.09	—

Data Source: I-TIP Statistics, WTO and the World Bank.

5.2 Comparison and New Trend of the Openness of China-Arab States Trade in Services

5.2.1 General Comparison and Regional (Bilateral) Liberalization of Trade in Services

Table 5.4 Basic Situation of the Openness of China-Arab States Trade in Services

	GATS Restrictions		Ranking of Global Trade Volume in Services(2016)		RTA/FTA (Including Trade in Services)	Policy Change 2000-2016
	Market Access	National Treatment	Export	Import		
China	9	2	3(3)	3(3)	14(14)	78
Algeria	—	—	57(58)	40(41)	2(0)	—
Bahrain	1	0	63(59)	85(89)	4(2)	2
Djibouti	4	0	132(142)	145(152)	1(0)	0
Egypt	5	3	30(25)	29(30)	9(0)	2
Iraq	—	—	51(49)	42(37)	2(0)	—
Jordan	11	7	46(46)	52(55)	8(2)	1
Kuwait	8	2	50(48)	23(24)	3(1)	9
Lebanon	—	—	29(27)	33(36)	3(0)	—
Libya	—	—	121(155)	56(51)	4(0)	—
Mauritania	1	0	147(134)	124(121)	0(0)	2
Morocco	7	1	27(21)	48(49)	7(1)	0
Oman	10	0	58(61)	43(43)	4(2)	4
Qatar	6	0	28(29)	21(22)	3(1)	1
Saudi Arabia	11	3	25(30)	16(14)	3(1)	7

Continued

	GATS Restrictions		Ranking of Global Trade Volume in Services(2016)		RTA/FTA (Including Trade in Services)	Policy Change 2000-2016
	Market Access	National Treatment	Export	Import		
Somalia	—	—	—	—	0(0)	—
Sudan	—	—	84(91)	94(87)	4(0)	—
Syria	—	—	152(74)	71(66)	3(0)	—
Tunisia	3	6	66(65)	69(72)	7(0)	0
The UAE	6	2	12(22)	10(13)	3(1)	4
Yemen	11	4	146(84)	115(77)	1(0)	0

Data Source: WTO-Trade Profiles 2016

I-TIP Statistics, WTO and the World Bank

Note: GATS: General Agreement on Trade in Services of WTO

RTA: Regional Trade Agreement; FTA: Free Trade Agreement

Ranking of Global Trade Volume in Services does not include the trade data of the EU

From the commitment of "General Agreement on Trade in Services" (GATS) of WTO, the general situation of openness on service market in China and Arab countries is analyzed; China has made nine restrictions on market access for trade in services, which is higher than the Arab States and is at the average level of members of WTO (6.5 restrictions). The countries which have the most restrictions on market access among Arab states are Jordan (11) , Yemen (11) and Saudi Arabia (11), followed by Oman (10), Kuwait (8) and Morocco (7); meanwhile, Bahrain and Mauritania have made only one restriction on market access for trade in services. As for the exception of national treatment of trade in services, China has made two restrictions on the national treatment of trade in services, which is slightly lower than the Arab states and is at the average level (2.15 restrictions) of members of WTO; the countries which have the most restrictions on national treatment among Arab states are Jordan (7), Tunisia (6), Yemen (4); meanwhile, the five countries including Bahrain, Djibouti, Mauritania, Oman and Qatar haven't made any restriction on national treatment of trade

in services. In general, the openness of China and Arab countries under the "General Agreement on Trade in Services" is basically the same. From the perspective of policy change, China has made very frequent commitment and policy adjustments on market access and national treatment of trade in services since its accession to the WTO, reaching a total of 78 times, much higher than the sum of the Arab states in this respect, which is due to the rapid growth of China's total trade in services and rapid changes in the market environment; policy change of trade in services are relatively flat among the Arab states. Kuwait (9 times), Saudi Arabia (7 times) and United Arab Emirates (4 times) and Oman (4 times) have the largest number of adjustments, while Morocco, Tunisia, Djibouti and Yemen haven't made any adjustment on the commitment and policy of trade in services. Judging from the ranking of global volume of trade in services, China's trade in service has grown in size and volume, ranking the third in terms of imports and exports in global trade in services. The UAE is the country with the highest volume of trade in services among Arab countries in the world, with export (12) and import (10).

China and the Arab countries have joined a large number of regions and free trade agreements in expanding liberalization of trade in services through free trade agreements. The number of free trade agreements signed by China, including trade in services, is much larger than that of Arab countries. Up to now, China (except China's Hong Kong, China's Macao and China's Taiwan) has signed 14 service free trade agreements with other countries and regions. Liberalization of trade in services is less involved in FTAs adopted or signed by Arab states, but more in trade in goods. So far, only six of the 71 FTAs related to Arab states have involved in trade in services, the Free Trade Agreements namely signed by Bahrain, Oman, Morocco and Jordan with the United States; Jordan signed a FTA with Singapore; Free Trade Agreement signed between the GCC and Singapore, which came into effect on September 1, 2013. Negotiations on FTA between the GCC and China are still underway. In 2016, China's negotiations with the Gulf Cooperation Council made headway on Free Trade Area. Four rounds of negotiations have taken place. The two sides have completed negotiations on 9 of the 15 negotiation issues and have made positive progress in the core areas of trade in goods and services.

5.2.2 New Trends of Openness of China-Arab States Trade in Services Cooperation

Trade in services is increasingly becoming a new engine for China's foreign trade development and opening up to the outside world. In accordance with "Opinions of the Ministry of Commerce on Promoting the Reform and Development of Basic Business Services", the Department of Trade in Services of the Ministry of Commerce of the PRC promotes the national brand of "China's Service" and focuses on key areas such as service outsourcing, technology trade, cultural trade, exhibition industry and life service industry in a bid to realize new development, new improvement and new breakthroughs. At present, 15 provinces and cities (regions) such as Tianjin have been approved as pilot areas for innovation and development of trade in services, accumulating experience for the national innovation of trade in services. 10 cities including Qingdao are Service Outsourcing Demonstration Cities for further playing its leading role in industrial agglomeration and innovation.

Since the launching of the Belt and Road Initiative, China has invested more than 200 billion yuan in service industries in countries along the route, which has driven the economic development of various countries and created a large number of employment opportunities. The continued growth of foreign investment in the service industry has injected new vitality into the global economic development. Technology exports and imports give new momentum to the open world economy. Chinese traditional medicine services are going overseas, bringing new benefits to the physical and mental health of people of all countries. Cultural trade spreads Chinese elements and inherits international friendship, which has built a new bridge for people-to-people bond of global citizens.

In 2015, China-Arab States Technology Transfer Center (CASTTC), which was unveiled at the China-Arab Expo, laid a solid foundation for promoting China-Arab cooperation in science and technology, technology transfer and technology trade. CASTTC will promote China-Arab cooperation in high-tech fields, and helps transfer high-tech equipments such as China's high-speed rail, aerospace communications, nuclear power, new energy, and modern agriculture. Firstly, a collaboration network for organization of China-Arab technology transfer was established. The number of members for the collaborative network has

reached more than 1,600, including more than 300 foreign members, effectively mobilizing the enthusiasm of all member units to promote China-Arab technology transfer and technology cooperation. Secondly, both sides jointly establish bilateral technology transfer sub-centers in the LAS (the League of Arab States), Saudi Arabia, Jordan, Oman, and the United Arab Emirates (Dubai). Benefited from the King Abdullah City of Science and Technology Center, China helps Huawei Company build a laboratory in it for promoting technical cooperation in the prevention and control of rhynchophorus ferrugineus, agricultural internet of things, water conservation, food production, etc. China works with Dubai Landscape Agriculture Bureau of the UAE and the UAE National Agricultural Society together to form a sub-center, focusing on the date palm industry, the Internet of things, actively cooperated with the project. With assistance of Middle East University in Jordan, China build a sub-center and organizes Chinese companies build cooperative relationship for technology transfer cooperation with Jordanian enterprises and research institutes, establishing a 1,500 mu (1 hectare = 15 mu) potato seed and commercial potato demonstration base. Together with the Oman Science Committee and Qaboos University, China sets up a sub-center for jointly building a "Ningxia (China-Oman) Key Laboratory for Environmental Assessment and Environmental Regulation of Dry Areas" and a demonstration base for jointly developing new technologies and equipment. Thirdly, China builds a platform for China-Arab technology innovation. Fourthly, China builds a comprehensive information platform for China-Arab technology transfer. With the goal of building a large network with big data for providing large services, China forms a large platform and a integrated information service system for China-Arab technology transfer based on the framework of "one-stop, three-base, and five-system" which will play an important supporting role in the construction of the China-Arab Online Silk Road.

Tourism is also the most promising sector in China-Arab trade in services. Taking Morocco's visa exemption policy to China as an example, since Morocco's visa exemption for Chinese citizens, nearly 120,000 Chinese tourists have travelled to Morocco, which is more than six times the previous annual average of the visa exemption policy, according to statistics. It is expected that the figure will reach 500,000 person-times by 2020. There is huge space for cooperation between China and Morocco in tourism. The

current Arab countries that have visa-free access to China are: Qatar, the UAE, Morocco, Tunisia, and the countries with policy of visa on arrival are: Lebanon, Jordan, Egypt and Djibouti.

5.3 Project Contracting Business

5.3.1 The Belt and Road Initiative and the Arab Infrastructure Market

The Belt and Road Initiative focuses on policy coordination, facilities connectivity, unimpeded trade, financial integration, people-to-people bond, of which facilities connectivity has become an area where all parties make all-out efforts to promote cooperation with huge market prospect. "The Belt and Road National Infrastructure Development Index Report 2017" issued by the China International Contractors Association suggests that the infrastructure construction reflects the characteristics of the counter-cyclical period. In 2009 and 2015, many countries buckle under the global financial crisis and the economic downturn of emerging market countries, and their basic development has fallen into a trough. As governments boost infrastructure investment for economic recovery, the infrastructure development index in 2010 and 2016 reached new highs of 119 and 136 respectively. In 2017, the economy generally stabilized and the development index fell; but in the current economic cycle the countries will continue to invest in infrastructure, and infrastructure development will continue to develop steadily. According to "The Belt and Road National Infrastructure Development Index Report 2017", the infrastructure development index of most Arab countries is higher than the development index (total) of the countries along the Belt and Road, and the overall infrastructure investment and construction of the Arab countries take on a fluctuant increasing trend, while market demand and development potential is strong. The investment in transnational infrastructure projects is significantly improved, and future prospects are promising. Transportation and power industries have become important engines for international infrastructure development, and improved housing has become a hot spot in the construction industry. The telecommunications sector is the most popular in public utilities.

Table 5.5 Partial Arab Countries Infrastructure Development Index 2016

	Infrastructure Development Index	Development Trend Index				New Contract for Cross-border Infrastructure Construction in 2016 (Billion Dollars)
		Construction	Transportation	Energy	Public Utilities	
Countries along the Belt and Road (Total)	104.3					
Bahrain	106.7	86.2	89.5	78.5	82.8	58.03
Egypt	111.5	—	—	—	—	392
Iraq	98.6	91.9	87.1	89	82.6	28.53
Jordan	110.2	116.3	98.1	95.9	83.1	29.2
Kuwait	113.7	93.1	107.3	88.2	83.1	52.8
Lebanon	91.3	89.7	89.4	88	104.3	2.06
Oman	102.3	89.7	105.4	93.5	104.3	3.56
Qatar	117.2	116.3	112.9	112.5	116	114.5
Saudi Arabia	121.2	109	100.5	107.1	83.1	489.2
The UAE	118	116.3	109.3	90.8	82.4	12.6
Yemen	85.7	—	—	—	—	—

Data Source: "The Belt and Road National Infrastructure Development Index Report 2017" issued by the China International Contractors Association Http://www.bridi-research.com/#/home

5.3.2 Opportunities and Challenges for Chinese Enterprises in Project Contracting Business

Table 5.6 Major Current Construction Projects Funded by Chinese Enterprises in Arab countries 2016

Country	Project Name	Type	Builder
Algeria	Sedrata Public Rental	Housing	China's Hydropower Thirteen Bureau Hydropower Engineering Co., Ltd.
	Kais Combined Cycle Power Plant	Electricity	SINOCONST
	Fiber-to-the-home	Telecommunication	Huawei Company
	Bethioua Port Mining Terminal Project	Transportation	CHEC, COSIDER (local)
	CBP Construction	Transportation	CHEC, China State Construction Engineering Corporation(CSCEC)
Bahrain	25 Passenger Boarding Bridges of the New Terminal in Bahrain Airport	Transportation	China International Marine Container (Group) Co., Ltd.
Djibouti	Addisababa Djibouti Railway	Transportation	China Railway Construction Corporation Limited
Egypt	Modern Agricultural Engineering Project	Agriculture	China SINOMACH Heavy Industry Corporation
	10th Ramadan City Railway	Transportation	China Railway Engineering Corporation, China National Aero-technology International Engineering Corporation
	4 Gas Insulated Substation Projects	Electricity	General Electric Company
	HAMRAWEIN Supercritical Coal-fired Power Station	Electricity	Dongfang Electric Corporation
	EETC500kV Transmission Line Project	Electricity	Power Construction Corporation of China
Jordan	Jordan Combined Cycle Power Plant Project	Electricity	SEPCO

Continued

Country	Project Name	Type	Builder
Kuwait	Kuwait University City	Housing	SINOCONST, MCC, Sinohydro Group Ltd.
	South Mutra Housing Project	Housing	China Gezhouba Group International Engineering Co., Ltd.
	RA/259 Road and Bridge Project	Transportation	China Metallurgical Group Corporation
	7th Ring Road Reconstruction Project	Transportation	SINOHYDRO BUREAU 8 CO.LTD, China Railway No.5 Engineering Group Co. Ltd
	Municipal Highway Project	Transportation	China MCC17 Group Co., LTD.
	Azunan Phase III Combined Cycle Expansion Project	Electricity	SEPCOIII, AL MULLA
Mauritania	Mauritania Fisheries Development Project	Fishery	Hongdong Fishery Co., Ltd.
Oman	Ibri and Sohar Project	Electricity	Power Construction Corporation of China
Qatar	Qatar EPCI Project	Energy	China National Offshore Oil Corporation
Saudi Arabia	View of Yanbu Power and Desalination Project Phase 3	Water Conservancy	SEPOC
	Saudi Arabia Smart Grid	Telecommunication	ZTE
Sudan	Upper Atbara Water Conservancy Project	Water Conservancy	China Three Gorges Corporation, Sinohydro Group Ltd.
Morocco	Cable-stayed Bridge with Fusiform Tower over Bouregreg River	Transportation	China Railway Major Bridge Engineering Group Co., LTD
Tunisia	Tunisia Melegue Dam Project	Water Conservancy	Sinohydro Corporation Engineering Bureau 15 Co., Ltd.
The UAE	Passenger Boarding Bridges of the New Terminal in International Airport	Transportation	CHINA INTERNATIONAL MARINE CONTAINERS (GROUP) CO., LTD
	Hassyan 1200MW Clean Coal Power Plant	Electricity	Harbin Electric International Company Limited

Data Source: "China's Foreign Contracted Projects Yearbook 2016 & 2017" issued by the China International Contractors Association

China is the second largest trading partner of the Arab countries, while the Arab countries are recognized as the China's largest crude oil supplier, the eighth largest trading partner, an important project contracting and an overseas investment market. In recent years, the trade and investment sectors between China and Arab countries have suffered from the decline in the prices of commodities, especially crude oil. However, under the situation of world economic slump, the Arab countries are actively promoting structural adjustment and diversifying the economic structure, which is highly integrated with the Belt and Road initiative, especially in terms of infrastructure and engineering contracting. Firstly, such major projects as the "World Expo Effect" in the UAE and "World Cup Effect" in Qatar have set off a boom in infrastructure construction. The rigid demand for infrastructure construction has been highlighted. Major projects in the areas of transportation, civil buildings, and industrial and commercial buildings as well as infrastructure development related to public utilities are involved in grand-scale foreign project contracting. Secondly, the "non-oil" reforms in the Arab countries have brought about the favorable factors for infrastructure market, such as "Saudi Vision 2030" issued by Saudi Arabia; a series of plans issued by the UAE including "UAE Vision 2021", "Abu Dhabi Economic Vision 2030 Strategy" and "Dubai Plan 2021", covers the UAE's infrastructure plans and policy benefits for future transportation, construction, energy and utilities industries. Thirdly, the upgrading of technology and capabilities of Chinese-funded enterprises laid the foundation for the development of high-end infrastructure projects. The world's 250 largest international contractors listed by US *Engineering News Record* 2017 (ENR) of shows that 65 companies of China's Mainland were selected for the largest 250 international contractors. Although the engineering cost and low equipment prices are still the basic advantages of Chinese-funded enterprises in overseas engineering contracting, on the other hand, there are more and more "going global" projects with certain advantages in technology and management. For example, the number of power and transportation systems engineering in Arab countries is growing.

The Gulf countries enjoy the world's second largest contracted labor market and the second largest engineering construction market. Qatar break-off crisis is a sign of its risk in the engineering contracting market. In addition, traditional infrastructure investment mainly comes from government and

commercial banks. However, with the outbreak of the global financial crisis, the debt of governments is getting higher and higher, and their investment ability in infrastructure is declining. In terms of commercial banks, new banking supervision regulations suggest that banks pay more attention to liquidity supervision, and are unwilling to invest in infrastructure projects with relatively long return periods. The integration of industry and finance bring new opportunity and new model for international infrastructure cooperation. Infrastructure asset securitization, the deepening of PPP, BOT and other business models, innovative financial products and financing models, and the enhancement of the level of integration of industry and finance are referred as new challenges and opportunities for Chinese-funded enterprises in project contracting.

Chapter 6 China-Arab States Trade in Agricultural Products and Food

The year of 2016 marks the 60th anniversary of diplomatic relations between China and the Arab countries. On January 13, 2016, China issued the first policy document on the Arab countries, clearly positioning the "universal cooperation and common development" of China-Arab strategic cooperation. President Xi Jinping's visit to the three countries in the Middle East has achieved fruitful results. Accordingly, the bilateral economic and trade cooperation has entered a historic new stage. In this context, in 2016, China and Arab countries made significant progress in the development of agricultural, economic and trade cooperation. The agricultural products and food trade have been further developed.

6.1 Development Situation of China-Arab States Trade in Agricultural Products and Food

6.1.1 China-Arab Development Environment of Trade in Agricultural Products and Food

In recent years, China has seized the opportunity of the Belt and Road Initiative, and actively played the role of the China-Arab States Cooperation Forum and China-Arab States Expo. The exchanges and cooperation with the Arab countries have gradually deepened in the agricultural sector, especially in animal husbandry, rice planting technology and agricultural technology demonstration, while the scale of agricultural products and food trade has gradually expanded.

China and the Arab countries are actively engaged in agricultural cooperation and exchange projects. For example, besides trade agreements on agricultural products, both sides also signed investment agreements for unleashing the cooperation potential of China and Egypt in modern agriculture. China and Egypt encourage and support enterprises and scientific research institutions of the two countries to carry out exchanges and cooperation projects in the fields of agricultural science and technology, crop planting, soil improvement, animal husbandry and veterinary, agricultural product processing, agricultural machinery and fishery. A joint agricultural cooperation committee is established to define the key areas of cooperation and make out cooperation plans. Mutual cooperation in water resources and irrigation covers various areas including water resources optimization and integrated management, groundwater management, irrigation and drainage, desalination, rainwater collection and utilization, and water conservancy information, etc.

China also actively works on agricultural technology with Arab countries. China-Arab States Technology Transfer Center has built a China-Arab technology innovation platform which makes great strides in technical cooperation between the two sides. A number of China-Arab technology innovation platforms have been cultivated in the fields of date palm, agricultural internet of things, green smart water-saving equipment, satellite data services, potato food development, etc., providing technical support for China-Arab agricultural cooperation. Ningxia agricultural internet of things technology will transfer such technologies as gardening, intelligent water-saving, and internet of things to the UAE. China-Arab States Technology Transfer Center, China-Arab (Dubai) Technology Transfer Center, Ningxia China-Arab Technology Transfer Development Co., Ltd. and West China Electronic Business Co., Ltd. respectively signed the "China-Arab Facility Horticulture and Smart Water-saving LoT Technology Cooperation Agreement" and "Agreement on Project Construction of Dubai Facilities Agricultural IoT Application".

China and the Arab countries have actively deepened agricultural industry cooperation through industrial parks and agricultural technology demonstration centers. On June 28, 2016, the signing ceremony of the Animal Husbandry Technology Demonstration Center which China's government handed over to the Mauritanian government was held. The center will carry out training, breeding, and planting works, etc. China-Jordan Potato Industry Science and

Technology Demonstration Park started up in July 2016. China has established a demonstration center for agricultural technology supporting in the Rahad irrigation district of Sudan. Since the completion of China-Sudan Agricultural Technology Demonstration Center in 2011, through the unremitting efforts of Chinese agricultural experts, a number of selected fine varieties such as cotton and corn from the varieties introduced from China have been approved and widely promoted in Sudan, acting a positive role in local agricultural development and increasing farmers' income. Besides, "China-Sudan Agricultural Cooperative Development Zone" was established in September 2016. The Sudanese government and Chinese enterprises have promoted agricultural cooperation in accordance with the overall spatial layout of "one park and multiple zones" through joint cooperation. In addition, China-Saudi Arabia (Jizan) Industrial Park actively promotes the development of agriculture and agricultural technology. China-Oman Industrial Park, one of the landing projects of China-Arab States Expo 2015, was under construction in early May 2016. The food industry and modern agricultural industry play an important part of industrial planning of the Industrial Park.

Chinese companies continue to expand their agricultural investments in Arab countries. At present, Shandong Hi-speed Group, Shandong Cotton and Maize Company, Zhongtian Group and other Chinese companies have invested in cotton planting, processing and spinning in Sudan. The three companies have invested more than 200 million yuan. In addition, Tianshen Food Group, Shanghai Textile Group, Xinjiang Production and Construction Corps, Qingdao St. Meer Group and other enterprises are inspecting and investing agricultural projects in Sudan. ①

China's agricultural investment in Arab countries is in a relatively small scale in general. There are still many technical trade barriers in agricultural products and food imports of Arab countries which limits the expansion of China-Arab agricultural trade to a certain extent. By the end of 2016, the Ministry of Agriculture had signed 101 cooperation agreements with 48 countries along the route, with a cumulative investment of nearly 10 billion US dollars. The top four countries and regions ranking on the China's agricultural investment flows in

① Luan Xiaohui. Science Supporting in Sudan with Hope to Get Rich[J]. Openings. 2017 (1), 25.

Asia are Israel, Indonesia, China's Hong Kong and Laos. ① There is only a certain amount of agricultural investment in for Sudan, Egypt and the UAE among the Arab countries. In addition, the Arab countries have higher standards for the import of agricultural products and food, which objectively form certain technical barriers to trade. For example, the vast majority of UAE food regulations are based on GCC standards; when there are no applicable GCC standards, the UAE National Food Safety Commission and Quarantine Commission will separately recommend food, meat and poultry standards. The food standard will be finally set by the municipal comprehensive secretariat, so it is more flexible. In the WTO report on trade-technical measures, in general, there are more Arab countries such as the United Arab Emirates, Saudi Arabia and Qatar. The UAE implements sanitary and phytosanitary measures (SPS) to strengthen live poultry, poultry products and live sheep/goat regulation and quarantine; Oman publishes animal quarantine regulations; Bahrain is concerned with a wide range of products, including packaging, labeling and the safety requirements for contaminants in products towards meat and meat products, aquatic product, vegetables, tea, etc.; Qatar mainly deals with the packaging, labeling and safety requirements for contaminants in products such as sugar, oil, tea, fruits and vegetables.

6.1.2 Trade in Agricultural Products and Food of China in Arab States

The value of China-Arab States trade in agricultural products and food has been increasing since 2007 with high speed growth. The figure slightly declines in the year of 2009, 2014 and 2016. China's exports of agricultural products and food to the Arab countries amounted to 2.137 billion USD in 2016, and imports amounted to 276 million USD. Compared with in 2015, all the numbers decreased but a total trade volume decreased by 3.75%. Bilateral trade volume in agricultural products and food is relatively small, accounting for 1.39% of China's total agricultural products and food trade, holding 2.43% of the total agricultural products and food trade in the Arab countries. In bilateral agricultural products and food trade, China has maintained a trade surplus. In 2016, China's surplus was 1.861 billion USD.

① Wang Qi. Main Targets and Tasks of China's Regional Agricultural Investment in Asia[J]. Economic Review. 2017(2), 94.

Table 6.1 Import and Export Trade of Agricultural Products and Food in China and Arab Countries (Unit: 100 million USD) ①

Year	Export Volume (100 million USD)	Import Volume (100 million USD)	Total Trade (100 million USD)	Year-on-year Growth %
2007	11.87	0.56	12.43	29.48
2008	14.36	0.44	14.80	19.07
2009	14.34	0.37	14.72	-0.54
2010	17.52	1.04	18.56	26.09
2011	19.88	0.64	20.52	10.56
2012	19.15	2.30	21.45	4.53
2013	21.12	4.93	26.05	21.45
2014	21.05	3.87	24.92	-4.34
2015	21.60	3.47	25.07	0.60
2016	21.37	2.76	24.13	-3.75

Data source: United Nations, Comtrade Database, Classification foundation: HS2002.

6.1.3 Structure of China-Arab States Trade in Agriculture Products and Food

In 2016, the major agricultural products and food of China's exports to Arab States are "coffee, tea, mate tea and spices", "vegetables, fruits, nuts or other parts of plant products", "edible vegetables and certain roots and tubers", "oil loin and fruit; miscellaneous grains, seeds & fruits and nuts; industrial or medicinal plants; straw and feed"; "fish and crustaceans, mollusks and other aquatic invertebrates". Export volume of preparations of "cereals, flour, starch or milk; pastry snacks" in 2015 slightly declined but its ranking rose. Growth larger products in 2016 were "cereals", "live trees and other plants; extracts, bulbs, roots and the like; cut flowers and ornamental foliage"; "animal or vegetable fats and oils and their cleavage products; prepared edible fats; animal or vegetable waxes", "products of the milling industry; malt; starches; inulin; wheat gluten", "other edible animal products", "edible vegetables and certain roots and tubers", "lac; gums, resins and other vegetable saps

① Unless otherwise specified, the data are all from China.

and extracts"; "dairy product, birds' eggs; natural honey; edible products of animal origin"; of which "cereal" is showing the biggest increase of 162.92%. In addition, the exports of some products were sharply reduced than 2015, such as coffee, tea, vegetable, fruits, etc. In 2016, the products with larger declines were "meat and edible meat offal", "live animals", "oil seeds & oleaginous fruits; miscellaneous grains, seeds & fruit; industrial or medicinal plants; straw & fodder", etc. (See Table 6.2).

Table 6.2 Summary of China's Exports of Agricultural Products and Food to Arab States in the Past Three Years

Product Code	Product Name	Year			
		2014 Unit: 10 thousand USD	2015 Unit: 10 thousand USD	2016 Unit: 10 thousand USD	Year-on-year Change
Type I Live animals; animal products					
01	Live animals	2.42	1.69	1.39	-17.75
02	Meat and edible meat offal	3796.39	3328.29	2307.98	-30.66
03	Fish and crustaceans, mollusks and other aquatic invertebrates	12779.36	12795.50	13586.73	6.18
04	Dairy product, birds' eggs; natural honey; edible products of animal origin	1347.55	1094.94	1330.92	21.55
05	Products of animal origin	1334.24	1236.32	1683.12	36.14
Type II Vegetable Products					
06	Live trees and other plants; bulbs, roots and the like; cut flowers and ornamental foliage	562.88	597.44	861.87	44.26
07	Edible vegetables and certain roots and tubers	25099.53	28397.61	35622.96	25.44
08	Edible fruit and nuts; peel of citrus fruit or melons	8970.70	6987.03	8224.93	17.72
09	Coffee, tea, mate tea and spices	52688.52	51718.47	46671.87	-9.76
10	Cereals	59.03	83.76	220.22	162.92

Continued

Product Code	Product Name	Year			
		2014 Unit: 10 thousand USD	2015 Unit: 10 thousand USD	2016 Unit: 10 thousand USD	Year-on-year Change
11	Products of the milling industry; malt; starches; inulin; wheat gluten	248.96	443.92	623.71	40.50
12	Oil seeds & oleaginous fruits; miscellaneous grains, seeds & fruit; industrial or medicinal plants; straw & fodder	21982.64	24326.68	21728.36	-10.68
13	Lac; gums, resins and other vegetable saps and extracts	1001.06	1041.59	1276.65	22.57
14	Vegetable plaiting materials; other vegetable products	83.06	102.60	95.32	-7.10
Type III Animal or vegetable fats and oils and their cleavage products; prepared edible fats; animal or vegetable waxes					
15	Animal or vegetable fats and oils and their cleavage products; prepared edible fats;animal or vegetable waxes	709.46	473.51	668.49	41.18
Type IV Prepared food stuffs; beverages, spirits and vinegar; tobacco and manufactured tobacco substitutes					
16	Preparations of meat, of fish or of crustaceans, mollusks or other aquatic invertebrates	4628.75	4231.92	4348.29	2.75
17	Sugars and sugar confectionery	11036.74	9243.46	8974.83	-2.91
18	Cocoa and cocoa preparations	1812.62	1499.46	1398.42	-6.74
19	Preparations of cereals, flour, starch or milk; pastry snacks	3070.22	2760.36	2691.69	-2.49
20	Preparations of vegetables, fruit, nuts or other parts of plants	36309.97	42404.75	38906.21	-8.25

Continued

Product Code	Product Name	Year			
		2014 Unit: 10 thousand USD	2015 Unit: 10 thousand USD	2016 Unit: 10 thousand USD	Year-on-year Change
21	Miscellaneous edible preparations	10033.96	10545.69	9698.47	-8.03
22	Beverages, spirits and vinegar	2121.77	1960.19	1958.02	-0.11
23	Residues and waste from the food industries; prepared animal fodder	1241.96	1136.47	1221.19	7.45
24	Tobacco and manufactured tobacco substitutes	9868.70	9949.76	9567.51	-3.84
Total export		210790.49	216361.42	213669.15	-1.24

Data source: United Nations, Comtrade Database, Classification foundation: HS2002.

China's lager imports of agricultural products and food from the Arab States in 2016 were in the following order: "oil seeds & oleaginous fruits; miscellaneous grains, seeds & fruits industrial or medicinal plants; straw & fodder", "residues and waste from the food industries; prepared animal fodder"; "edible fruits and nuts; peel of citrus fruit or melons", "fish; crustaceans, mollusks and other aquatic invertebrates"; "animal or vegetable fats and oils and their cleavage products; prepared edible fats; animal or vegetable waxes", etc. In 2016, the products drastic increased are "meat, fish, crustaceans, mollusks and other aquatic invertebrates"; "tobacco and manufactured tobacco substitutes", "edible vegetables and certain roots and tubers", "cereals", "products of the milling industry; malt; starches; inulin; wheat gluten". Compared to 2015, "cereals" and "products of the milling industry; malt; starches; inulin; wheat gluten" are new agricultural products and food products imported from Arab countries. The products with larger declines are: "lac; gums, resins and other vegetable saps and extracts"; "animal or vegetable fats and oils and their cleavage products; prepared edible fats; animal or vegetable waxes" (See Table 6.3).

Table 6.3 Summary of China's Imports of Agricultural Products and Food to Arab States in the Past Three Years

Product Code	Product Name	Year			
		2014 Unit: 10 thousand USD	2015 Unit: 10 thousand USD	2016 Unit: 10 thousand USD	Year-over-year Percentage Change Unit: 10 thousand USD
Type I Live animals; animal products					
01	Live animals	20.91	16.87	15.27	-9.48
02	Meat and edible meat offal	—	—	—	—
03	Fish and crustaceans, mollusks and other aquatic invertebrates	2715.85	1857.09	2718.77	46.40
04	Dairy product, birds' eggs; natural honey; edible products of animal origin	8.09	17.28	9.79	-43.34
05	Products of animal origin	12.70	16.65	10.53	-36.76
Type II Vegetable Products					
06	Live trees and other plants; bulbs, roots and the like; cut flowers and ornamental foliage	0.05	0.02	0.03	50.00
07	Edible vegetables and certain roots and tubers	11.49	5.04	14.35	184.72
08	Edible fruit and nuts; peel of citrus fruit or melons	1421.59	3022.88	3742.75	23.81
09	Coffee, tea, mate tea and spices	52.25	47.96	33.94	-29.23
10	Cereals	0.11	—	0.17	100.00
11	Products of the milling industry; malt; starches; inulin; wheat gluten	—	—	0.12	100.00
12	Oil seeds & oleaginous fruits; miscellaneous grains, seeds & fruit; industrial or medicinal plants; straw & fodder	13052.11	16470.48	12760.15	-22.53

Continued

Product Code	Product Name	Year			
		2014 Unit: 10 thousand USD	2015 Unit: 10 thousand USD	2016 Unit: 10 thousand USD	Year-over-year Percentage Change Unit: 10 thousand USD
13	Lac; gums, resins and other vegetable saps and extracts	1502.09	1343.32	526.41	-60.81
14	Vegetable plaiting materials; other vegetable products	18.53	276.43	258.20	-6.59
Type III Animal or vegetable fats and oils and their cleavage products; prepared edible fats; animal or vegetable waxes					
15	Animal or vegetable fats and oils and their cleavage products; prepared edible fats; animal or vegetable waxes	12890.33	5367.07	2598.83	-51.58
Type IV Prepared food stuffs; beverages, spirits and vinegar; tobacco and manufactured tobacco substitutes					
16	Preparations of meat, of fish or of crustaceans, mollusks or other aquatic invertebrates	18.49	0.90	34.16	3695.56
17	Sugars and sugar confectionery	22.73	166.35	166.20	-0.09
18	Cocoa and cocoa preparations	5.39	9.56	11.54	20.71
19	Preparations of cereals, flour, starch or milk; pastry snacks	116.80	217.45	177.67	-18.29
20	Preparations of vegetables, fruit, nuts or other parts of plants	36.47	42.52	35.76	-15.90
21	Miscellaneous edible preparations	36.56	54.59	72.09	32.06
22	Beverages, spirits and vinegar	153.62	136.63	167.35	22.48

Continued

Product Code	Product Name	Year			
		2014 Unit: 10 thousand USD	2015 Unit: 10 thousand USD	2016 Unit: 10 thousand USD	Year-over-year Percentage Change Unit: 10 thousand USD
23	Residues and waste from the food industries; prepared animal fodder	6430.38	5613.08	4093.06	-27.08
24	Tobacco and manufactured tobacco substitutes	129.86	26.83	157.72	487.85
Total import		38656.39	34709.00	27604.85	-20.47

Data source: United Nations, Comtrade Database, Classification foundation: HS2002.

6.2 Main Source Countries and Destination Countries of China-Arab States Trade in Agricultural Products and Food

The economic situation, domestic and international situation, geographical location, agricultural production conditions and technical level of the 22 countries and regions in the LAS differ from one another, so does their trade status.

6.2.1 China's Major Destination Countries for Trade in Agricultural Products and Food in Arab States

As can be seen from Table 6.4, the countries such as the United Arab Emirates, Saudi Arabia, Morocco, Egypt, Algeria and Yemen were the major destination countries for China's exports of agricultural products and food to Arab States, and their rankings have been relatively stable. The UAE has always been China's premier destination for agricultural products and food trade in the Arab countries. In 2016, China's exports of agricultural products and food to the UAE were 522.2516 million USD, accounting for 24.44% of

the Arab countries. In 2016, Iraq's ranking rose from the ninth in 2014 to the sixth place. In addition, compared to 2014, the ranking of Sudan in 2016 has also increased.

Table 6.4 China's Major Destination Countries for Exports of Agricultural Products and Food in Arab States in Recent Three Years Unit: 10 thousand USD

Country	2014		2015		2016	
	Rank	Export volume	Rank	Export volume	Rank	Export volume
The UAE	1	52161.64	1	51395.39	1	52225.16
Saudi Arabia	2	29219.93	2	30894.85	2	30129.46
Morocco	3	26497.48	3	27713.10	3	28698.77
Egypt	4	21756.39	4	23265.44	4	20815.15
Algeria	5	16574.65	5	17111.51	5	14897.58
Yemen	6	11987.55	7	9087.87	7	9641.62
Lebanon	7	6858.25	8	7156.94	8	6960.24
Mauritania	8	6722.01	9	6208.11	9	6702.83
Iraq	9	6648.82	6	11559.71	6	12817.13
Jordan	10	6402.68	10	5556.52	.10	6293.05
Kuwait	11	6342.58	12	4031.58	12	3747.86
Bahrain	12	3581.49	13	3605.61	13	3321.46
Libya	13	3119.06	14	3377.14	16	2245.97
Sudan	14	2942.45	11	4170.75	11	4127.25
Syria	15	2691.82	17	2384.22	18	1904.46

Data Source: United Nations, Comtrade Database, Classification foundation: HS2002.

6.2.2 China's Major Countries of Origin for Trade in Agricultural Products and Food in Arab States

China mainly imports agricultural products and food from the UAE, Sudan, Morocco and other countries in recent years. The ranks of the UAE dropped from the second place in 2015 to the fifth place in 2016. The import volume dropped from 92.1074 million USD in 2015 to 11.4771 million USD in 2016 with the largest drop of 87.54%; instead, Morocco rose to the second place.

Compared with 2015, Iraq's ranking has improved most, with a larger increase of 143.11%. Imports from Mauritania increased most with an increase of 12.1222 million USD with the largest increase 159.55%. The number next goes for Egypt, the import value increased by 9.1161 million USD.

Table 6.5 China's Major Countries of Origin for Imports of Agricultural Products and Food in Arab States in Recent Three Years

Unit: 10 thousand USD

Country	2014		2015		2016	
	Rank	Import volume	Rank	Import volume	Rank	Import volume
The UAE	1	16025.14	2	9210.74	5	1147.71
Sudan	2	11959.72	1	14900.99	1	14405.64
Morocco	3	3335.14	3	3868.65	2	4710.62
Somalia	4	2688.11	5	2255.69	6	986.50
Mauritania	5	2580.89	6	759.77	4	1971.99
Egypt	6	883.50	4	2287.74	3	3199.35
Tunisia	7	619.04	9	271.86	7	223.00
Saudi Arabia	8	218.73	10	253.12	9	206.36
Iraq	9	133.60	12	86.56	8	210.43
Djibouti	10	90.49	15	12.12	18	1.75

Data source: United Nations, Comtrade Database, Classification foundation: HS2002.

6.2.3 Trade between Agriculture and Food between China and GCC

Export: The GCC countries have always been China's main export destination for agricultural products and food in the Arab countries. More than 40% of China's agricultural products and food to the Arab countries each year are entering the GCC market. In 2016, China's exports of agricultural products and food to the GCC were 939.1144 million USD, a decrease of 3.1438 million USD from 2015. However, exports to the GCC in that year accounted for 43.95% of

China's total exports of Arab agricultural products and food, a slight increase from 2015.

Import: Since 2014, China's imports of agricultural products and food from the GCC have begun to decline. In 2016, the import volume was only 27.5970 million USD, a decrease of 66.9284 million USD compared with 2015, a drop of 70.80%. At the same time, it accounts for 10% of China's total imports of agricultural products and food from the Arab countries, and it has also seen a significant decline from previous years.

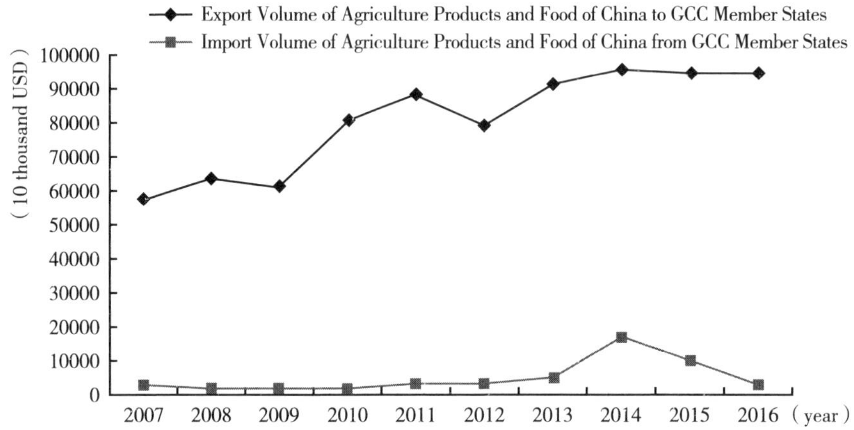

Figure 6.1 Trends of Bilateral Import and Export of Agricultural Products and Food between China and the GCC from 2007 to 2016

Export products category shows that in 2016, the main agricultural products and food of China's exports to GCC countries were fruit, vegetables, tea, tobacco and number 07, 20, 09, 24, 08, and 17 products, exceeding 50 million USD, which accounts for 76.67% of China's exports of agricultural products and food to the GCC. The export value of "fish and crustaceans, mollusks and other aquatic invertebrates" (03) decreased from 2015 to 39.900957 million USD, less than 50 million USD. In 2016, China's exports of agricultural products and food to the GCC increased significantly in categories 05, 15, 11, 07, 06, 24 and 04, with an increase of more than 20%. Instead, "coffee, tea, mate tea and spices" (09), "fish and crustaceans, mollusks and other aquatic invertebrates" (03), "live animals"(01), "vegetable

plaiting materials; other vegetable products" (14) fell by more than 20% compared to the previous year.

In the view of specific export destinations, as shown in Figure 6.2, the UAE is China's most important trading country for GCC agricultural and food exports. The export of agricultural products and food to the UAE accounts for 55.61% of GCC agricultural and food exports. China's second largest agricultural and food exporting country to the GCC is Saudi Arabia, which accounts for 32.08% of GCC countries.

In 2016, "tobacco and manufactured tobacco substitutes" (24) and "miscellaneous edible preparations" (21) increased significantly among the agricultural products and foods China imported from the GCC countries, while "residues and waste from the food industries; prepared animal fodder" (23), "animal or vegetable fats and oils and their cleavage products; prepared edible fats; animal or vegetable waxes" (15), "lac; gums, resins and other vegetable saps and extracts" (13), "coffee, tea, mate tea and spices" (09), "dairy product, birds' eggs; natural honey; edible products of animal origin" (04) were in a large decline, more than 50%.

Table 6.6 China's Export Structure of Agricultural Products and Foods in GCC (2016)

Product Code	Product Name	China's Exports to the GCC Member States		China's Imports to the GCC Member States	
		2016 (10 thousand USD)	Year-over-year Percentage Change	2016 (10 thousand USD)	Year-over-year Percentage Change
Type I Live animals; animal products					
01	Live animals	1.2116	-24.69	4.353	-47.85
02	Meat and edible meat offal	1466.2622	-17.66	—	—
03	Fish and crustaceans, mollusks and other aquatic invertebrates	3990.0957	-26.93	199.9661	47.83
04	Dairy product, birds' eggs; natural honey; edible products of animal origin	1020.0011	27.13	6.371	-52.75

Continued

Product Code	Product Name	China's Exports to the GCC Member States		China's Imports to the GCC Member States	
		2016 (10 thousand USD)	Year-over-year Percentage Change	2016 (10 thousand USD)	Year-over-year Percentage Change
05	Products of animal origin	96.5358	59.52	—	—
Type II Vegetable Products					
06	Live trees and other plants; bulbs, roots and the like; cut flowers and ornamental foliage	705.5246	32.03	0.0033	—
07	Edible vegetables and certain roots and tubers	28196.2681	36.35	—	—
08	Edible fruit and nuts; peel of citrus fruit or melons	7026.4969	15.11	118.0986	5.61
09	Coffee, tea, mate tea and spices	8983.4557	-29.47	9.6214	-58.62
10	Cereals	21.9217	18.71	—	—
11	Products of the milling industry; malt; starches; inulin; wheat gluten	389.046	48.21	—	—
12	Oil seeds & oleaginous fruits; miscellaneous grains, seeds & fruit; industrial or medicinal plants; straw & fodder	3791.9008	-16.52	—	—
13	Lac; gums, resins and other vegetable saps and extracts	203.1696	-1.38	228.21	-78.50
14	Vegetable plaiting materials; other vegetable products	67.3626	-20.37	—	—

Continued

Product Code	Product Name	China's Exports to the GCC Member States		China's Imports to the GCC Member States	
		2016 (10 thousand USD)	Year-over-year Percentage Change	2016 (10 thousand USD)	Year-over-year Percentage Change
Type III Animal or vegetable fats and oils and their cleavage products; prepared edible fats; animal or vegetable waxes					
15	Animal or vegetable fats and oils and their cleavage products; prepared edible fats; animal or vegetable waxes	266.3016	48.30	366.9387	-90.97
Type IV Prepared food stuffs; beverages, spirits and vinegar; tobacco and manufactured tobacco substitutes					
16	Preparations of meat, of fish or of crustaceans, mollusks or other aquatic invertebrates	1582.1915	-16.22	—	—
17	Sugars and sugar confectionery	5035.133	-10.67	161.306	-2.71
18	Cocoa and cocoa preparations	997.1912	-3.66	10.9992	20.31
19	Preparations of cereals, flour, starch or milk; pastry snacks	1895.2769	-6.53	168.2857	-19.44
20	Preparations of vegetables, fruit, nuts or other parts of plants	15339.8269	-15.74	12.0544	-35.20
21	Miscellaneous edible preparations	3217.2124	-18.99	29.1358	286.13
22	Beverages, spirits and vinegar	1880.6779	3.25	88.4635	47.45
23	Residues and waste from the food industries; prepared animal fodder	318.538	-16.62	3.2827	-99.92
24	Tobacco and manufactured tobacco substitutes	7419.8422	27.85	157.7163	487.79
Total amount		93911.444		1564.8057	

Data Source: calculated on WITS database.

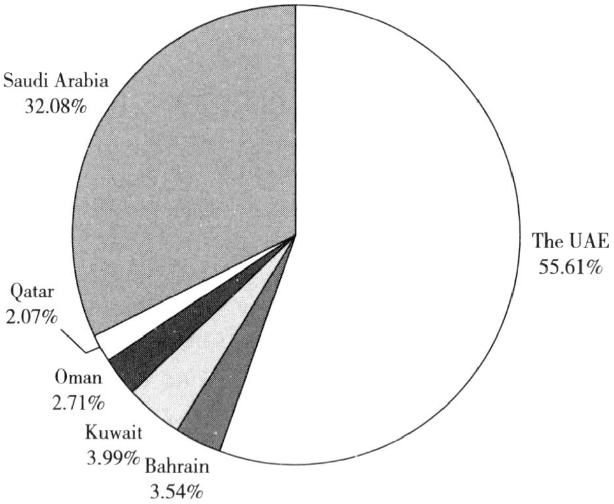

Figure 6.2 Destination Conditions of China's Export of Agricultural Products and Food to GCC countries (2016)

Data Source: calculated on WITS database.

6.3 Market Competitiveness of China's Agricultural Products and Food in Arab States

6.3.1 China's Agricultural Products and Food Trade Status and Competitive Trends

China's competitiveness of China's agricultural products and food in world market has gradually declined in recent years. China's agricultural products and food trade has been in a state of continuous deficit since 2008. Export of China's agricultural products and food in 2016 amounted to 71.133 billion USD, 4.35% higher than a year before; imports amounted to 102.153 billion USD, 2.65% lower than a year before. In 2016, China's major export countries (regions) of agricultural products and food were Japan, China's Hong Kong, the United States, etc. The total exports to Arab countries ranked the ninth; China mainly imported agricultural products and food from the United States, Brazil, Canada, Australia, Thailand, Argentina, and New Zealand with the import value of more than 4 billion USD.

From the perspective of the import and export structure of agricultural

products and food, the top five products of China's agricultural products and food exports in 2016 were "fish and crustaceans, mollusks and other aquatic invertebrates" (03), "edible vegetables and certain roots and tubers" (07), "animal or vegetable fats and oils and their cleavage products; prepared edible fats; animal or vegetable waxes" (16), "preparations of vegetables, fruit, nuts or other parts of plants" (20), "edible fruit and nuts; peel of citrus fruit or melons" (08), accounting for 63.28% of all agricultural products and food exports in China. In terms of import structure, the top five Chinese agricultural products and food imports in 2016 were "oil seeds & oleaginous fruits; miscellaneous grains, seeds & fruit; industrial or medicinal plants; straw & fodder" (12), "meat and edible meat offal" (02), "animal or vegetable fats and oils and their cleavage products"; "prepared edible fats; animal or vegetable waxes" (15), "fish and crustaceans, mollusks and other aquatic invertebrates" (03), "edible fruit and nuts; peel of citrus fruit or melons" (08), accounting for 66.94% of all agricultural products and food exports in China.

China should give full play to its labor advantage and actively promote the development of modern agricultural industry through capital integration and technological innovation for the competitiveness of China's agricultural products and food in the international arena. Besides, China should pay attention to the development of national markets along the Belt and Road, including the Arab market.

6.3.2 Competitiveness of China's Agricultural Products and Food Market in the Arab Countries

(1) The Analysis of Trade Competitiveness (TC) Index

The number of Trade Competitiveness Index is between -1 and 1. The index is closer to 0, and the competitiveness is closer to the average level; if the index is -1, it indicates that the industry only imports and does not export. If it is closer to -1, the weaker competitiveness is; if the index is 1, the industry only exports but does not import; the closer to 1 it is, the greater the competitiveness is.

Table 6.7 shows the trade competitiveness (TC) index of China's agricultural products and food products in the Arab countries market in 2016. The trade competitiveness index of most agricultural products and food products in China is 1, and it is highly competitive in Arab countries. In 2016, there were 7 categories of products with a trade competitiveness index of 1, indicating

that these products will only be exported and not imported in 2016; only the four categories of products are negative, indicating that these products are less competitive in the Arab countries. Compared with 2015, the trade competitiveness index of most agricultural products and foods has changed little. "lac; gums, resins and other vegetable saps and extracts" (13) had a trade competitiveness index of -0.13 in 2015, while the trade competitiveness index in 2016 was 0.42, which has a certain competitiveness compared with the previous year. The trade competitiveness index of "animal or vegetable fats and oils and their cleavage products; prepared edible fats; animal or vegetable waxes" (15) also increased slightly compared with 2015.

Table 6.7 Trade Competitiveness (TC) Index of China's Agricultural Products and Food market in the Arab States in 2016

Product Code	Product Name	Export Volume (10 thousand USD)	Import Volume (10 thousand USD)	Trade Balance (10 thousand USD)	TC Index
Type I Live animals; animal products					
01	Live animals	1.39	15.27	-13.89	-0.83
02	Meat and edible meat offal	2307.98	0.00	2307.98	1.00
03	Fish and crustaceans, mollusks and other aquatic invertebrates	13586.73	2718.77	10867.96	0.67
04	Dairy product, birds' eggs; natural honey; edible products of animal origin	1330.91	9.79	1321.13	0.99
05	Products of animal origin	1683.12	10.53	1672.59	0.99
Type II Vegetable Products					
06	Live trees and other plants; bulbs, roots and the like; cut flowers and ornamental foliage	861.87	0.03	861.84	1.00
07	Edible vegetables and certain roots and tubers	35622.96	14.35	35608.61	1.00
08	Edible fruit and nuts; peel of citrus fruit or melons	8224.93	3742.75	4482.19	0.37

Continued

Product Code	Product Name	Export Volume (10 thousand USD)	Import Volume (10 thousand USD)	Trade Balance (10 thousand USD)	TC Index
09	Coffee, tea, mate tea and spices	46671.87	33.94	46637.93	1.00
10	Cereals	220.22	0.17	220.05	1.00
11	Products of the milling industry; malt; starches; inulin; wheat gluten	623.71	0.12	623.58	1.00
12	Oil seeds & oleaginous fruits; miscellaneous grains, seeds & fruit; industrial or medicinal plants; straw & fodder	21728.36	12760.15	8968.21	0.26
13	Lac; gums, resins and other vegetable saps and extracts	1276.65	526.41	750.24	0.42
14	Vegetable plaiting materials; other vegetable products	95.32	258.20	-162.88	-0.46
Type III Animal or vegetable fats and oils and their cleavage products; prepared edible fats; animal or vegetable waxes					
15	Animal or vegetable fats and oils and their cleavage products; prepared edible fats; animal or vegetable waxes	668.49	2598.83	-1930.33	-0.59
Type IV Prepared food stuffs; beverages, spirits and vinegar; tobacco and manufactured tobacco substitutes					
16	Preparations of meat, of fish or of crustaceans, mollusks or other aquatic invertebrates	4348.29	34.16	4314.13	0.98
17	Sugars and sugar confectionery	8974.83	166.20	8808.63	0.96
18	Cocoa and cocoa preparations	1398.42	11.54	1386.88	0.98
19	Preparations of cereals, flour, starch or milk; pastry snacks	2691.69	177.67	2514.02	0.88
20	Preparations of vegetables, fruit, nuts or other parts of plants	38906.21	35.76	38870.45	1.00

Continued

Product Code	Product Name	Export Volume (10 thousand USD)	Import Volume (10 thousand USD)	Trade Balance (10 thousand USD)	TC Index
21	Miscellaneous edible preparations	9698.47	72.09	9626.38	0.99
22	Beverages, spirits and vinegar	1958.02	167.35	1790.67	0.84
23	Residues and waste from the food industries; prepared animal fodder	1221.19	4093.06	-2871.87	-0.54
24	Tobacco and manufactured tobacco substitutes	9567.51	157.72	9409.79	0.97

Data source:United Nations, Comtrade Database, Classification foundation: HS2002.

(2) The Analysis of Revealed Comparative Advantage Index (RCA)

In general, when the RCA value is close to 1, it represents the neutral comparative benefit, regardless of relative advantage or disadvantage. The RCA value is greater than 1, indicating that the proportion of the goods in the country is greater than the proportion of the world's exports. The products in the international market have a comparative advantage with a certain international competitiveness; RCA value is less than 1, indicating that the product in the international market does not have a comparative advantage, and the international competitiveness is relatively weak.

Table 6.8 Comparative Advantage Index of Chinese Agricultural Products and Food in the Arab Market in 2016

Product Code	Product Name	Export Volume to Arab States (Ten Thousands USD)	Import Volume from Arab States (Ten Thousands USD)	Proportion of China's Export to Arab States' Import (Ten Thousands USD)	RCA
Type I Live animals; animal products					
01	Live animals	1.39	181277.05	0.00	0.00
02	Meat and edible meat offal	2307.98	526997.54	0.44	0.03

Continued

Product Code	Product Name	Export Volume to Arab States (Ten Thousands USD)	Import Volume from Arab States (Ten Thousands USD)	Proportion of China's Export to Arab States' Import (Ten Thousands USD)	RCA
03	Fish and crustaceans, mollusks and other aquatic invertebrates	13586.73	177677.28	7.65	0.54
04	Dairy product, birds' eggs; natural honey; edible products of animal origin	1330.91	573681.28	0.23	0.02
05	Products of animal origin	1683.12	11150.68	15.09	1.07
Type II Vegetable Products					
06	Live trees and other plants; bulbs, roots and the like; cut flowers and ornamental foliage	861.87	25458.67	3.39	0.24
07	Edible vegetables and certain roots and tubers	35622.96	349544.53	10.19	0.72
08	Edible fruit and nuts; peel of citrus fruit or melons	8224.93	476296.59	1.73	0.12
09	Coffee, tea, mate tea and spices	46671.87	270914.87	17.23	1.22
10	Cereals	220.22	1470012.57	0.01	0.00
11	Products of the milling industry; malt; starches; inulin; wheat gluten	623.71	69252.03	0.90	0.06
12	Oil seeds & oleaginous fruits; miscellaneous grains, seeds & fruit; industrial or medicinal plants; straw & fodder	21728.36	312483.24	6.95	0.49
13	Lac; gums, resins and other vegetable saps and extracts	1276.65	19716.11	6.48	0.46
14	Vegetable plaiting materials; other vegetable products	95.32	2901.09	3.29	0.23

Continued

Product Code	Product Name	Export Volume to Arab States (Ten Thousands USD)	Import Volume from Arab States (Ten Thousands USD)	Proportion of China's Export to Arab States' Import (Ten Thousands USD)	RCA
Type III Animal or vegetable fats and oils and their cleavage products; prepared edible fats; animal or vegetable waxes					
15	Animal or vegetable fats and oils and their cleavage products; prepared edible fats; animal or vegetable waxes	668.49	472797.78	0.14	0.01
Type IV Prepared food stuffs; beverages, spirits and vinegar; tobacco and manufactured tobacco substitutes					
16	Preparations of meat, of fish or of crustaceans, mollusks or other aquatic invertebrates	4348.29	139256.17	3.12	0.22
17	Sugars and sugar confectionery	8974.83	395813.36	2.27	0.16
18	Cocoa and cocoa preparations	1398.42	204570.41	0.68	0.05
19	Preparations of cereals, flour, starch or milk; pastry snacks	2691.69	443767.91	0.61	0.04
20	Preparations of vegetables, fruit, nuts or other parts of plants	38906.21	277902.44	14.00	0.99
21	Miscellaneous edible preparations	9698.47	418984.21	2.31	0.16
22	Beverages, spirits and vinegar	1958.02	191889.85	1.02	0.07
23	Residues and waste from the food industries; prepared animal fodder	1221.19	357387.89	0.34	0.02
24	Tobacco and manufactured tobacco substitutes	9567.51	397948.93	2.40	0.17

Data source: United Nations,Comtrade Database,Classification foundation: HS2002.

According to Table 6.8, it can be seen that China's exports of agricultural products to the Arab States only contain "coffee, tea, mate tea and spices", "products of animal origin" which the RCA index are equal to 1. The two categories of products in the market are relatively competitive; while the RCA values of "live animals", "cereals", "animal or vegetable fats and oils and their cleavage products; prepared edible fats; animal or vegetable waxes", "dairy product, birds' eggs; natural honey; edible products of animal origin", "residues and waste from the food industries; prepared animal fodder", "meat and edible meat offal", "preparations of cereals, flour, starch or milk; pastry snacks"," cocoa and cocoa preparations", "products of the milling industry; malt; starches; inulin; wheat gluten", "beverages, spirits and vinegar", etc. are close to zero, indicating that Chinese meat products are not competitive. The RCA values of "products of animal origin", "edible vegetables and certain roots and tubers", "coffee, tea, mate tea and spices" seemed to be growing compared with 2015.

China's current trade pattern of agricultural products and food in Arab countries is related not only to the decline in the overall competitiveness of its agricultural products, but also to the complex trade environment of Arab countries. However, the import demand for agricultural products and food in the Arab countries is relatively large. Especially from the perspective of China's advantageous products such as vegetables, horticultural products and processed foods, it highly matches the import demand of the Arab countries. The trade space between the two sides is relatively large. In the process of promoting the construction of the Belt and Road, the two sides will enjoy the expansion of trade scale and mutual benefit by further strengthening information communication and eliminating trade barriers.

Chapter 7 Developing China-Arab States Financial Market

7.1 Indirect Investment in Arab States[①]

7.1.1 Outbound Indirect Investment of Arab States

According to the statistics of the International Monetary Fund (IMF), the portfolio investment of Arab countries as of December 2016, although it is not the mainstream in the international capital market with small-scale, it showed a rapid growth trend. In addition, it is showed that the portfolio investment still focused on such five Arab countries as Saudi Arabia (183.645 billion USD), Bahrain (32.107 billion USD / at the end of December 2015), Kuwait (16.446 billion USD), Lebanon (4.15 billion USD) and Egypt (1.331 billion USD) (see Table 7.1). The main targets of investment really aim at European and the American related markets. The United States accounted for about 40%, which was more than one-third of the sum of relevant European markets investments of Arab States (see Figure 7.1). As for the market of China's mainland, it enjoys a steady rise while Hong Kong market has shrunk. Saudi Arabia was the largest investment country to China, which was equivalent to 10% of the amount of investment in the United States. Meanwhile, other countries had also absorbed the portfolio investment from the Arab States in varying degrees.

① This section only considers portfolio investment and the data is limited to 2016 and 2017.

Table 7.1 Overall Situation of Portfolio Investment of Arab States in 2015 and 2016

(Unit: Million USD)

	2015						2016					
Source Country of Investment / Target Country of Investment	Bahrain	Egypt	Kuwait	Lebanon	Saudi Arabia	Total	Bahrain	Egypt	Kuwait	Lebanon	Saudi Arabia	Total
Bahrain	—	21	3791	299	1877	5988	—	20	3688	319	2438	6465
Cayman Islands	2644	10	727	211	2569	6161	—	10	861	195	2633	3699
Hong Kong, China	846	0	19	7	3719	4609	—	0	17	14	3691	3722
China's Mainland	49	3	16	8	5586	5662	—	2	29	5	5807	5843
Egypt	340	—	146	5	103	594	—	—	115	2	3104	3221
France	559	32	125	389	8229	9334	—	32	60	368	8676	9136
Germany	415	50	77	138	8576	9256	—	2	18	270	7778	8068
India	1155	1	153	2	1190	2501	—	0	132	1	1062	1196
Indonesia	250	14	179	0	1816	2259	—	8	180	1	2157	2346
Japan	157	12	—	5	13087	15520	—	11	—	8	12306	12325
Jordan	714	5	94	145	5	963	—	4	42	134	23	201
Kuwait	288	50	0	15	109	462	—	0	—	14	54	68
Luxembourg	282	9	78	213	2715	3297	—	10	113	247	1176	1546
Malaysia	396	45	574	26	2141	3182	—	45	714	25	2270	3054

Continued

Source Country of Investment / Target Country of Investment	2015						2016					
	Bahrain	Egypt	Kuwait	Lebanon	Saudi Arabia	Total	Bahrain	Egypt	Kuwait	Lebanon	Saudi Arabia	Total
Holland	329	2	22	84	2127	2564	—	0	55	108	2259	2422
Oman	219	25	124	13	110	491	—	0	239	20	203	462
Qatar	2272	90	1085	141	5699	9287	—	81	1214	139	4837	6271
Saudi Arabia	1496	340	1461	95	—	3392	—	316	1663	86	—	2065
Spain	111	0	10	26	1816	5355	—	0	3	25	1715	1743
Switzerland	137	26	122	267	6666	7218	—	0	99	233	6211	6543
Tunisia	95	2	15	0	30	142	—	2	12	0	39	63
Turkey	3324	6	358	23	2508	6219	—	5	397	17	2480	2899
The UAE	4472	74	2759	217	8966	16488	—	21	2928	161	7211	10321
The UK	1330	104	600	598	13571	16203	—	95	635	642	13134	14506
The United States	4182	275	2064	1379	74562	82462	—	253	1866	1247	70418	73784
Non-specific Investment	2195	0	1033	9	7	3244	—	0	686	4	2	692
World Total	32107	1541	15914	5100	204161	258823	—	1273	16127	5009	199605	222034

Data Source: International Monetary Fund, Coordinated Portfolio Investment Survey.

Note: the total investment amount is not exactly equal to the breakdown amount due to rounding; 0 means the amount is less than $ 500,000 or zero.

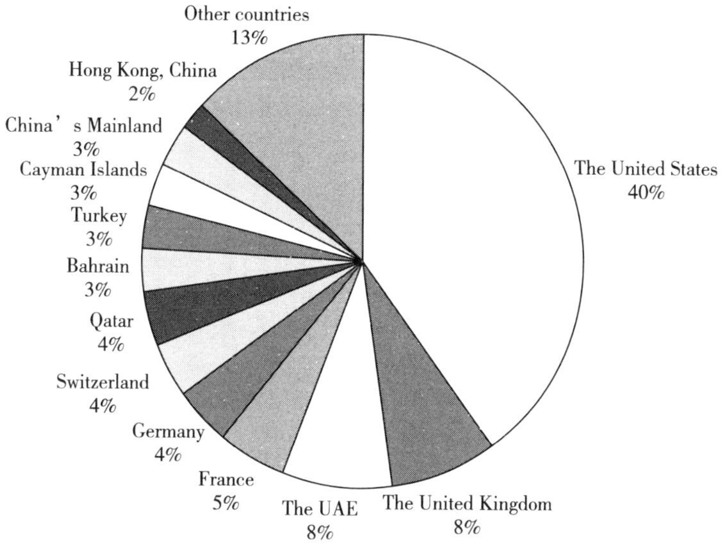

Figure 7.1 Main Countries Status of Portfolio Investment of Foreign Assets in Arab States in 2016 ①

7.1.2 Indirect Investment of Arab States from Foreign Countries

In view of the state of foreign investment in the world, compared with 2015, the total amount of portfolio investment attracted by Arab states in 2016 has increased, but the Arab states are still not hot areas for international capital inflows (see Table 7.2). Judging from the composition of capital inflows in 2016, the sources of funding for Arab States are becoming increasingly diverse, and the main investing entity was bonds (see Table 7.3) and mainly from Europe and the United States (see Table 7.4). Compared with 2015, the world's portfolio investment in 22 Arab states totaled 160.1 billion USD, and in 2016 it was about 168.9 billion USD, an overall increase of 5.5%. In addition, Table 7.2 shows that although the United Arab Emirates is a hot spot for investment with 68.134 billion USD in 2016, it fell by 3.25% year-on-year; the investment of Lebanon was more than tripled year-on-year. At the same time, Egypt and Tunisia also increased by 15.23% and 16.46% respectively. Except for Djibouti, Palestine and Somalia, Libya, Sudan and Yemen are the lowest investment-related

① Data Source: International Monetary Fund (IMF), till March 18, 2018.

Table 7.2 Overall Situation of Foreign Investment into Arab States in 2015 and 2016

(Unit: Million USD)

Investor \ Year	2015	2016
Algeria	562	612
Bahrain	7852	8014
Comoros	719	1018
Djibouti	0	0
Egypt	8821	10165
Iraq	1757	1433
Jordan	6645	6287
Kuwait	3241	1324
Lebanon	4242	14422
Libya	68	51
Mauritania	234	73
Morocco	8502	8483
Oman	1726	3202
Palestine	—	—
Qatar	28192	29142
Saudi Arabia	13205	11933
Somalia	0	0
Sudan	33	29
Syria	100	108
Tunisia	3778	4400
The UAE	70422	68134
Yemen	9	47
Total Arab States	160112	168877
World Total	50275594	52088314

Data Source: International Monetary Fund, Coordinated Portfolio Investment Survey.

Note: the total investment amount is not exactly equal to the breakdown amount due to rounding; 0 means the amount is less than $ 500,000 or zero; "-"means no data.

Table 7.3 Overall Situation of International Portfolio Investment Flowed into Arab States in 2015 and 2016

(Unit: Million USD)

Investment Projects / Investor	December 2015					December 2016				
	Total Equity Investment and Investment Funds	Total Bond Investment	Long-term Bond	Short-term Bond	Total Portfolio Investments	Total Equity Investment and Investment Funds	Total Bond Investment	Long-term Bond	Short-term Bond	Total Portfolio Investments
Algeria	346	138	104	34	483	344	23	23	0	368
Palestine	—	—	—	—	—	—	—	—	—	—
Bahrain	4468	3493	3304	189	7852	4200	3732	3519	213	7819
Comoros	0	0	0	0	0	0	0	0	0	0
Djibouti	0	4	4	0	4	0	3	3	0	3
Egypt	6385	3214	3209	5	8821	5005	4976	1864	3131	10031
Iraq	137	1601	1601	0	1757	133	1056	1056	0	1241
Jordan	1048	5597	5046	191	6645	530	4724	4260	464	5254
Kuwait	1916	1275	1169	0	3241	795	1018	1001	11	1812
Lebanon	322	3918	3464	456	4242	1956	3052	2969	83	5009
Libya	68	0	0	0	68	48	0	0	0	48
Mauritania	199	37	0	37	236	24	46	1	45	71
Morocco	1770	6689	6580	110	8502	1744	6352	6259	93	8096

Continued

Investment Projects / Investor	December 2015					December 2016				
	Total Equity Investment and Investment Funds	Total Bond Investment	Long-term Bond	Short-term Bond	Total Portfolio Investments	Total Equity Investment and Investment Funds	Total Bond Investment	Long-term Bond	Short-term Bond	Total Portfolio Investments
Oman	954	751	748	4	1726	935	1759	1721	33	2715
Qatar	5765	20408	19686	2001	28192	4859	18025	17053	1057	26450
Saudi Arabia	8741	4451	3885	501	13205	5359	3575	3137	501	8934
Somalia	0	0	0	0	0	0	0	0	0	0
Sudan	30	3	3	0	33	27	1	1	0	27
Syria	100	100	0	0	0	110	0	0	0	110
Tunisia	336	3443	3439	4	3778	296	3838	3522	316	4134
The UAE	16135	52593	44075	9390	70422	13870	43437	36072	7365	58637
Yemen	9	0	0	0	9	51	0	0	0	51
Total Arab States	48729	107715	96314	12922	159216	53108	95617	82460	13312	140810
World Total	23392477	26883113	23854864	3028249	50275594	21101288	25214234	22685942	2528291	46315530

Data Source: International Monetary Fund, Coordinated Portfolio Investment Survey.

Note: the total investment amount is not exactly equal to the breakdown amount due to rounding; 0 means the amount is less than $ 500,000 or zero; — means data is not available.

Table 7.4 Main Countries of Portfolio Investment Inflow of the Arab States in 2015 and 2016

(Unit: Million USD)

Source of Investment / Target of Investment	The United States		Japan		Luxembourg		The UK		Germany		France		Ireland		Cayman Islands		Holland		Hong Kong (China)	
	2015	2016	2015	2016	2015	2016	2015	2016	2015	2016	2015	2016	2015	2016	2015	2016	2015	2016	2015	2016
Algeria	—	0	0	0	0	1	111	33	0	0	280	324	0	0	17	—	0	0	17	0
Palestine	—	—	—	—	—	—	—	—	—	—	—	—	—	—	—	—	—	—	—	—
Bahrain	207	—	17	20	217	303	374	592	149	125	99	95	42	87	59	8	37	30	86	58
Comoros	0	0	0	0	0	0	0	0	0	0	—	—	0	0	—	—	0	0	0	0
Djibouti	0	0	0	0	0	0	0	0	0	0	—	—	0	0	—	—	0	0	0	0
Egypt	377	359	69	64	982	1074	1057	755	105	102	164	92	573	527	613	434	204	218	24	20
Iraq	504	—	6	7	285	409	83	18	33	79	28	26	74	131	146	134	35	46	0	0
Jordan	3060	3579	1	23	115	218	149	394	28	59	1	0	44	70	—	83	19	47	7	7
Kuwait	56	—	3	3	633	485	301	93	0	1	6	5	49	27	408	66	1	0	14	11
Lebanon	1171	2086	16	46	982	1435	112	8196	154	184	19	19	183	355	389	430	204	422	21	3
Libya	0	0	0	0	0	1	0	6	0	0	2	—	0	0	—	—	0	0	0	0
Mauritania	0	0	0	0	15	16	31	47	0	0	—	—	0	0	—	5	0	0	0	0
Morocco	1908	1849	123	86	999	1227	557	384	864	861	827	990	421	327	207	65	228	191	234	254

Continued

Source of Investment / Target of Investment	The United States		Japan		Luxembourg		The UK		Germany		France		Ireland		Cayman Islands		Holland		Hong Kong (China)	
	2015	2016	2015	2016	2015	2016	2015	2016	2015	2016	2015	2016	2015	2016	2015	2016	2015	2016	2015	2016
Oman	12	382	0	27	239	614	123	131	63	255	4	15	40	173	265	6	1	133	6	6
Qatar	2871	3190	1110	1259	1085	1339	1033	1021	617	833	111	91	2348	1441	1381	661	337	411	870	1061
Saudi Arabia	3	—	93	688	276	796	3339	793	0	334	5017	2660	13	474	357	352	0	34	65	265
Somalia	0	—	0	0	0	0	0	0	0	0	—	—	0	0	—	—	—	—	0	0
Sudan	0	0	0	0	0	0	1	0	0	0	—	—	0	0	—	—	—	—	0	0
Syria	0	0	0	0	0	0	0	0	0	0	—	—	0	0	—	—	0	0	0	0
Tunisia	1139	1755	1087	1133	104	106	25	68	220	252	86	83	223	252	1	1	101	141	2	3
The UAE	3065	3440	1473	1535	6281	7276	4997	4330	2676	2856	1229	928	4653	3913	3636	3285	1162	1128	1774	3299
Yemen	0	0	0	0	0	0	0	0	0	0	—	—	0	0	—	—	0	0	0	0
Total	14373	16640	3998	4891	12313	15300	12292	16861	4909	5941	7867	5328	8663	7777	7479	5530	2329	2801	3092	4978

Data Source: International Monetary Fund, Coordinated Portfolio Investment Survey.

Note: the total investment amount is not exactly equal to the breakdown amount due to rounding; 0 means the amount is less than $ 500,000 or zero, "—" means no data.

countries. In 2016, funds from the United Kingdom, Luxembourg, the United States, France, Switzerland, Germany, and the Netherlands accounted for 10%, 10%, 9%, 6%, 5%, 4%, and 2% of the market share, respectively (see Figure 7.2). By the end of 2016, the United States, Japan, Luxembourg, the United Kingdom, Germany, France, Ireland, the Cayman Islands, the Netherlands, and Hong Kong of China had individually invested 16.64 billion USD, 4.891 billion USD, 15.3 billion USD, 16.861 billion USD, 5.941 billion USD, 5.328 billion USD, 7.777 billion USD, 5.53 billion USD, 2.801 billion USD and 4.978 billion USD, accounting for 37% of the total portfolio investment in the Arab states. It can be seen that Europe is still the largest investment source of Arab states. Table 7.1 shows that capital flows in the Arab States were still very active in 2016, and Bahrain, Kuwait and Saudi Arabia remain the main investors, thus demonstrating a further strengthening of economic cooperation within Arab States. In short, although the volume of foreign investment of the Arab states is higher than the foreign investment to Arab States, the new trend is the two-way capital inflow, and the inflow rate is still on the rise.

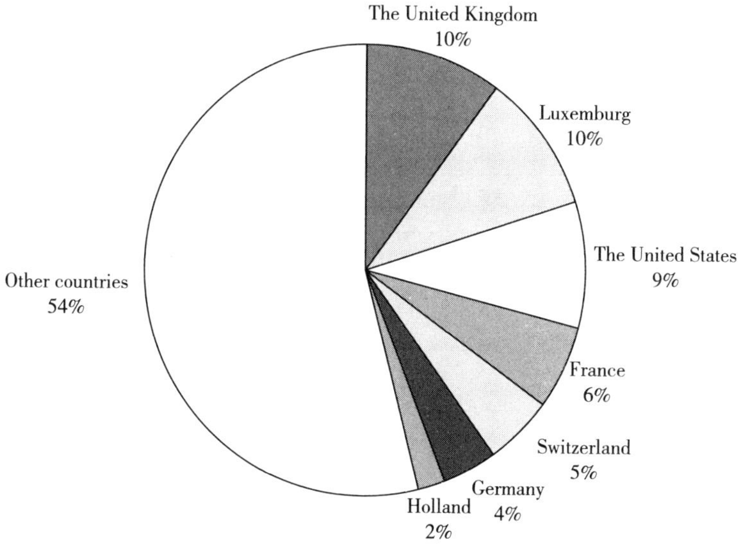

Figure 7.2 Source Countries of Portfolio Investment in Arab States (2016) ①

① As Above

7.2 Internationalization Process of RMB [①]

7.2.1 Overview of Internationalization Process of RMB in 2016

According to the "Annual Report 2017 of Internationalization Process of RMB" (hereinafter referred to as the "Report"), RMB had been steadily advanced in the international use in 2016 and remained stable in the global monetary system. Although the RMB Internationalization Index (RII) was 2.26 as of the fourth quarter of 2016, declined by 29.8% year-on-year, it did not change its long-term upward trend. According to the statistics of the Report, by the end of 2016, bilateral currency swap agreements had been concluded by People's Bank of China and central banks or monetary authorities of 36 countries and regions; the total amount of the agreements exceeds 3.3 trillion yuan. In addition, according to the statistics from Society for Worldwide Interbank Financial Telecommunications (SWIFT), RMB became the world's sixth largest payment currency with a market share of 1.68% in December 2016. In 2016, cross-border receipts and disbursements of RMB amounts to 9.85 trillion yuan, accounting for 25.2% of cross-border receipts and disbursements of RMB in that of RMB and the foreign currency over the same period. Moreover, RMB has become China's second largest cross-border receipts and disbursements currency for six consecutive years. Of which, the amount of receipts and disbursements of RMB for current account is 5,227.47 billion yuan, the amount of receipts and disbursements of RMB for the outbound direct investment (ODI) is 1,061.85 billion yuan, and the amount of receipts and disbursements of RMB for the foreign direct investment (FDI) is 1,398.77 billion yuan. As of the end of 2016, about 240,000 domestic enterprises use RMB for cross-border settlement.

As of the end of 2016, the non-resident RMB deposit balance of (excluding Hong Kong, Macao and Taiwan, the same below) banks in China is 915.47 billion yuan, the RMB deposit balance of the main offshore market is about 1.12 trillion yuan, and the outstanding balance of RMB international bond is 713.29 billion yuan. By the end of 2016, there are 18 countries and regions obtained

① Data source of this section: Annual Report 2017 of Internationalization Process of RMB, the People's Bank of China.

the ceiling of RMB Qualified Foreign Institutional Investors (RQFII), with a total amount of 1.51 trillion yuan; a total of 407 overseas institutions have been allowed to enter the interbank bond market, with a total investment record of 1.97 trillion yuan. According to incomplete statistics, as of the end of 2016, a total of more than 60 countries and regions have incorporated RMB into their foreign exchange reserves. Bilateral currency swap agreements had been concluded by the People's Bank of China and central banks or monetary authorities of 36 countries and regions; the total amount of the agreements exceeds 3.3 trillion yuan; meanwhile, arrangements on RMB clearing have been established in 23 countries and regions, covering such areas as Southeast Asia, Europe, Middle East, America, Oceania and Africa to facilitate overseas entities to hold and use RMB.

According to the Cross-border RMB Index (CRI) issued by the Bank of China in November 2016, the CRI index for November is 251 points which rises by 3 points compared with the index for October, falls by 25 points compared with the end of last year. In short, the vitality of RMB cross-border use terminated the phenomenon "four consecutive down", and the use ratio of RMB in the global payment and settlement returned to 2%.① According to another data from 2016 Edition "White Paper on RMB Internationalization" issued by the Bank of China, domestic and overseas clients maintain an optimistic expectation of RMB internationalization.② In particular, in November, the cross-border RMB settlement amount under the regular and direct investment items is 700 billion yuan, with a year-on-year decrease of 7.6%, and a month-on-month growth of 24.2%. In the same month, the net outflow of RMB is 319.2 billion yuan, leaving an outflow of 41.5 billion yuan more than last month. Subsequently, the use share of RMB in global payment and settlement is 2%, up 0.33 percentage points compared with the previous month, and the total amount of cross-border RMB settlement for current account in the whole country is 457.2 billion yuan, with a year-on-year decrease of 14.7%, and a month-on-month growth of 24.2%. In addition, the settlement amount of RMB for trade in goods is 358.3 billion yuan at the same month, with a year-on-year decrease of 20.9%, and a month-on-

① The Bank of China, Cross-border RMB Index (CRI), November 2016, Page 1 to 4.

② The Bank of China, "The 2016 Edition of White Paper on RMB Internationalization", Page 5 to 12.

month growth of 25.2%. According to the caliber for international balance of payments, the balance of trade in goods settled in RMB accounts for 15.8% of balance of trade in goods settled in all currencies in November, up 1% compared with last month, and the RMB settlement amount of trade in services and other current accounts in the same month is 99 billion yuan, with a year-on-year growth of 19.4%, and month-on-month growth of 20.7%. In terms of capital account, the RMB settlement of direct investment in China is 242.7 billion yuan in November, with year-on-year growth of 9.3%, and month-on-month growth of 24.3%. Among them, the RMB settlement amount of foreign direct investment is 142.1 billion yuan, with year-on-year decrease of 7.8% and month-on-month growth of 31.4%; the RMB settlement amount of foreign direct investment is 100.6 billion yuan, with year-on-year growth of 48.7% and month-on-month growth of 15.5%. Analyzed from the offshore market, the RMB deposits of the Hong Kong Bank Institutions at the end of November is 627.6 billion yuan, with a month-on-month decrease of 5%; at the end of November, the balance of RMB deposits of designated foreign exchange banks and offshore business banks in Taiwan amounts to 309 billion yuan, with a month-on-month growth of 0.16%. According to the data released by the People's Bank of China, more than 250,000 enterprises and 245 banks have carried out cross-border RMB business, and 195 countries and regions have conducted cross-border RMB receipts and disbursements with China. In 2017, the settlement amount of cross-border RMB for current accounts and direct investments nationwide was nearly 6 trillion yuan. RMB has maintained its rank as the sixth largest payment currency in the world, accounting for 1.75% of the total. The latest statistics show that the settlement amount of cross-border RMB of the Bank of China Corporation reaches 3.9 trillion yuan and its clearing amount of cross-border RMB of 350 trillion yuan in 2017, all of which maintain the first rank in the world. Of the 23 overseas RMB clearing banks designated by the People's Bank of China, the Bank of China holds 11 seats, and the number of participating banks in the RMB Cross-border Interbank Payment System (CIPS) maintains the first ranking in the market.

According to the "2016 Edition of White Paper on RMB Internationalization—RMB Officially Included in the SDR Currency Basket" (hereinafter referred to as "White Paper"): domestic and overseas clients maintain an optimistic expectation of RMB internationalization; new policies

such as comprehensive macro-prudential regulation of cross-border financing and others have been fully accepted by enterprises; the achievements of RMB internationalization in the infrastructure construction are significant; RMB included in the SDR currency basket helps to enhance the international status of RMB, and RMB internationalization shows upbeat long-term trend. The white paper shows that 72% of the surveyed companies maintain positive expectations on the international currency status of RMB, nearly 70% of overseas surveyed companies intend to use the RMB in cross-border transactions or increase the use proportion of RMB; except for China's Mainland, China's Hong Kong, Macao and Taiwan, other regions maintain stability on the use of RMB, the generalized use of RMB basically the same as last year; 45% of domestic surveyed companies hope to be able to participate in the offshore RMB market in the future, 41% of domestic surveyed companies look forward to continuing to introduce and deepen the RMB internationalization related policies. The white paper analyzes the use of RMB in the FTZ, the regions along the Belt and Road and "Fortune 500" companies that concerned by the market. The results show that compared with enterprises in other regions, FTZ enterprises use a higher proportion of products such as global cash management, overseas bonds issuance, and cross-border loans; the layout of the network on national institutions of Chinese-funded banks is becoming more and more perfect, the coverage of RMB products has been upgraded in an all-round way; "Fortune 500" companies are more active in using RMB than other surveyed companies; the invoicing currency function of RMB continues to improve, and more and more enterprises are able to accept RMB quotes; if global liquidity becomes tense in the future, 78% of overseas surveyed companies indicate they will consider using the RMB as an alternative, however, among enterprises in countries along the Belt and Road, the proportion is as high as 87%. The monographic survey of this year is "RMB Officially Included in the SDR Currency Basket". At the same time, the continued advancement of financial reform has laid a solid foundation for RMB to be included in the SDR, with more than 90% of surveyed companies believing that RMB included in the SDR currency basket will help raise the international status of RMB. 64% of domestic surveyed companies and 52% of overseas surveyed companies believe that RMB included in the SDR would enhance the international status of RMB while further enhancing the cross-border use of the RMB. More than 50% of overseas surveyed companies and

80% of domestic surveyed companies paid more attention to the changes in the exchange rate of RMB against a basket of currencies in order to fully assess the impact of changes in RMB exchange rate on their operations.

Since 2016, the use of RMB under capital has increased rapidly. More than 60% of overseas surveyed enterprises are interested in participating in RMB financial market. The Bank of China is a leading bank in RMB internationalization business. The Corporation maintains a global lead in cross-border RMB settlement amount and clearing amount, about a quarter of the cross-border RMB settlement business in China's Mainland is handled through the Bank of China. The RMB clearing network covers the whole world, among the 23 RMB clearing banks designated by the People's Bank of China, the Bank of China has won 11 seats, maintaining a leading position among peers in opening RMB clearing accounts for overseas participating banks. RMB internationalization product system is complete, covering cross-border RMB settlement, liquidation, overseas RMB deposits, loans, capital transactions, bond issuance and underwriting, custody, cash management and other fields. In 2016, the Bank of China actively promoted the use of RMB in emerging areas and assisted overseas sovereign institutions and commercial institutions in issuing "Panda Bond". It obtains the qualifications of exclusive settlement bank of Shenzhen Northbound Trading, settlement bank of "Southbound Trading under Shenzhen-Hong Kong Stock Connect" and exclusive designated account opening bank; it completes the direct transaction of RMB to South African Rand(ZAR), South-Korean Won(KRW), UAE Dirhams(AED), Saudi Riyal(SAR), Canadian Dollar(CAD), Hungarian Forint(HUF), Polish Zloty(PLN), Danish Krone(DKK), Swedish Krone(SEK), Norwegian Krone(NOK), Turkish Lira(TRL), Mexican Peso(MXN), etc. in the inter-bank foreign exchange market. In the future, the Bank of China will give full play to its competitiveness of internationalization and diversification, continue to promote the cross-border circulation and use of RMB, and provide comprehensive and superior financial services to global clients.

7.2.2 Overview of Internationalization Process of RMB in 2016

7.2.2.1 Cross-border RMB Receipts and Disbursements Business

In 2016, cross-border RMB receipts and disbursements totaled 9.85 trillion yuan, down 18.6% year-on-year, accounting for 25.2% of the total cross-border

receipts and disbursements of RMB and foreign currencies in the same period, down 3.5 percentage points from the previous year, including 3.79 trillion yuan in receipts, 6.06 trillion yuan in disbursements, and 2.27 trillion yuan in net expenditures, the ratio of receipts and disbursements is11.6%.

With regard to the RMB international use policy, in January 2016, as stipulated by the adjustment regulations on the use of funds in RMB bank settlement accounts of overseas institutions, funds in RMB bank settlement accounts of overseas institutions could be transferred to fixed deposits, and the interest rate would be implemented in accordance with the relevant regulations of the People's Bank of China. In the same month, the pilot program of the policy of comprehensive macro-prudential regulation of cross-border financing had been decided to expand by the People's Bank of China and a cross-border financing restriction mechanism would be established on the basis of the capital or net assets of micro entities under the macro-prudential rules. In February, it would further facilitate qualified overseas institutions to invest in the inter-bank bond market, lift restrictions on investment ceilings, and simplify administration procedures. In May, the policy of comprehensive macro-prudential regulation of cross-border financing was implemented nationwide. Non-financial enterprises in China (excluding government financing platforms and real estate enterprises) and various legal person financial institutions established with the approval of the People's Bank of China, China Banking Regulatory Commission(CBRC), China Securities Regulatory Commission(CSRC) and China Insurance Regulatory Commission(CIRC) could independently carry out RMB and foreign currency cross-border financing within the weighted risk balance limit of cross-border financing, which would be calculated on the benchmark of their capital or net assets. In August, the application procedure for RQFII was further simplified, the ceiling management method was optimized, and the combination of independent investment within the basic ceiling and approval outside the basic ceiling was implemented, the restriction on the lock-in period was loosen, the open-end fund continued to be exempted from the lock-in period management, and the requirements on the lock-in period for other products and funds was shortened from the original one year to three months. In November, stock exchanges connectivity mechanism would be further perfected between China's Mainland and Hong Kong. In November, domestic enterprises were further regulated in their RMB overseas lending business. Macro-prudential regulation

would be implemented towards domestic enterprises' RMB overseas lending business. In December, a system of statistical monitoring and macro-prudential regulation of panda bonds was established to unify the rules for the opening of panda bonds accounts, the deposit and management of funds, as well as cross-border remittance & transfer and submission of data.

In the current account, in 2016, the amount of receipts and disbursements of RMB for the current account is 5.23 trillion yuan, down by 27.7% year-on-year. Among them, receipts and disbursements of the trade in goods amounts to 4.12 trillion yuan, down by 35.5% year-on-year, accounting for 16.9% of cross-border receipts and disbursements amounts of RMB and foreign currency for trade in goods in the same period. The amount of receipts and disbursements for trade in services and other current accounts is 1.11 trillion yuan, up 31.2% year-on-year. In 2016, the receipt of RMB for the current account is 2.15 trillion yuan, the disbursement is 3.08 trillion yuan, and the net expenditure is 927.37 billion yuan, with a receipts and disbursements proportion of 11.43%. Among capital and financial items, in 2016, the total receipts and disbursements amounts of RMB for the capital and financial items is 4.62 trillion yuan, down 5.1% year-on-year. Among them, the receipt of RMB is 1.63 trillion yuan, the disbursement is 2.98 trillion yuan, and the net expenditure is 1.35 trillion yuan, with a receipts and disbursements proportion of 1:1.83. In the cross-border direct investment business, the amount of RMB of receipts and disbursements for the outward direct investment (ODI) is 1.06 trillion yuan in 2016, with a year-on-year growth of 44.2%; the amount of RMB of receipts and disbursements for the foreign direct investment (FDI) is 1.4 trillion yuan, down 11.9% year-on-year. In the two-way cross-border RMB cash pooling business, as of the end of 2016, a total of 1,716 two-way cross-border RMB cash pooling have been set up in China. Of which, cross-border receipts and disbursements occurs in 1,052 cash pooling, with a total receipts amount of 876.66 billion yuan, a total disbursements amount of 875.89 billion yuan, and the net disbursements amount of 770 million yuan. In the business of Shanghai–Hong Kong Stock Connect and Shenzhen–Hong Kong Stock Connect, in 2016, the total amount of capital inflows for Shanghai Northbound Trading and Shenzhen Northbound Trading is 110.55 billion yuan, the total amount of outflows is 52.85 billion yuan, and the amount of net inflows is 57.70 billion yuan. The total amount of capital inflows for Hong Kong Southbound Trading is 27.61 billion yuan, outflow of 228.76 billion yuan, net

outflow of 201.15 billion yuan.

7.2.2.2 Overview of Cross-border Use of RMB

RMB as reserve currency. According to the quarterly data released by International Monetary Fund (IMF) on the Currency Composition of Official Foreign Exchange Reserves (COFER), as of the end of December 2016, RMB reserves are approximately 84.51 billion USD, accounting for 1.07 % of the total foreign exchange reserves in the designated currencies. According to incomplete statistics, by the end of 2016, more than 60 countries and regions had included RMB in their foreign exchange reserves. Since October 1, 2016, RMB has been officially included in the special drawing rights (SDR) currency basket by International Monetary Fund (IMF), becoming the fifth currency after the US Dollar, Euro, Japanese Yen and British Pound, with RMB weighing 10.92%, ranking the third. The entry of RMB into SDR reflects the international community's recognition of China's overall national strength and the results of the reform and opening up, especially the international use of RMB, thus it is a significant milestone in the internationalization of RMB. As RMB's status of reserve currency is gradually accepted, more and more central banks and monetary authorities use RMB as their reserve asset. According to the cross-border RMB index (CRI) in December 2016, the Bank of China's CRI index is 229 points in December, down 22 points in that month and 47 points in the whole year. Throughout 2016, CRI index falls in volatility and activity of RMB cross-border use falls and is gaining momentum. The main characteristics of the index show that the scale of cross-border use of RMB is declining. In 2016, the total amount of receipts and disbursements for cross-border RMB is about 9.8 trillion yuan, down nearly 20% year-on-year. Among them, receipts and disbursements of the trade in goods amount to 4.1 trillion yuan, a decrease of more than 30% year-on-year. However, at the same time, the cross-border use of RMB under capital has remained relatively active. Throughout 2016, the proportion of RMB used in the import and export of trade in goods decreased compared with 2015. At the same time, the cross-border use of RMB under capital has become a new growth point, with the settlement amount of direct investment items reaching 2.46 trillion yuan in 2016, up 6% year-on-year. In addition, more than 60 countries and regions, including Singapore and Russia, have included RMB in their foreign exchange reserves. According to the report, the general situation of cross-

border use of RMB is as follows:

Firstly, RMB international bonds. In 2016, 36.1 trillion RMB bonds are issued in China's bond market, up 54.2% year-on-year. As of the end of 2016, the bond custody balance is 63.7 trillion yuan, up 33% year-on-year. A total of 829.4 trillion yuan is traded and settled in the whole market, with a year-on-year increase of 22.9%. Among them, spot transaction reaches 132.2 trillion yuan, which greatly increases the activity of trading. By the end of 2016, 407 overseas institutions had been approved to enter the inter-bank bond market in China, with a bond custody balance of 800.03 billion yuan. According to the narrow statistical caliber from Bank for International Settlements (BIS), as of the end of 2016, the balance of international bonds at RMB price is 698.72 billion yuan, of which, the balance of RMB bonds, issued by overseas institutions in offshore market, is 566.58 billion yuan and the balance of RMB bonds of 132.14 billion yuan issued in China. In the market, the RMB bonds, issued in China by overseas institutions (including China's Hong Kong, China's Macao and China's Taiwan region) are called panda bonds. With the steady increase in the international acceptance of RMB, panda bond market has received widespread attention in the international market. The types of bond issuers have further expanded and the scale of bond issuance has also increased dramatically.

Secondly, non-residents hold domestic RMB financial assets. As of the end of 2016, the balance of domestic RMB financial assets held by non-residents is 3.03 trillion yuan, of which, the market value of shares held by overseas institutions and the balance of bond custody are 649.19 billion yuan and 852.62 billion yuan respectively. The loan balance of overseas institutions to domestic institutions is 616.44 billion yuan. The balance of RMB deposits of non-residents in domestic banks is 915.47 billion yuan, including interbank current account deposits, overseas institutions and overseas personal deposits. As of the end of 2016, there are 18 countries and regions obtained the ceiling of RMB Qualified Foreign Investors (RQFII), totaling 1.51 trillion yuan. According to incomplete statistics, as of the end of 2016, the balance of RMB deposits in China's Hong Kong, China's Macao, China's Taiwan region, Singapore, the UK and other major offshore markets is about 1.12 trillion yuan (excluding certificates of deposit). Among them, the balance of RMB deposits in China's Hong Kong is 546.71 billion yuan, down 35.8% year-on- year. Singapore's RMB deposit balance is 38.6 billion yuan, down 43.1% year-on- year. The balance of RMB deposits in the UK

is 51 billion yuan, up 17.2% year-on- year.

Thirdly, RMB foreign exchange transactions. In 2016, the average daily trading volume in China's RMB foreign exchange market (including inter-bank market and bank agency market) reaches 83.2 billion USD. The spot turnover of RMB and foreign exchange in the inter-bank market for the whole year is equivalent to 5.93 trillion USD, with a year-on-year growth of 21.9%. RMB foreign exchange swap transactions amount to 10 trillion USD, up 19.8% year-on-year. RMB foreign exchange forward market transactions amount to 0.15 trillion USD, with a year-on-year growth of 311%. The inter-bank foreign exchange market has successively launched direct trading of RMB to 12 currencies including South African Rand and Korean Won. In 2016, the spot turnover of direct transactions on RMB to foreign currency (excluding US Dollar) totaled 1.13 trillion yuan, accounting for 2.9% of the spot transactions in the inter-bank foreign exchange market, however, before 2010, the direct turnover of RMB to foreign currencies (excluding US Dollar) in the inter-bank foreign exchange market accounted for less than 0.5%.

Fourthly, RMB cash flows across borders. In 2016, the bank's cross-border transfer of RMB cash business amounts to 63.809 billion yuan, up 6.66% year-on- year. Of which, 10.363 billion yuan is transferred outbound, 53.446 billion yuan is transferred inbound, and net transfer of 43.083 billion yuan. Overseas RMB cash inflows through the banking system continue to grow rapidly (see Figure 7.3). The Repository of Bank of China (Hong Kong) Limited continues to play a radiation-driven role in the supply and return of overseas RMB cash. The total amount of RMB cash withdrawn and deposited for overseas participating banks in other regions of China except for China's Hong Kong, Macao and Taiwan is 1.048 billion yuan, down 44.1% year-on-year. Of which, 90 million yuan is withdrawn and 958 million yuan was deposited, with a net deposit of 868 million yuan, the business covers Asia, Europe, America and Africa.

Fifthly, bilateral currency swap. In 2016, the People's Bank of China signs bilateral currency swap agreements successively with Morocco's Bank Al-Maghrib, National Bank of Serbia and the Central Bank of Egypt, totaling 29.5 billion yuan. The People's Bank of China renews bilateral currency swap agreements with Monetary Authority of Singapore (MAS), Hungarian National Bank, European Central Bank and Central Bank of Iceland,

with a total amount of 663.5 billion yuan. By the end of 2016, bilateral currency swap agreements have been concluded by People's Bank of China and central banks or monetary authorities of 36 countries and regions, the total amount of the agreements exceeds 3.3 trillion yuan. In 2016, under the bilateral currency swap agreement signed by the People's Bank of China and the overseas central banks or monetary authorities, the overseas central banks or monetary authorities used RMB 127.8 billion yuan and the People's Bank of China used foreign currencies equivalent to RMB 66.4 billion yuan. By the end of 2016, overseas central banks or monetary authorities have used RMB 365.531 billion yuan in total, with a balance of RMB 22.149 billion yuan. The People's Bank of China has used foreign currencies totaling RMB 112.841 billion yuan, with the balance equivalent to RMB 7.758 billion yuan.

Sixthly, RMB Cross-border Interbank Payment System. In 2016, the People's Bank of China will further promote the construction of the RMB Cross-border Interbank Payment System (CIPS) and the expansion of direct participants. In July 2016, Bank of China (Hong Kong) Limited was connected to CIPS as a direct participant. It was the first overseas direct participant of CIPS. Its successful connection greatly increased the business volume of CIPS. By the end of 2016, there were 28 direct participants and 512 indirect participants in CIPS, covering 80 countries and regions on six continents. The system has been in operation for 312 working days, handling 722,849 payment transactions with a total amount of 4,842.7 billion yuan. In addition, in 2016, the People's Bank of China signed a memorandum of cooperation with the Federal Reserve System (FED) and Central Bank of the Russian Federation to establish RMB clearing arrangements in the United States and Russia, and designated RMB clearing banks in the United States, Russia and the United Arab Emirates (see Table 7.5). By the end of 2016, arrangements on RMB clearing have been established in 23 countries and regions by the People's bank of China, covering Southeast Asia, Europe, the Middle East, America, Oceania and Africa.

7.3 Report of Degree of Freedom of China-Arab States Finance

7.3.1 Financial Freedom Index for Arab Countries and China

It is shown from the updated statistics in July 2016 of "Index of Financial

Freedom" [①] that (see Table 7.6), among 185 global countries, 4 Arab countries rank in Top 10 Financial Freedom List, of which, Bahrain ranks first in the world, the UAE snaps at its heels, Saudi Arabia ranks fifth, Oman ranks eighth, and Hong Kong China ranks ninth. Ranking in Top Ten List indicates that their financial market enjoys higher degree of openness and relative freedom of capital flows. Among 22 Arab countries, a total of 17 countries whose financial freedom degree is above the average, of which, 14 countries rank Top 100 in the world. In addition to the above GCC countries, Kuwait and Qatar rank

① Based on the published data from different international financial organizations, analysis was conducted by the "*Index of Financial Freedom*", such as, the World Bank, the International Monetary Fund (IMF), Ernst & Young (EY), PricewaterhouseCoopers (PWC), Deloitte & Touche and other institutions. In this section, the author conducted induction and analogy on the financial freedom of China and the Arab countries in accordance with the 2014 Edition and 2015 Edition of "*Index of Financial Freedom*". Inside the "*Index of Financial Freedom*", an integral analysis on the financial freedom of different countries was conducted through 15 indexes and sub-indexes. Among them, 6 indexes of "tax rates" include the Maximum Income Tax Rate, Corporate Tax Rate, Value Added Tax (VAT), Capital Gains Tax Rate, Inheritance Tax Rate and Most-Favored-Nation (MFN) Treatment Tariff (the higher the overall "tax score" of a country is, the lower the occurrence of overall tax rate of the country will be); 3 international taxation indexes include income tax payable respectively by the citizens and residents, foreign residents and non-residents in the world, meanwhile, the above mentioned 6 indexes and 3 international taxation indexes are incorporated into one "overall taxation point"; 1 index of "investor protection intensity" is composed of 3 measurable indexes, namely, the extent index of disclosure, the director's liability range index and the shareholder's lawsuit mitigation index; 1 index "legal right intensity" is the protection of the rights of the borrower and the lender by the World Bank through a country's Mortgage and Bankruptcy Law; 1 index "currency exchange" refers to countries that can freely exchange currencies to make it easier for their citizens and external investors to be engaged in international trade, investment and capital circulation; 1 index "real estate ownership" refers to the ability of foreign investors to acquire permanent (referred to non-lease) property rights in a country without citizenship, which refers to ownership of buildings and land; 1 index "cost of living" refers that the World Bank adjusts the GDP figures to global price level differences to better compare national output of different countries, however, the adjustment of GDP to local prices requires the use of the so-called "PPP conversion factor and market exchange rate", so the cost of all manufactured goods and services in a certain economic entity is measured by PPP conversion factor, then the cost of living of a certain country will be measured; the last index "inflation" applies the world economic outlook database of the Monetary Fund to estimate the average figure of annual inflation rate from 2011 to 2018. Meanwhile, owing to the lack of data in some countries, not all countries are enrolled into the ranking list. Each index is graded evenly according to the relevant detailed classification and description of financial organizations in different countries, eventually a score between 0 and 1 will be obtained as the final rating index.

Table 7.6 Financial Freedom Index for China and Arab States in 2016

Country	Ranking	Average Score	Overall Tax Score	Legal Power Intensity	Investor Protection Intensity	Currency Exchange	Ownership of the Real Estate	Living Cost	Inflation
Bahrain	1	0.856	0.992	0.22	0.49	Yes	Yes	0.78	1.00
The United Arab Emirates	2	0.830	0.992	0.33	0.38	Yes	Yes	0.65	1.00
Saudi Arabia	5	0.796	0.753	0.44	0.69	Yes	Yes	0.84	0.85
Oman	8	0.769	0.956	0.33	0.46	No	Yes	0.83	0.86
Hong Kong, China	9	0.756	0.819	1.00	0.92	Yes	No	0.65	0.81
Kuwait	12	0.737	0.947	0.22	0.61	Yes	No	0.70	0.80
Lebanon	25	0.671	0696	0.22	0.46	Part	Yes	0.76	0.78
Qatar	38	0.651	0962	0.22	0.46	No	No	0.69	0.82
Jordan	53	0.631	0.636	0.11	0.38	No	Yes	0.89	0.87
Yemen	55	0.628	0.679	0.11	0.34	No	Yes	0.93	0.30
Syria	59	0.622	0.703	0.00	0.43	No	Yes	0.76	0.78
Macao, China	N/A	0.621	0.856	N/A	N/A	No	Part	0.74	0.61
Egypt	65	0.615	0.563	0.22	0.49	No	Yes	0.99	0.34
Taiwan, China	67	0.604	0.588	N/A	0.61	No	Yes	0.78	1.00

Continued

Country	Ranking	Average Score	Overall Tax Score	Legal Power Intensity	Investor Protection Intensity	Currency Exchange	Ownership of the Real Estate	Living Cost	Inflation
Tunisia	92	0.571	0.432	0.22	0.57	No	Yes	0.91	0.71
Iraq	93	0.570	0.693	0.22	0.38	No	No	0.87	062
Morocco	102	0.559	0.398	0.22	0.46	No	Yes	0.89	1.00
Sudan	108	0.533	0.537	0.33	0.26	No	Yes	0.86	0.05
Comoros	146	0.513	0.526	0.56	0.34	No	No	0.79	0.76
Mauritania	150	0.507	0.507	0.22	0.31	No	No	0.93	0.64
China' Mainland	159	0.494	0.461	0.44	0.46	No	No	0.78	0.92
Algeria	162	0.484	0.432	0.22	0.49	No	No	0.90	0.67
Djibouti	182	0.429	0.407	0.11	0.15	No	No	0.80	0.92
Libya	N/A	0.41	0.83	0	N/A	No	Part	N/A	0.57
Somalia	N/A	0.116	0.289	N/A	N/A	No	No	N/A	N/A
Palestine	—	—	—	—	—	—	—	—	—

Data source: Financial Freedom Index.

Note: Financial Freedom Index is on a basis of 15 indexes and sub-indexes. While taking an overview towards the entire table with index, 6 tax rates and 3 international taxation indexes are merged into one "Tax Score"; six other major indexes will be displayed in the page "Indexes". "N/A" means no data and "—" means data is not available; point 1.00 will be the best, which means "tax score" 1.00 is transferred into low tax, because "living cost" 1.00 is transferred into low living cost.

12th and 38th respectively. In addition, Algeria ranks 162nd. Libya has no rank, but according to the data, Libya is the world's penultimate. At the same time, Mauritania and Djibouti rank 150th and 182nd respectively, and Somalia is the last one. Although China's Macao is not ranked, according to the data, its ranking is between Syria (59) and Egypt (65), while China's Taiwan ranks after Egypt (67), China's Mainland ranks 159th.

Secondly, it can be seen from Table 7.5 that the legal level of national financial openness in the Arab region is widely fluctuating, and the open level is differentiated, among which only the "legal power intensity" index of the Comoros exceeds 0.5, however, the legal freedom and openness of the GCC countries and other Arab countries are at a low level. As for the "investor protection intensity" indicator, only three countries reach the level above the average, namely, Saudi Arabia (0.69), Kuwait (0.61) and Tunisia (0.57). These countries put a lot of money into the U.S. derivatives market before the financial crisis, and regulatory departments set more restrictions on cross-border capital flows under capital projects for the sake of capital outflows at that time. After the outbreak of the financial crisis, these countries opened the regulation and control on relevant cross-border capital flow to avoid losses, especially for capital inflows. Excluding the special period of financial crisis, these countries maintained a higher degree of freedom of financial legal freedom, because they maintained a more stable internal and external environment, as well as more perfect financial legal system and market. In addition, among these countries, Bahrain, Kuwait, Qatar, Saudi Arabia and the United Arab Emirates are member states of OAPEC; they maintain free currency convertibility and a higher degree of freedom of capital flows due to oil trade, meanwhile, maintain a higher statutory degree of freedom for private asset transfer and bank cross-border business. Due to long-term chaos and wars and social unrest in such countries as Iraq, Libya, Syria and Somalia and others, resulted in the lack of relevant systems and laws in these countries, thus a significant drop in the legal financial freedom could be seen, but with the accelerated pace of reconstruction in the past two years, these countries (except Syria) have also developed cross-border capital management systems, and their legal financial freedom also improved.

7.3.2 World Development Indicators: Financial Access, Stability and Efficiency

According to the contents in 2017 Edition "World Development Indicators"① of

① In this section, the author analyzed the financial freedom in China and Arab countries through financial status in different countries reflected from 11 indexes in 2017 Edition "World Development Indexes: Financial Access, Stability and Efficiency" published by the World Bank. In the first place, the credit acquisition is reflected through the strength of legal rights and the depth of credit information; in the second place, financial access and external connectivity are reflected through depositors, borrowers, branches and ATMs of commercial banks; other indexes are as following: the ratio of bank capital and asset, non-performing loans of the bank, lending margin from domestic banks to private sector, loan risk premiums and so on. In particular, illustration will be made through 11 points. 1. The index "strength of legal rights index" is used to measure the extent to which Mortgages and Insolvency Laws protects the rights of borrowers and lenders, thus to facilitate loans. The index ranges from 0 to 12, and the higher score indicates that the well-designed laws are to expand the acquisition of the credit; 2. The depth of credit information index is used to measure and affect the range, accessibility and quality rules of credit information provided through public or private credit registration systems. The index ranges from 0 to 8, where the higher value represents the availability of more credit information from the public or private registries in order to determine the loan; 3. The depositors of commercial banks refer to the report quantity of commercial banks and other non-financial corporation (public and private) and household deposit account holders. For many countries, this data only covers the total number of deposit accounts due to lack of account holder information. The main types of deposits include check accounts, savings accounts and fixed time deposits; 4. The borrower of a commercial bank refers to non-financial companies (public and private) and the number of resident clients obtaining loans from commercial banks and other banks. For many countries, the data only covers the total number of loan accounts owing to the lack of information on the holders of loan accounts; 5. The branch of a commercial bank refers to the place of retail of resident commercial banks and other resident banks. As a commercial bank, it will provide financial services for the clients, separated from the main office, but not as a legal divided subsidiary organization; 6. ATM refers to provide clients of financial institutions with equipment for financial transactions in public places; 7. Bank capital and assets refers to the ratio of bank capital and reserves to total assets. Capital and reserves include funds provided by the owner, retained earnings, general and special reserve fund, as well as reserves and valuation adjustments and so on. Capital included tier one capital (fully paid shares and common shares), which is a common feature of banking systems of all countries; in addition, the total regulatory capital includes several specific types of subordinated bonds, and if the funds is insufficient, there is no need to repay, but need to maintain a minimum level of capital (including secondary and tertiary capital), moreover, the total assets include all non-financial and financial assets; 8. The ratio of non-performing loans (NPL) to total loans refers to the value of non-performing loans divided by the total value of the loan portfolio (including non-performing loans before deducting specific Loan Loss Provision). The amount of loans recorded as non-

the World Bank (see Table 7.7), comparing with 2015, among all Arab countries, the Comoros still maintains a relatively high degree of legal rights freedom, indicating that the number of international capital flows bypassing legislation is relatively low; however, Bahrain, Egypt, Saudi Arabia and the United Arab Emirates maintain a high level of credit, reflecting that their financial industries have maintained a fast momentum of development. Their laws on financial market and international capital flow are comparatively perfect, and the control measures are relatively few. In particular, due to the following advantages, Bahrain is an ideal investment state for financial enterprises, if they would like to enter the Gulf region to establish long-term institutions with a certain scale, such as, Bahrain and the United Arab Emirates are the financial centers in the Gulf region, and they own not only skilled bilingual talents, but also a management framework passed repeated examinations; their operating costs is not high and the geographical location is interconnected and convenient, especially they are adjoining neighbors of Saudi Arabia which is the first economic entity of its kind in the region. Therefore, its legal freedom and factual financial freedom maintain a relative consistency. However, a certain difference is demonstrated between the legal financial freedom and the factual degree of freedom in Egypt. The reason for this difference is that strict control measures on derivatives, real estate and financial institutions' external financial activities are imposed by the Egyptian government, which allows international capital to enter Egypt, bypassing the provisions and restrictions of laws, through such channels as investment, trade

---

performing loans should be the sum of the loans recorded on the balance sheet, not just overdue amounts; 9. Domestic credit provided by banks to the private sector refers to financial resources provided to the private sector by other depository companies (depository companies except for the central bank), such as the establishment of claims through loans, the purchase of non-material securities and trade credit and other accounts receivable. For some countries, the claim includes credit to public enterprises; 10. The interest rate spread refers to the interest rate charged by the bank for demand, time or savings deposits in commercial banks or similar banks towards those private sectors; the charged rate for the above-mentioned payment is subtracted from the loan rate. The terms and conditions attached to the interest rate varies from country to country, thus the comparability is restricted; 11. Loan risk premium refers to a value that the "risk-free" Treasury bill rate issued or traded on the market by short-term government securities, which is deducted from the interest rate of bank loans for private sector clients. In some countries, this interest rate might be negative, indicating that the risk of its best customer is lower than the government by market validation. However, the terms and conditions attached to the loan interest rate varies from country to country, thus the comparability is restricted.

Table 7.7 Matrix of Financial Access, Stability and Efficiency in 2016 & 2017

	Acquired Credit		Financial Access and External Connection			
	Legal Power Intensity Index	Depth of Credit Information Index	Commercial Bank Depositor	Commercial Bank Borrower	Commercial Bank Branch	ATM
	0-12 (Weak-Strong) 2017	0-8 (Low-High) 2017	Per 1,000 Adults 2016	Per 1,000 Adults 2016	Per 100,000 Adults 2016	Per 100,000 Adults 2016
Algeria	2	0	544	39	5.2	8.67
Bahrain	1	8	—	—	—	—
Comoros	6	2	136	11	3.1	5.03
Djibouti	1	0	167	35	5.9	9.61
Egypt	2	8	440	100	4.5	13.45
Iraq	0	0	—	—	4.1	1.88
Jordan	0	5	534	—	15.1	27.12
Kuwait	1	6	—	211	14.3	62.17
Lebanon	2	6	1046	234	24.1	39.05
Libya	0	0	—	—	—	—
Mauritania	2	3	147	67	8.3	9.7

Continued

	The Ratio of Bank Capital to Bank Asset	The Ratio of Bank Nonperforming Loans to Total Loan	Loans to Private Sector from Domestic Bank	Interest Rate Differentials	Loan Risk Premium
				Loan Interest Rate Minus Deposit Interest Rate	Key Lending Rate Minus State Treasury Bond Rate
	Percentage (%)2016	Percentage (%)	The Proportion to GDP	Percentage Point	Percentage Point
Algeria	9.8	11.4	23	6.3	6.8
Bahrain	—	—	73.7	4.2	5.1
Comoros	—	20.5	26.2	8.8	—
Djibouti	—	—	30.5	9.6	—
Egypt	—	—	34.1	5.7	5.4
Iraq	—	—	9.2	7.4	—
Jordan	—	—	75	5.1	—
Kuwait	—	—	103.6	2.9	—
Lebanon	—	4.9	102.9	2.4	3.9
Libya	—	—	—	3.5	—
Mauritania	—	—	—	—	—

Continued

	Acquired Credit		Financial Access and External Connection			
	Legal Power Intensity Index	Depth of Credit Information Index	Commercial Bank Depositor	Commercial Bank Borrower	Commercial Bank Branch	ATM
	0-12 (Weak-Strong) 2017	0-8 (Low-High) 2017	Per 1,000 Adults 2016	Per 1,000 Adults 2016	Per 100,000 Adults 2016	Per 100,000 Adults 2016
Morocco	2	7	933	—	24.7	26.7
Oman	1	6	1105	—	13.6	34.23
Qatar	1	6	—	252	11.7	60.73
Saudi Arabia	2	8	1141	166	8.6	74.42
Somalia	0	0	—	—	—	—
Palestine	—	—	—	—	—	—
Sudan	3	0	—	—	3.4	4.75
Syria	1	2	—	—	—	—
Tunisia	3	6	—	218	20.5	27.44
The United Arab Emirates	2	8	1222	266	12.4	65.68
Yemen	0	0	124	13	1.6	6.28
China' Mainland	0	0	34	384	8.8	81.45
Hong Kong, China	8	8	—	—	21.4	50.59
Macao, China	—	7	—	—	37.5	282.32
Taiwan, China	—	—	—	—	—	—

Continued

	The Ratio of Bank Capital to Bank Asset	The Ratio of Bank Nonperforming Loans to Total Loan	Loans to Private Sector from Domestic Bank	Interest Rate Differentials	Loan Risk Premium
				Loan Interest Rate Minus Deposit Interest Rate	Key Lending Rate Minus State Treasury Bond Rate
	Percentage (%) 2016	Percentage (%)	The Proportion to GDP	Percentage Point	Percentage Point
Morocco	—	—	64	—	—
Oman	—	—	75.5	1.9	—
Qatar	—	—	79.3	1.6	—
Saudi Arabia	14.8	1.4	58	—	—
Somalia	—	—	—	—	—
Palestine	—	—	—	—	—
Sudan	—	—	8.9	—	—
Syria	—	—	—	—	—
Tunisia	—	—	77	—	—
The United Arab Emirates	—	5.3	85.9	—	—
Yemen	—	—	—	—	—
China' Mainland	8.4	1.7	156.7	2.9	—
Hong Kong, China	9.8	0.9	203.8	—	4.3
Macao, China	4.6	0.2	118.1	5.2	—
Taiwan, China	—	—	—	—	—

Data Source: The World Bank.

Note: "—" means no data.

and others. In addition, Kuwait, Lebanon, Morocco, Oman and Qatar have maintained a relatively high level of credit information in recent years and outwardly their capital markets are more active. As for financial access and public relation, bank assets and non-performing loans, compared with 2015, the Arab countries as a whole have improved in 2016.

At the same time, China's Hong Kong is at a very high degree of legal freedom and high level of credit information, thus indicating integrity and activity of its financial market, however, China's Mainland maintains a relatively high level, outwardly its capital market still has a great potential for development. In recent years, China has gradually determined the general direction of opening financial markets and actively participates in international financial activities, and begins to gradually reduce the restrictions on international capital flows and foreign investment. In contrast, China is not in the front rank, but shows a steady escalating trend, indicating that the level of China's real financial openness is also gradually improved, and has more active capital flows outside the scope of legal restrictions. As seen from the data, although the trend of real financial openness is deepening in China, legal restrictions are gradually opening up. Seen from the absolute data of the utilization of foreign capital, there is still a declining trend in recent three years, indicating that China has a slowdown in attracting foreign investment. As for the capital flows outside the legal restrictions, in general, when the legal limit is relatively loose, the real financial integration of the country will rise steadily under a favorable legal system conditions; conversely, when the legal limit is stricter, it is stated that other countries may have more options to circumvent restrictions on the country's legal regime, thereby allowing capital injections or other financial activities (see Table 7.7).

7.3.3 Financial Freedom Index 2017 for Arab Countries and China

According to the contents inside "Index of Economic Freedom" ①, Hong

① In this section, the author analyzed the financial freedom of China and the Arab countries through the "*Index of Economic Freedom*" published by American "Heritage Foundation" over the years. Inside the "*Index of Economic Freedom*", the index of financial freedom is put under the category of "open market", which is an index to measure the efficiency of banking, as well as an index to measure the government control and intervention towards the financial departments. According to the interpretation of the "*Index of Economic Freedom*", the state reduces competition on ownership

Kong of China and Bahrain have maintained a relatively high degree of financial freedom, and the degree of financial freedom of Morocco, Qatar, Kuwait and the Sudan rise in 2017. In addition, China's Taiwan and Macao's financial freedom remains unchanged, while China's Mainland declines. Second, it is shown from Table 7.7 that China's Hong Kong scores 90 points, indicating that government intervention is minimal, and that the regulation from financial institutions is minimal, but might exceed the enforcement of contractual obligations and prevent from fraud. Bahrain scores 80 points, reflecting nominal government intervention. The government's ownership towards financial institutions in the overall assets of the share is very small, and almost no restrictions on financial institutions' ability to provide financial services to the government; China's Macao remains at a level of 70 points, which is a limited government intervention. Credit allocation is affected by the government, while private credit allocation is almost unrestrained. The government has considerable ownership towards financial institutions, and foreign financial institutions receive less restriction, meanwhile, Morocco also rises to this level. China's Taiwan, Jordan and Oman are respectively at a level of 60 points, which indicates government intervention, banking and financial regulations

---

towards banks and other financial institutions (such as, insurance companies and capital markets), and generally lowers the level of access to credit. In the ideal bank and financing environment characterized by the minimum level of government intervention, the central bank's regulation towards financial institutions is restricted to the enforcement of contractual obligations and the prevention of fraud. Credit is allocated by market, and the government doesn't own financial institutions. All financial institutions provide various types of financial services to individuals and companies. Banks can freely extend credit business, accept deposits and operate in foreign currency. Foreign financial institutions are free to operate and are treated like domestic institutions. The "*Index of Economic Freedom*" assesses the financial freedom of a country by assessing five wide areas, namely, the degree of the government's supervision on financial services, the degree of intervention by states through direct and indirect ownership towards banks and other financial companies, the degree of government's impact on the distribution of credit, the degree of development of financial and capital markets, and the degree of openness to foreign competition. The five areas are considered to be the assessment on the overall level of financial freedom in a country. Moreover, "*Index of Economic Freedom*" is centesimal system; the financial freedom will be reflected from 0 point to 100 points for Mainland China, Hong Kong, Macao and Taiwan, as well as Arab countries. The data sources of the financial freedom for the "*Index of Economic Freedom*" are as following: "*The Economist*", the International Monetary Fund (IMF), economic surveys from Organization for Economic Cooperation and Development (OECD), The United States Department of Commerce, The World Bank, etc.

Table 7.8 Financial Freedom for China and Arab States: 2014-2017

Financial Freedom for China and Arab States: 2014-2017					Comprehensive Ranking In 2017	
Country \ Year	2014	2015	2016	2017	Ranking in the World	Ranking in the Region
Hong Kong, China	90	90	90	90	1	1
Bahrain	80	80	80	80	44	4
Macao, China	70	70	70	70	N/A	N/A
Taiwan, China	60	60	60	60	11	5
Jordan	60	60	60	60	53	5
Oman	60	60	60	60	82	8
Morocco	60	60	60	70	86	9
Lebanon	60	60	50	50	137	11
The United Arab Emirates	50	50	60	60	8	1
Qatar	50	50	60	60	29	2
Kuwait	50	50	50	60	61	6
Saudi Arabia	50	50	50	50	64	7
Djibouti	50	50	50	50	171	43
Egypt	40	40	40	40	144	12
Mauritania	40	40	40	40	131	25
Tunisia	30	30	30	30	123	10
Yemen	30	30	30	N/A	N/A	N/A
China' Mainland	30	30	30	20	111	24
Comoros	30	30	30	30	121	22
Algeria	30	30	30	30	172	14
Libya	20	20	N/A	N/A	N/A	N/A
Syria	20	20	20	N/A	N/A	N/A
Sudan	N/A	N/A	N/A	20	164	40
Iraq	N/A	N/A	N/A	N/A	N/A	N/A
Somalia	N/A	N/A	N/A	N/A	N/A	N/A
Palestine	N/A	N/A	N/A	N/A	N/A	N/A

Note: N/A indicates no data.

have a burden, and the government manages the ownership and control right of financial institutions, accounts for a considerable share of the overall assets, as well as receives certain restrictions on the ability of financial institutions to provide financial services. At the same time, the UAE, Qatar and Kuwait have also reached and maintained this level. Both Saudi Arabia and Djibouti have maintained a level of 50 points in recent years, indicating that the degree of government intervention is considerable, that the credit allocation is significantly affected by the government, that private credit allocation is faced with major obstacles, that the ability of financial institutions to provide financial services is severely constrained, and that foreign financial institutions have received certain restrictions, meanwhile, Lebanon has also fallen to that level; two countries maintain at a level of 40 points, namely, Egypt and Mauritania, reflecting strong government intervention. The central banks affected by the government heavily regulate financial institutions. Their ability to execute contracts and prevent fraud is quite low. The government has ownership and control rights of financial institutions, accounting for a small share of the overall assets; three countries maintain at a level of 30 points, namely, Tunisia, Comoros and Algeria, indicating that government intervention is widespread, and credit allocation is widely affected by the government who owns or controls most financial institutions or possesses a dominant place. Financial institutions are severely restricted, and also foreign financial institutions are subjected to significant restrictions. In addition, the formation of banks is faced with major obstacles. China's mainland is at a level of 20 points, reflecting severe government intervention. Non-independent central bank and financial institutions receives mandatory regulation, while foreign financial institutions are subjected to significant restrictions. Meanwhile, Sudan rises to that level (see Table 7.8).

Chapter 8 Organization of China-Arab States Expo 2017

China-Arab States Expo 2017 (hereinafter referred to as the Expo), co-hosted by the Ministry of Commerce, China Council for the Promotion of International Trade (CCPIT) and People's Government of Ningxia Hui Autonomous Region, was successfully held in Yinchuan, Ningxia from September 6 to 9, 2017. The Expo thoroughly implemented the spirit of Xi Jinping's series of important speeches on the Belt and Road Initiative, China-Arab states cooperation, and inspection in Ningxia. With the purpose of "Friendship, Cooperation, Development", the theme of "Towards a New Model of Partnership Featuring Results-oriented and Win-win Cooperation", the Expo focuses on economic and trade cooperation, the five major sectors of commodity trade, trade in services, technical cooperation, investment cooperation and tourism cooperation,13 forums and 10 exhibitions and displays were held.

General Secretary of the CPC Central Committee and President Xi Jinping sent a congratulatory letter to the Expo. Zhang Ping, vice chairman of the Standing Committee of the National People's Congress, attended the opening ceremony and delivered a keynote speech. Guinean President Alpha Condé, First Deputy Chief Executive Officer of Afghanistan Mohammad Khan, First Deputy Speaker of the Mauritania National Assembly Mohammed Kharchy, Egyptian Minister of Trade and Industry Tariq Kabeel, and Assistant Secretary General of the League of Arab States Kamal Babic attended the opening ceremony and delivered separate speeches. A total of 9,797 guests from home and abroad including 78 Chinese and foreign ministerial guests, 29 foreign envoys to China, 60 countries, 117 Chinese and foreign large business associations and 1,232 representatives of large enterprises attended the Expo. With the joint efforts of

all parties, the Expo has successfully completed various objectives and tasks, and has played an important role as a platform in promoting policy coordination, convenient transportation, trade facilitation, currency circulation and people-to-people bonds, and practical cooperation results have been achieved.

8.1 It Has Effectively Promoted Policy Coordination

Towards the match-making development strategy, the opening ceremony and the 7th China-Arab Business Conference of China-Arab States Cooperation Forum were held to establish a policy coordination mechanism to provide policy support for practical cooperation. General Secretary Xi Jinping clearly pointed out in his congratulatory letter that China-Arab States Expo is in line with the concept of international cooperation of the Belt and Road Initiative and has set up an important platform for China-Arab states cooperation. China is willing to join hands with other countries, including Arab countries, to promote the construction of the Belt and Road to share opportunities and promote peace. Zhang Ping, vice chairman of the Standing Committee of the National People's Congress, made it clear on behalf of the Chinese government to further bring into play the role of China-Arab States Expo and other cooperation mechanisms to promote exchanges and cooperation among the government, enterprises and non-governmental organizations; to implement the "Cooperation Initiative on Promoting Trade Facilitation of the Belt and Road", so as to promote in-depth development of economic and trade cooperation between the two sides; to speed up the implementation of capacity match-making and expand investment and financial cooperation; to promote "oil plus gas" cooperation and deepen energy and resources cooperation. The Ministry of Commerce and CCPIT indicated that they would continue to support Ningxia in hosting China-Arab States Expo and continuously enhance the role of China-Arab States Expo as the platform in serving the construction of the Belt and Road. The Guinean President, the First Deputy Chief Executive Officer of Afghanistan, the First Deputy Speaker of the Mauritanian National Assembly, the Egyptian Minister of Trade and Industry and the Assistant Secretary General of the League of Arab States spoke highly of the Belt and Road Initiative, fully affirmed the important pivotal position of Ningxia in connecting China with the Arab world, and hoped to further strengthen practical cooperation through China-Arab States Expo. The

"Yinchuan Declaration" of the 7th China-Arab Business Conference of China-Arab States Cooperation Forum proposed to continue to support the hosting of China-Arab States Expo so that it can play its role in terms of policy coordination, product display, business negotiation, project match-making, etc.; to support the important node role of Ningxia in the China-Central Asia-West Asia Economic Corridor, thus to strengthen cooperation between enterprises of both sides in the "whole industrial chain" of products, projects, technologies and services.

8.2 It Has Effectively Promoted Convenient Transportation

The International Logistics Cooperation Fair and Online Silk Road Conference were held to promote infrastructure construction at ports, establish land-water transportation channels, expand comprehensive cooperation in civil aviation, and promote infrastructure connectivity. Yinchuan-Tehran freight train was opened, which serves as a southern passage of China-Europe freight trains. Strategic cooperation agreements between the Port Office of Ningxia Hui Autonomous Region and China Railway Container Transport Co., Ltd., KTZ Express and Turkmen Railways have been signed, and an international cooperation mechanism for international freight trains has been established. The idea of building a westward low-cost land passage facing Central and West Asia and radiating the northwest and north China has been clarified. A strategic cooperation agreement between Ningxia and Emirates Airlines was signed; the cooperation intention of stopover by Qatar Airways and Turkish Airlines in Yinchuan to other cities and feeder lines of China Express Airlines and Joy Air from Yinchuan to its surrounding cities have been achieved. The idea of constructing an international airline network featuring "one major, two cores, three feeders" and a pozidriv domestic airline network for setting up a westward low-cost air pass has been established. A consensus has been reached to allow SF Group and YTO Express to open cargo charter planes. Strategic cooperation agreements have been signed between the Port Office of Ningxia and Lianyungang and Port of Weihai. Major logistics projects of JD Group, Yunmanman, Fortune Futures and Global Logistic Properties have been introduced. The idea of speeding up the construction of the Online Silk Road Ningxia Key Control Project, optimizing the allocation of basic network resources, deepening China-Arab states digital economic cooperation and building a China-Arab states international network

channel has been decided, which provides effective support for Ningxia to become an important logistics node for inland areas to open to the west and an important regional international logistics center on the Silk Road Economic Belt.

8.3 It Has Effectively Promoted Trade Facilitation

China-Egypt Investment and Trade Promotion Conference, China-Arab States Technology Transfer & Innovation Cooperation Conference, China-Arab States Agricultural Cooperation Forum and China-Arab States Tour Operators Conference and 10 exhibition activities were held to broaden the trade field, optimize trade structure and improve the level of trade liberalization and facilitation. China and Egypt signed six cooperation agreements covering new materials, automobiles, information technology, textiles, agriculture and other fields. Relevant Chinese and Arab science and technology departments and enterprises have signed agreements to build 3 overseas sub-centers of the China-Arab States Technology Transfer Center, 10 innovation service platforms, 6 technical cooperation projects, as well as 300 million yuan of product and technical cooperation intention; China-Arab States Center for Agricultural Technology Transfer has signed agreements with Mauritania, Kyrgyzstan and Jordan to build overseas sub-centers. Ningxia has signed a strategic cooperation agreement with Tongcheng Holdings. Ningxia China International Travel Service has signed 32 cooperation agreements with the United Arab Emirates, Vietnam, Thailand, Singapore, as well as China's Hong Kong and Taiwan. There were 1,080 enterprises from 47 countries or regions and 21 provinces (autonomous regions and municipalities) in China, a total of 4,635 exhibitors participated in the exhibition, including 782 foreign exhibitors and 3,853 domestic exhibitors. XGMA Sanming Heavy Machine Co., Ltd. has reached product sales intention with merchants from Mauritania, Morocco, Jordan, Algeria, the United Arab Emirates and other countries and has signed 2 trade orders. A batch of purchasing intentions for Lebanese olive oil, Turkish handmade ceramics and Iranian carpets have reached. Oceanalpha has reached purchasing intention with enterprises from Mauritania, Afghanistan and other countries.

8.4 It Has Effectively Promoted Currency Circulation

The China-Arab States International Industrial Capacity Cooperation Forum &

Overseas Investment Promotion Meeting as well as project signing ceremony have been held to guide domestic and foreign investment funds and various social capital to jointly participate in the construction of the Belt and Road project, so as to attract Saudi Aramco, MERAAS of Dubai, ICBC's Dubai International Financial Center and other social capital to participate in the cooperation of China-Saudi Arabia Jizan Industrial Park, UAE (China) Food Industrial Park, China-Oman (Duqm) Industrial Park, the housing project in Dahyat Alasfer of Saudi Arabia and other projects. 147 investment cooperation projects have been signed, with a total investment of 186.5 billion yuan, covering 8 areas such as agriculture and food processing, new technologies and materials, equipment manufacturing, biopharmaceuticals, energy and chemical industry, ecological textile, industrial park construction, and modern service industry. Among them, other provinces and autonomous regions in China have signed six cooperation projects with countries along the Silk Road, with an investment of 9.38 billion yuan. Ningxia has signed 12 cooperation projects with 21 countries and regions along the Silk Road, including Egypt, Saudi Arabia and Mauritania, the investment is 20.705 billion yuan; 129 cooperation projects have been signed with 18 provinces and cities including Beijing, Tianjin and Shanghai, with an investment of RMB159.565 billion.

8.5 It Has Effectively Promoted People-to-people Bonds

Toward inheriting and carrying forward the spirit of friendly cooperation of the Silk Road and displaying Ningxia's image, a comprehensive, multi-angle, high-density and deep-level publicity report was carried out. 580 reporters from 134 domestic and foreign media reported on the grand occasion of the Expo. More than 980 original articles were published. People's Daily, Xinhua News Agency and other central media published "Xi Jinping's Congratulatory Letter to China-Arab States Expo 2017" on the front page. CCTV Arabic, people.com.cn, xinhuanet.com, china.com.cn, CNR and other TV and network media broadcast the opening ceremony live. CITV Arabic released 75 posts related to China-Arab States Expo through overseas social platforms including Facebook and Twitter. Mainstream media in Egypt, Saudi Arabia and other Arab countries also reported the Expo at the same time.

Appendix 1

1 Analysis of the Flow of Funds Statements of China and Arab States

Table 1 shows the macro-level fund flows of Saudi Arabia, the United Arab Emirates, Kuwait and China from 2014 to 2016. Since China's economy is far larger than that of other three countries, due to the principle of comparison, the proportional indicators shall be mainly adopted in the horizontal comparison of various indicators below. Judging from the proportion of domestic deposits to GDP, all of them belong to countries with high savings rate, among which China's savings rate is the highest. In 2016, China's domestic deposits reach 5,157.538 billion USD, accounting for 46.05% of GDP. The UAE, Saudi Arabia and Kuwait followed closely, with domestic deposits accounting for 27.88%, 27.26% and 25.67% of GDP respectively. Judging from the trend, the proportion of domestic deposits to GDP in all four countries declined from 2014 to 2016. Accompanied by the high savings rate is the high investment rate. The proportion of domestic investment to GDP in the four countries generally increased from 2014 to 2016.

For China, the proportion of domestic deposits to GDP reaches 46.05% in 2016. At the same time, the proportion of domestic investment to GDP up to 44.31%. Thus, the investment is still the major impetus promoting China's economic growth. However, unlike the coexistence of China's high savings rate and high investment rate, the investment rate in the three Arab countries is lower; Saudi Arabia's proportion of domestic investment to GDP is 31.03% in 2016, 25.12% in the United Arab Emirates and 26.99% in Kuwait. As savings exceed investment existing in the above-mentioned four countries, a large-scale recurring item surplus happens, which eventually shows as external deposits or capital outflows.

Table 1 Flow of Funds at Macro Level

(Unit: 100 Million USD)

	Saudi Arabia			The UAE			Kuwait			China		
	2014	2015	2016	2014	2015	2016	2014	2015	2016	2014	2015	2016
Gross Domestic Product (GDP)	7563.50	6517.57	6464.38	4031.98	3579.49	3487.43	1626.32	1145.67	1108.76	104823.72	110646.66	111991.45
Domestic Deposits (Individual+ Production +Government)	2914.33	1685.83	1761.90	1585.78	1026.60	972.30	815.93	354.19	284.61	52051.79	53545.19	51575.38
The Proportion of Domestic Deposits to GDP (%)	38.53	25.87	27.26	39.33	28.68	27.88	50.17	30.92	25.67	49.66	48.39	46.05
The Proportion of Domestic Investment To GDP (%)	28.75	35.26	31.03	20.86	24.89	25.12	16.29	25.43	26.99	47.01	45.40	44.31
Total Investment	2174.55	2298.29	2005.66	841.17	890.76	876.09	264.93	291.32	299.30	49275.24	50234.56	49624.09
The Proportion of Current Account Balance To GDP (%)	9.75	-8.7	-4.26	-3.44	-8.02	—	33.18	7.49	0.58	2.25	2.75	1.75
The Proportion of FDI to Total Investment (%)	3.68	3.54	3.72	12.87	9.87	10.26	1.83	0.98	0.98	5.44	4.83	3.44
FDI Net Flow	80.12	81.41	74.53	108.23	87.95	89.86	4.86	2.85	2.92	2680.97	2424.89	1705.57
National Investment (Individual+ Production +Government)	2094.43	2216.88	1931.13	732.94	802.81	786.24	260.08	288.48	296.38	46594.27	47809.67	47918.53
The Proportion of National Investment to GDP(%)	27.69	34.01	29.87	18.18	22.43	22.54	15.99	25.18	26.73	44.45	43.21	42.79

Data Source: World Bank, Economist Intelligence Unit, World Economic and Financial Surveys.

Note: 1. Domestic Deposits S=I+(X-M+NEP) where S indicates domestic investment, X indicates volume of export, M indicates volume of import, NEP indicates Net Factor Payment

(NEP=GNP-GDP). The trade in service is excluded in volume of export and import.

2. Domestic investment includes government investment, production department investment and individual investment.

3. National investment I =I-FDI where FDI indicates foreign direct investment.

4. The data in the table are calculated based on the current price.

2 Imbalance in Current Accounts of Arab States

Table 2 The Ratio of the Current Account Balances to GDP (BCA/GDP) for China and Some Arab Countries

(Unit：%)

Country	2006	2007	2008	2009	2010	2011	2012	2013	2014	2015	2016	avg	sd
China	8.42	9.94	9.14	4.76	3.90	1.80	2.52	1.54	2.25	2.75	1.75	4.43	3.20
Algeria	24.71	22.49	19.86	0.31	7.58	8.84	5.78	0.57	-4.45	-16.42	-16.46	4.80	14.10
Bahrain	11.82	13.38	8.78	2.44	2.99	11.28	7.23	7.87	3.37	4.31	5.51	7.68	4.06
Comoros	-5.54	-6.83	-13.14	-7.48	-7.41	-9.45	-7.21	—	—	—	—	-8.15	2.48
Djibouti	-2.15	-20.21	-22.56	-6.78	4.47	-13.87	-10.93	-9.18	-14.48	-17.47		-11.32	8.29
Egypt	2.45	0.32	-0.87	-1.77	-2.06	-2.32	-2.50	-1.22	-1.95	-5.05	-6.05	-1.91	2.30
Iraq	4.12	17.47	21.61	-1.01	4.68	14.07	13.55	9.63	10.41	2.29	2.24	9.01	7.16
Jordan	-11.46	-16.80	-9.35	-5.22	-7.12	-10.25	-15.23	-10.43	-7.28	-9.08	-9.34	-10.14	3.41
Kuwait	44.62	36.05	40.87	27.36	32.05	42.94	45.45	39.90	33.18	7.49	0.58	31.86	14.93
Lebanon	-5.12	-6.53	-14.04	-19.00	-19.66	-13.30	-21.79	-24.43	-24.26	-16.28	-19.75	-16.74	6.50
Libya	40.34	42.23	40.97	14.88	22.47	9.20	—	—	—	—	—	28.35	14.69
Mauritania	—	—	—	—	—	—	-23.46	-22.04	-27.32	-19.73	-14.91	-21.49	4.60
Morocco	2.06	-0.15	-4.90	-5.35	-4.21	-7.89	-9.74	-7.34	-5.99	-2.14	-4.37	-4.55	3.43
Oman	15.22	5.85	8.24	-1.04	7.90	13.02	10.20	6.59	5.19	-15.71	-18.58	3.35	11.00
Qatar	—	—	—	—	—	31.07	33.18	30.42	23.96	8.35	-5.46	20.25	15.52
Saudi Arabia	26.28	22.45	25.46	4.88	12.64	23.62	22.39	18.14	9.75	-8.70	-4.26	13.88	12.19
Sudan	-18.13	-7.84	-6.59	-9.27	-2.63	-3.94	-9.19	-8.08	-4.32	-5.62	-4.32	-7.27	4.24
Syria	-1.80	-2.36	-3.81	-2.84	-4.78	-7.39	-8.26	-8.39	-9.12	-8.92	-8.78	-6.04	2.93
Tunisia	-1.80	-2.36	-3.81	-2.84	-4.77	-7.39	-8.26	-8.38	-9.12	-8.92	-8.78	-6.04	2.93
The UAE	1.08	-6.96	-4.65	-10.06	-3.41	-1.61	-0.95	-3.79	-3.44	-8.02	—	-4.18	3.39
Yemen	24.71	22.49	19.86	0.31	7.58	8.84	5.78	0.57	-4.45	-16.42	-16.46	4.43	3.20

Data Source: World Development Indicator

Table 2 summarizes the proportion of current account balance to GDP (BCA/GDP) in some Arab countries. As seen from Table 2, from 2006 to 2016, thanks to foreign exchange earnings generated by the export of oil and gas resources, most OPEC member countries' current accounts maintain an average surplus, such as Algeria, Bahrain, Egypt, Iraq, Saudi Arabia, Kuwait, Libya and the United Arab Emirates. In countries with sluggish economic growth and unstable political backdrop, such as Djibouti, Lebanon, Sudan, Syria and Yemen, the average current account is usually a deficit. In addition, Qatar, Kuwait, Libya, Algeria and other countries with large fluctuations in current accounts have a standard deviation of BCA/GDP of more than 10%.

The financial crisis in 2008 had little impact on the current accounts in some Arab countries, but had a significant impact on others. Comparing with the BCA/GDP data of various countries around 2008, it is found that Bahrain, Kuwait, Algeria, Saudi Arabia, Qatar and other major oil-producing countries have been affected by the 2008 financial crisis, the indicator shows a continuing trend of decline. In Saudi Arabia, for example, BCA/GDP fell from 26.28% in 2006 (before the crisis) to 4.88% in 2009 (after the crisis), with a significant drop.

Table 3 The Proportion of Net Oil Exports to GDP (NXGO/GDP) for Some Arab Countries 2006-2016

(Unit : %)

Country	2006	2007	2008	2009	2010	2011	2012	2013	2014	2015	2016	avg	sd
Algeria	45.74	44.12	45.01	32.28	34.70	36.05	33.96	34.65	33.23	35.86	36.78	37.49	4.97
Bahrain	27.23	26.7	29.73	23.64	22.28	31.00	35.83	32.45	31.66	34.33	32.79	29.79	4.34
Comoros	-6.19	-6.44	-6.94	-6.52	-8.64	-10.31	-10.67	-9.87	-8.88	-8.76	-7.67	-6.39	5.73
Djibouti	-7.02	-10.14	-16.36	-8.2	-13.73	-14.69	-15.51	-12.45	-13.34	-12.21	-12.89	-12.41	2.92
Egypt	1.91	2.51	1.01	0.47	1.31	0.41	-0.24	-0.56	-0.49	-0.39	-0.55	0.49	1.07
Iraq	40.48	38.38	44.04	32.73	36.33	42.06	41.65	42.23	43.32	44.56	45.56	41.03	3.85
Jordan	-18.10	-16.95	-16.76	-10.53	-13.02	-19.15	-20.47	-20.67	-20.01	-21.87	-20.89	-10.27	15.95
Kuwait	52.36	51.5	56.03	46.15	51.53	60.10	61.08	62.09	61.89	62.07	61.56	56.94	5.68
Lebanon	-10.13	-10.23	-13.05	-8.98	-10.51	-12.34	-15.05	-16.09	-17.89	-16.76	-15.56	-13.33	3.10

Continued

Country	2006	2007	2008	2009	2010	2011	2012	2013	2014	2015	2016	avg	sd
Libya	70.86	67.23	65.82	52.13	54.74	39.71	67.35	65.89	60.90	59.89	63.04	60.69	8.94
Mauritania	14.34	-4.08	-7.24	-0.99	-1.84	-7.66	-6.31	-7.66	-6.81	-7.68	-5.31	-3.75	6.44
Morocco	-7.41	-8.06	-10.07	-7.03	-8.75	-10.69	-11.66	-10.56	-11.76	-12.67	-11.89	-10.05	1.95
Oman	47.49	44.69	47.20	37.46	42.91	47.67	47.47	48.89	45.98	46.67	47.89	45.85	3.24
Qatar	51.25	49.92	53.53	43.28	57.04	60.84	59.29	56.98	58.98	59.96	57.23	55.30	5.33
Saudi Arabia	49.94	49.36	54.07	38.00	40.86	47.44	48.16	46.09	45.89	46.98	47.32	46.74	4.31
Sudan	15.83	19.45	20.93	12.68	16.16	12.00	13.57	14.67	15.66	14.96	14.38	15.48	2.68
Syria	3.53	0.26	-0.24	2.11	2.46	—	—	—	—	—	—	1.62	1.57
Tunisia	-1.84	0.27	-1.51	-0.26	-0.76	-1.77	-2.73	-1.68	-1.98	-2.21	-2.03	-1.50	0.89
The UAE	31.58	28.62	32.75	26.24	26.29	32.64	32.54	33.95	34.89	33.56	32.05	31.37	2.98
Yemen	17.62	10.24	15.41	9.81	13.55	14.57	5.29	5.79	6.98	7.89	7.02	10.38	4.26

Data Source: World Development Indicator; UN-COMTRADE

The impact of the 2008 financial tsunami on the current accounts in some Arab countries is significant, and it is found that the economic structure is an important factor leading to the above phenomena. The uniqueness of the economic structure of the Arab countries (especially the OPEC member States) is that their oil industry is usually the pillar industry of the national economy, and the export of oil and gas resources occupies an important position in the current accounts. Table 3 shows the proportion of net oil exports to GDP in some Arab countries from 2006 to 2016 (NXGO/GDP). By comparing Table 2 and Table 3, it is found that in those countries with larger NXGO/GDP, the current accounts surplus is also larger, and the negative impact of 2008 financial crisis on its surplus is also more significant.

Compared with Arab countries, China's current accounts surplus is lower than that of OPEC members in the Arab countries, but significantly higher than that of non-OPEC members. After the 2008 financial crisis, China's current accounts surplus as a proportion of GDP showed a continuous downward trend. The differences in current accounts imbalances among China and Arab countries

are closely related to their respective industrial structures. The overall NXGO/GDP proportion of the League of Arab States is much higher than its BCA/GDP proportion, and the variation trend of the two is consistent, indicating that oil trade is the main factor leading to the trade surplus. For China, the NXGO/GDP is far below the BCA/GDP, and there is no significant correlation between the two. It suggests that manufacturing trade, rather than oil trade, is a major contributor to China's trade surplus.

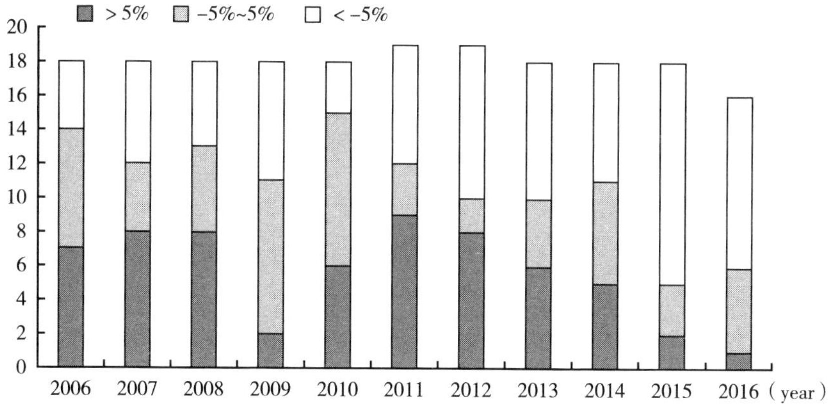

Figure 1 Distribution of Current Account Imbalances in the Arab States from 2006 to 2016

Data Source: World Development Indicator

The sampled Arab countries is divided into three categories according to BCA/GDP data: the first category, the high deficit countries (BCA/ GDP<-5%); the second category, the relative balanced countries (-5%< BCA/ GDP<5%); and the third category, the high surplus countries (BCA/ GDP >5%). The variation trends of the three categories of countries are summarized in the Figure in the period from 2006 to 2016. Since 2011, the trade surplus countries showed a significant reduction trend, and trade deficit countries showed an increasing trend.

3 Coincident Index of China-Arab States Economic Cycle

In this section, the coincident index of cycle is used to reflect the degree of

the economic integration within the Arab countries and the degree of close contact between the League of Arab States and the world economy. Referring to the practices in the classic literature, the correlation coefficient method is used in this paper to calculate the economic cycle synchronicity index among countries. The correlation coefficient method is simple and easy to operate, but there are obvious defects: even if the correlation coefficient of economic variables between the two countries is relatively large, the conclusion can't be made that the synchronization degree of economic cycle between two countries is high, and the main reason is that countries with the same economic development trend. The high correlation coefficient may only reflect that they have common trend. Therefore, before calculating the synchronization index of economic cycle, the time trend in macroeconomic cycle data should be eliminated first, and the periodic part should be retained. Referring to the BP filtering method of Baxter and King (1999), we removed the trend part of the data and then calculated the correlation coefficient of the periodic part; if the correlation coefficient is higher, it shows that the economic cycle synchronicity between the economy and the League of Arab States is higher. The data for this section is collected from the World Bank's "World Development Report". To eliminate the impact of price factors, the GDP value is calculated at the constant price in 2010.

Table 4 shows the economic cycle synchronization indices of the world's major economies, as well as the League of Arab States and its member states. During the entire sample period, there was a significant difference in synchronization of the economic cycle between the League of Arab States and its member states. Such countries with rich oil resources as Saudi Arabia, Kuwait, Iraq, Libya, the UAE and others share high synchronization with the overall economic cycle of the League of Arab States; however, countries with relatively deficient oil resources as Mauritania, Jordan and others share low correlation coefficient with the overall economic cycle of the League of Arab States. As we all know, the oil industry has long been a pillar industry of the economy of the League of Arab States, so from the overall perspective, the countries with rich oil resources share high synchronicity with the economy of the League of Arab States. The periodicity caused by oil price fluctuations has inflicted a rather big impact on their economy, but the countries with scanty oil resources are less affected by oil price fluctuations. Reviewing the economic cycle synchronicity between the League of Arab States and the major economies outside the region, in general,

the synchronization of the economic cycle between the League of Arab States and the major economies outside the region is significantly higher than the countries with a scarcity of oil resources within the region. For example, the economic synchronicity index between the League of Arab States and the United States in the period from 1980 to 2016 is 0.618, while the average coincident index within the League of Arab States is 0.238.

In addition, Table 4 also shows the changing trend of the economic cycle coincident index. At present, different countries in the world have been closely linked by economic globalization, and the global economy is increasingly in a situation of rising and falling together. Quite a number of studies have found that the transnational transmission of economic fluctuations is the core issue of the synchronicity of the economic cycle, and that the economic fluctuations in a country will generally affect the economic operation of other countries closely linked to the country. The trend of economic globalization and free trade strengthens the connection between the Arab countries and the world economy, so the synchronization of economic cycle between them is continuously strengthening. As shown in Table 4, in the period from 2000 to 2016, the synchronization of the economic cycle between most countries and the League of Arab States has increased.

Table 4 Economic Cycle Synchronization of GDP (1980-2016)

Country	1980-1999	2000-2016	1980-2016
Jordan	-0.325	0.278	0.002
Syria	-0.115	-0.146	-0.116
Lebanon	-0.415*	-0.132	-0.265*
Saudi Arabia	0.143	0.588*	0.457*
Iraq	0.349*	0.469	0.366*
Yemen	0.216	0.517	0.348
Kuwait	0.223*	0.434*	0.312*
Qatar	0.243*	0.475*	0.389*
Bahrain	0.332*	0.357*	0.398*
Oman	0.134	0.132	0.123

Continued

Country	1980-1999	2000-2016	1980-2016
Djibouti	0.157	0.189	0.155
Algeria	0.217*	-0.099	0.055
Morocco	0.089	0.026*	0.069
Tunisia	0.288*	0.689*	0.467*
Libya	0.365*	0.477	0.379*
Sudan	-0.116*	-0.189*	-0.171*
Egypt	0.556*	0.368*	0.489*
Mauritania	0.176	0.376*	0.121
Comoros	0.166	0.085*	0.016*
The UAE	0.563*	0.589*	0.573*
The USA	0.423*	0.775*	0.618*
European Union	0.187*	0.368*	0.286*
China	0.117*	0.215*	0.168*
Average	0.325*	0.559*	0.466*
Sudan	0.179	0.308	0.238

Data Source: the author calculated these numerical values in accordance with the data from the World Bank.

Note: 1. * denotes significance at 5% level.

2. The data of Somalia is not listed in the Table because of missing data.

4 Deposit-Investment Correlation Coefficient

In this section, the correlation coefficient of savings-investment integration of the Arab countries has been calculated to investigate the degree of their financial integration. The existing research shows that the smaller the correlation coefficient between savings and investment is, the higher the degree of financial integration is. The following content is an introduction to the data and empirical model used in this section:

(1) Data Specification

The sample range used in this section is from 1970 to 2016, with 22 countries selected, including China and 21 Arab countries, namely, China and such 12 West Asian countries as Jordan, Syria, Lebanon, Saudi Arabia, Iraq, Yemen, Kuwait, the UAE, Qatar, Bahrain, Oman, Djibouti; 6 North African counties as Algeria, Morocco, Tunisia, Libya, Sudan, Egypt; Mauritania in West Africa, Somalia and Comoros in East Africa.

In order to be comparable, the data used in this paper, the proportion of capital formation accounts for GDP in each country, and the share of total domestic savings in GDP $\left(\frac{s}{GDP}\right)_{it}$, are derived from the "World Development Indicators" (the World Bank, 2017), and each variable is an annual variable.

(2) Empirical Modeling

There has been a long history of research on the correlativity between savings and investment; Feldstein and Horioka (1980) conducted cross-sectional analysis of correlativity between savings and investment among 16 OECD countries from 1960 to 1974, and studies show that the savings-investment correlation coefficient (FH coefficient) is high, which is significantly close to 1.

It is similar to the study of Kimetal. (2005) and Chakrabarti (2006), this paper uses a Feldstein-Horioka regression equation with common meaning to conduct an in-depth study of the savings-investment correlativity in developing countries. The specific empirical model is set as follows:

$$capital_{it}=a_i+\delta_t+\beta\left(\frac{s}{GDP}\right)_{it}+\varepsilon_{it} \tag{1}$$

Where $capital_{it}$ indicates the proportion of capital formation to GDP of i country in t period, while $\left(\frac{s}{GDP}\right)_{it}$ indicates the proportion of domestic savings to GDP of i country in t period, a_i is the individual Fixed Effects Models, δ_t is the individual Deterministic Trend Models, ε_{it} is disturbance term, and the coefficient β (also known as FH coefficient) describes the correlativity between savings and investment. In regression equation (1), the heterogeneity of individual units existed at different levels was taken into consideration, therefore, it is more universal in the research of correlativity of savings and investment. In addition, to estimate the correlation coefficient of savings and investment in various countries, we take sub-samples regression according to the above equation, the results is listed in the following Table:

Table 5 The Estimation of Deposits-Investment Correlation Coefficient

County	Slope Coefficients	Standard Error
Total	0.149*	0. 081
China	0.682***	0.082
Jordan	0.441***	0.161
Syria	0.472***	0.100
Lebanon	0.221***	0.067
Saudi Arabia	0.329***	0.136
Iraq	-0.029	0.200
Yemen	0.611***	0.082
Kuwait	-0.086***	0.004
Qatar	-0.771***	0.059
Bahrain	0.591***	0.072
Oman	0.338***	0.083
Djibouti	0.373***	0.161
Algeria	0.197*	0.098
Morocco	0.466***	0.163
Tunisia	0.599***	0.110
Libya	0.300***	0.081
Sudan	0.461***	0.148
Egypt	0.447***	0.151
Mauritania	0.364*	0.189
Comoros	0.466***	0.163

Note: 1. *, **, *** respectively denotes significance at 10%, 5%, and 1% level.

2. The data of the UAE and Somalia are not listed in the Table because of missing data.

Data Source: the author calculated these numerical values in accordance with the data from the World Bank.

As shown in Table 5, among the sample countries, the deposit and investment correlation coefficients of such countries are below 0.3 as Kuwait, Qatar, Algeria and others, the financial markets are well-developed in these countries, with relatively active capital, stable sources and channels of funding and a wide range of sources, however, the capital source is not just confined to residents' savings. Thus, in areas where the correlation coefficient of investment-saving is low, the degree of financial integration is relatively high. Correspondingly, in areas with high savings correlation coefficient, such as Tunisia, Yemen and Bahrain and others, the correlation coefficient of investment-saving is above 0.59, so the degree of financial integration is low. On average, the correlation coefficient of investment-savings of all Arab countries in the sample is about 0.149, and the degree of financial integration is high. China's correlation coefficient of investment-savings is around 0.682, the highest in the sample countries, and the degree of financial integration is much lower than the average level of the Arab countries. In the current period, the level of financial integration in China is not high enough; we need to further strengthen the exchanges among the economies to enhance the flow capacity of international capital and invigorate the domestic capital market.

5 Correlation of China-Arab States Stock Market

We will reveal how deep the degree of economic integration of China and Arab countries is by demonstrating the correlation of stock markets among Arab countries, as well as the correlation of stock markets between China and Arab countries. ① The correlation coefficient matrix of markets between China and the Arab countries from 2000 to 2016 is reported in Table 6. ② We divided the samples into four sub-ranges according to the time standard: January 2000 to December 2002, January 2003 to December 2005, January 2006 to August 2008,

① The correlation of stock market can be reflected by the correlation coefficient between the return series of two stock markets in a certain period. We use the weekly index data of stock market in China and Arab countries with a logarithmic check to calculate the stock rate of return. The stock index information of Arab and Chinese market were selected from the website *investing.com*, A-Share in Shanghai Stock Exchange was utilized as a proxy variable by the Chinese stock market.

② The data before 2000 was not included in the report, because there was no stock market in Arab countries at that time.

April 2009 to December 2016, and through the analysis of different ranges to reflect how the correlation degree varies with time. To remove the impact of the global financial crisis on market integration, we removed samples from September 2008 to March 2009.

First, as seen from Table 6-A, the correlation coefficient of the stock market in the Arab countries from 2003 to 2005 is higher than that from 2000 to 2002, but the degree of financial integration is still low. For example: from 2000 to 2002, the highest correlation coefficient is 0.23 (the UAE and Mauritania), and from 2003 to 2005, the correlation coefficient is as high as 0.4 (the UAE and Jordan). As seen from Table 6-B, the correlation index among the stock markets from 2009 to 2016 is generally higher than that between 2006 and 2008, with the exception of Palestine, Mauritania and Morocco.

Second, because the Chinese stock market have not been open to foreign individual investors, China and Arab countries do not show high correlation in different periods. Table 6-A and Table 6-B show that there is a weak correlation and even negative correlation existed in markets among China and the Arab countries.

6 Correlation of China-Arab States GDP and Price Level

An important index to measure synchronization of economic cycle is the correlation coefficient of economic growth among countries. The lower panel in Table 7 shows the correlation coefficient matrix of the GDP growth rate for Arab countries and China from 1991 to 2016. The sample period is from 1991 to 2016 with the years 1997, 1998, 2008 and 2009 excluded due to unusually large shocks. The following economic characteristics can be found in Table 7:

Firstly, there is a strong positive correlation among China's real GDP growth rate with Qatar, Bahrain, Jordan and Kuwait, of which, the correlation coefficient of real GDP growth rate for China, Qatar and Jordan up to 0.752 and 0.647.

Secondly, the synchronization of economic growth rate is inconsistent among Arab countries. The likely economic explanation is that China's booming economy has boosted energy demand, to some extent, this will contribute to the economic growth of Arab countries with oil as their pillar industries, and meanwhile, the above-mentioned countries' dependence on China's economy has risen correspondingly.

In addition, the extent of economic integration is measured by the correlation

Table 6-A Correlation Matrix of Stock Market Price Index 2001-2005

	China	Bahrain	Jordan	Oman	Mauritania	Lebanon	Morocco	Palestine	Qatar	Saudi Arabia	Tunisia	The UAE
January 1, 2003-December 31, 2005 (upper panel)												
China	—	-0.04	-0.08	-0.06	0.08	0.03	-0.08	0.005	0.07	0.01	-0.09	0.05
Bahrain	n.a.	—	0.12	0.14	0.06	-0.08	-0.08	0.16	0.04	-0.01	-0.06	0.05
Jordan	0.03	n.a.	—	0.25	0.02	-0.02	-0.03	0.16	0.04	-0.003	0.09	0.40
Oman	-0.11	n.a.	-0.06	—	-0.02	-0.06	0.02	0.07	0.09	0.002	0.14	0.27
Mauritania	0.07	n.a.	0.01	0.06	—	0.06	0.11	-0.04	0.08	-0.02	-0.01	0.01
Lebanon	0.12	n.a.	0.12	0.05	0.11	—	0.15	-0.05	0.05	-0.17	0.01	-0.06
Morocco	0.16	n.a.	-0.09	0.16	0.2	0.14	—	-0.01	0.05	-0.12	0.11	-0.02
Palestine	-0.17	n.a.	-0.14	0.12	-0.03	-0.21	-0.02	—	0.16	0.11	0.08	0.31
Qatar	-0.01	n.a.	0.03	0.10	0.13	0.15	0.06	-0.05	—	0.01	-0.05	0.18
Saudi Arabia	0.22	n.a.	-0.003	-0.12	-0.02	-0.08	0.05	-0.13	0.06	—	0.07	0.19
Tunisia	0.05	n.a.	-0.08	0.06	0.06	0.02	-0.07	0.11	-0.04	-0.06	—	0.07
The UAE	-0.14	n.a.	0.15	-0.05	0.23	0.03	0.14	-0.03	0.15	-0.04	-0.01	—

January 1, 2000-December 31, 2002 (lower panel)

Table 6-B Correlation Matrix of Stock Market Price Index 2006-2016

	China	Bahrain	Jordan	Oman	Mauritania	Lebanon	Morocco	Palestine	Qatar	Saudi Arabia	Tunisia	The UAE
April 1, 2009-December 31, 2016 (upper panel)												
China	—	0.01	0.04	0.07	0.001	0.03	0.001	-0.07	-0.04	0.03	0.05	0.06
Bahrain	-0.02	—	0.11	0.08	0.06	0.13	0.07	0.12	0.16	0.06	0.09	0.22
Jordan	-0.05	0.15	—	0.19	0.22	0.18	0.12	0.03	0.1	0.05	0.07	0.23
Oman	-0.09	0.21	0.01	—	0.12	0.06	0.10	0.12	0.38	0.25	-0.004	0.25
Mauritania	0.03	0.06	0.01	0.001	—	0.11	0.08	-0.04	0.16	-0.04	-0.002	0.12
Lebanon	0.01	0.17	0.06	0.11	-0.13	—	0.02	-0.02	0.02	0.05	0.12	0.11
Morocco	0.09	0.1	-0.04	0.03	0.01	-0.02	—	-0.04	0.08	-0.03	0.01	0.02
Palestine	0.03	-0.17	0.07	-0.07	0.09	0.12	-0.01	—	0.17	0.13	0.06	0.03
Qatar	0.01	0.14	0.15	-0.01	0.15	0.09	-0.07	0.05	—	0.14	-0.001	0.29
Saudi Arabia	0.05	-0.03	-0.02	0.07	0.13	-0.01	0.01	-0.001	0.01	—	-0.004	0.13
Tunisia	-0.1	-0.05	0.07	0.03	-0.09	0.004	-0.09	0.13	-0.08	0.09	—	0.06
The UAE	0.11	0.21	0.09	-0.06	0.03	0.06	0.11	0.12	0.10	-0.02	-0.09	—
January 1, 2006-August 31, 2008 (lower panel)												

Data Source: the indices information of Arab stock market and China's stock market were retrieved from the website investing.com.

Note:

1. The Shanghai A-share index was used as a proxy variable for China stock market index.
2. Correlation coefficients matrix was computed between sample economies after using the first difference of the natural log of stock prices.
3. The data from September 2008 to March 2009 was not used in the correlation matrix to exclude the effect of the global financial crisis.
4. The data utilized in the Table is weekly data of the stock market.
5. Due to data availability, only 11 Arab countries were included in our analysis.
6. "n.a." means the data was not available for that period.

of inflation rates among countries in the literature. The upper panel in Table 7 shows the correlation coefficient matrix of inflation rate among countries. Unlike the results of economic growth synergy, there is a significant positive correlation in inflation among China and most Arab countries. For example, the correlation coefficient of inflation rates between China and Iraq, China and Qatar are as high as 0.787 and 0.698. The likely economic explanation is that China's domestic economic activity relies heavily on the supply of oil from the Arab countries, and the oil industry is the main economic pillar of Arab oil-producing countries, so there is a significant positive correlation in the price levels among China and the major Arab oil-producing countries. In addition, the deepening of global economic integration has also led to cross-border transmission of inflation, which is one of the reasons for this phenomenon.

Table 7 Correlation Matrix of Real GDP Growth Rate (Lower Panel) and Inflation Rate (Upper Panel)

	China	Algeria	Bahrain	Comoros	Djibouti	Egypt	Iraq	Jordan	Kuwait	Lebanon
China	—	0.605	0.163	0.243	0.608	0.308	0.787	0.28	0.129	0.286
Algeria	-0.356	—	0.352	0.113	0.581	0.278	0.589	0.134	0.647	0.408
Bahrain	0.39	-0.267	—	-0.213	0.278	-0.134	0.0885	0.143	0.791	-0.29
Comoros	-0.0132	0.289	0.0256	—	0.27	-0.257	0.299	0.13	-0.23	-0.398
Djibouti	-0.394	0.401	-0.0042	-0.009	—	0.409	0.391	0.759	0.347	0.154
Egypt	0.281	0.077	-0.0405	0.173	-0.0014	—	0.137	0.297	-0.0111	0.561
Iraq	0.124	0.0303	-0.112	0.391	-0.121	0.319	—	0.0271	0.0127	0.282
Jordan	0.647	-0.0223	0.211	0.379	-0.358	0.311	0.328	—	0.216	-0.0173
Kuwait	0.54	-0.259	0.66	0.0411	-0.186	-0.273	0.136	0.211	—	-0.298
Lebanon	0.169	-0.453	0.484	-0.566	-0.149	-0.263	-0.605	-0.0522	0.0542	—
Libya	-0.363	0.104	-0.307	0.187	0.203	0.325	0.221	-0.305	-0.433	-0.332
Mauritania	0.177	0.209	0.283	0.0829	0.234	0.117	0.0714	0.0997	0.228	-0.147
Morocco	-0.0751	0.0259	-0.19	-0.617	0.282	-0.0627	-0.231	-0.286	-0.139	0.232
Oman	0.176	-0.537	0.18	0.128	-0.219	0.22	0.122	0.235	-0.119	0.247
Qatar	0.752	-0.391	0.44	-0.262	0.0444	0.667	0.399	0.579	0.0437	0.48
Saudi Arabia	-0.0435	0.0974	0.303	-0.15	0.202	-0.319	-0.421	-0.0716	0.225	0.455
Sudan	0.319	0.06	0.422	0.106	-0.0151	0.51	-0.201	0.331	0.029	0.137
Syria	0.533	-0.258	0.173	-0.0409	-0.374	-0.303	0.104	0.635	0.184	0.365
Tunisia	0.329	0.042	0.261	0.106	-0.258	0.512	0.221	0.46	-0.108	0.0572
The UAE	0.107	0.208	-0.0792	0.263	-0.0166	0.139	0.105	0.068	0.279	-0.361
Yemen	0.409	-0.11	0.254	0.0622	-0.412	0.122	0.0056	0.309	0.0649	0.244

Continued

	Libya	Mauritania	Morocco	Oman	Qatar	Saudi Arabia	Sudan	Syria	Tunisia	The UAE	Yemen
China	0.204	0.229	0.439	0.162	0.698	0.228	0.776	0.444	0.0762	0.262	0.436
Algeria	-0.0466	0.606	0.454	0.313	0.899	0.405	0.599	0.457	0.241	0.432	0.547
Bahrain	-0.124	0.125	-0.173	0.823	0.961	0.769	-0.179	0.37	-0.107	0.796	0.345
Comoros	0.25	0.171	0.202	-0.12	-0.299	-0.0613	0.102	0.035	-0.0486	-0.139	0.116
Djibouti	0.0842	0.342	0.505	0.469	0.565	0.388	0.374	0.548	0.263	0.49	0.323
Egypt	0.276	0.0336	0.414	-0.0546	0.0745	-0.051	0.384	0.216	0.271	-0.0098	-0.042
Iraq	-0.0357	0.183	0.417	-0.0233	0.934	0.0824	0.872	0.26	0.251	0.0446	0.464
Jordan	0.158	0.3	0.232	0.399	0.399	0.272	0.0239	0.127	0.0554	0.398	-0.0303
Kuwait	0.0218	0.31	-0.0091	0.917	0.93	0.945	-0.175	0.464	-0.069	0.91	0.51
Lebanon	-0.0929	0.223	0.484	-0.203	-0.207	-0.184	0.594	-0.1	0.28	-0.123	-0.0185
Libya	—	-0.066	0.0925	-0.0427	-0.053	0.0023	-0.0758	0.385	-0.365	-0.0184	-0.0946
Mauritania	-0.225	—	0.203	0.0963	0.553	0.192	0.207	-0.138	0.227	0.268	-0.0569
Morocco	-0.112	-0.0065	—	-0.0112	0.194	-0.0069	0.462	-0.0393	0.191	0.0729	0.334
Oman	0.046	-0.157	-0.206	—	0.94	0.939	-0.236	0.41	-0.047	0.954	0.444
Qatar	0.399	0.417	0.394	0.162	—	0.91	0.112	0.463	0.15	0.928	0.534
Saudi Arabia	-0.179	0.0658	0.258	-0.0531	0.125	—	-0.141	0.52	0.0124	0.946	0.532
Sudan	0.237	0.0777	-0.105	0.174	0.282	-0.0101	—	0.192	0.312	-0.135	0.313
Syria	-0.437	-0.135	0.0217	0.53	0.391	0.218	-0.0231	—	0.0311	0.487	0.531
Tunisia	0.141	0.0748	0.081	0.226	0.421	-0.0228	0.511	0.0207	—	-0.0763	0.0807
The UAE	0.186	0.285	0.0016	-0.193	0.201	0.308	0.158	-0.229	0.169	—	0.445
Yemen	0.031	0.0525	-0.025	0.107	0.313	-0.101	0.266	0.574	0.574	0.0093	—

Data Source: World Development Indicator

Note:

1. The lower panel shows correlation coefficients for real GDP and the upper panel shows correlation coefficients for inflation rates.

2. The sample period is from 1991 to 2016 with the years 1997, 1998, 2008 and 2009 excluded due to unusually large shocks.

Appendix 2

Chronicle of Events in 2016

From January 4 to 5, 2016, Vice Foreign Minister Zhang Ming paid a visit to Egypt and met respectively with Faiza Abou el-Naga, National Security Advisor to the President, Foreign Minister Sameh Shukri of Egypt and Secretary General of the League of Arab States (LAS) Nabil El Araby. H.E. Song Aiguo, Chinese Ambassador to Egypt, attended the above-mentioned meetings.

From January 6 to 8, 2016, Vice Foreign Minister Zhang Ming paid a visit to Saudi Arabia and met with Crown Prince Mohammad bin Nayef, Minister of Foreign Affairs Adel bin Ahmed Al Jubeir, Minister of Economy and Planning Adel bin Mohammad Fakeih, Minister of Commerce and Industry Tawfiq bin Fawzan Al Rabiah, Minister of Health Khalid bin Abdulaziz Al Falih, Advisors to the Royal Court Suweilem and Al-Khatib as well as Chairman of Saudi Basic Industrial Company (SABIC) Prince Thenayan Al-Saud of Saudi Arabia respectively.

On January 7, 2016, Foreign Minister Wang Yi met with President of the "National Coalition for Syrian Revolutionary and Opposition Forces" Alptekin Hocaoglu and his delegation, who were visiting China at the invitation of Chinese People's Institute of Foreign Affairs.

On January 18, 2016, on the occasion of a state visit to the Kingdom of Saudi Arabia, Chinese President Xi Jinping published a signed article titled "Be Good Partners for Common Development" on Saudi newspaper Alriyadh.

On the morning of January 19, 2016, Chinese President Xi Jinping left Beijing by his special plane and paid a state visit to Saudi Arabia, Egypt and Iran at the invitation of King Salman bin Abdulaziz Al Saud of Kingdom of Saudi Arabia,

President Abdel-Fattah al-Sisi of the Arab Republic of Egypt, and President of the Islamic Republic of Iran Hassan Rouhani.

On January 19, 2016, Chinese President Xi Jinping published a signed article titled "Let China-Arab Friendship Surge Forward like the Nile" on Egyptian newspaper Al Ahram ahead of his state visit to the country.

On January 19, 2016, President Xi Jinping met with Secretary-General Iyad Ameen Madani of the Organisation of Islamic Cooperation (OIC) in Riyadh.

On January 19, 2016, President Xi Jinping met with Secretary General of the Gulf Cooperation Council (GCC) Abdul Latif Bin Rashid Al Zayani in Riyadh.

On January 19, 2016, President Xi Jinping met with Saudi Deputy Crown Prince Mohammed bin Salman in Riyadh.

On 19 January 2016 local time, President Xi Jinping held talks in Riyadh with King Salman bin Abdulaziz Al Saud of Saudi Arabia. The two heads of state spoke positively of the development of China-Saudi Arabia relations, exchanged in-depth views on bilateral relations and international and regional issues of common concern and reached broad consensus, and jointly announced the establishment of China-Saudi Arabia comprehensive strategic partnership with an aim to promote the in-depth development of bilateral relations and yield greater cooperation results.

On January 19 2016, the two sides issued the "Joint Statement between the People's Republic of China and the Kingdom of Saudi Arabia on the Establishment of Comprehensive Strategic Partnership".

On January 20, 2016 local time, Foreign Minister Wang Yi, who was accompanying President Xi Jinping on a visit to Saudi Arabia, met in Riyadh with Foreign Minister Adel bin Ahmed Al-Jubeir of Saudi Arabia.

On January 20, 2016 local time, President Xi Jinping and King Salman bin Abdulaziz Al Saud jointly attended the launch ceremony of the Yasref Oil Refinery.

On January 20, 2016 local time, President Xi Jinping arrived in the capital of Egypt Cairo and started his state visit to Egypt,.

On January 20, 2016 local time, President Xi Jinping met with Egyptian Prime Minister Sherif Ismail at a hotel in downtown Cairo.

On the evening of January 20, 2016, President Xi Jinping met with Egyptian President Abdel-Fattah al-Sisi at the Abdeen Palace in Cairo, Egypt.

On January 21, 2016 local time, President Xi Jinping held talks at Quba Palace

in Cairo with President Abdel-Fattah al-Sisi of Egypt. The two heads of state spoke highly of China-Egypt traditional friendship and the results of mutually beneficial cooperation in various fields, planned the development of China-Egypt relations, and exchanged in-depth views on international and regional issues of common concern, and reached broad consensus.

On January 21, 2016 local time, President Xi Jinping met in Cairo with Secretary-General Nabil El Araby of the League of Arab States (LAS).

On January 21, 2016 local time, both sides issued the "Five-Year Outline on Strengthening the Comprehensive Strategic Partnership Between the People's Republic of China and the Arab Republic of Egypt".

On January 21, 2016 local time, at the ancient Square of Luxor Temple, President Xi Jinping and President Abdel Fattah al-Sisi of Egypt attended the celebration of the 60th anniversary of China-Egypt diplomatic relations and the opening ceremony of the China-Egypt Cultural Year 2016 together.

On January 21, 2016 local time, President Xi Jinping delivered an important speech entitled "Jointly Create a Brighter Future for China-Arab Relations" at the headquarters of the League of Arab States (LAS) in Cairo, stressing that the two nations treat each other with sincerity and such trust is unbreakable. Both sides should join hands to build the "Belt and Road", establish the action concepts of peace, innovation, guidance, governance and integration, and promote the national rejuvenation of China and the Arab states to form more convergence.

On January 31, 2016, Prime Minister Rami Hamdallah of Palestine met with China's Special Envoy on the Middle East Issue Gong Xiaosheng in Ramallah. Charge d' Affaires ad Interim Qian Wei of Chinese Office in Palestine attended the meeting.

On February 3, 2016, when visiting Algeria, China's Special Envoy on the Middle East Issue Gong Xiaosheng met with Minister for Maghreb Affairs, African Unity and the Arab League Abdelkader Msahel of Algeria. H.E. Yang Guangyu, Chinese Ambassador to Algeria, was present at the meeting.

On February 11, 2016 local time, Foreign Minister Wang Yi met with Foreign Minister Sameh Shoukry of Egypt on the sidelines of the 4th foreign ministers' meeting of the International Syria Support Group (ISSG) held in Munich .

On March 7, 2016, China's Special Envoy on the Middle East Issue Gong Xiaosheng attended the Extraordinary Summit of the Organization of Islamic Cooperation (OIC) on the issue of Palestine and Al-Quds Al-Sharif — or

Jerusalem in Jakarta, Indonesia, which was jointly organized by the Organization of Islamic Cooperation and the Indonesian government. More than 300 representatives from 56 member countries of the Organization of Islamic Cooperation, 4 observer countries, members of so-called Quartet on the Middle East (United States, Russia, United Nations and European Union) and representatives of the five permanent members of the UN Security Council attended the meeting.

On March 18, 2016, Vice Foreign Minister Zhang Ming met with Head of the Department of Foreign Relations of the Kurdistan Regional Government (KRG) of Iraq Falah Mustafa Bakir and his delegation, who came to visit China at the invitation of the Chinese People's Institute of Foreign Affairs. The two sides exchanged views on China-Iraq relations, China's exchanges with the Kurdistan region of Iraq, and other issues of common interest.

On March 27, 2016 local time, Vice Premier Liu Yandong met with President Abdel Fattah el-Sisi and Prime Minister Sherif Ismail of Egypt respectively in Cairo.

On March 27, 2016 local time, Vice Premier Liu Yandong met with Secretary-General Nabil El Araby of the League of Arab States (LAS) at the LAS headquarters in Cairo, Egypt.

On the afternoon of March 26 local time, Vice Premier Liu Yandong attended and addressed the closing ceremony of the China-Egypt University Presidents Forum in Cairo, the capital of Egypt.

On March 31, 2016, Vice Premier Liu Yandong met with Palestinian Prime Minister Rami Hamdallah in Ramallah.

On March 31, 2016, Vice Premier Liu Yandong met with Palestinian President Mahmoud Abbas in Ramallah.

On March 31, 2016, Vice Premier Liu Yandong, paid a formal visit to Palestine, and met with Palestinian President Mahmoud Abbas and Prime Minister Rami Hamdallah respectively in Ramallah.

On March 31, 2016, Vice Premier Liu Yandong of the State Council, who was on a visit to Palestine, visited the Faisal Al-Husseine Basic School for Girls in Ramallah and was warmly welcomed by the teachers and students of the school.

On April 21, 2016, Special Envoy Xie Xiaoyan of the Chinese government for Syria was in Syria where he met with Syrian Deputy Prime Minister and Foreign Minister Walid Al-Moualem as well as Syria's Presidential Political and Media

Advisor Bouthaina Shaaban on separate occasions. The two sides had in-depth exchanges of views on the current situation in Syria.

On April 20, 2016, Li Lianhe, Chinese ambassador to Sudan, attended the opening ceremony of China-Arab States Relations Seminar and delivered a speech.

On April 26, 2016, Deputy Director-General of the Protocol Department of the Foreign Ministry Wu Jianghao accepted the copy of credentials presented by the newly-appointed Palestinian Ambassador to China Fariz Mehdawi.

On April 24, 2016, Special Envoy of the Chinese Government on the Syrian Issue Xie Xiaoyan visited Saudi Arabia and met with Foreign Minister Adel bin Ahmed Al-Jubeir of Saudi Arabia in Riyadh. The two sides exchanged views on the current Syrian issue. H.E. Li Chengwen, Chinese Ambassador to Saudi Arabia attended the meeting.

On April 27, 2016, Vice Foreign Minister Zhang Ming met with Assistant Minister for Foreign Affairs Sultan bin Saad Al-Muraikhi of Qatar, who was in China to attend the 5th Meeting of the Ministers of Foreign Affairs of the Conference on Interaction and Confidence-Building Measures in Asia (CICA). Both sides exchanged views on China-Qatar relations, collective cooperation between China and Arab states, and international and regional topics of common interest.

On April 29, 2016, Vice Foreign Minister Li Baodong met with Assistant Foreign Minister Mohamed Badr El-Din Zayed of Egypt, who was in China to attend the 5th Meeting of the Ministers of Foreign Affairs of the Conference on Interaction and Confidence-Building Measures in Asia (CICA), exchanging views on China-Egypt relations and bilateral cooperation in multilateral fields.

On May 11, 2016 local time, Foreign Minister Wang Yi met with Minister for External Relations and Cooperation Abdoulkarim Mohamed of Comoros before attending the 7th Ministerial Meeting of China-Arab States Cooperation Forum (CASCF) in Doha.

On May 11, 2016 local time, Foreign Minister Wang Yi met with Secretary-General Nabil El Araby of the League of Arab States before the 7th Ministerial Meeting of China-Arab States Cooperation Forum (CASCF) in Doha.

On May 11, 2016 local time, before attending in Doha the 7th Ministerial Meeting of the China-Arab States Cooperation Forum (CASCF), Foreign Minister Wang Yi met with Minister of Maghreb Affairs, African Union and

Arab League of the Ministry of Foreign Affairs and International Cooperation Abedelkader Messahel of Algeria.

On May 11, 2016, President Xi Jinping held talks with King Mohammed VI of Morocco at the Great Hall of the People. After the talks, the two heads of state decided to establish a strategic partnership based on the principles of mutual respect, equality and mutual benefit and open a new chapter in bilateral relations.

On May 11, 2016, Qatar's head of state, Emir H H Sheikh Tamim Bin Hamad Bin Khalifa Al Thani met with Chinese Foreign Minister Wang Yi in Amiri Diwan in Doha, Qatar.

On May 11, 2016, Chinese Foreign Minister Wang Yi met in meeting with Qatari Foreign Minister Sheikh Mohammed Bin Abdulrahman Bin Jassim Al-Thani in Doha.

On May 11, 2016, Chinese Foreign Minister Wang Yi met with the Minister Gebran Bassil for Foreign Affairs and Emigrants of Lebanon during the 7th Ministerial Meeting of the China-Arab States Cooperation Forum (CASCF) in Doha.

On May 12, 2016, Chairman Zhang Dejiang of the Standing Committee of the China's National People's Congress (NPC) met with King Mohammed VI of Morocco at the Great Hall of the People.

On May 12, 2016, Foreign Minister Wang Yi met with Dr. Nizar Bin Obaid Madani, Minister of State for Foreign Affairs to Saudi Arabia during the 7th Ministerial Meeting of the China-Arab States Cooperation Forum (CASCF) in Doha.

On May 12, 2016 local time, Foreign Minister Wang Yi, Foreign Minister Sheikh Mohammed bin Abdulrahman bin Jassim Al-Thani of Qatar as well as Secretary-General Nabil El Araby of the League of Arab States (LAS) attended the closing ceremony of the 7th ministerial meeting of the China-Arab States Cooperation Forum (CASCF). Wang Yi read the congratulatory letter to this forum sent by the Chinese President Xi Jinping together.

On the afternoon of May 12, 2016, Premier Li Keqiang of the State Council met with King Mohammed VI of Morocco at the Great Hall of the People, who was paying a state visit to China.

On May 12, 2016 local time, Foreign Minister Wang Yi met with Foreign Minister Ibrahim Ghandour of Sudan after attending the 7th ministerial meeting of the China-Arab States Cooperation Forum (CASCF) in Doha.

On May 12, 2016 local time, Foreign Minister Wang Yi, Foreign Minister Sheikh Mohammed bin Abdulrahman bin Jassim Al-Thani of Qatar as well as Secretary-General Nabil El Araby of the League of Arab States (LAS) together attended the closing ceremony of the 7th ministerial meeting of the China-Arab States Cooperation Forum (CASCF).

On May 12, 2016 local time, Foreign Minister Wang Yi met with Minister Delegate to the Minister of Foreign Affairs and Cooperation Mbarka Bouaida of Morocco when attending the 7th ministerial meeting of the China-Arab States Cooperation Forum (CASCF).

On May 12, 2016, when attending the 7th ministerial meeting of China-Arab States Cooperation Forum (CASCF) in Doha, Qatar, Vice Foreign Minister Zhang Ming met respectively with Assistant Foreign Minister for Asian Affairs Ali Sulaiman Al-Saeid of Kuwait, Secretary-General of the Ministry of Foreign Affairs Sayyid Badr bin Hamad bin Hamood Albusaidi of Oman, Deputy Foreign Minister Omer Ahmed Karim Al Berzinji of Iraq and Deputy Minister of the Ministry of Foreign Affairs and Investment Promotion Ahmed Ali Kadiye of Somalia, exchanging views on bilateral relations between China and the four above-mentioned countries, the construction of the CASCF and international and regional issues concerning Iraq, Yemen, Syria and reform of the UN Security Council.

On May 13, 2016 local time, President Beji Caid Essebsi of Tunisia met at the Carthage Palace in Tunisia with visiting Foreign Minister Wang Yi.

On May 13, 2016 local time, Foreign Minister Wang Yi held talks in Tunisia with Foreign Minister Khemaies Jhinaoui of Tunisia.

On May 13, 2016 local time, Prime Minister Habib Essid of Tunisia met at the Prime Minister's Office with visiting Foreign Minister Wang Yi.

On May 13, 2016 local time, President Beji Caid Essebsi and Prime Minister Habib Essid of Tunisia respectively met with visiting Foreign Minister Wang Yi.

On May 15, 2016, on the occasion of the closing ceremony of the 7th ministerial meeting of China-Arab States Cooperation Forum, the relevant interview content of Vice Foreign Minister Zhang Ming were published with large pages in several Qatar's mainstream media, such as Al Raya, Al-Sharq, Al-Watan, Al Arab.

From May 13 to 15, 2016, China's Deputy Minister of Foreign Affairs Zhang Ming visited Republic of the Sudan, respectively met with President Omar

Hassan Ahmad al-Bashir of Sudan, Sudanese Presidential Assistant and Vice-Chairman of the Higher Committee for Supervising Sudanese-Chinese Relations Awad Ahmed Al-Jaz, as well as Foreign Minister of Republic of Sudan Ibrahim Ghandour; he also conducted the seventh round of political consultations between the Ministry of Foreign Affairs of the two countries with Sudanese Minister of State for Foreign Affairs Kamal Al-Din Ismail Saeed; the two sides exchanged views on bilateral relations and international and regional issues of common concern.

On May 20, 2016, President Xi Jinping sent messages of condolences to Egyptian President Abdel Fattah al-Sisi and French President Francois Hollande respectively, extending deep condolences to the victims of the crash of EgyptAir's Flight MS804 on May 19 and sincere sympathies to President Abdel Fattah al-Sisi, President Francois Hollande and families of the victims.

On May 21, 2016, Chinese Premier Li Keqiang sent messages of condolences respectively to Egyptian Prime Minister Sherif Ismail and French Prime Minister Manuel Valls, extending deep condolences to the victims of the crash of EgyptAir's Flight MS804 and sincere sympathies to Prime Minister Sherif Ismail, Prime Minister Manuel Valls and families of the victims.

From May 22 to 23, 2016, State Councilor Wang Yong visited Oman, during which he met with Deputy Prime Minister for the Council of Ministers Sayyid Fahd bin Mahmud al-Said, Minister of Transport and Communications Ahmed Mohammed Salem Al-Futaisi, and Secretary General of the Ministry of Foreign Affairs Sayyid Badr bin Hamad bin Hamood Albusaidi of Oman in the capital city Muscat respectively, reaching new consensus on deepening China-Oman traditional friendship and promoting bilateral cooperation on building the "Belt and Road".

On May 25, 2016, King Abdullah II Bin Al-Hussein of Jordan met with State Councilor Wang Yong, who was visiting Jordan, in Amman, the capital of Jordan.

From May 23 to 26, 2016, State Councilor Wang Yong visited Jordan, during which he met with King Abdullah II Bin Al-Hussein, as well as Prime Minister and Minister of Defense Abdullah Ensour of Jordan in Amman, the capital of Jordan.

On May 31, 2016, Chinese President Xi Jinping and his Egyptian counterpart, Abdel-Fattah al-Sisi sent congratulatory messages to each other to celebrate

the 60th anniversary of the establishment of diplomatic relations of the two countries.

From May 22 to 31, 2016, a seminar on China Economic Development and China-Arab States Cooperation, sponsored and entrusted by the Chinese Secretariat of China-Arab States Cooperation Forum, organized by Chinese Academy of Governance, was held in China. A total of 37 middle and senior ranking officials from 13 Arab countries, the League of Arab States, Gulf Cooperation Council and other institutes, participated in the seminar.

On June 3, 2016 local time, Foreign Minister Wang Yi attended and addressed the Middle East Peace Initiative Ministerial Conference in Paris.

On June 30, 2016, State Councilor Yang Jiechi met at Zhongnanhai with Minister of Energy, Industry and Mineral Resources Khalid al-Falih of Saudi Arabia, who was in China to attend the G20 Energy Ministers Meeting.

From July 10 to 13, 2016, Wu Sike, Special Representative of Chinese Foreign Minister Wang Yi, visited Algeria, met with Ramtane Lamamra, Algerian Minister of State and Minister for Foreign Affairs and International Cooperation, and conducted a work meeting with Secretary-General of the Ministry of Foreign Affairs Hassane Rabehi. The two sides exchanged views on bilateral relations, cooperation between the two countries and international and regional issues of common concern.

On July 27, 2016, H.E. Li Chengwen, the newly-appointed Ambassador for China-Arab States Cooperation Forum (CASCF) Affairs of the Foreign Ministry met with several Arab diplomatic envoys to China, including Moroccan Ambassador to China Jaafar Alj Hakim, Qatar's Ambassador to China Sultan bin Salmeen Al Mansouri and Head of the Arab League Mission in China Ghanim al-Shibli. Both sides exchanged in-depth views on enhancing the CASCF construction and promoting China-Arab practical cooperation in various fields.

On July 28, 2016, State Councilor Yang Jiechi respectively met at Zhongnanhai with Minister of Foreign Affairs and African Integration Moussa Faki Mahamat of Chad, Assistant to the President and Deputy Chair of Higher Committee for Supervising Sudanese-Chinese Relations Awad Ahmed Al-Jaz of Sudan and Foreign Minister Neneh MacDouall-Gaye of Gambia.

On July 28, 2016, Foreign Minister Wang Yi met with Minister for External Relations and Cooperation Mohamed Bacar Dossar of Comoros in Beijing, who was in China to attend the Sherpa Meeting on Implementing Outcomes of the

Forum on China-Africa Cooperation (FOCAC) Johannesburg Summit.

On July 28, 2016, Member of the Standing Committee of the Political Bureau of the CPC Central Committee and Vice-Premier Zhang Gaoli met with Assistant to the President and Deputy Chairman of Higher Committee for Supervising Sudanese-Chinese Relations Awad Ahmed Al-Jaz at the Great Hall of the People.

On July 29, 2016, Foreign Minister Wang Yi met in Beijing with Minister of Foreign Affairs and International Cooperation Mahamoud Ali Youssouf of Djibouti, who was in China for the Coordinators' Meeting of the Implementation of the Follow-up Actions of the Johannesburg Summit of the Forum on China-Africa Cooperation (FOCAC).

On July 29, 2016, Foreign Minister Wang Yi met with Minister of Maghreb Affairs, African Union and Arab League of the Ministry of Foreign Affairs and International Cooperation Abedelkader Messahel of Algeria.

On July 30, 2016, Vice Foreign Minister Zhang Ming attended the reception marking the 17th anniversary of King Mohammed VI's accession to the throne of Morocco (the National Day) held by the Moroccan Embassy in China upon invitation and exchanged views with Moroccan Ambassador to China Jaafar Alj Hakim on bilateral relations.

On August 1, 2016, President Omar Hassan Ahmad al-Bashir of Sudan met at the Presidential Palace with Special Representative of the Chinese Government on African Affairs Zhong Jianhua, who was in Khartoum to chair the Third High-level Meeting of the Joint Monitoring and Evaluation Commission (JMEC) Partners Group for South Sudan. H.E. Li Lianhe, Chinese Ambassador to Sudan, State Minister at the Presidency Taha Osman al-Hussein of Sudan, State Minister at the Ministry of Foreign Affairs Obeid Allah Mohamed Obeid Allah of Sudan and others attended the meeting.

On August 9, 2016, Vice Foreign Minister Zhang Ming met with the outgoing Tunisian Ambassador to China Tarek Amri.

On August 11, 2016, Deputy Foreign Minister Zhang Ming met at request with newly-appointed Algerian Ambassador to China Alhassan Bukhalifa.

On August 21, 2016, Special Envoy of the Chinese Government on the Syrian Issue Xie Xiaoyan visited Iraq, during which he met with Foreign Minister Ibrahim al-Jaafari, Minister of Culture Faryad Raundozi as well as Advisors to the President of Iraq Mowaffak Al Rubaie and Abdullatif Jamal Rashid, and

held talks with Head of the Arab Department of the Foreign Ministry Habeeb Muhammed Hadi Al-Sader of Iraq. H.E. Chen Weiqing, Chinese Ambassador to Iraq attended above events. Both sides exchanged views on the Syrian issue.

On August 23, 2016, Special Envoy of the Chinese Government on the Syrian Issue Xie Xiaoyan visited Jordan, during which he met with Acting Minister of Foreign Affairs and Expatriate Affairs and Minister of State for Media Affairs and Communications Mohammad Momani of Jordan, and held talks with Acting Secretary-General and Director of the Department of Arab and Middle East Affairs of Ministry of Foreign Affairs and Expatriate Affairs Naif Az-Zidan of Jordan. Both sides exchanged views on the Syrian issue.

On August 23, 2016, Ambassador for China-Arab States Cooperation Forum (CASCF) Affairs of the Foreign Ministry Li Chengwen visited the headquarters of the League of Arab States (LAS) in Egypt, during which he met with LAS Deputy Secretary-General Ahmed Ben Helli and held talks with Khaled Al-Habbas, Advisor to LAS Secretary-General and Director of Asia and Australia, Asian and Arab Cooperation Department.

On August 24, 2016, Vice Foreign Minister Zhang Ming visited Djibouti, during which he called on President Ismaïl Omar Guelleh and Minister of Foreign Affairs and International Cooperation Mahamoud Ali Youssouf of Djibouti respectively, exchanging in-depth views on bilateral relations and international and regional issues of common interests.

From August 24 to 25, 2016, Special Envoy of the Chinese Government on the Syrian Issue Xie Xiaoyan visited Qatar, during which he met with Foreign Minister Sheikh Mohammed bin Abdulrahman bin Jassim Al-Thani of Qatar and exchanged views with him on the Syrian issue. H.E. Li Chen, Chinese Ambassador to Qatar was present.

On August 25, 2016, Li Chengwen, Chinese Ambassador to the China-Arab States Cooperation Forum (CASCF) Affairs of the Foreign Ministry visited Algeria, and met with Secretary-General of the Ministry of Foreign Affairs Abdelhamid Senouci Bereksi of Algeria.

On August 30, 2016, State Councilor Yang Jiechi met at Diaoyutai State Guesthouse with Deputy Crown Prince, Second Deputy Prime Minister and Minister of Defense Mohammad bin Salman of Saudi Arabia, who was in China for the first meeting of China-Saudi Arabia High-level Committee.

On August 29, 2016, China's Special Envoy on the Middle East Issue Gong

Xiaosheng visited Egypt, during which he met with Assistant Minister of Foreign Affairs for the Neighboring Countries Affairs Osama ElMajdoub of Egypt. Both sides exchanged views on regional hotspot issues including the Palestinian issue.

From August 28 to 29, 2016, Li Chengwen, the Ambassador for China-Arab States Cooperation Forum (CASCF) Affairs of the Foreign Ministry visited Qatar, and met with Qatar's Minister of State for Foreign Affairs Sultan bin Saad Al Muraikhi and Director of the Arab Department of the Foreign Ministry of Qatar, Ambassador Saad bin Ali Hilal Al-Mohannadi.

On August 29, 2016, Vice Foreign Minister Liu Zhenmin co-hosted the first meeting of the Political and Diplomatic Sub-committee of China-Saudi Arabia High-level Committee with Undersecretary for Bilateral Relations of the Foreign Ministry Khalid bin Ibrahim Al Jandan of Saudi Arabia.

On August 30, 2016, Zhang Gaoli, Member of the Standing Committee of the Political Bureau of the CPC Central Committee, Vice Premier and Chinese leader of High-level Saudi-Chinese Joint Committee, co-chaired the first meeting of High-level Saudi-Chinese Joint Committee with Deputy Crown Prince of Saudi Arabia, Second Deputy Primer, Minister of Defense and Saudi leader of High-level Saudi-Chinese Joint Committee in Beijing.

On August 31, 2016, Foreign Minister Wang Yi met with Foreign Minister Adel al-Jubeir of Saudi Arabia in Beijing.

On August 31, 2016, President Xi Jinping met with Deputy Crown Prince Mohammad bin Salman of Saudi Arabia at Diaoyutai State Guesthouse. Vice Premier Zhang Gaoli was present.

On August 31, 2016, President Mahmoud Abbas of Palestine met with China's Special Envoy on the Middle East Issue Gong Xiaosheng at the Presidential Office in Ramallah. Both sides exchanged views on regional hotspot issues including the Palestine-Israel situation.

On September 4, 2016, President Xi Jinping met in Hangzhou with President Abdel Fattah al-Sisi of Egypt, who was in China to attend the G20 Summit upon invitation.

On September 9, 2016, Vice Foreign Minister Zhang Ming met with outgoing Egyptian Ambassador to China Magdy Amer.

On September 13, 2016, Vice Foreign Minister Zhang Ming met with outgoing Moroccan Ambassador to China Jaafar Alj Hakim.

On September 13, 2016, Vice Foreign Minister Zhang Ming met with the

social elite delegation led by former Deputy Speaker Fahad Al-Mae of Kuwait. Both sides exchanged views on promoting friendly cooperation in various fields within the "Belt and Road" framework.

On September 18, 2016, the opening ceremony of the "China-Arab States Joint Training Program for Chinese Translator" was held at Shanghai International Studies University. The attendees included Ambassador for China-Arab States Cooperation Forum Affairs of the Foreign Ministry Li Chengwen, President of Shanghai International Studies University Cao Deming, Deputy Director of Shanghai Municipal Education Commission Ding Xiaodong, Charge d' Affaires ad Interim of the Arab League Mission in China Sha Fei, as well as first batch of 13 trainees from 7 countries of Egypt, Tunisia, Jordan, Morocco, Lebanon and Algeria.

On September 20, 2016, the sixth foreign ministers' meeting of the International Syria Support Group (ISSG) was held in New York to discuss the current situation in Syria. The participants stressed that all parties concerned should give play to their own influences, devote to promoting the ceasefire in Syria, carry out humanitarian aid and restart Geneva peace talks as soon as possible. Vice Foreign Minister Li Baodong attended the meeting on behalf of China.

On September 23, 2016, Deputy Director-General of the Protocol Department of the Foreign Ministry Zhang Yiming accepted the copy of credentials from newly-appointed Egyptian Ambassador to China Mohamed Osama Taha ElMajdoub.

From September 18 to 24, 2016, at the invitation of the Chinese Secretariat of China-Arab States Cooperation Forum, a press corps of the Arab Economy and Business News visited China. There were 12 economics correspondents of mainstream media from 9 Arab countries participating in the visit including Egypt, Algeria, as well as the Republic of the Sudan, Lebanon, Jordan, Kuwait, Qatar, Iraq and Tunisia.

On September 26, 2016, Vice Foreign Minister Zhang Yesui held in Beijing the 1st round of consultation on strategic cooperation with Adviser to the Egyptian President for National Security Affairs Faiza Abu Naga.

On September 27, 2016, State Councilor Yang Jiechi met with Advisor to the Egyptian President for National Security Affairs Faiza Abou el-Naga at Zhongnanhai.

On October 11, 2016, Vice Foreign Minister Zhang Ming and Secretary-

General of the Foreign Ministry Sayyid Badr bin Hamad bin Hamood Al Busaidi of Oman held the tenth strategic consultation between the two Foreign Ministries.

On October 14, 2016, Vice Foreign Minister Zhang Yesui met with Secretary-General of the Ministry of Foreign Affairs Sayyid Badr bin Hamad bin Hamoud al-Busaidi of Oman, who was in China to hold the tenth round of strategic consultation between the two Foreign Ministries. Both sides exchanged views on bilateral relations and other topics.

On October 25, 2016, the Fifth China-Arab States Energy Cooperation Conference, co-sponsored by the National Energy Administration of China and the League of Arab States, kicked off in Beijing. With a theme of "Energy is the Cornerstone of China-Arab States Cooperation", it aims to implement President Xi Jinping's proposed "Capacity Matchmaking Action" between China and Arab countries, further promote the process of China-Arab states energy cooperation, and accelerate the integration of China's competitive capacity and energy superiority of the Middle East countries. Li Fanrong, Deputy Director of National Energy Administration, attended the conference and delivered a speech.

On October 27, 2016, Deputy Director-General of the Protocol Department of the Foreign Ministry Zhang Yiming accepted the copy of credentials presented by newly-appointed Yemeni Ambassador to China Mohammed Osman Mekhlafi.

On October 28, 2016, Foreign Minister Wang Yi held talks with Foreign Minister Ibrahim Ghandour of Sudan in Beijing.

On October 28, 2016, Vice President Li Yuanchao met with Foreign Minister Ibrahim Ghandour of Sudan in Beijing.

On November 4, 2016, President Xi Jinping sent a congratulatory message to newly-appointed President Michel Aoun of Lebanon. On behalf of the Chinese government and people and in his own name, President Xi Jinping congratulated Michel Aoun on his election as President of Lebanon.

On November 9, 2016, Vice Foreign Minister Li Baodong met with Special Envoy of UN Secretary-General for Yemen Ismail Ould Cheikh Ahmed. Both sides exchanged views on the political solution to the Yemeni issue in the next stage.

On November 11, 2016, China's Special Envoy on the Middle East Issue Gong Xiaosheng met with visiting Special Envoy of UN Secretary-General for

Yemen Ismail Ould Cheikh Ahmed, exchanging in-depth views on the Yemeni issue.

On November 16, 2016, Deputy Director-General of the Protocol Department of the Foreign Ministry Zhang Yiming accepted the copy of credentials presented by newly-appointed Kuwaiti Ambassador to China Sameeh Essa Johar Hayat.

From November 14 to 18, 2016, at the invitation of Ministry of Foreign Affairs of the People's Republic of China, a capacity cooperation delegation of Arab countries visited China, and a total of 11 government officials at the director level of capacity cooperation departments of Arab countries including Egypt, Saudi Arabia, the UAE, Kuwait, Qatar, Oman, Iraq, Lebanon, Palestine, Sudan, etc.

On November 23, 2016, Assistant Foreign Minister Qian Hongshan at invitation attended the reception for the 46th anniversary of the National Day of the Sultanate of Oman held by Omani Ambassador to China Abdullah Saleh Al Saadi, ,and exchanged views on the bilateral relations with him.

From November 22 to 24, 2016, Ambassador for China-Arab States Cooperation Forum (CASCF) Affairs of the Foreign Ministry Li Chengwen visited Jordan, during which he met with Acting Secretary General of the Ministry of Foreign Affairs and Expatriates Naif Az-Zidan of Jordan. Both sides exchanged views on implementing outcomes from President Xi Jinping's visit to the Middle East and the 7th CASCF ministerial meeting, the joint construction of the "Belt and Road" initiative between China and Arab states, bilateral relations, the construction of the CASCF and other topics. During his visit, Li Chengwen also met with Senator Talal Abu-Ghazaleh, who is the recipient of China-Arab Friendship Outstanding Contribution Award, and Samer Khair Ahmad, Director of Culture Affairs of Amman Municipality and the author of Pursuit of Civilization: China's Rise and the Future of the Arab People.

On November 29, 2016, Vice Foreign Minister Zhang Ming attended the National Day reception held by the Embassy of the United Arab Emirates (UAE) in China, and exchanged views with Charge d'Affaires ad Interim of the UAE Embassy in China Ahmed Alshamisi on bilateral relations.

From November 25 to 28, 2016, Ambassador for China-Arab States Cooperation Forum (CASCF) Affairs of the Foreign Ministry Li Chengwen visited Oman, during which he met with Undersecretary Ahmed bin Yousef

Al Harthy of the Ministry of Foreign Affairs of Oman for Diplomatic Affairs, Deputy-Director of Department of Arab and International Dialogue Karbani, Chairman of Special Economic Zone Authority At Duqm (Oman) Yahya bin Said Al Jabri, both sides exchanged views on joint construction of the Belt and Road initiative between China and Arab countries, bilateral relations, as well as the construction of CASCF and cooperation among industrial parks and other topics.

From November 26 to 28, 2016, Assistant Foreign Minister Li Huilai led a delegation to co-chair the first China-Algeria counter-terrorism and security consultation with Minister of Maghreb Affairs, African Union and Arab League of the Ministry of Foreign Affairs and International Cooperation and Coordinator for Counter-terrorism Abedelkader Messahel of Algeria in Algiers. He also met with Minister of Interior and Local Authorities Noureddine Bedoui and Minister of Religious Affairs and Awqaf Mohamed Eysa of Algeria respectively.

On November 29, 2016, Special Representative of the Chinese Government on African Affairs Ambassador Xu Jinghu attended the Tunisian International Conference on Economic Support and Investment on behalf of China. Special Representative Xu Jinghu spoke at the meeting and briefed on China-Tunisia cooperation, stressing that China always supports Tunisia's efforts in safeguarding national stability and promoting economic and social development. She said that China is ready to, together with Tunisia, strengthen the integration of development strategies, make full use of the China-Arab States Cooperation Forum, the Forum on China-Africa Cooperation and other collective cooperation platforms, and deepen pragmatic cooperation in various fields including trade, investment, infrastructure construction, tourism and culture, so as to continually provide support within its ability for Tunisia's economic development and livelihood improvement.

From November 28 to 30, 2016, Ambassador for China-Arab States Cooperation Forum (CASCF) Affairs of the Foreign Ministry Li Chengwen visited the headquarters of the League of Arab States (LAS) and Egypt. Ambassador Li Chengwen respectively met with LAS Deputy Secretary-General Ahmed Ben Helli, Advisor to LAS Secretary-General and Director of Asia and Australia, Asian and Arab Cooperation Department Khaled Al-Habbas, and Assistant Foreign Minister and Permanent Representative to the LAS Jalal.

On December 1, 2016, Vice Foreign Minister Zhang Ming met at request with newly-appointed Kuwaiti Ambassador to China Sameeh Essa Johar Hayat, exchanging views on bilateral relations and major issues of common concern.

On December 5, 2016, Special Envoy of the Chinese Government on the Syrian Issue Xie Xiaoyan visited Lebanon and met with incoming Prime Minister Saad Hariri of Lebanon, during which both sides exchanged in-depth views on current Syrian situation as well as its future development. H.E. Wang Kejian, Chinese Ambassador to Lebanon, was present.

From December 7 to 8, 2016, Special Envoy of the Chinese Government on the Syrian Issue Xie Xiaoyan visited Syria, during which he met with Deputy Prime Minister and Foreign Minister Walid al-Moallem, Deputy Foreign Minister Faisal al-Mekdad and Minister of State for National Reconciliation Affairs Ali Haidar respectively. Both sides exchanged in-depth views on current Syrian situation.

On December 13, 2016, President Xi Jinping sent a message of condolences to President Abdel-Fattah al-Sisi of Egypt over the terrorist attack on a church in Egypt on December 11, extending sincere condolences to President Abdel-Fattah al-Sisi, the bereaved families and the injured.

On December 17; 2016, the Think Tank Summit on Economic Cooperation between China and Gulf Countries was held at Diaoyutai State Guesthouse. Vice Foreign Minister Zhang Ming attended the summit and delivered a speech entitled "Carrying Forward the Spirit of the Silk Road and Jointly Opening up New Pages for Cooperation between China and Gulf Countries".

On December 20, 2016, Vice Foreign Minister Zhang Ming attended and addressed the Commemorative Meeting in "Observance of the International Day of Solidarity with the Palestinian People" held in Beijing Language and Culture University (BLCU).

On December 21, 2016, Vice Foreign Minister Zhang Ming met with Assistant Foreign Minister Makin of Palestine, exchanging views on China-Palestine relations and the Palestine-Israel situation.

From December 21 to 22, 2016, Special Representative of the Chinese Government on African Affairs Xu Jinghu visited Sudan and met respectively with First Vice President Bakri Hassan Saleh of Sudan and Foreign Minister Ibrahim Ghandour of Sudan, exchanging views on China-Sudan relations and the situation in South Sudan.